통감관저, 잊혀진 경술국치의 현장

일그러진 근대 역사의 흔적을 뒤지다 3

# 통감관저, 잊혀진 경술국치의 현장

지은이 | 이순우

펴낸이 | 조현주
펴낸곳 | 도서출판 하늘재

디자인 | 정하연

1판 1쇄 찍은날 | 2010년 1월 10일
1판 1쇄 펴낸날 | 2010년 1월 15일

등록 | 1999년 2월 5일 제20-140호
주소 | 서울시 마포구 망원1동 384-15 301호(121-820)
전화 | (02)324-2864
팩스 | (02)325-2864
E-mail | haneuljae@hanmail.net

ISBN 978-89-90229-25-0 03910

값 15,000원

ⓒ2010, 이순우

※ 잘못된 책은 바꾸어드립니다.

이 도서의 국립중앙도서관 출판시도서목록(CIP)은 e-CIP홈페이지(http://www.nl.go.kr/ecip)에서
이용하실 수 있습니다. (CIP제어번호 : CIP2010000010)

# 통감관저, 잊혀진 경술국치의 현장

## 일그러진 근대 역사의 흔적을 뒤지다 3

이순우 지음

하늘재

## 들어가는 말

일그러진 근대 역사의 흔적을 뒤지는 작업의 세 번째 결과물을 이 제야 세상에 내놓는다. 앞서 두 번째 책을 펴낸 것이 지난 2005년이었으니 벌써 5년 가까운 터울이 생길 만큼 후속작을 내는 일이 생각보다 많이 늦어졌다. 그 사이에 이런저런 프로젝트와 다른 글쓰기 작업이 없지는 않았지만, 글을 다잡아 쓰지 못하고 더뎌진 데는 아무래도 내가 게으른 탓이 제일 크다.

이번에도 그 주제는 역시 일제강점기 이후 역사의 찌꺼기처럼 남겨진 장소와 건물과 사람과 사건과 현상과 사실에 관한 것들이다. 우리가 상식처럼 여기지만 알고 보면 터무니없는 오해와 오류로 범벅된 사례들이 수두룩하고, 사실관계가 제대로 정리되지 못한 근대사의 현장들이 여전히 넘쳐나는 까닭에 이러한 작업이 언제 마침표를 찍을 수 있을 지는 당최 가늠할 수가 없다.

때마침 2010년은 경술국치(庚戌國恥) 100년이 되는 해이다. 그 어느 때보다 해묵은 기억과 기록들을 간추려보고, 이를 되새기고, 다시 짚어야 할 것은 다시 짚고 넘어가야 할 시점이기도 한 것이다.

이러한 점에서 경술국치의 현장이었던 '통감관저'는 물론이고 식민 통치 권력의 본거지였던 남산 왜성대의 '조선총독부', 그리고 을사조약의 현장인 '수옥헌'과 한국주차일본군사령관저였던 '대관정'과 같은 역사적 공간의 내력을 일괄하여 살펴보는 기회를 가져보았다. 그리고 그다지 달가운 기억은 아니지만, 식민지 시대의 일상사와 관련된 몇 가지 주제도 함께 책에 담았다.

역사에 관한 글을 정리한다는 것은 거기에 담겨진 교훈과 지혜를 찾아내는 일에 주안점이 주어지는 것이 보통이지만, 그에 앞서 우리 스스로가 만들어낸 잘못된 역사 기록과 해석의 착오는 없는지를 찬찬히 가려내는 계기가 된다는 점에서도 그만큼 중요한 일이 아닌가 한다. 아무쪼록 이 책에서 소개하고 정리한 여러 편의 얘기를 통해서나마 벌써 잊혀졌거나 잘못 알려졌던 관련 사실들에 대해 많은 사람들이 한번쯤 곰곰이 되새겨보는 계기가 되었으면 하는 것이 나의 바람이다.

내 삶의 전부를 지탱하는 예쁜 두 여자, 아내 김경미와 딸 상미에게 변함없는 사랑의 마음을 전한다.

경술국치 100년이 되는 2010년 정초에
이순우

들어가는 말                                                                         4

제1부

낯선
근대의 거리,
불편한
역사의 현장

1. '통감관저', 잊혀진 경술국치의 현장                              12
　　그곳에는 이제 어떠한 흔적이 남아 있을까?

2. 조선총독부, 남산 왜성대에 우뚝 솟다                           38
　　과학의 요람으로 사라진 식민통치 권력의 본거지

3. 누가 인왕산에 '동아청년단결'이란 바위글씨를 새겼나?        66
　　1939년 제15회 대일본청년단대회가 남긴 뼈아픈 상처

4. 왜 하필 매국노의 집터에서 독립선언은 이뤄졌을까?          81
　　삼일만세사건의 현장인 '명월관지점' 혹은 '태화관'의 내력

5. 독립관(獨立館), 결국 매국노 송병준의 담배공장이 되다        99
　　일진회(一進會) 일당의 소굴로 변한 독립관의 내력

6. 대한제국 궁내부의 게스트 하우스, 주차장터로 남다          121
　　한국주차일본군사령관저였던 대관정(大觀亭)의 내력

7. 을사조약의 현장 수옥헌(漱玉軒) 혹은 중명전(重明殿)의 내력    140
　　현존하는 덕수궁 중명전 건물은 과연 언제 건립되었을까?

제2부

섣부른
역사고증,
때로
만들어진
전통

8. 누가 자꾸 '원구단'을 '환구단'이라 우기는가?　　　　　　160
   '圜'이라는 글자의 소릿값에 대한 오해와 진실

9. 저 돌북은 왜 황궁우 옆에 놓여 있을까?　　　　　　　　174
   원구단, 황궁우, 석고단, 조선호텔이 어우러진 공간

10. 대한제국의 제1호 법률이 도량형법, 과연 맞나?　　　　　189
   당시의 법령체계를 잘못 이해한 공허한 '최초' 주장

11. 대한제국 시절 전차 개통, 동양 최초 맞나?　　　　　　　196
   도쿄보다 빠르지만 교토보다는 늦었던 서울의 전차 부설

12. 남대문 홍예의 통로바닥이 높아진 것이 전차 때문?　　　204
   명확한 자료고증 없는 성급한 복원 시도는 역사 훼손

13. 고종황제 가족사진, '조작' 됐다　　　　　　　　　　　213
   박물관에서 퇴출되어야 할 엉터리 역사자료

제3부

땅이름에
관한 오해
혹은 진실

14. '호미곶(虎尾串)', 암만 봐도 억지스런 땅이름                                    222
    동을배곶은 왜 난데없이 호미곶으로 둔갑했나?

15. 가수 배호는 '삼각지(三角地)'의 유래를 알았을까?                                243
    일제가 이 땅에 남겨놓은 '세모꼴' 지명의 흔적

16. 창덕궁과 남산총독부를 잇는 가교, 관수교(觀水橋)                                257
    청계천 관수교라는 이름의 부활은 과연 합당한가?

17. 인천 송도(松島)는 과연 또 다른 왜색지명일까?                                  271
    대전·목포·청진에도 '송도정(松島町)'이 있었다

18. 과연 유릉(裕陵) 때문에 '능동(陵洞)'이 생겨났을까?                             285
    어린이대공원이 있는 능동의 지명 유래에 대한 재검토

19. 왜색지명 '태합굴', 잠시 세상을 시끄럽게 하다                                 295
    이른바 '통영태합굴해저도로'에 대한 자료 고증

제4부

뒤틀어진
식민지시대의
일상 속에서

20. 국회의원의 봉급은 왜 세비(歲費)라고 부르나?    312
   그 뿌리는 1889년의 일본제국 '의원법(議院法)'(?)

21. 대일본제국, 마침내 시간마저 점령하다    320
   동경 135도, 그리고 일본 · 조선 · 만주 · 대만의 표준시

22. 80년 전에도 '우량아선발대회'는 있었다    336
   첫 공식 대회는 1928년 매일신보 주최 '유유아심사회'

23. "덕수궁 전하께오서 옥돌에 재미를 붙이샤……"    349
   망국의 황제는 어떻게 소일하였나?

제1부

# 낯선 근대의 거리,
# 불편한 역사의 현장

# 1

# '통감관저',
## 잊혀진 경술국치의 현장

**| 그곳에는 이제 어떠한 흔적이 남아 있을까? |**

　정동 미국대사관저가 갈라놓은 덕수궁 권역의 건너편에는 서양식 근대 건축물인 중명전(重明殿)이 홀로 남아 있다. '중명'이란 본디 "일월이 함께 하늘에 있어 광명이 겹친다"는 뜻으로 "임금과 신하가 각각 제자리에 나란히 서서 직분을 다함"을 이르는 말이라고 전해진다.

　하지만 이 건물의 역사를 알고 나면 여기가 참으로 제 이름값조차도 하지 못한 곳이라는 사실을 금세 깨닫게 된다. 명색이 중명전이라 해놓고 광명은커녕 암울한 역사의 현장이 되고 말았으니까 하는 얘기이다.

　그러니까 국권피탈의 시발점이라고 할 수 있는 이른바 '을사보호조약'이 체결된 장소가 바로 이곳이었다. 이것이 벌써 100년 전의 일이 되고 말았지만, 그 사이에 건물의 외형이나마 용케도 사라지지 않고 남아 있어 부끄러운 역사의 교훈을 오늘에 되새겨주고 있는 셈이다.

그런데 여느 사람들의 관심에서는 벗어나 있지만 이곳만큼이나 주목할 만한 곳이 하나 있다. 대한제국의 멸망을 가져온 이른바 '한일합병조약'의 체결장소가 바로 그곳이다.

을사조약의 현장이 그럭저럭 관심과 보존의 혜택을 누리고 있는 것과는 달리 정작 '경술국치'의 현장에는 아무런 흔적조차 남아 있지 않다. 그러니까 당연히 이곳은 오래전부터 잊혀진 역사의 현장이 되었다. 아니나 다를까 이 부근에는 길거리마다 보이는 그 흔하디흔한 기념 표석 같은 것도 하나 세워져 있지 않다.

그렇다면 이른바 '한일합병조약'의 체결장소, 곧 경술국치의 현장은 과연 어디일까?

이에 관해서는 《동아일보》 1920년 8월 29일자에서 한 가지 단서를 확인할 수 있다. 여기에는 지면의 한 귀퉁이에 한 장의 사진과 더불어 다음과 같은 설명문이 붙어 있다.[1)]

오늘! 십 주년 전의 금월 금일이 한국이 일본에 합병되던 날이올시다. 금년 팔월 이십구일이 일한합병의 십 주년 기념일이올시다. 사진은 일한합병조약에 양국 편에서 도장을 찍던 곳이니 지금 총독관저 안에 있는 처소이오. 그 방에 서 있는 사람은 당시 일본 대표자되는 한국통감으로 합병조약을 체결한 테라우치 마사타케요, 왼편의 인물은 한국 편으로 조약에 도장을 찍은 당시 한국 총리대신 이완용.

동아일보가 '한일합병' 10주년이 되는 날이라 하여 예전의 조약 체결과 관련한 사진자료를 특별히 준비한 듯한데, 설명에서 보듯이 조약

---

1) 여기에 나오는 '병합조인실의 테라우치 통감'의 모습은 이와 동일한 도판의 사진자료가 스기 이치로헤이(杉市郎平)의 《병합기념조선사진첩(倂合記念朝鮮寫眞帖)》(신반도사, 1910), '사진화보 그래픽' 특별증간호 《일본지조선(日本之朝鮮)》(유락사, 1911년 1월 1일 발행), 戸叶薫雄(토카노 시게오) · 나라자키 칸이치(楢崎觀一)의 《조선최근사 부 한국병합지(朝鮮最近史 附 韓國倂合誌)》(1912), 토쿠토미 소호(德富蘇峰)의 《양경거류지(兩京居留誌)》(민우사, 1915) 등에도 수록되어 있는 것을 확인할 수 있다.

《동아일보》 1920년 8월 29일자에는 한일합병 10주년 기념사진으로 조약 체결장소였던 '총독관저' 안의 현장과 조약 체결의 당사자였던 테라우치 총독과 이완용 총리대신의 모습을 소개하고 있다.

체결의 현장은 남산의 '총독관저' 즉 그 당시의 '통감관저'였다. 그 날짜는 1910년 8월 22일이었으며, 또한 '월요일'이었다.

그리고 조선출판협회에서 펴낸 《조선병합십년사(朝鮮倂合十年史)》(1922)에는 이른바 '일한병합조약'의 진행과정이 이렇게 요약되어 있다.

[8월] 22일은 정례각의일(定例閣議日)임으로써 이수상(李首相, 이완용)이하 각대신은 이학상(李學相, 이용직)을 제한 외에 조조(早朝)로부터 창덕궁 내각에 참집하고, 오전 10시에는 민궁상(閔宮相, 민병석)은 윤시종원경(尹侍從院卿, 윤덕영)과 공(共)히 테라우치 통감을 방문하고, 각 대신은 각의 종료 후 오후 1시로부터 대조전(大造殿)에서 황제폐하께 알현하고, 신조약 체결에 관한 어전각의(御前閣議)를 개(開)하고, 교섭의 전말을 상주(上奏)하였는데 황제폐하께서는 특히 소집한 황족 대표자 흥왕 이재면(興王 李載冕), 원로 대표자 중추원의장 김윤식(中樞院議長 金允植)의 의견을 자순(諮詢)하셨는데, 흥왕(興王)은 "한국의 금일 ○○○○○○○○○○○○신조약의 체결은 부득이(不得已)"라 복주(伏奏)하고, 김윤식도 또한 차(此)에 찬(贊)한 고로 황제폐하께서는 즉좌(卽座)에 총리대신 이완용을 전권위원

제1부_낯선 근대의 거리, 불편한 역사의 현장

(全權委員)으로 명하사 신조약의 체결을 허가하시고, 좌의 조칙을 발(發)하셨더라. ……(중략)…… 우 칙령에 의하여 이수상(李首相, 이완용)은 조농상(趙農相, 조중응)을 수(隨)하여, 동일 오후 4시 통감저(統監邸)에서 테라우치 통감과 회동하여, 좌기 조약을 체결하였더라(하략).

이와 관련하여 이완용의 일대기를 정리한 《일당기사(一堂紀事)》(1927)에는 이날의 상황을 이렇게 적고 있다.

〔8월 22일, 음7월 18일〕 황제폐하의 소명을 받들기 위해 흥복헌(興福軒)에서 예알하고, 칙어를 받드사 전권위임장을 받아 곧장 통감부로 가서 테라우치 통감과 회견하여 일한합병조약에 상호조인하고, 동 위임장을 궁내부에 환납하다.

여기에는 통감부라고 적고 있지만, 정확하게는 '통감관저'가 맞다. 여기에서 말하는 통감관저는 원래 갑신정변의 결과로 체결된 한성조약(1885년)에 따라 조선정부가 대체부지로 제공한 땅에다 일본공사관의 용도로 지어 올린 건물이었다. 흔히 '왜성대(倭城臺)'라는 지명으로 불렸던 곳으로 지금의 예장동 일대에 포함된 지역이었다.

이 건물의 신축은 1893년 또는 1894년에 동경에서 온 동량대목(棟梁大木) 나카무라 신고(中村辰吾)에 의해 이뤄졌고, 그 규모는 2층짜리 목조건물이었다고 전해진다. 그리고 그 후에 부분적인 수리와 증축은 거듭되었지만, 일제가 패망할 때까지도 기본 골격만큼은 그대로 유지되었다.

일본공사관이었던 이곳이 '통감관저'로 전환된 것은 이른바 '을사보호조약'에 따라 일본공사관이 폐지되고 한국통감부가 설치되던 1906년 2월의 일이었다. 이때에 통감부 청사는 통감관저와 이웃하는 남산줄기의 언덕 위에다 따로 지어졌으니, 이 일대는 졸지에 그네들의 소굴처럼 바뀌어갔던 것이다.

그런데 통감관저의 연혁을 훑어보니, 이곳에 그네들의 황태자가 머

《경성부사》제2권(1936)에 수록된 "1895년경의 왜성대 일본공사관 일대의 모습"이다. 이 사진은 불란서교회(즉 명동성당) 구내에서 남산 쪽을 바라보며 촬영한 것으로 동그라미로 표시된 부분이 '일본공사관'이다. 이 건물은 그 후 '통감관저'(1906년 이후), '총독관저'(1910년 이후), '시정기념관'(1940년 이후)으로 사용되었다. 사진의 오른쪽에 남산줄기가 뻗어내린 곳은 한국통감부 청사(나중의 조선총독부)가 들어서는 위치이다.

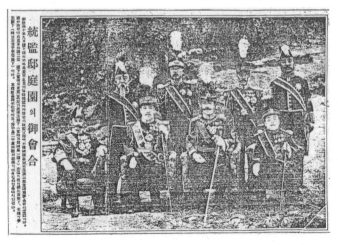

이것은 《매일신보》1926년 12월 26일자에 수록된 것으로, 전날 그들의 '대정천황(大正天皇)'이 죽자 그를 회고하는 내용의 하나로 제1면에 소개한 사진자료이다. 여기에는 그가 황태자 시절이던 1907년 10월 한국을 방문했을 때 통감관저 앞에서 한국의 황족과 기념촬영에 응한 모습이 담겨 있다. 사진의 앞줄에는 왼쪽부터 아리스가와 궁(有栖川宮), 순종황제, 일본 황태자(나중의 대정천황), 한국 황태자(영친왕)가 나란히 앉았고, 뒷줄에는 왼쪽부터 이재면(李載冕), 이재완(李載完), 이지용(李址鎔), 이준용(李埈鎔)이 차례대로 서 있다.

물렀던 흔적도 눈에 띈다. 그러니까 일본 황태자 요시히토(嘉仁, 나중의 '대정천황')가 한국을 방문한 것이 1907년 10월 16일이었고, 그 당시 4일간을 머물며 숙소로 이용했던 곳이 바로 왜성대의 통감관저였다. 그러고 보니 그의 한국 방문에 때를 맞춰 남대문과 연결된 성벽을 헐어내기 시작했다는 것도 널리 알려진 얘기이다.

이러한 통감관저는 1910년의 한일합병 이후 '총독관저'로 다시 전환되었고, 한참 후인 1939년 9월 22일에 경무대(景武臺) 총독관저의 신축과 더불어 그곳으로 옮겨질 때까지 그 기능은 그대로 이어졌다. 그러한 만큼 이곳은 가히 식민통치자들의 본거지요 심장부라고 할 만했다.

일제강점기를 거치는 동안 용산지역에도 또 하나의 총독관저가 운용되긴 하였지만, 이곳에서는 주로 외빈 접대 또는 공식 행사의 용도

《경성부사》 제2권(1936)에 수록된 것으로 1906년 11월 3일의 천장절(天長節)을 맞이하여 왜성대의 통감관저로 초대된 소학교학생들의 모습을 담은 사진이다. 오른쪽 언덕 위에 올라서서 훈시를 하는 이가 바로 이토 히로부미 통감이다. 뒤로 보이는 것은 원래 '일본공사관'이었다가 '통감관저'로 바뀐 건물이며, 나중에는 다시 '총독관저'로 용도가 전환된다.

로 사용되었기 때문에 식민통치에 관한 정책결정은 거의 전적으로 남산의 총독관저에서 이뤄졌다고 보는 것이 옳을 것 같다.

그런데 그 후의 남산 총독관저는 또 어떻게 변했을까?

경복궁 뒤편에 새로운 총독관저가 만들어진 이후 이곳 남산 왜성대의 총독관저는 역대 통감과 총독의 업적을 기리는 공간으로 바뀌었다. 이름하여 '시정기념관(始政記念館)'이라고 하는 것이었다. 때마침 1940년은 그네들의 황기(皇紀) 2600년이 되는 동시에 시정 30주년이 되는 해라고 하여 이를 대대적으로 기념하는 사업의 하나로 추진된 것이었다.

하지만 이보다 앞서 이곳을 진즉에 '병합기념관(倂合記念館)'으로 전환하려 했던 움직임이 있었던 사실도 포착된다. 두말할 것도 없이 식민지 조선을 집어삼킨 역사적인 현장을 잘 보존하여 두고두고 자랑거리로 삼겠다는 것이 그네들의 속내가 아니었던가 싶다.

《매일신보》1935년 7월 11일자에 수록된 "왜성대 총독관저를 병합기념관으로 영구히 보존하려는 당국계획"이라는 기사에는 이러한 상황을 다음과 같이 설명하고 있다.

왜성대에 있는 총독관저는 연유가 있는 건물이나 일한합병 이전의 공사관 청사를 그대로 개조한 것이어서 장마가 지는 때면 이곳저곳에 비가 새어 일부에는 수리가 곤란하도록 부식하였고 또 외관상으로도 빈약하나 관저 신축은 재정긴축을 부르짖는 이때이므로 할 수 없다는 의론으로, 현재는 거리적으로 불편한 것과 경비관계로 공식 연회 이외에는 사용치 않고 내버려두고 있는 용산관저(龍山官邸)의 일부를 개조하자 하여 명년도에 6, 7만 원으로써 일부 개조를 하고 별동으로 일본식으로 증축하여 신관저로 사용하기로 되어 예산을 요구하려고 준비 중이다. 그리고 현재의 왜성대 관저는 일한합병기념관으로서 보존할 의향이다.

그러니까 '시정기념관'의 설치는 애당초 '병합기념관'을 세우려던 계획의 연장선상에 있었던 것임을 엿볼 수 있다. 이 시정기념관은

제1부_낯선 근대의 거리, 불편한 역사의 현장

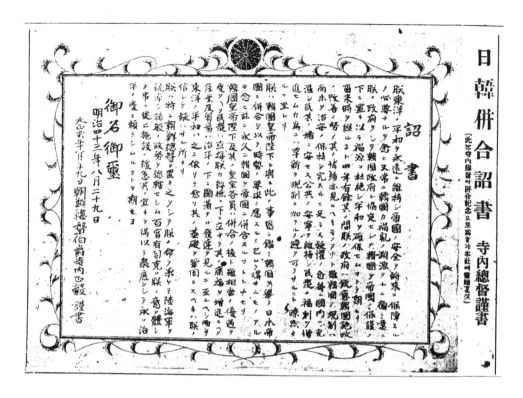

1940년 11월 15일에 임시개관을 하여 일반 및 유지들에게 우선 공개
하였고, 곧이어 11월 22일에는 미나미 총독이 직접 참석하여 정식으
로 개관식을 거행한 바 있었다.

여기에는 초대 통감 이토 히로부미를 비롯하여 소네 통감, 테라우
치 총독, 하세가와 총독, 사이토 총독 등의 초상, 유품, 애장품, 서화
따위를 두루 갖춰 전시해두었던 것으로 알려진다. 그리고 그 가운데
특별히 이른바 '일한합병조약'을 기념하는 공간도 꾸며두고 있었다.

사세 나오에(佐瀬直衛)가 《조선》 1941년 1월호에 기고한 "조선총독
부 시정기념관(始政記念館)의 개설에 대하여"라는 글에는 시정기념관
안에 마련한 병합조인실(倂合調印室)에 대해 이렇게 설명하고 있다.

다시 계상(階上)으로 올라와서 그 동남우(東南偶)의 일실(一室)은 명치

1927년에 발행된 《경성시가도》에 보면 남산 왜성대 총독관저의 위치와 건물형태를 고스란히 확인할 수 있다. 가운데의 동그라미 표시가 총독관저이며, 왼쪽의 타원형 표시는 남산 총독부 청사가 있던 자리인데, 1926년에 경복궁으로 총독부청사를 옮긴 직후에 그려진 지도라서 그런지 이곳에는 '과학관'과 '상품진열관'이라는 표기가 붙어 있다.

43년(즉 1910년) 8월의 역사상 특필할 만한 일한병합조약이 조인된 방인데, 이 방에는 당시 사용됐던 탁자, 의자, 벼루통 등 예전 그대로 보존되어 있는 외에 이토 공(伊藤公)의 초상화를 비롯하여 동공(同公)이 통감의 요직에서 물러나 귀동(歸東)할 제에 연대(椽大)의 붓을 휘둘러 '남산각하녹천정(南山脚下綠泉亭)'의 칠언절구를 지어 휘호(揮毫)한 대편액(大扁額) 및 이것의 유래를 적어놓은 노암(魯庵) 테라우치 마사타케(寺內正毅) 백작의 대편액이 걸려 있는 것이 눈에 띈다. 이 방은 황공하옵게도 대정천황(大正天皇)께서 황태자(皇太子)로 계실 당시 행차하여 머무르시던 유서 깊은 방이다.

하지만 오래지 않아 일제가 패망했으므로 시정기념관이 존재했던 기간은 전부 합쳐도 다섯 해를 넘기지 못했다. 그리고 해방이 되고 나서 이 자리에는 '국립민족박물관(國立民族博物館)'이라는 시설이 들어섰다.

이에 관해서는 초대 국립박물관장을 지낸 김재원(金載元, 1909~1990) 박사가 남긴 회고록《경복궁야화》(탐구당, 1991)에 다음과 같은 기록이 남아 있다.

이(李) 대통령이 국립 박물관은 다시 경복궁으로 들어가지 말라고 하였다는 것은 앞에 언급한 바와 같다. 그래서 다른 관청은 환도 후 제자리를 찾아갔는데 우리는 그럴 수가 없었다. 할 수 없이 우리는 옛적 왜성대(倭城臺)에 있는 남산분관(南山分館)으로 갔다. 이에 대하여는 아래에 몇 줄 설명하여야겠다.

그 집은 본래 일본총독의 관저였는데 일본 사람들이 새로 관저(경무대)를 짓고 옮겨가자 이곳에 소위 시정기념관(始政記念館)이라는 그들 총독정치의 기념물을 전시하는 일종의 박물관을 만들었다. 역대 총독의 초상화, 일본 황태자가 왔을 때 쓰던 마차(馬車), 한일합방조약을 할 때 쓴 가구를 놓은 조인실(調印室) 등등 우리 민족의 수치되는 물건들이 있었고 일본 사람들도 괴물이라고 평하던 가토 간가쿠(加藤灌覺)이라는 자가 관장으로 있었다.

정부는 이런 것을 없애고 민족박물관을 만들어 송석하(宋錫夏, 1904~1948) 씨가 그 관장(館長)이 되었다. 그는 그때로는 몇 안 되는 민속학(民俗學)에 관심이 있던 사람으로 탈(가면) 같은 것을 수집하였는데, 그것을 진열하였고 일본 사람 야나기 무네요시(柳宗悅) 씨가 수집하여 두고 간 민속자료 같은 것도 진열하여 민족박물관(民族博物館)이라고 불렀다. 그는 병약한 몸으로 더욱이 고혈압으로 시달렸는데 50세 전의 나이로 타계하였다.

여기에 나오는 '민족박물관'이 정식으로 개관한 것은 1946년 4월 25일이었다. 그러나 이 박물관의 설립을 주도했던 민속학자 송석하 선생이 1948년에 세상을 떠나게 되자 정상적인 관리운영이 어려워졌고, 끝내 이 민족박물관은 한국전쟁의 와중인 1950년 12월에 '국립박물관 남산분관'이라는 이름으로 편입되어 사라졌다.

그리고 1953년의 정부환도 이후에 오갈 데가 없어진 국립박물관이 여기에 들어와 잠시 머물렀으나 이듬해인 1954년 6월에 연합참모본부(聯合參謀本部)가 신설되어 자기들의 청사로 사용하기로 결정함에 따라, 국립박물관은 그해 11월에 덕수궁 석조전을 수리하여 다시 옮겨가는 과정을 거쳤다. 하지만 그 이후 연합참모본부가 언제까지 이곳에 머물렀으며, 또 이 건물이 언제 헐렸는지에 대해서는 자세히 알지 못한다.[2]

경술국치의 현장이었던 왜성대 총독관저는 정확히 언제인지도 알지 못하는 사이에 완전히 사라졌던 것이다.[3] 더구나 이 일대가 5·16 군사정권 이래로 중앙정보부(中央情報部)가 관할하는 구역으로 편입됨에 따라 세상 사람들의 접근이 거의 차단되었고, 이 바람에 사람들의 기억 속에서 총독관저라는 존재는 서서히 지워지게 되었던 것으로 보인다.

그렇다면 지금은 사라진 남산총독관저, 나아가 통감관저가 있었던 정확한 위치는 과연 어디일까?

몇몇 자료에는 지금의 서울종합방재센터(즉 예전의 국가안전기획부 남산청사)가 자리한 곳이라고 하는 설명도 없지 않으나, 이는 잘못된 내

---

2) 이 건물이 사라진 때에 대해서는 자세히 고증된 바 없다. 다만 서울시사편찬위원회, 《남산의 어제와 오늘》(서울특별시, 1990)에는 1962년에 서울특별시도시계획위원회에서 조사한 남산공원내 기존건물조서(南山公園內 旣存建物調書)가 인용되어 있는데, 여기에는 연합참모본부가 현존하는 것으로 표기되어 있으므로 적어도 이 시기까지 이 건물은 남아 있었던 것으로 파악된다. 한편 《동아일보》 1961년 1월 16일자에 보도된 "푸대접 받는 특별검찰부, 지정된 청사 돌연 변경" 제하의 기사에 따르면, 부정선거 관련자 처벌을 위한 '특별재판소 및 특별검찰부조직법'의 공포와 더불어 발족된 '특별검찰부'의 청사로 "정부에서 남산동에 있는 구 '연참'본부를 지정"한 사실을 알리고 있으나 이곳이 옛 총독관저 건물을 말하는 것인지 아니면 별개의 건물을 가리키는 것인지는 분명하지 않다.

3) 《동아일보》 1960년 9월 20일자에 수록된 "총리관저(總理官邸)로 결정, 연참본부(聯參本部)를 고쳐 쓰기로"라는 제목의 기사에 따르면 흥미롭게도 옛 총독관저가 민주당정부 시절의 국무총리관저로 사용될 뻔했던 것으로 파악된다. 이 계획은 실현되지 않았으나 옛 총독관저가 총리관저로 부활된다는 상황 자체가 참으로 묘한 아이러니가 아닐 수 없다. 참고로, 이 기사에 담겨진 내용은 이러하다. "정헌주(鄭憲柱) 국무원사무처장이 19일 상오에 밝힌 바에 의하면 정부는 시내 중구 예장동(藝場洞)에 있는 '연합참보본부건물'을 개수 내지 증축해서 국무총리관저로 사용하게 될 것이라고 한다. 동 건물은 신관과 구관으로 되어 있는 바 한일합병조약 체결당시 합병조인을 하였던 구관은 건물이 낡았기 때문에 허물어버리고 신관만을 개수 또는 증축하게 될 것이라는 것이다. 건물단장과 환경정리가 끝나면 총리를 비롯하여 비서실 전체가 이사하게 될 것인 바 '연참본부'는 필동(筆洞) 소재의 '헌병사령부' 건물을 사용토록 내정되어 있다고 한다. 총리와 총리비서실이 예장동으로 옮아가면 총리관저는 사실상 '총리부'로서 역할을 하게 될 것이다."

4) 현재 이 건물은 대대적인 리모델링 공사를 거쳐 2006년 2월 23일에 서울유스호스텔로 탈바꿈한 상태이다.

용이다.[4] 이에 관해서는 우선 1927년에 발행된 《경성시가도》를 통해 몇 가지 단서를 확인할 수 있을 것 같다. 여길 보면 다른 지도에 비해 총독관저의 위치는 물론이고 건물의 배치와 모양 같은 것이 매우 정확하게 표시되어 있는 것을 알 수 있다.

따라서 여기에 표기된 위치대로 가늠해본다면, 총독관저는 예전의 안기부 청사 본관건물이 있는 쪽과는 약간 떨어진 별개의 장소에 자리하고 있었던 것이 확실하다. 지금으로 말하자면 퇴계로의 중부세무서 옆에서 남산 쪽으로 이어지는 길을 따라 죽 올라가다가 마주치는 '서울특별시 소방방재본부' 쪽에 더 가까운 위치에 있었던 것으로 보면 될 것 같다.

아니나 다를까 실제로 이 부근을 탐방해보니까, 소방방재본부에서 서울종합방재센터 쪽으로 들어가는 길목의 숲 속에는 '다목적광장'이라고 이름이 붙여진 제법 너른 공터가 남아 있는 것을 확인할 수 있는데, 알고 보니 여기가 바로 예전의 총독관저가 있었던 자리였던 것이

《일본지조선》(1911)에 수록된 남산총독관저의 모습이다. 통감관저 시절의 사진과 비교해 보면 두 건물의 사이가 증축되어 연결된 것을 확인할 수 있다. 그리고 사진의 왼쪽에 보이는 고목은 은행나무인데, 이것이 총독관저의 위치를 확인하는 중요한 단서가 된다. 이 은행나무는 오른쪽에 보이는 느티나무와 더불어 지금도 그대로 남아 둘 다 서울시 보호수(고유번호 : 서2-7 및 서2-6, 중구 예장동 2-1)로 지정되어 있다. [자료제공 : 이돈수 한국해연구소장]

《일본지조선》(1911)에 수록
된 사진으로 순종황제가 몸
소 마차를 타고 통감관저로
거동했던 당시의 광경이다.
여기에서 보듯이 통감관저
는 때로 고난과 굴종의 공
간이기도 했다. [자료제공 :
이돈수 한국해연구소장]

다. 물론 이곳을 총독관저가 있었던 자리라고 단정하는 데는 몇 가지
분명한 근거가 있다.

1911년 1월 1일에 발행된 유락사(有樂社)의 '사진화보 그래픽(寫眞
畵報 グラフック)' 특별증간호 《일본지조선(日本之朝鮮)》에는 남산총독
관저의 전경을 촬영한 사진자료 하나가 수록되어 있는데, 여길 보면
진입로의 형태가 지금 남아 있는 모습과 하등 다르지 않다는 것을 확
인할 수 있다.[5] 그리고 사진 속에 보이는 '고목나무'의 존재 역시 위

---

5) 만선출판협회에서 발간한 《선철연선명소사적미술대관(鮮鐵沿線名所史蹟美術大觀)》(1919)은 물론이고
기타의 일제 초기 사진엽서 등에도 이와 동일한 판형의 사진자료가 두루 수록되어 있는 것이 확인되고
있다. 이와는 별도로 통감부(統監府)에서 펴낸 《조선사진첩(朝鮮寫眞帖)》(1910년 7월 1일 발행)에는 통
감저 진입로의 앞쪽으로 아직 복개되기 이전의 개울물이 흘러내려가고 그 너머로 은행나무와 느티나
무가 한 그루씩 좌우로 포진한 모습을 담은 사진자료 한 장이 수록되어 있어 참고할 만하다. 그리고 오
가와사진제판소(小川寫眞製版所)에서 펴낸 《일한합병기념 대일본제국조선사진첩(日韓合倂紀念 大日本
帝國朝鮮寫眞帖)》(1910년 9월 13일 발행)과 스기 이치로헤이(杉市郎平)의 《병합기념조선사진첩(倂合記
念朝鮮寫眞帖)》(元元堂書房·新半島社, 1910년 12월 4일 발행)에도 이와 동일한 사진자료가 수록된 것
이 눈에 띈다.

제1부_낯선 근대의 거리, 불편한 역사의 현장

치 확인을 위한 중요한 단서의 하나이다.

그럼 이 나무의 정체는 과연 무엇일까?

일제강점기에 발간된 숱한 자료들에는 총독관저 앞에 큰 은행나무
가 있었다는 사실이 널리 수록된 바도 있었거니와, 가령 1926년에 나
온 《경성의 광화(京城の 光華)》라는 책에는 이 나무에 관해 다음과 같
은 구체적인 설명이 등장한다.

……또 녹천정(綠泉亭) 부근에는 전설의 명목(名木)인 '대공손수(大公

서울종합방재센터(예전의 국가안전기획부 남산청사 본관)로 들어가는 길목에서 만나는 "다목적광장"이 바로 경술국치의 현
장인 '통감관저'(나중의 '총독관저')가 있던 자리이다. 도로의 진입로는 일제강점기와 거의 동일한 구조로 남아 있으며, 총독
관저 앞에 있었다는 수령 400년의 은행나무 역시 여전하다. 현재 이곳에는 몇 개의 공원 벤치와 농구 골대만 설치되어 있었을
뿐 아무런 흔적이나 표시조차 남아 있지 않다. 이곳의 뒤편 언덕에 올라가면 약간의 공터와 정자가 남아 있는데, 아마도 여기가
예전에 '녹천정(綠泉亭)'이 있었다는 곳이 아닌가 싶다.

孫樹, 은행나무)'가 있다. 수령 500년이 넘고, 나무 둘레가 네 발(양팔 길이)로도 모자라며, 높이는 관저의 옥상에 닿아 있고, 가지는 남산 기슭을 덮고 있는데, 이 정정한 고목은 문록의 역(즉 임진왜란)에 카토 키요마사(加藤淸正)가 말을 매어두었다고 전한다.

그런데 '다목적광장'으로 들어가는 진입로 앞쪽에는 이 은행나무가 아직까지 그대로 잘 남아 있다. 나무 앞에 세워둔 안내 문안에는 이 나무가 현재 서울시 보호수(고유번호 : 서2-7, 중구 예장동 2-1)로 지정되어 있다는 표시가 보인다.

그러니까 이 나무의 위치로 가늠해보더라도 이곳이 예전의 총독관저가 있었던 자리라는 사실은 틀림이 없다. 하지만 이 부근을 아무리 둘러봐도 이곳에 식민통치자들의 본거지가 있었다는 흔적은 그 어디에도 당최 보이질 않는다. 그저 몇 개의 공원 벤치와 더불어 농구 골대가 덩그러니 자리를 지키고 있는 풍경이 눈에 들어올 따름이다.

암울했던 역사의 흔적을 기억하고 들춰내는 일이 그리 달가울 리는 없겠지만, 그래도 이곳이 '경술국치'의 현장이었으며 이 땅을 지배했던 역대 통감과 총독의 소굴이었다는 사실을 담은 표지석 하나 정도는 마땅히 남겨두어야 하지 않을까 싶다. 이 자리의 의미를 되새기는 것이 반드시 승자의 몫만은 아닐 테니까 말이다. (2005. 7. 3)

# 남산의 총독관저,
# 시정기념관이 되다

시정기념관의 전시실 구조와 진열물품에 대한 소상한 설명은 다음의 자료들을 통해 확인할 수 있다. 여기에는 총독관저 일대의 풍경에 대한 묘사도 함께 들어 있어 참고할 만하다.

**(1) 〈매일신보〉 1940년 11월 22일자, "시정기념관(始政記念館) 오늘 개관식(開館式), 방마다 보이는 것마다 회고와 감격의 유물, 새조선의 역사적 산실도 이곳!" 제하의 탐방기사**

남산 밑 왜성대(倭城臺)에 있는 시정기념관의 개관식은 드디어 오늘 22일에 거행된다. 이 기념관은 이미 지난 15일부터 문을 열었거니와 그동안 동경 갔던 미나미 총독(南總督)이 돌아오기를 기다려 오늘로 개관식을 정한 것이다. 명치 18년(즉 1885년) 이곳에 새로이 터를 닦고 일본공사관(日本公使館)으로서 등장한 이래 작년 9월 미나미 총독이 경무대(景武臺) 신관저로 이사하기까지 실로 50여 년의 묵은 역사를 가지고 있던 이 집을 시정 30주년의 빛나는 해와 함께 영원히 기념하고자 여기에 그 이름을 '시정기념관'으로 하고 역대 통감, 총독의 보배로운 유물을 진열하여 일반에게 공개함으로서 옛 어른들의 큰 덕을 추모하고 다시 나아가 그들의 손에 키워온 젊은 조선의 걸어온 길을 돌아보는 한 개의 거울로서 삼자는 것이다. 기자는 어제 21일 개관식을 하루 앞두고 준비에 바쁜 이 '옛집'을 찾았다.

소나무 벚나무 풀잎 하나에까지도 남산 모퉁이 왜성대 숲 그늘에 초겨울 햇볕은 걸음이 바쁘다.

뉘엿뉘엿 저물어 가는 노을 속에 싸여 정물(靜物)로 놓여 있는 이 '늙은 집' 앞에 왼편으로 은행나무, 바른편에 느티나무 두 그루의 고목이 하늘을 향하여 뻗어 올랐다. 모두 30여 척의 아름드리 고목들이다. 수령(樹齡)은 4백여 년씩 되는 것 같으나 그 정정한 가지와 푸른 기운이 전설처럼 정다웁다.

이 집의 옛 주인들은 이 두 그루 나무를 무던히는 사랑했음인지 정자 아래 단을 쌓고 단

《조선》1942년 11월호에 소개된 '시정기념관' 내부의 모습이다. 사진에 보이는 방은 바로 '한일합병조약'이 체결된 곳으로 그들 역시 이곳을 역사적 장소로 기념하기 위해 그 당시에 쓰던 탁자와 의자를 그대로 보존하여 진열해놓고 있었다. 그리고 벽면에는 초대 통감 이토 히로부미의 초상을 걸어둔 것이 눈에 띈다.

곁에 약수를 팠다. 시원한 여름밤이 그늘에 나앉아서 만호장안의 불빛을 눈 아래 살피며 한 모금 약수로 시(時) 한귀 읊었음직도 하다.

먼저 왼편으로 1호실—. 이 방에는 테라우치(寺內) 총독이 날마다 쓰던 벼루와 소네(曾禰) 통감의 필적, 하세가와(長谷川) 총독이 입던 명치시대의 군복과 예장, 육군대장 통상복 등이 진열되어 있다. 그런데 유난히도 이 방 안에서 기자의 눈을 끄는 것은 한켠 구석에 놓여 있는 풍금(風琴)이다. 이것은 이토 공(伊藤公)이 지금으로부터 35년 전 불란서로부터 가지고 온 것인데 풍금이라기보다 축음기라 하는 편이 옳을 것이다.

태엽을 감아놓으니 직경 두 자가량의 둥그런 철판이 돌아간다. 그 철판에 뚫어진 수백 개의 구멍이 세 개의 바늘과 같은 것에 스치자 뜻하지 않은 '라파뿐마'의 음률이 흘러나와 텅 빈 옛집에 일층 신비스러운 느낌을 준다.

다시 그 옆으로는 제2호실! 여기는 사이토(齋藤) 대장의 '세비로'

제1부_낯선 근대의 거리, 불편한 역사의 현장

양복과 해군대장의 정복이며 대정 8년(즉 1919년) 폭탄에 맞은 가죽털띠며 모자, 통상복, 구두 또 대정 15년(즉 1926년)에 강진군 대구면(康津郡 大口面)에 가서 친히 모아온 23점의 고려자기(高麗磁器) 또 우산, 다장 등이 진열되어 있다.

그리고 옆에는 농부가 되어 모를 심는 사이토 총독의 사진이 걸려 있다. 3호실에도 역시 사이토 자작이 친필로 시구(詩句)를 쓴 도기(陶器) 19점이며 손수 쓰던 책상이 옛 주인을 기다리는 듯 고요히 놓여 있다. 기자는 책상을 들여다보다가 뜨끔하고 가슴을 찌르는 무엇에 두 손을 모으고 몸을 가누었다. 서랍 속에 꽉 채워진 노끈꾸러미를 본 것이다. 이런 것에는 아무런 부자유도 없었으련만 거리의 저자에서 무슨 물건이든지 사오면 그것을 묶어온 노끈을 옛 어른은 하나도 버리지 않고 일일이 모아두었고 그것을 채 다 써보지도 못하고 이 집을 떠난 것이다. 지금 기자의 눈앞에는 흰머리에 흰수염 난 할아버지가 '어떠한 적고 하찮은 것이라도 아껴두면 쓰느니라' 하며 의자에 앉아서 노끈을 추려서 서랍 속에 간수해두는 풍경이 떠오른다. 책상 위에는 필통, 붓, 송곳, 집게, 칠요표(七曜表), 신문 오려놓은 것 —. 어느 것 하나라도 사치한 것은 없고 모두 질소한 것들뿐이요 그것이 하루같이 그 어른의 손때에서 정들어온 것들이다.

이층에는 17점의 사군자폭(四君子幅)이 걸려 있다. 모두 당시 나라와 백성과 정치를 말하던 어른들의 글씨요 그림이다. 이것을 보아가던 기자는 우뚝 걸음을 멈추지 않을 수 없는 방안에 나섰다. 이 방은 합병조인실(合倂調印室)—. 이 방이 바로 30년 전 일한합병의 도장을 찍던 그 한순간을 가졌던 방인 것이다. 오늘의 조선을 낳아놓던 역사적 산실(産室)이요 이 강산 백의인에게 새 길을 밝혀준 봉화대(烽火臺)도 되었던 것이다.

여섯 칸 남짓한 방안에 엷은 햇볕이 숨어들어 거울을 좌우로 이토 공(伊藤公)으로부터 미나미 총독에 이르기까지 8대 통감 총독들의 흉상(胸像)이 놓여 있고 중앙의 '테블—' 그 위에는 벼루집과 '잉크 스탠드'가 있고 좌우로 네 개의 의자와 한 개의 '소파—'가 놓여 있다.

"자, 이것으로서 완전히 우리는 한 형제요 한 임군을 섬기며 나아갈 길을 연 것이오." 하며 "허허허……" 하고 소리를 높여 웃는 옛 어른들의 환영이 눈앞에 움직이는 것 같다. 그들의 옷자락 스치는 소리, 풍기는 입김—. 오, 그 소리 그 향기는 이 집안에서만 호흡하고 있는 것이 아니라 오늘날 우리 가슴에 새 생명의 입김을 불어 넣어주던 것이 아니었던가?

기자는 기념관을 나와서 뒤뜰을 돌아 이끼 푸른 녹천정(綠泉亭)을 지나 원수정(元帥亭)으로 마른 잡초를 헤친다. 황혼은 단풍으로 타는 듯한 산기슭을 더욱 불 질러놓았고 이따금씩 고개를 넘어오는 찬바람에 생각난 듯이 우수수 발뿌리를 덮는 것은 낙엽의 빗발!

눈 아래는 지금 약진에 용솟음치는 백만 대경성이 황혼에 쌓여가고 있다. 봄가을 철을 따라 화장을 달리하는 이 산길을 옛 어른은 거닐면서 무엇을 생각하였을까? 대답은 스스로 우리들이 가지고 있다는 것을 또 한 번 느낄 때 기자의 걸음은 잠시 멈추어진다. (사진은 합병조인실)

**(2) 사세 나오에(佐瀬直衛)의 "조선총독부 시정기념관(始政記念館)의 개설에 대하여", 《조선》 1941년 1월호, pp. 59~62.**

작년은 황기(皇紀) 2600년에 빛나는 가년(佳年)에 해당하고, 또 조선에 총독부가 설치된 명치 43년(즉 1910년)부터 셈하여 만 30년의 세월이 경과했으니 진실로 의의 깊게 기념할 만한 해에 해당하는 것인데, 총독부에서는 시정 30주년의 기념사업으로 시정 30년간을 회고하고자 이토 초대 통감의 유품을 비롯하여 역대 총독의 패용품 기타 다수의 기념품을 수집하여 취록(翠綠) 짙은 남산의 기슭 왜성대(倭城臺)의 구총독관저(舊總督官邸)에 진열하고 일반의 관람을 제공하기에 이르렀음은 참으로 시의(時宜)에 맞는 시설이라고 할 수 있을 것이다.

애초에 경성 남방을 둘러싸고 있다고 이르는 남산은 경성에 있어서 경승지(景勝地)이며 그 산세의 유수온아(幽邃溫雅)한 모습은 마치 경도(京都)의 동산(東山)에 방불한 것으로, 현재의 경성신사(京城神社) 주변부터 왜성대 일대의 땅은 산자수태(山姿水態)가 가장 아름다운 곳이 되어 경성인사의 동경하는 장소가 되어 있다. 이제 옛 기록을 살피건대 왜성대 구총독관저가 소재하는 일대의 땅을 청학동(青鶴洞)이라고 불렀고, 청학동은 뒤쪽으로 남산에 이어져 수목이 울연(鬱然)하고 번무(繁茂)했고, 아래로는 청렬(清冽)한 청천(清川)이 흘러 곳곳에 소폭(小瀑)을 걸었으니, 고래(古來)로 한성 제일의 경승으로 알려져 있던 곳이다. 산 아래 단애(斷崖) 밑에서 솟아나는 샘물은 위장병에 특효가 있다는 말이 전해져 이를 마시길 원하는 발길이 끊이질 않는다.

지금을 거슬러 549년 전, 이조의 태조 이성계가 국도를 개성에서 한성(지금의 경성)으로 옮길 때에 승려 무학(無學)이 이곳을 살펴보고 별저(別邸)를 이곳에서 지었으며 약수를 녹천(綠泉)이라 부르고, 별저를 녹천정(綠泉亭)이라고 칭했다고. 또 일설에는 녹천(綠泉)이란 것은 무학의 명명했던 것이 아니고 이조 23대 철종시대의 우의정이었던 박영원〔朴永元, 자 선지(善之), 호 오서(梧墅)〕의 명명했던 것이라는 전설이 있다.

이래 몇 성상(星霜)에 이곳은 한성명사의 저택과 별서지로 알려져 제9대 성종과 제10대연산군 때에는 시인 박은〔朴誾, 자 중열(仲悅), 호는 읍취헌(挹翠軒)〕, 제11대 중종시대에 는 좌의정 이행〔李荇, 호 용제(容齊), 창택어수(滄澤漁叟), 청학도인(靑鶴道人)〕 등이 이곳에 거주하면서 시문으로써 경승을 세상에 소개했다고 전한다.

고종(이태왕)시대에 이르러 이곳은 일시 모 부호의 저택이 되었다가 명치 18년(즉 1885 년) 1월, 전년도에 소타(燒打)의 재난을 당했던 교동(校洞)의 우리 공사관에 대한 대지 (代地)로 삼아 한국정부에서 이곳을 우리나라에 제공한 것과 더불어 우리나라는 이곳에다 공사관을 건설했고, 명치 38년(즉 1905년) 11월 17일, 일한조약(즉 보호조약)이 체결되어 공사관이 폐쇄되기까지 우리 역대 공사의 공관으로 사용되었던 것이다.

그 후 명치 38년(즉 1905년) 통감부가 설치됨과 동시에 공사관 자리는 그대로 통감관저 로 충당되어, 다시 명치 43년(즉 1910년) 8월에 일한병합조약이 체결되어 총독부가 설치되 매 곧 테라우치(寺內) 초대 총독부터 현 총독 미나미(南) 대장의 대(代)에 이르기까지 7 대의 총독관저로 사용되어온 오랜 역사를 지닌 유서 깊은 건물이다.

이번에 총독부에서 이 건물을 회장(會場)으로 삼아 총독부 시정 30년간을 회고하도록 숱한 귀중한 기념품을 수집 진열하여 일반의 관람에 제공하기에 이른 것은 참으로 의의 있 고도 적절한 시설이라고 할 수 있을 것이다.

이제 본관진열품의 상황을 참고삼아 기술함에 금회 진열된 물품의 총 점수는 약 2백 점으 로 그 가운데 주요한 것을 나열하면, 우선 계하(階下)의 1호실에는 조선주차군사령관으로, 또 통감대리(統監代理)로, 당시 세위(勢威)가 혁혁했던 하세가와 원수(長谷川 元帥)의 육군대장 통상복(通常服), 동 예장(禮裝) 등이 치장되어 있고, 그 예장에는 공일급금치훈 장(功一級金鵄勳章)의 군 최고훈장을 비롯하여 욱일대수장(旭日大綬章), 국화대수장(菊 花大綬章) 외에 한국대훈위금척대수장(韓國大勳位金尺大綬章), 독일, 불란서의 외국 최 고훈장 등 다수가 장식되어 눈이 휘둥그레할 만큼 찬란한 것이 있다. 또 원수에 대정천황에 게서 하사된 고강(高綱)의 명도(銘刀)가 진열되어 있고, 벽 사이에는 원수의 초상 및 일진 회장 이용구(一進會長 李容九)로부터 봉정된 창덕표(彰德表)가 걸려 있다. 여기에서 못 보고 놓치기 쉬운 것은 입구 좌측의 창측에 진열된 이토 공(伊藤公)이 불란서에서 가져 왔 다고 전해지는 고색창연한 '오르골' (악기)이 있다는 것이다. 이 방에는 또 2대 통감 소네 자 작(曾禰子爵)의 유품인 동 자작에 의해 엄도유초(嚴島游草)의 시에 관계한 대좌모자(大 左母子)가 나란히 있는 외에 초대 총독인 테라우치 백작이 상용했던 대연(大硯)이 진열되 어 있다.

다음의 계하(階下) 제2호실에는 온용옥(溫容玉)과 같은 3대 총독 사이토 자작(齋藤

子爵)의 초상화를 비롯하여 자작이 착용했던 해군대장의 하복, 대검, 군모 등이 전시되고, 다음 케이스(진열장)에는 자작이 대정 15년(즉 1926년) 5월, 전남 강진군 대구면의 유명한 고려고요지(高麗古窯址)를 시찰할 제에 동지에서 가져왔다고 전해지는 고려청자의 파편이 여럿 나열되어 있는 외에 자작이 외국에서 구입했던 스틱(지팡이), 양산, 긴 막대가 부착된 나뭇가지 전지기구 등이 나란히 놓여 있다. 이 방에서 못 보고 놓치기 쉬운 것은 자작이 소화 8년(즉 1933, 이 부분은 착오이다)에 재차 대명을 받들어 제5대 총독이 되어 내선(來鮮)했을 제에 남대문 역두에서 폭탄소요로 폭탄의 파편을 받은 당시의 탄흔이 남아 있는 자작 착용의 배광복(背廣服)이 전시되어 있는 것이다.

다음 계하(階下) 제3실도 사이토 자작의 일상을 그리는 다소의 물품이 나열되어 있다. 우선 자작의 일상 사용하던 식기류를 비롯하여 자작이 염필(染筆)을 했던 철기(鐵器), 도기(陶器)가 진열되어 있는 외에 동경 요츠야(東京 四谷)의 본저(本邸)에 있어 사용되던 탁자, 의자 등이 있는데, 그 탁상에는 소화 11년(즉 1936년) 2월 26일의 눈 내린 새벽, 자작이 흉탄에 쓰러지기 직전까지의 탁상일기가 올려져 있는 외에 문진(文鎭), 붓, 벼루, 먹, 잉크 스탠드 등 여러 물품이 그 당시 있던 그대로 늘어놓았고, 그 탁자의 서랍 한쪽에는 가지가지의 묶음 노끈이 말려져 있는 외에 다른 서랍에는 창칼, 송곳, 못 뽑기, 전정가위 등 여러 가지를 넣어두었는데, 자작 일상의 단념(丹念)을 다함을 보여주었고, 탁상력(卓上曆)에는 조난 전일의 2월 25일까지 붉은 선이 그어져 있는 등 조난 당시의 비극을 떠올리게 한다.

다시 계상(階上)으로 올라와서 그 동남우(東南偶)의 일실(一室)은 명치 43년(즉 1910년) 8월의 역사상 특필할 만한 일한병합조약이 조인된 방인데, 이 방에는 당시 사용됐던 탁자, 의자, 벼루통 등 예전 그대로 보존되어 있는 외에 이토 공(伊藤公)의 초상화를 비롯하여 동공(同公)이 통감의 요직에서 물러나 귀동(歸東)할 제에 연대(椽大)의 붓을 휘둘러 '남산각하녹천정(南山脚下綠泉亭)'의 칠언절구를 지어 휘호(揮毫)한 대편액(大扁額) 및 이것의 유래를 적어놓은 노암(魯庵) 테라우치 마사타케(寺内正毅) 백작의 대편액이 걸려 있는 것이 눈에 띈다.

이 방은 황공하옵게도 대정천황(大正天皇)께서 황태자(皇太子)로 계실 당시 행차하여 머무르시던 유서 깊은 방이다.

계상(階上)의 다음 방에는 처마에 한국 황태자 즉 지금의 이왕전하의 친필이 걸려 있으며, 또 이토 공, 하세가와 대장의 근엄한 붓으로 이룬 서폭(書幅), 병합 당시 한국의 대입물(大立物)이었던 이완용(李完用) 백작의 서폭이 걸려 있는 외에 아카시(明石) 장군 득의의 달마(達磨), 소공(素空) 야마가타 공(山縣公)의 난화(蘭畵), 기타 당시 지명인사의 기서(寄書) 등 다수가 걸려 있다. 또 한편 현관 바로 위의 일실(一室)은 사이토 자작 휘호의 '지성통천(至誠通天)'이라는 대편액이 걸려 있는 외에 테라우치 백작, 기타 당시의 현관연기서(顯官連寄書)의 대폭이 걸려 있어, 어느 것이나 그 당시를 회고하기에 좋은 숨어 있던 자료라고 할 수 있을 것이다.

이상은 본관진열의 일반을 서술한 것에 지나지 않는다. 현재 진열된 각종 자료 외에 금후 더욱 반도 통치에 관계있는 문서, 서적, 기타 각종의 참고자료를 다수 수집 진열하여, 독지가의 관람에 제공하기에 이를 것이다(소화 15년 11월 15일 원고).

# 하야시 공사의 동상 잔석,
# 아직 남아 있다

경술국치의 현장인 옛 통감관저 터 일대를 거듭 답사하던 도중인 2006년 2월께에 서울시 보호수로 지정되어 있는 느티나무 아래에서 마치 돌 벤치 모양으로 나란히 줄지어 배치해놓은 하야시 곤스케(林權助, 1860~1939) 동상의 잔석이 남아 있는 사실을 처음으로 확인하였다.

맨 처음 이곳을 들렀을 때는 여름철이라 하필 노숙인이 그 자리에 누워 있었기에 가까이 접근하여 자세히 살필 형편이 되질 못하였기 때문에 이 동상 잔석의 존재를 알아차리지 못했고, 그리하여 사람들의 발길이 뜸한 추운 겨울철이 되어서야 '男爵林權助君像(남작 하야시 곤스케 군상)'이라고 새겨진 글씨가 아직도 또렷이 남아 있는 판석의 모습이 나의 눈에 띄었던 것이다.

이에 급한 대로 《한겨레》 2006년 3월 1일자의 지면을 통해 "경술국치 현장을 찾아냈다, 서울 유스호스텔 진입로서 하야시 동상 판석 발견"이라는 제목의 신문기사로 이 사실을 알렸는데, 어쨌거나 1936년에 건립된 하야시 동상의 설치장소가 '총독관저의 앞뜰'이었다는 기록이 엄연히 남아 있으니, 이것은 옛 사진에 등장하는 '은행나무'와 더불어 총독관저의 원위치를 가늠하게 해주는 유력한 증거가 하나 더 보충된 셈이었다.

현재 남아 있는 화강암 판석은 하야시 동상의 좌대로 사용됐던 부분에 해당하는 것으로, 길이를 재어보니, 대략 가로 85센티미터, 세로 274센티미터 정도의 크기이다. 이곳에는 이것 말고도 옆면을 장식했을 두 개의 판석이 더 남아 있으며, 다만 뒷면에 해당하는 부재는 남아 있지 않다.

이것은 아마도 뒷면부분에 공적이 새겨진 다른 부착물이 있었을 것이므로 이것과는 모양이 달라서 여기에 남아 있지 못한 것이거나 그게 아니라면 공적이 새겨진 부분을 지워내면서 별도로 폐기 처분된 것이 아니었을까 짐작할 따름이다.

그다지 유쾌할 것은 없으나 그나마 용케도 남아 있는 식민지 시절의 흔적이자 증거물이기도 한 하야시 동상의 잔석에 대한 처리방안이 잘 강구되었으면 하는 바람을 갖는다. 만약에 석물의 현장보존이 결정된다면, 그 앞에 무슨 안내 문안이라도 만들어 두어야 하는 것이 아닌가 싶다. 아울러 이 일대는—서둘러 표석이 설치되어—'경술국치의 현장'인 '통감관저(나중의 총독관저)'가 있었던 공간이라는 사실도 좀 널리 알려졌으면 한다.

서울시 보호수인 느티나무 아래에는 돌 벤치로 변신한 하야시 동상의 좌대 판석이 '용케도' 이렇게 남아 있다.

한편, 경기도 편찬, 《경기지방의 명승사적(京畿地方의 名勝史蹟)》(조선지방행정학회, 1937) 이란 책에 보면 남산 총독관저 앞에 하야시 공사(林權助 公使, 1860~1939)의 동상이 세워진 내력에 대한 설명(pp. 52~53)을 담고 있다. 참고삼아, 여기에 그 내용의 전부를 옮겨둔다.

### "하야시 곤스케(林權助)의 수상(壽像)과 일본공사관(日本公使館)"

수상(壽像)은 왜성대 총독관저(倭城臺 總督官邸) 현관 우측(玄關 右側)의 전정(前庭)에 있다. 높이 8척(尺)에, 대좌(臺座)를 포함 2장(丈)에 이르며, 토쿠토미 소호 옹(德富蘇峰翁)의 찬문(撰文)에 의해 반도 근세사상 가장 파란이 중첩됐던 일청역(日淸役, 청일전쟁) 후부터 일로역(日露役, 러일전쟁) 후까지 8년간(명치 32년 6월부터 동 39년 2월까지)에 걸쳐 하야시 곤스케 남작의 주한공사(駐韓公使)로서의 공적과 동상건설의 취지가 새겨져 있다. 그 전문(全文)은 다음과 같다.

명문명사(名門名士) 출신의 추밀원고문관 정이위 훈일등 남작 하야시 곤스케 군(樞密院顧問官 正二位 勳一等 男爵 林權助君)이 곧 이 사람이니라. 군(君)의 조선(祖先)은 토리이 모토타다(鳥居元忠)을 좇아 후시미성(伏見城)을 영수(嬰守)한 이래 누세(累世)에 아이즈번사(會津藩士)였으며, 그리고 부조(父祖) 모두 무진역(戊辰役)에서 순절하였도다. 군(君)은 고학역행(苦學力行)이 탁연(卓然)하여 스스로 떨쳐 업(業)을 이루어 직(職)을 외무(外務)에 받들고 관유(官遊)의 자취가 환우(寰宇)에 두루 미쳐 그 성적(成績)은 가승(家乘)에 상세한데, 이리하야 그 반세(半世)의 정력(精力)은 대부분 동아국면

(東亞局面)의 개제(開濟)에 경진(傾盡)했고 대략 명치 27, 8년역[청일전쟁] 전후에서 37, 8년역[러일전쟁] 전후에 있어서 명명(冥冥)한 공로(功勞)는 다만 식자(識者)가 능(能)히 알고, 그중에 주한공사(駐韓公使)로서 일한병합(日韓倂合)의 소지(素地)를 이룬 것과 같은 최고 교자(較者)의 하나가 되었도다. 군(君)은 천성(天性)이 장자(長子)의 풍(風)이 있는 외에도 광달(曠達)하고 내조지견(內操持堅)하여 많은 말을 하지 않고 기회를 보아 능히 결단을 내리고 능히 행동에 옮기며, 아이즈(會津)에서 태어나 사츠진(薩人)으로 자라났으므로 저절로 아이사츠진(會薩人)의 장소(長所)를 갖추었고, 그럼에도 행진(倖進)하지 않고 경망(競望)하지 않으며 진퇴(進退)할 때는 작작호(綽綽乎)로 하여 여유(餘裕)가 있는 것이 특별히 이것에 일가(一家)의 풍(風)이 많았도다. 소화 11년 군(君)이 희수(喜壽)에 오르자 군(君)의 교우(交友) 지기(知己) 및 후진(後進)의 사(士)가 그 축의(祝意)를 표할 수 있기를 기(期)하여 상접(相接)하고, 이에 함께 의론하여 수상(壽像) 일기(一基)를 증정(贈呈)하니, 때마침 조선총독 우가키 가즈시게(朝鮮總督 宇垣一成)군이 이를 듣고 수상(壽像)을 경성 구공사관(京城 舊公使館)의 전정(前庭)에 안치할 것을 제의하매 모두들 군(君)의 수상이 그 자리에 서게 됨을 기뻐하고, 그리하여 군(君) 역시 흔연(欣然)히 이를 허락하니 이에 아울러 그 사유(事由)를 적어 후세의 군자(君子)에게 알리노라.

소화 11년(즉 1936년) 12월 2일, 하야시 곤스케 남작을 위시하여 요시자와 겐키치(芳澤謙吉)(전 외상), 미나미(南) 조선총독, 오노(大野) 정무총감, 민병석(閔丙奭) 자작, 윤덕영(尹德榮) 자작 등 내선(內鮮) 제명사 참렬한 가운데 수상제막식(壽像除幕式)을 거행했다.

수상(壽像)이 위치한 왜성대 총독관저는 명치 18년(즉 1885년) 1월 이래 명치 39년(즉 1906년) 1월 말일까지 일본공사관이었던 곳인데, 2월 1일 통감부가 설치되면서 통감관저로 되었고, 병합 후 총독관저가 되어 현재에 이르고 있다.

《경기지방의 명승사적》(1937)에 수록된 1936년 12월 2일의 '하야시 동상 제막식' 광경으로, 동상 앞에 선 이가 동상의 주인공 하야시 곤스케(林權助)이다. 그는 러일전쟁을 전후한 시기에 8년 가까이 주한일본공사를 지냈는데, 1936년에 그의 희수(喜壽)를 맞아 이를 기념하는 뜻에서 동상 건립이 추진되자 당시 우가키 조선총독의 배려(?)로 옛 공사관이었던 총독관저 구내에 이 동상이 세워지게 되었다고 전한다.

# 2

# 조선총독부,
# 남산 왜성대에 우뚝 솟다

| 과학의 요람으로 사라진 식민통치 권력의 본거지 |

지하철 4호선 명동역에서 남산 케이블카 승강장 쪽으로 이어지는 '소파길'의 들머리에 있는 언덕길을 따라 오르면 이내 건물의 외벽을 온통 파란색으로 칠한 서울애니메이션센터(1999년 5월 3일 개관)를 만나게 된다. 그러고 보니 많은 사람들에게 이곳은 'KBS 중앙방송국 (1957년 12월~1976년 10월)'이 있던 자리로도, 그리고 '국토통일원 청사(1977년 1월~1986년 2월)'가 있던 자리로도 기억되는 공간이다.

바로 이웃하는 곳에 있는 사립명문 리라초등학교(1965년 5월 20일 개교)의 건물이 노란빛깔 일색인 것과는 묘한 대조를 이루는 풍경이다. 지금은 서로 별개의 공간으로 나뉘어 있지만, 알고 보면 두 곳은 모두 '예장동(藝場洞) 8번지'라는 하나의 지번에 묶여 있는 단일구역이다. 일제강점기로 거슬러 올라가면 이곳은 '왜성대정(倭城臺町, 와죠타이

쵸) 8번지'였고, 다름 아닌 식민통치 권력의 본거지였던 조선총독부(朝鮮總督府)가 있었던 자리였다.

　흔히 조선총독부라고 하면 지금은 사라진 옛 중앙청(中央廳, 경복궁 흥례문 자리) 건물을 먼저 떠올리는 것이 보통이지만, 여기에 신청사가 준공된 것은 일제강점기의 중반쯤에 해당하는 1926년의 일이었다. 그러니까 이곳에 앞서 1910년부터 1926년까지는 남산 왜성대에, 그 이후 일제패망 때까지는 '광화문통' 경복궁 안에 조선총독부가 있었던 것이다. 그리고 통감부 시절까지 합치면, 각각의 장소에 조선총독부가 존속했던 기간 역시 엇비슷했다.

　서울애니메이션센터와 리라초등학교가 어우러진 공간이 한때 조선총독부였다는 것은 도로변에 놓여 있는 '김익상의사의거터(金益相義

남산 중턱의 포토아일랜드에서 내려다본 '예장동 8번지' 옛 조선총독부 청사 일대의 풍경이다. 지금은 그 자리에 '서울애니메이션센터'가 들어서 있고, 이곳과 바로 이웃하는 '리라초등학교'도 지금은 별개의 구역인 듯이 보이지만 이 자리 역시 옛 남산총독부의 부속 건물이 차지하던 공간이었다. 그리고 사진의 아래쪽에 보이는 '숭의학원' 일대는 옛 '경성신사'와 '왜성대공원(남산공원)'이 있던 자리이다.

土義擧址)' 표석(1995년 9월 설치)을 통해서도 어느 정도 짐작할 수 있다. 또한 이곳과 수십 미터 남짓 떨어진 위치에 세워져 있는 '통감부터(統監府址)' 표석(2003년 12월 설치)에도 이러한 내용이 또렷이 서술되어 있다.

일제가 대한제국을 탈취하기 위하여 1906년 이곳 남산 기슭에 세웠던 침략기구 통감부(統監府)터. 1910년 8월 우리의 국권이 빼앗길 때까지 하세가와 요시미치(長谷川好道) 이토 히로부미(伊藤博文) 등이 통감으로

서울애니메이션센터 앞 도로변에 놓여 있는 '통감부터' 표지석(2003년 12월 설치)이다. 이곳이 옛 남산 총독부 자리였다는 사실을 알려주는 사실상의 유일무이한 흔적인 셈이다.

부임 침략공작을 폈다. 1910년 일제강점 이후에는 통감부가 조선총독부로 바뀌어 1926년까지 이곳에 있었다.

그런데 이 표석에 새겨진 내용 가운데 역사적 사실과 약간 다른 구절이 눈에 띈다. 가령 "하세가와 요시미치 등이 통감으로…… 운운"하는 대목이 그것인데, 하세가와 요시미치(長谷川好道, 1850~1924)는 그당시 한국주차일본군사령관(韓國駐箚日本軍司令官)의 자격으로 이토 통감이 부재중일 때 간간이 '통감대리(統監代理)'의 역할을 수행했던 인물로 정식 통감은 아니었다.

참고로 말하면 통감부 시절 역대 한국통감(韓國統監)은 이토 히로부미(伊藤博文; 재임 1905. 12. 21~1909. 6. 15), 소네 아라스케(曾禰荒助; 재임 1909. 6. 15~1910. 5. 29), 테라우치 마사타케(寺內正毅; 재임 1910. 5. 30~1910. 9. 30)의 순서였고, 부통감(副統監)으로는 소네 아라스케(曾禰荒助; 재임 1907. 10. 20~1909. 6. 15)와 야마가타 이사부로(山縣伊三郎, 재임 1910. 5. 30~1910. 9. 30) 두 사람이 있었다.

그리고 표석의 내용에 "1906년 이곳 남산 기슭에 세웠던 통감부"라고 하는 구절 역시 엄밀하게는 사실과 약간 다르다.

돌이켜보면, 1905년 11월 17일에 강압된 이른바 '을사조약'에 따라 대한제국의 외교권이 박탈되고 일본공사관과 영사관이 철폐되는 한편 그 대신에 한국통감부(韓國統監府)와 이사청(理事廳)이 정식으로 설치된 것은 그 이듬해인 1906년 2월 1일의 일이었다. 이 당시 당장에 통감부의 새 건물을 마련하기에는 시일이 촉박하고, 더구나 한국통감으로 임명된 이토 히로부미의 현지부임이 계속 지연되고 있는 형편이었으므로, 우선 급한 대로 하세가와 임시통감대리의 주관 아래 한국정부의 외부 청사(外部 廳舍)를 빌려 통감부를 개청하였던 것이다.

《경성부사》 제2권(1936)에서는 이 무렵의 상황에 대해 이렇게 서술하고 있다.

> 통감부 관제 발포의 다음〔1905년〕 12월 21일 추밀원의장(樞密院議長) 후작(侯爵) 이토 히로부미(伊藤博文)가 통감(統監)에 친임(親任)되고, 동시에 총무장관(總務長官)에 츠루하라 사다키치(鶴原定吉), 농상공무부 총장(農商工務部總長)에 키우치 주시로(木內重四郎), 경무총장(警務總長)에 오카 키시치로(岡喜七郎)가 임명되었으며, 명치 40년(1907년) 3월 외무총장(外務總長)에 나베시마 케이지로(鍋島桂次郎)가 임명되었다.
>
> 명치 39년(즉 1906년) 1월 29일 츠루하라 총무장관이 먼저 내임(來任)했고, 이어서 키우치, 오카의 양 총장도 서로 앞서거나 뒤서거니 착임하여 통감부 개청의 준비를 했다. 동년 1월 31일부로써 공사관(公使館)은 폐쇄(閉鎖)되고, 2월 1일 임시통감대리(臨時統監代理) 육군대장 하세가와 요시미치(長谷川好道)가 간단한 통감부 개청식(統監府 開廳式)을 거행하고는 광화문통 구외부(光化門通 舊外部)에서 즉각 사무를 개시했다. 다년간 일한외교(日韓外交)의 난국(難局)을 감당했던 하야시공사(林公使)는 2월에 들어서 경성에서 물러나 21일 동경에 도착했다.

여기에 나오는 '외부 청사'는 육조거리의 동편으로 광화문 쪽에서 옛 경기도청을 지나 두 번째에 해당하는 위치에 있었는데, 현재 문화

이것은 통감부(統監府)가 펴낸《한국사진첩(韓國寫眞帖)》(1910년 7월 1일 발행)에 수록된 것으로, 남산 왜성대 언덕 위에 자리하고 있던 '한국통감부청사'의 전경이다. 사진의 촬영 각도로 짐작컨대 명동성당의 남쪽에 있던 '샬트르 성바오로 수도회'의 수녀원 쪽에서 담아낸 전경인 듯하다. 이른바 '을사조약'의 결과로 1907년 2월 1일에 설치된 최초의 통감부는 육조거리에 있던 옛 외부 건물을 사용하였으나, 1년 후 신청사의 완공과 더불어 1907년 1월에 이곳으로 자리를 옮기게 되었으며, 1910년 경술국치 이후에는 이 건물이 그대로 조선총독부 청사로 전환되어 사용되었다.

체육관광부가 자리한 세종로 82번지 일대를 말한다. 광화문 앞에 있던 기존의 외부 청사가 통감부로 전환된 것은 외교권의 박탈로 이 공간이 이미 무용지물이 된 상태였기 때문으로 풀이된다.

이 사이에 이토 통감은 1906년 3월 2일에 지각 부임하였고, 이에 따라 그달 28일에는 원유회(園遊會)를 겸하여 통감부 개부식(統監府 開府式)이 다시 개최되기도 하였다. 이날의 광경은《황성신문》1906년 3월 29일자의 "통부개부(統府開府)"라는 제목의 기사에 수록되어 있는데, 그 내용의 일부를 옮겨보면 이러하다.[1]

제1부_낯선 근대의 거리, 불편한 역사의 현장

작일(昨日) 하오(下午) 1시 반(時半)에 이토 통감(伊藤統監)이 남산하 군사령부 내(南山下 軍司令部內)에 개부식(開府式)을 설행(設行)하고 아한대관급 신사(我韓大官及紳士)와 각국 영사(各國領事)와 각 회사인원 (各會社人員)과 각 교회(各敎會)와 신문기자(新聞記者)와 지방관(地方 官)이 일제래회(一齊來會)하여 참연(參宴)하였는데 동(同) 2시(時)에 내 외국내빈(內外國來賓)이 식당(食堂)에 입(入)하매 대한군악(大韓軍樂) 과 일본군악(日本軍樂)이 좌우(左右)에서 질주(迭奏)하며 이토 통감(伊 藤統監)이 중빈(衆賓)을 대(對)하여 참연(參宴)한 후의(厚意)를 칭사(稱 謝)하고 연설(演說)하여 왈(曰) 아(我)가 통감(統監)으로 대한(大韓)에 내도(來到)하였으매 아(我)의 포부(抱負)한 평생지의(平生志意)를 발달 (發達)하여 대한황실(大韓皇室)의 존중(尊重)과 독립보전(獨立保全)을 동양(東洋)의 표시(表示)하겠노라 하고 참정대신 박제순 씨(參政大臣 朴 齊純氏)가 답사(答辭)하되 아한정부(我韓政府)가 통감(統監)의 지도(指 導)함을 종(從)하여 정치쇄신(政治刷新)에 아무쪼록 극력(極力)하여 세 계열방(世界列邦)에 병립(幷立)함을 기망(期望)하노라 하매 중빈(衆賓) 이 박수갈채(拍手喝采)하고 박참정(朴參政)이 거배(擧杯)하여 일본천황 폐하(日本天皇陛下)의 만세(萬歲)를 삼호(三呼)하고 기차(其次)에 이토 통감(伊藤統監)이 대한황제폐하(大韓皇帝陛下)의 만세(萬歲)를 삼호(三 呼)하고 빈주(賓主)가 주배(酒杯)를 순서(順序)로 필거(畢擧)하였더라 (이하 생략).

여기에서 보듯이 최초의 통감부는 광화문 앞에 있던 옛 외부 건물 에 설치되어 있었던 것이다. 그리고 나서 이곳에 있던 통감부가 남산 왜성대로 옮겨진 것은 1년 남짓한 세월이 흐른 뒤였다. 그렇다면 통감 부가 남산 기슭으로 터를 잡은 연유는 어떠했던 것일까?

이 점에 대해 우선 《조선지실업(朝鮮之實業)》 제14호(1906년 8월 10 일 발행)에는 "경성통신(京城通信)"이라는 항목(pp. 40~41)을 통해 통 감부 청사의 신축과정에 대해 이렇게 소개하고 있다.

---

1) 통감부 개부식 광경에 대해서는 《조선지실업(朝鮮之實業)》 제11호(1906년 5월 1일 발행)에 수록된 [잡 록] 통감부 개청식' 항목에서도 이토 통감과 박제순 참정대신의 연설내용 등을 비롯하여 그 당시의 상 황이 비교적 자세히 서술되어 있다.

〔청사(廳舍)의 반영구적 공사(半永久的 工事)〕통감부의 가청사 공사(假廳舍工事) 입찰(入札)이 지난 토요일에 집행되어 낙찰(落札)은 후지카츠구미(藤勝組)에 비용 3만 3,300원으로, 관사(官舍)는 전부 반영구적인 것으로 하여 굉장(宏壯)한 미(美)를 다하도록 하며 구조(構造)는 2층으로 세우고 전면중앙부(前面中央部)에 탑(塔)을 만드는데, 건평 160평이며 위치는 왜성대대신궁(倭城臺大神宮) 토리이(鳥居) 앞의 평면지(平面地)로 정하여 불일 착수할 계획으로 본년(本年) 12월 15일까지 낙성(落成)할 예정이라고.

여기에 나오는 '왜성대대신궁'은 그 당시의 '남산대신궁'으로 1913년 이후 경성신사(京城神社)로 이름이 고쳐지며, 지금의 숭의여자대학(崇義女子大學) 일대에 해당한다. 그리고 이 앞에는 일찍이 평탄한 지형이 존재하여 종종 서울에 주둔한 일본군대의 훈련장소로도 사용되어 왔는데, 통칭 '왜성대(倭城臺)'라는 것은 곧 이 지역을 가리키는 말이다.[2]

그런데 하필이면 이곳에다 통감부 청사를 세운 데는 그만한 이유가 있었으니,《경성부사》제2권(1936)에는 이러한 설명이 보인다.

통감부 개청(統監府 開廳)과 동시에 남산기슭에서 부내(府內)를 내려다보는 좋은 위치를 골라 임시(臨時)로 목조청사(木造廳舍)의 건축을 계획하여 [명치] 40년(즉 1907년) 2월에 낙성(落成)하고, 28일 구외부(舊外部)에서 이곳으로 이전했다.[3] 지금의 왜성대 은사과학관(恩賜科學館) 건물 북단(北端)의 일동(一棟)이 곧 이것이다.[4]

통감(統監)의 관저(官邸)는 지금의 총독관저(總督官邸)이고 구공사관

---

2)《한경지략(漢京識略)》의 기록에 따르면, "살피건대 남산기슭 주자동(鑄字洞) 막바지에 평평한 사사장(紗莎場, 잔디밭)이 있는데, 곧 영문군졸(營門軍卒)이 기예(技藝)를 연습하는 곳으로 이를 예장(藝場)이라 부른다. 그리고 속칭(俗稱)으로 왜장(倭場)이라고 하는 것은 잘못이다"라고 지적하는 구절이 있는데, 이것으로 보더라도 예로부터 이곳의 지형이 평탄한 곳이었음을 알 수 있다.

3) 여기에는 육조거리의 '구외부' 청사에서 남산 왜성대로 통감부를 이전한 것이 1907년 2월 28일의 일로 기록하고 있으나,《대한매일신보》1907년 1월 26일자, "감부이설(監府移設)" 및《황성신문》1907년 1월 26일자, "통부이접(統府移接)" 등의 신문기사에 따르면 진고개(泥峴)에 신건축한 가옥으로 통감부를 이설한 것은 한결같이 '1906년 1월 25일'이라고 적고 있는데, 아무래도 이쪽의 기록이 더 신빙성이 있어 보인다.

제1부_낯선 근대의 거리, 불편한 역사의 현장

(舊公使館)으로써 이에 충당했으며, 기타는 관사(官舍)가 부족한 탓에 총무장관은 현 수정(壽町, 코토부키쵸) 관사 10호의 장소, 키우치 총장은 현 남산정(南山町, 난산쵸) 3정목 31번지, 오카 총장은 현 대화정(大和町, 야마토마치) 1정목 39번지에 거소를 정했고, 기타의 관리는 종래의 공사관 관사 및 소재의 민가에 들었다. 통감부청사의 건축에 착수하는 것과 동시에 통감저 부근을 중심으로 하여 기타 각소에 관사의 건축을 서둘러 종래 극히 적막했던 왜성대 일대(倭城臺 一帶)에는 당시 경성사람들에게 낯설었던 동경풍(東京風)의 관사가 처마를 잇기 시작했다.

위의 내용에서 무엇보다 주목이 되는 부분은 "남산기슭에서 부내(府內)를 내려다보는 좋은 위치를 골라…… 운운"한 대목이 아닌가 싶다. 특별히 이렇다 할 고층건물도 없던 시절에 서울 시가지가 한눈에 내려다보이는 언덕 지형 위에 고작 2층 높이에 불과한 번듯한 근대식 청사를 지어 올리는 것만으로도 자연스레 장안의 모든 시민들을 압도하는 효과가 있었던 것이다.

더구나 이 지역은 '왜성대'라는 지명의 유래 그 자체가 말해주듯이 자기네들 딴에는 꽤나 유서 깊은 곳으로 치부되던 공간이었을 뿐만 아

카를로 로제티(Carlo Rossetti)의《꼬레아 에 꼬레아니》제1권(1904)에 수록된 남산 왜성대 일대의 전경이다. 이 사진을 통해 1906년 이후 통감부가 들어서는 '예장동 8번지' 일대가 원래 '예장(禮場)'이라 부르던 평평한 공터였다는 사실을 확인할 수 있다. 사진의 왼쪽으로는 언덕 바로 아래에 일본인 사찰 '동본원사'의 지붕이 보이고, 오른쪽 끝에는 나중에 '통감관저'로 전환되는 '일본공사관'의 모습이 숲 사이로 살짝 드러나 있다.

---

4) 최초의 남산 통감부 건물이 "왜성대 은사과학관(恩賜科學館) 건물 북단(北端)의 일동(一棟)"이라고 한 설명은 잘못이다. 1910년 이후 증축된 조선총독부 건물은 원래 북향이었던 통감부 건물에다 그 전면으로 건물을 덧대어 전체적으로 입구자(口) 모양의 중정형(中庭型) 배치를 취하였는데, 따라서 원래의 통감부 건물은 "왜성대 은사과학관 건물 남단(南端)의 일동(一棟)에 해당한다"라고 하는 것이 올바른 표현이다.

러일전쟁 당시에 남산 왜성대의 공터에 집결한 일본군대의 모습이다. 사진의 왼쪽으로는 명동성당의 후면 일부가 살짝 보이고, 오른쪽 끝에는 일본공사관 앞쪽에 있던 육군관사의 지붕이 드러나 있다. 둥글게 깎인 언덕 위에 지휘부의 단상이 마련되어 있고, 사진 속에 녹문(綠門, 료쿠몬)이 설치된 모습이 들어 있는 것으로 보아, 일종의 환영식이나 기념행사가 벌어지는 광경인 듯하다.

니라 바로 지척에 통감관저(統監官邸, 예장동 2-1번지)를 두고 있었던 사실도 통감부 청사의 위치선정에 있어서 또 다른 결정요인으로 작용했으리라 여겨진다. 또한 바로 아래쪽으로는 일본인 거류민의 중심지로 개척(?)되어온 '진고개' 일대가 포진하고 있었으니, 이보다 더 마침맞은 장소는 없었지 않았나 싶기도 하다.

이리하여 '예장동' 언덕을 중심으로 통감부 청사가 새로 생겨나고, 기존의 일본공사관은 통감관저로 전환되는 한편 그 주변 일대에 온통 통감부 관리들의 관사가 즐비한 상태가 되자 '남산 왜성대'는 그야말로 순식간에 식민지배 권력의 대명사인 동시에 그들의 소굴로 자리매김되기에 이르렀던 것이다.

이 와중에 이 지역의 면모를 다시 한 번 크게 바꾸어놓는 일이 벌어졌으니, 그 계기는 바로 1910년 경술국치에 따른 '조선총독부'의 출범이었다.

이른바 '한일병합조약'을 통해 식민지 조선에 대한 전면 통치권을 강압적으로 확보하게 되면서 관리의 충원과 조직의 개편이 급속히 이뤄짐에 따라 집무공간이 크게 부족한 상황에 처하게 되었던 것이다. 아니나 다를까 《매일신보》 1910년 9월 4일자에 수록된 "통감부 신청사"라는 제하의 기사에는 기존의 통감부 청사를 크게 확장하기 위해 벌써 증축 공사에 착수하였다는 내용이 눈에 띈다.

> 목하(目下) 통감부 구내(統監府 構內)에 증축(增築)한 청사(廳舍)는 주야 독촉(晝夜 督促)하여 공사(工事)를 급(急)히 하는 중(中)이나 그러나 준공(竣工)은 내(來) 10월(月)에 전반(全般)을 요(要)한다 하며 준성 후(竣成後)에는 총독부(總督府)가 될 터이나 협애(狹隘)함을 인(因)하여 도저히 영구사용(永久使用)하기 불능(不能)한 고(故)로 조만간(早晩間) 총독부건설지(總督府建設地)를 택정(擇定)한다더라.

이러한 결과 원래 한일자(一字) 형태의 건물이었던 통감부 청사는 그 전면으로 증축 공사가 이루어져 전체적으로 입구자(口字) 모양의 중정형(中庭型) 배치로 전환되었다. 새로운 총독부 청사의 증축 공사는 그해 연말께에 대략 공사가 완료되었으며, 이에 대해서는 《매일신보》 1910년 11월 23일자에 수록된 "총독부청사(總督府廳舍) 낙성(落成)"이라는 제목의 기사를 통해 그 사실을 확인할 수 있다.

> 자하(自夏) 이래(以來)로 가축(加築)하던 총독부청사(總督府廳舍)는 대략준공(大略竣工)되었으되 기(其) 내부(內部)에 장식(裝飾)이 정돈(整頓)되기까지는 상차(尙且) 수일(數日)이 요(要)할 터인즉 내월(來月) 초순(初旬)에나 이전시무(移轉視務)할 터이라 하며 내무부(內務部) 급(及) 학무국(學務局)도 동시(同時)에 이전(移轉)하리라더라.

하지만 시급하게 진행된 제1차 증축 공사에도 불구하고 집무공간의 부족현상은 여전했으므로, 그 이듬해에 접어들어 기존의 건물과는

조선총독부가 펴낸 '영문판 시정연보'《애뉴얼 리포트, 1910~1911》(1911년 12월 발행)에 수록된 남산 왜성대 일대의 원경이다. 이른바 '한일병합조약'과 더불어 서둘러 실시한 증축공사의 결과로 비교적 '단출했던' 통감부 청사 주변은 꽤나 '번잡한' 형태로 변모되었다. 동그라미 표시부분은 원래의 통감부 건물으로 '본관'에 해당하는 구역이고, 그 오른쪽으로 '식산국 청사(나중의 상품진열관)'를 비롯한 부속건물들이 잇달아 배치되어 있다.

별도로 또 다시 제2차 증축 공사를 진행하기에 이르렀다. 이때의 증축 공사와 관련하여《매일신보》1911년 4월 8일자에는 "총독부(總督府)의 대증축(大增築)"이라는 제목으로 다음과 같은 내용의 기사가 남아 있다.

향자(向者) 총독부(總督府)에서는 내무부(內務部)를 이접(移接)케 하기도 증축공사(增築工事)를 행(行)하였는데 금회(今回)에 갱(更)히 탁지부(度支部) 급(及) 사법부(司法部)를 이접(移接)케 할 계획(計劃)으로 일간(日間) 동청 내(同廳內)에 증축공사(增築工事)에 착수(着手)할 터이오 준공기(竣工期)는 본년(本年) 9월경(月頃)이라더라.

이 당시 별도의 총독부 부속건물들이 들어선 자리는 옛 통감부 청사의 남쪽이자 경성신사의 북쪽에 해당하는 공간으로, 지금의 리라초등학교 일대가 자리한 곳과 거의 일치하는 구역이기도 하다. 이 증축 공사는 그해 8월에 마무리되었으며, 시내 각처에 흩어져 있던 영선과(營繕課), 탁지부(度支部), 사법부(司法部), 농상공부(農商工部)가 잇

제1부_낯선 근대의 거리, 불편한 역사의 현장

달아 이곳으로 이전하는 것으로 일단락 지어졌다.

　그 이후 총독부의 기구 확충은 계속 이어졌으나, 남산 왜성대 쪽에는 더 이상의 여유 공간이 없는 형편이었으므로, 새로운 증축 공사는 크게 이루어진 것이 없었다. 그 대신에 시내 쪽의 정동(貞洞)과 서소문동(西小門洞) 일대에 총독부분실(總督府分室)을 따로 운영하는 것으로 사무공간의 확충을 꾀하였다.5)

　이러한 상황에서 남산 총독부가 그 수명을 다한 것은 1926년 정초의 일이었다. 일찍이 1916년 6월 25일에 경복궁 홍례문 자리에서 지진제(地鎭祭)을 갖고 지지부진하게 신축 공사를 벌여오던 조선총독부 신청사가 마침내 10년 세월에 가까운 대공사를 마치고 대략 완성이

남산 위쪽에서 내려다본 남산 왜성대 일대의 전경이다. 오른쪽 아래에 보이는 일(日)자 모양의 중정형 건물이 조선총독부 식산국 청사이며, 그 위쪽으로 인접한 건물이 원래의 '통감부 청사'이자 그 당시 '조선총독부 본관'으로 사용되던 공간이다. 사진의 왼쪽에 지붕이 높이 솟은 건물은 '남산 동본원사'이며, 그 위쪽으로는 '일본적십자사 조선본부'가 나란히 자리하고 있다.

---

5) 하지만 이른바 '정동분실(貞洞分室)'은 1924년 4월 28일 조선인쇄주식회사 건물에서 시작된 발화사건으로 이곳과 인접한 총독부 전매국(專賣局), 토목부(土木部), 철도부(鐵道部), 법무국(法務局) 등의 시설이 전소되고 말았다. 이에 따라 해당 부서들은 경복궁 안에 남아 있던 '조선부업품공진회' 당시의 바락크 건물로 임시이전하였으며, 그리고 이와는 별도로 산림과와 광산과는 총독부 본부 내로 각각 자리를 옮기게 되었다. 이 당시의 화재사건에 대해서는 《매일신보》 1924년 4월 30일자, 1924년 5월 1일자, 1924년 5월 2일자 및 1924년 5월 3일자에 수록된 기사를 통해 관련 내용을 확인할 수 있다.

되었기 때문이었다.[6)]

애당초 조선총독부가 남산 총독부를 대신할 신청사의 건립계획에 착수한 것은 한일합병 직후인 1911년 무렵의 일이었다. 기존의 통감부 청사가 들어서 있던 남산 왜성대는 그 터가 좁아 확장일로에 있는 식민통치기구들을 다 수용하기도 어려웠거니와 어쨌거나 이곳은 목조건물에다 임시청사에 불과한 상태였으므로, 진즉부터 영구적으로 사용할 수 있는 튼튼하고 위엄 있는 현대식 신청사의 건립을 구상하고 있었던 것이다.

실제로 이러한 상황에 대해서는 《매일신보》 1916년 6월 27일자를 통해 총독부 토목국장 모치지 로쿠사부로(土木局長 持地六三郎)가 다음과 같은 내용으로 서술한 적이 있었다.

명치 43년(1910년) 10월에 일한병합(日韓倂合)의 결과로 조선총독부관제(朝鮮總督府官制)가 실시되었으나 당시 본부(本府)의 각부국중(各部局中) 현재의 청사 즉 원통감부청사 내(元統監府廳舍內)에 집거(集據)한 것은 다만 관방(官房)뿐이오 기타는 개시중각처(皆市中各處)에 산재(散在)한 구정부 각부(舊政府 各部)의 청사에 할거(割據)하여 호상왕복교섭(互相往復交涉)에 다대(多大)한 시간(時間)과 수수(手數)를 요(要)하여 집무상 불편(執務上 不便)이 불소(不少)한 고(故)로 청사(廳舍)의 신축(新築)은 당시부터 강구(講究)할 일문제(一問題)가 되었던 바 기응급책(其應急策)으로 명치 44년(1911년) 1월에 현재청사의 증축(增築)을 시행하여 동년 8월 각처에 산재(散在)한 각부국(各部局)을 현재의 개소(個所)에 수용(收用)하였으므로 당면의 불편은 근면(僅免)하였으나 차(此)는 원래 일시(一時)의 가설비(假設備)에 불과하고 신청사건축(新廳舍建築)의 계획(計劃)은 계속 공구(功究)한 자라.

연이(然而) 기후(其後) 경복궁(景福宮)을 이왕직(李王職)으로부터 인

6) 이 해의 어용시식(御用始式, 시무식)은 1926년 1월 4일에 조선총독부 신청사에서 실시되었으며, 신청사로의 이전은 1926년 1월 6일에 개시되어 그달 8일에 전부 완료되었다. 하지만 조선총독부 청사의 정식 준공식은 이른바 '시정기념일'에 맞추어 1926년 10월 1일에 거행되었다.

계(引繼)함에 급(及)하여 수(邃)히 지(地)를 자(玆)에 복(卜)하여 본청사(本廳舍)를 건축하기로 결(決)하고 조선신사(朝鮮神社)의 조영(造營)과 공(共)히 조선신사급총독부청사신영준비비(朝鮮神社及總督府廳舍新營準備費)로 대정 원년도(1912년도) 예산(豫算)에 3만 원(萬圓)을 계상(計上)하여 기성립(其成立)을 견(見)함에 지(至)하였는데 유시(由是)로 동년도(同年度)에는 건축에 관한 대체방침(大體方針)을 수립하여 독일건축기사(獨逸建築技師) 데 란데〔게오르그 데 라란데〕 씨(氏)를 고문(顧問)으로 하고 이와이(岩井), 쿠니키(國技) 양기사(兩技師)는 전(專)혀 조사설계(調査設計)의 임(任)에 용(庸)하여 쿠니키 기사는 차(此)의 취조(取調)를 위하여 동년(同年) 6월 구미각국(歐美各國)에 출장(出張)을 피명(被命)하고 월(越) 대정 2년도(1913년도)에는 예산액 2만 원(萬圓)으로써 갱(更)히 상세한 조사를 진(進)함과 동시에 이와이기사를 대만(臺灣), 청도(靑嶋) 병(竝) 만주방면(滿洲方面)에 파견하여 조사(調査)케 한 소이(所以)라……(이하 생략).

그렇다면 1926년 이후 남산 왜성대의 옛 조선총독부 건물은 어떠한 변천과정을 거쳤을까?

이와 관련하여 《조선공론(朝鮮公論)》 1925년 8월호에는 다음과 같은 흥미로운 설문기사 하나가 수록된 것이 보인다. 각계각층의 유력자에게 "조만간 빈터가 될 남산총독부 청사와 관사자리를 앞으로 어떻게 이용하는 것이 좋겠는가?"라는 질문이 던져졌고, 이에 대해 이들이 대답하길 '조선신궁의 외원(外苑)으로 하라', '아동유원지를 설치하라', '대공원으로 하라', '박물관을 설치하는 것이 좋겠다', '재판소를 이전하라', '전람회장으로 하라'는 등의 의견이 제시되어 있었다. 그리고 이와 함께 여기에는 심지어 이곳을 '조선불교의 총본산을 세우라'는 주장도 포함되어 있었던 것이 눈에 띈다.

하지만 이러한 무수한 의견 개진에도 불구하고, 정작 이곳의 용도는 '과학관' 건물로 귀착되었다. 그것도 이름하여 '은사기념과학관(恩賜記念科學館)'이란 것이었다.

경복궁 신청사의 완공을 눈앞에 두고 남산 왜성대에 있는 구청사의

《조선》 1925년 6월호에 수록된 경성부청 앞의 '은혼식 봉축탑' 모습이다. 1925년 5월 10일은 이른바 '천황황후양폐하 어결혼 만25주년기념일'인 탓에 이처럼 대대적인 축하행사가 열렸고, 이때 내려진 17만 원의 하사금은 옛 조선총독부 청사에 '은사기념과학관'이 들어서게 하는 직접적인 계기가 되었다.

《동아일보》 1926년 4월 26일자에 수록된 '조선박람회' 광고 문안이다. 조선신문사가 개최한 이 박람회는 순종의 국상과 겹치는 시기에 열렸는데, 때마침 비어 있던 남산 왜성대의 옛 조선총독부 청사(식산국 자리)도 박람회장으로 전환되어 사용되었다.

용도 전환에 대해 한창 논란이 오고가던 1925년 바로 그해는 때마침 '대정천황 어대혼25주년기념' 즉 '은혼식(銀婚式)'에 해당하는 때였고, 이와 관련하여 조선총독부에 대해 '사회교육을 장려한다는 취지'로 내탕금(內帑金) 17만 원(萬圓)을 하사한 것이 그 계기가 되었다. 이에 따라 이 금액을 재원으로 하여 옛 조선총독부 청사본관에 과학관을 설치하기로 결정하고, 1926년 1월부터 창설 준비에 들어가 이듬해인 1927년 5월 5일부터 일부 공개를 개시한 이래로 연차적으로 시설 확충을 실시하기에 이르렀던 것이다.

그런데 은사기념과학관의 설립준비가 한창이던 때에 바로 이곳에

제1부_낯선 근대의 거리, 불편한 역사의 현장

서 대규모 박람회가 개최된 사실도 있었던 것으로 확인된다. 총독부 신청사의 완공으로 이제 막 빈 공간으로 남겨진 상태였으므로, 때를 맞춘 듯이 이곳을 박람회장으로 사용했던 것이 아닌가 여겨진다.

이 당시 벌어진 행사의 정체는 조선신문사(朝鮮新聞社)가 주최한 '조선박람회(朝鮮博覽會)'였다. 이 박람회는 1926년 5월 13일부터 40일간에 걸쳐 제1회장을 왜성대의 조선총독부 구청사(식산국 청사)로 하고, 제2회장을 경복궁으로 각각 나누어 운영되었다. 박람회 도중에 공교롭게도 순종(純宗)의 국상(國喪)이 겹쳤으나 이에 개의치 않고 당초 6월 11일에 마칠 예정이던 일정을 다시 10일씩이나 연장하여 박람회를 개최하였으며, 이 기간에 입장객수는 약 60만여 명에 이르렀던 것으로 확인되고 있다.

이 무렵 은사기념과학관의 개설과 아울러 옛 남산총독부의 본관 남쪽에 식산국(殖産局)이 자리했던 부속건물

《문교의 조선(文敎の 朝鮮)》 1927년 5월호에는 '은사기념과학관안내'라는 글이 수록되어 있는데, 여기에는 과학관 설립의 유래, 진열품의 개요, 진열품배치관람순서 따위가 잘 설명되어 있다. 여기에 첨부된 과학관 주변의 약도에는 '총독관저', '상품진열관', '임야조사위원회', '경성신사', '동본원사' 등 남산 왜성대 일대에 포진한 주요 시설의 배치현황이 잘 드러나 있어 참고할 만하다.

에는 1926년 4월 이후 영락정(永樂町, 지금의 저동 1가 1번지)에서 옮겨온 '상품진열관(商品陳列館)'이란 것이 자리하게 되었는데, 이로써 식민통치 권력의 본산이었던 남산 왜성대 일대는 느닷없이 사회교육과 물산장려의 요람으로 탈바꿈하는 모습을 보여주었다.

다만, 이 두 공간을 제외한 기타의 부속건물에는 1918년에 창립된

'임야조사위원회(林野調査委員會)'가 여전히 차지하고 있었기 때문에 총독부 시절의 흔적을 완전히 지워내지는 못하였던 것으로 보인다.[7] 더구나 1929년 10월 15일에는 상품진열관이 '남대문통 4정목 35번지 (지금의 대한상공회의소 자리)'에 4층 높이의 신축 건물로 옮겨가는 한편 그 명칭도 '상공장려관(商工獎勵館)'으로 변경하였다. 그리고 상품진 열관이 빠져나간 자리에는 1930년 1월 11일자로 임시국세조사과(臨 時國勢調査課)가 이곳에 입주함에 따라 옛 남산 왜성대 일대는 한때나 마 다시 관청가(官廳街)와 같은 분위기를 이루기도 하였다.

그렇다면 과학의 요람으로 변신한 옛 남산총독부 건물은 도대체 언 제까지 존속했던 것일까?

이 점에 대해서는 《동아일보》 1961년 1월 15일자에 수록된 "문화계 (文化界)의 고아(孤兒) 과학관(科學館), 세워봤던 건립계획 송두리째 사라지고, 엉성한 남산구관(南山舊館)"라는 제목의 신문기사를 통해 몇 가지 단서를 파악할 수 있다.

……그런데 현재 남산중앙방송국 옆에 서 있는 과학관은 6·25 때 타버린 자리에 당시의 창고를 수리한 텅 빈 사무실만으로 관장 이하 5명의 직원이 간판만을 붙들고 있는 실정이다.

원래 동 과학관은 과학과 관계된 여러 실물을 수집 진열하여 국민에게 관 람시키는 한편 실험실과 연구실을 두어 국민과 여러 연구기관의 중계적 문 화시설로서 과학기술발전에 공헌하도록 된 것인데 우리나라에서는 해방 전 인 4260년[서기 1927년] 현재 중앙방송국 옆(당시 왜성대)에 3천여 평의 대 지와 연 2,885평의 7동 건물로 시작된 데서 비롯된 것이다.

그리하여 물리, 화학, 광물, 천문, 공예, 농산물 등 모든 분야를 망라한 진 열실과 연구실, 실험동 등을 갖추어 운영되어왔고 해방 후에는 '국립과학박 물관'으로 개칭되어 총 4만여 점의 각종 기구, 표품(標品)과 도서 2만 5천여

---

7) 여기에 나오는 '임야조사위원회(林野調査委員會)'는 1918년 5월 1일자 제령 제5호 '조선임야조사령(朝 鮮林野調査令)'의 공포와 더불어 함께 제정된 칙령 제110호 '조선총독부임야조사위원회관제'(1918년 4 월 29일자)에 따라 설치되었다가, 20년의 세월이 흐른 뒤에 1939년 6월 20일자 칙령 제407호 '조선 총독부임야조사위원회관제 폐지의 건'에 의해 폐지되어 사라졌다.

권을 보전, 관장 이하 130명의 인원으로 움직여오다 6·25 때 타버리고 말았던 것이다.

　그 후 과학관의 재건이 논의되어 그 대지가 너무 좁다고 장소이전을 계획하던 중 '중앙교육연구소' 청사가 서고 '원자력원' 청사, '한국연극연구소', '소극장' 등이 잡다하게 건립되었으며 한때는 모 국회의원의 사택까지도 지어 말썽을 일으킨 일도 있었다.

　이상의 보도 내용을 살펴보건대, 이른바 '은사기념과학관'의 기능은 1945년 해방 이후에도 그대로 승계되어 '국립과학박물관'이란 이름으로 존속하다가 한국전쟁 때에 이르러 관련 시설 일체가 완전히 불타버린 사실을 확인할 수 있다.

　이로 인하여 이후 여러 차례 '과학관'의 재건립이 추진된 일도 있었으나 제대로 실행단계에 옮겨지지 못하던 차에, 여타의 정부기관이나 민간기구들이 들어와 이곳을 잠식하면서 이 지역은 여러 작은 구역들로 분할되기 시작했던 것이다.[8]

　물론 이 가운데 가장 두드러진 변화는 '서울방송국'의 신청사가 이곳에 들어섰다는 사실이었다. 이 건물은 철근콘크리트 3층 건물로 1957년 12월 10일에 낙성식이 거행되었으며, 지금도 그대로 보존되어 '국토통일원'과 '국가안전기획부' 시절을 거쳐 지금은 '서울애니메이션센터'의 용도로 사용되고 있는 상태이다.[9]

---

8) 불타버린 과학관의 재건문제는 논란을 거듭한 끝에 1961년 10월 29일 창경원(昌慶苑) 구역 내에 우선 총건평 210평의 별관건립 공사에 착공하는 것으로 일단락되는데, 이것이 곧 지금의 '국립서울과학관'이 생겨난 유래이기도 하다.

9) 이곳과 동편으로 인접한 옛 조선총독부 구역(예장동 8번지) 안에 지금의 '리라초등학교'가 터를 잡은 시기와 그 내력에 대해서는 자세히 알려진 바 없다. 다만, 리라학원의 전신인 '직업소년학교'가 옛 노기신사 구역으로 들어온 과정에 대해서는 손정목, 《서울도시계획이야기 5》(도서출판 한울, 2003) p. 228에 간략하나마 '1957년'이라고 소개하고 있는 것이 눈에 띈다. 한편 〈동아일보〉 1956년 3월 16일자에 수록된 '각계의 온정 밑에 직업소년, 형설의 영광'이라는 제목의 기사에는 "서울직업소년학교는 지난 85년[서기 1952년] 3월에 당시 전쟁이 아직 사라지지 않은 서울거리에서 방황하던 수많은 '전재고아'들을 보다 못한 나머지 '그들에게도 글을 가르쳐주자'고 결심한 중부서(中部署) 근무 권응팔(權應八) 경사가 전화로 파괴된 '중앙우체국' 한 모퉁이에 터를 잡아 5, 6명의 고아들을 모아놓고 글을 가르치기 시작"하였다고 소개하고 있다.

그러고 보면 구태여 이 일대의 알록달록한 주변 풍경 탓을 하지 않더라도, 지금은 이곳이 20년 넘게 식민통치 권력의 소굴이었다는 사실조차 쉽사리 떠올리기 어려운 여건으로 바꿔어버린 듯한 상황이다. 따라서 이 지역에서 남산 왜성대 시절의 흔적을 찾아낸다는 것은 더 이상 불가능한 일이 아닌가 싶다.

　아닌 게 아니라 '과학관'이란 이름으로 명맥이나마 유지하다가 이마저도 완전히 흔적이 사라져버린 것은 벌써 60년 전의 일이 되어버렸으니 말이다. 하지만 그렇더라도 이 자리에 '통감부터' 표지석 하나만 달랑 남겨둔다는 것은 분명 문제가 있어 보인다. 어쨌거나 저 조그마한 표석 하나에 남산 왜성대가 갖는 역사적 의미를 다 담아내기에는 수탈과 억압으로 얼룩진 식민지시대의 고단했던 기억들이 여전히 너무도 크고 또렷하기에 하는 얘기이다. (2009. 8. 29)

제1부__낯선 근대의 거리, 불편한 역사의 현장

# 왜성대(倭城臺)의 지명 유래

"……그러므로 두 편의 감정을 서로 융화케 하려면 서로서로 말을 조심함이 가한 중 근래에 일본 사람이든지 조선 사람이든지 서로 경멸하는 말을 쓰는 폐풍이 많은 중 소위 대세를 살필 줄 안다 하는 상류사회의 인물이 그런 행동에 감히 나옴은 실로 개탄할 일이라. 상류 인물이 이를 행함에 어찌 하류 사람들이 이를 배우지 아니하리오. 그 경멸하는 언사 중에도 항상 제일 많이 써서 듣는 사람의 감정을 몹시 상하게 하는 일이 있으니 일본 사람의 조선 사람을 가리키는 바 소위 '요보'와 조선 사람의 일본을 가리키는 바 '왜'라는 말이라.

원래 '요보'라는 말은 조선 사람의 '여보여보'라고 사람을 부르는 말에서 나옴인 듯하며 그 말이 본래 아무 경멸하는 뜻도 없고 모욕하는 뜻도 없이 거의 한 무의식으로 생긴 바 조선 사람의 한 별명이 된 바이라. 그러나 조선 사람의 이를 들을 때에는 개나 도야지라는 것보다도 더욱 귀에 거슬려 들리는 것은 무슨 까닭으로 그럼인지는 알 수 없으나 사실은 사실이라. 어떠한 사람이든지 일본 사람에게 '요보'라는 소리를 듣고 좋은 얼굴을 보이는 사람이 없음은 사실이 아닌가. 그중에 어떠한 사람은 일본말에 '요보요보'라는 것은 거의 다 죽게 되었다는 일종의 형용사인데 요보라는 것은 즉 조선 사람을 가리켜 다 죽게 된 놈이라 하니 그런 모욕이 어디 있으리오 하고 분개히 여기나 이는 오해라.

……또 조선 사람의 일본을 가리켜 '왜'라 함도 이전 일본을 경멸히 여길 때에 쓰던 말로 왜인이니 왜놈이니 도무지 이 '왜'라는 것은 상당히 대접하는 데는 쓰지 아니 하였던 고로 조선말을 아는 일본 사람의 귀에는 매우 거슬려 들리는 바이라. 이도 또한 하루바삐 폐지하여야 할 것이라. ……이 '요보'라 '왜'라는 말이 실상 두 편 사람의 감정을 소격하게 함이 극히 깊고 또한 크도다. 우리는 하루바삐 이 두 가지 말이 조선에 있는 사람의 입에서 끊어지기를 바라는 바이라. 물론 장구한 세월 습관이 되어 입에 익은 말이라 졸지에 폐지할 수는 도저히 없는 일이지만 이 두 가지 말의 폐지가 일본 사람과 조선 사람의 감정을 진정으로 융화케 하는 우리의 제일 큰 당면의 행복을 얻는 첫째 걸음이라 생각하면 아무든지 주의하기를 아끼지 아니하리라 생각하노라."

이것은 《매일신보》 1915년 6월 15일자에 수록된 "여하히 하면 일선인(日鮮人)이 융화(融和)

될까, '요보(ㅋボ)와 왜(倭)를 절대로 폐지하라', 제일 먼저 조심할 것은 항상 쓰는 말이니 '요보'라는 말과 '왜'라는 말을 폐지하라'라는 제목의 신문기사이다.

원래 '왜(倭)'라는 것은 일본(日本)이라는 국호가 생겨나기 이전에 그들 스스로도 그렇게 부르던 명칭이었거늘, 위의 내용에서 보듯이 일본인들의 입장에서는 '왜(倭)'라는 말이 전혀 탐탁지 않은 용어였던 것이 분명하다.

하지만 그럼에도 이 '왜'라는 말이 굳이 공식지명으로 채택된 사례가 하나 있었으니, 그것도 하필이면 일제강점기에 총독관저와 총독부청사 따위가 즐비했던 남산 왜성대(南山 倭城臺, 지금의 예장동 일대)가 바로 그곳이었다.

듣자하니 왜성대라는 지명은 임진왜란 때 왜군들이 서울에 진주할 때 물자를 조달하던 '왜장디(倭場一)'가 있던 곳이라는 데에서 유래하였다는 것이다. 이 때문인지 이곳 왜성대는 달리 '왜장대(倭場臺)' 또는 '왜장대(倭將臺)'로도 자주 표기되었다.

하지만 근대 개화기에 우리나라로 밀려든 일본인들이 보기에 이들 이름이 그리 마땅치 않았던 모양인지, 그래서 청일전쟁으로 그네들이 대세를 장악하자마자 이곳을 '화장대(和將臺)' 또는 '화성대(和城臺)'로 고쳐 불렀던 적이 있었다. 물론 그 이유는 이러한 지명 속에 '왜'라는 껄끄러운 글자가 들어 있었기 때문이었다.

그러했던 것인데 아무리 그 이름으로 고쳐 부른들 이미 '왜성대'라는 이름이 스스로의 입에도 익숙해져 버렸고, 까닭 없이 이름을 고치는 것 역시 그다지 실속이 없음을 깨달았던 것인지, 우선 일본거류민단의 정명 고시(町名告示, 1907년 11월)를 통해 '왜성대'라는 명칭이 채택된 데 이어 1914년에는 서울지역의 정동명(町洞名)을 개칭할 때에 도로 예전 이름인 '왜성대'를 부활하여 공식 사용하는 과정을 거쳤다.

이리하여 '왜성대'라는 이름은 때로 조선총독부의 대명사로, 때로 총독관저의 대명사로 일제강점기 내내 그 위세를 맹렬히 떨치게 되었던 것이다.

이와 관련하여 《경성부사》 제2권(1936)에는 다음과 같은 항목이 남아 있다.

〔왜성대(倭城臺)〕현 은사과학관(恩賜科學館)의 터 및 그 아래쪽의 해군관사(海軍官舍)의 부지를 예전에는 왜장터(倭場基) 또는 왜장(倭場)이라고 불렀다. 장기(場基, 장터)는 장(場)과 더불어 시장(市場)을 의미한다. 문록역(文祿役, 임진왜란) 당시에 마스다 나가모리(增田長盛)는 주자동(鑄字洞)에 진을 치고 병참을 장악하니까 토민(土民)이 이 부근에 모여든 것에서 비롯된 지명이라고 칭하고 있으며, 또 왜성대(倭城臺)라고 적은 것은 일본군이 이곳에 축성(築城)을 했던 것으로 알려진다. 일본군 축성의 일은 '제1권' 278항, 324항에 적혀 있는 것으로 설명되어 있다. 일청전역(日淸戰役)후 일본거류민(日本居留民)은 왜(倭)라는 글자를 기피

하여 비슷한 음의 문자를 사용하여 화장대(和將臺)라고 표기했다가 대정 3년(즉 1914년)부터 왜성대정(倭城臺町)이라고 공칭(公稱)하기에 이르렀다(pp. 566~567)."

그리고 오카다 코(岡田貢, 1879~?)의 《경성물어(京城物語)》(경성부청, 1941)에도 이와 비슷한 설명이 나온다.

"……이로 인하여 '왜성대(倭城臺)'라고 썼으나, 아무래도 내지인(內地人, 일본인)에게는 기분이 좋을 리 없으므로 일청전쟁 시대 이래로 내지인들 사이에만은 '화장대(和將臺)'라고 쓰고 있었다. 그러나 대정 3년(즉 1914년)에 임시토지조사국(臨時土地調査局)에 있어 정명(町名)을 개정할 제에 다시 구명(舊名)을 부활시켜 왜성대로 하기에 이르렀다."

그런데 '왜성대'라는 지명의 정확한 유래가 과연 무엇인지에 대해서는 약간의 이견이 있는 듯하다.

우선 마츠다 코(松田甲, 1863~1945)가 지은 《조선잡기(朝鮮雜記)》(조선총독부, 1926)에는 '왜성대 이름의 기원'을 이렇게 정리하고 있는데, 이 내용은 《조선》 1927년 2월호를 통해서도 소개된 바 있다.

"또 경성 남산 기슭인 왜성대(倭城臺)의 이름에 대해서도 내지인(內地人)의 저서에 '문록역(文祿役, 임진왜란)에 마스다 나가모리(增田長盛)의 진영이 있던 곳이어서 처음에 왜장대(倭將臺)라고 하였다가 왜성대(倭城臺)로 전화(轉化)했던 것이다'라고 써 있기도 하고, 또 '문록의 역에 마스다 나가모리(增田長盛), 오타니 요시타카(大谷義隆)가 진주한 터가 있었다 하여 오늘날까지도 왜성대정(倭城臺町)이라는 이름이 전해지고 있다'고 써 있는 것도 있으나, 어느 것도 받아들이기 어려운 설들이다.

조선인들이 이 부근을 왜장터(倭城基) 또는 왜장(倭場)으로 부르고 있다는 것을 무슨 까닭인지 무시해왔던 것이겠지만, 장기(場基) 또 장(場)은 시장을 이르며, 곧 일본시장(日本市場)이라고 하는 것이다. 당시 마스다 나가모리는 주자동[鑄字洞, 지금의 수정(壽町)]에 진을 치면서 병참(兵站)을 관장하였다. 특히 주둔했던 것은 거만(巨萬)의 대군(大軍)이었으므로, 그 물자의 공급은 매우 다량을 필요로 했던 것이 틀림없다. 일본에서 빈번하게 수송했던 것은 말할 나위도 없고, 경성부근(京城附近)의 토민(土民)이 질서 있는 일본군에 안심하여 물품을 가지고 와 기부하거나 상거래를 했던 곳으로 병참부(兵站部)에 가까이 이 '왜장터'가 있었다.

그런데 왜성대라 함은 지금부터 대략 40년 전부터 불러왔던 것인데 왜장(倭場, 와죠)과 왜성(倭城, 와죠)의 국음(國音, 즉 일본식 발음)이 서로 흡사한 데에서 나온 것에 지나지 않는다. 문록역의 일본군은 하등의 저항을 받지 않고 경성을 점령했다. 점령군(占領軍)을 위해 그 토민이 모여 상거래를 했던 것과 같은 것은 일청(日淸), 일로(日露)의 전역(戰役)에 종군했던 사람의 기록에도 나타나 있는 바, 왜장(倭場)이라는 이름은 고증상(考證上) 매우 필요한 것이다."

이상에서 인용한 것이 바로 일본인들 스스로가 생각하는 왜성대의 지명 유래인 셈인데, 이와는 대조적으로 조선 순조 때 사람인 유본예(柳本藝, 1777~1842; 樹軒居士)가 지은 것으로 알려진 《한경지략(漢京識略)》에서는 완전히 다른 맥락에서 그 유래를 다음과 같이 설명하고 있다.

"〔산천(山川)〕 ……살피건대 남산기슭 주자동(鑄字洞) 막바지에 평평한 사사장(紗莎場, 잔디밭)이 있는데, 곧 영문군졸(營門軍卒)이 기예(技藝)를 연습하는 곳으로 이를 예장(藝場)이라 부른다. 그리고 속칭(俗稱)으로 왜장(倭場)이라고 하는 것은 잘못이다."

말하자면 여기에서 말하는 논지는 원래 '예장'이라고 해야 하는 것이나 이것이 혼동되어 '왜장'이라는 잘못된 이름이 생겨났다는 것이다. 이러한 지적은 해방 직후 '왜성대정'을 고쳐 지금의 '예장동'으로 새로 명명하는 근거자료가 되었다고도 알려진다.

그렇다면 '왜장대'니 '왜성대'니 하는 말들은 모두 정확한 근거 없이 후대(?)에 새로 생성된 지명에 지나지 않는다는 것인가? 이러한 물음에 정확한 답을 가려내기는 쉽지 않아 보이지만, 《한경지략》의 기록에 따르면 적어도 '왜장'이라는 표현만큼은 조선시대에도 속칭으로나마 엄연히 통용되고 있었다는 사실을 파악할 수 있다.

# 남산 통감부 신축 및 총독부 청사 증축에 관한 자료 모음

### 《대한매일신보》 1906년 2월 1일자, "통부시무(統府視務)"

본월(本月) 31일(日) 하오(下午) 3시(時)에 통감부총장 이하 제관리(統監府摠長 以下 諸官吏)가 정부(政府)에 회동(會同)하여 각 대신(各大臣)과 접견(接見)하고 2월(月) 1일(日) 위시(爲始)하여 시무(視務)한다더라.

### 《대한매일신보》 1906년 2월 1일자, "춘등극담(春燈劇談)"

작일(昨日) 일본공사관(日本公使館)을 철퇴(撤退)하고 일본국기(日本國旗)를 낙하(落下)하였다 하니 일한교섭(日韓交涉) 30여 년(餘年)에 필경(畢竟) 국권(國權)을 삭탈(削奪)하였으니 쾌어심여(快於心歟)아.

### 《대한매일신보》 1906년 2월 2일자, "통부개청식(統府開廳式)"

통감부(統監府)는 작일(昨日)부터 개청(開廳)하여 기식(其式)을 거행(擧行)하였고 통감(統監)은 이토후(伊藤侯) 내한(來韓)하기까지 하세가와대장(長谷川大將)이 대리(代理)한다더라.

### 《대한매일신보》 1906년 2월 2일자, "일공영관 폐지(日公領館 廢止)"

일공사관 급 영사관(日公使館 及 領事館)은 재작일(再昨日)에 폐(廢)하고 작(昨) 1일(日) 이후(以後)로는 통감부기(統監府基)에 이사청(理事廳)을 치(置)하여 종래(從來)와 여(如)히 제무(諸務)를 수급(收扱)한다더라.

### 《대한매일신보》 1906년 2월 2일자, "통부시무(統府視務)"

통감부(統監府)는 외부(外部)로 정(定)하고 2월(月) 1일(日)로 위시(爲始) 시무(視務)하는 고(故)로 외사국(外事局)은 북궐 내 전의정부(北闕內 前議政府)로 이설(移設)하고 역위금일시무(亦爲今日視務)라 하더라.

### 《조선지실업(朝鮮之實業)》 제14호(1906년 8월 10일 발행), "경성통신(京城通信)"

[청사(廳舍)의 반영구적(半永久的) 공사] 통감부의 가청사 공사(假廳舍工事) 입찰(入札)이 지난 토요일에 집행되어 낙찰(落札)은 후지카츠구미(藤勝組)에 비용 3만 3,300원으로, 관사(官舍)는 전부 반영구적인 것으로 하여 굉장(宏壯)한 미(美)를 다하도록 하며 구조(構造)는 2층으로 세우고 전면중앙부(前面中央部)에 탑(塔)을 만드는데, 건평 160평이며 위치는 왜성대대신궁(倭城臺大神宮) 도리이(鳥居) 앞의 평면지(平面地)로 정하여 불일 착수할 계획으로 본년(本年) 12월 15일까지 낙성(落成)할 예정이라고 [pp. 40~41].

### 《만세보》 1906년 2월 2일자, "통감부(統監府)와 법부이주(法部移住)"

통감부(統監府)는 이현 왜장대하(泥峴 倭場臺下) 신건축(新建築)한 데로 이거(移去)하고 법부(法部)는 통감부(統監府)로 이거(移

去)하고 평리원(平理院)과 한성재판소(漢城裁判所)는 법부(法部)로 이접(移接)할 터인데 해부내(該部内)에 평리원죄수간(平理院罪囚間) 16간(間)과 한성재판소죄수간(漢城裁判所罪囚間) 백여 간(百餘間)을 신건축(新建築)하기로 결정(決定)하고 불일간(不日間) 기공(起工)한다더라.

### 《대한매일신보》 1907년 1월 26일자, "감부이설(監府移設)"
작일(昨日)에 통감부(統監府)를 이현 신건축(泥峴 新建築)한 가옥(家屋)으로 이설(移設)하였다더라.

### 《황성신문》 1907년 1월 26일자, "통부이접(統府移接)"
일본통감부(日本統監府)를 신건축(新建築)한다 함은 본보(本報)에 이게(已揭)어니와 작일(昨日)에 해부소용물품(該府所用物品)을 신축부내(新築府内)로 몰수운반(沒數運搬)하였다더라.

### 《황성신문》 1907년 1월 30일자, "부원이접(部院移接)"
일본통감부(日本統監府)를 이현 신건축(泥峴 新建築)한 처소(處所)로 이접(移接)하였다 함은 이보(已報)어니와 해부 법무원(該府 法務院)은 구접부내 전연향소(舊接府内 前宴餉所)에 고위잉류(姑爲仍留)하고 농상공부(農商工部)를 해처소[該處所, 전외부(前外部)]로 금명간(今明間)에 이접(이접)할 터이오 농상공부(農商工部)는 평리원(平理院)을 수리(修理)하는 중(中)인 고(故)로 해원(該院)을 잠시권설(暫時權設)한다더라.

### 《황성신문》 1907년 2월 1일자, "부원호이(部院互移)"
농상공부(農商工部)를 전일본통감부(前日本統監府)로 이접(移接)한다 함은 이보(已報)어니와 갱문(更聞)한 즉(則) 유하층절(有何層節)인지 학부(學部)를 해처소(該處所)로 이접(移接)하고 평리원(平理院)은 학부(學部)로 권접(權接)한다더라.

### 《황성신문》 1910년 6월 28일자, "특허국 건축(特許局 建築)"
남부 죽동(南部 竹洞) 전 영희전(前 永禧殿)을 훼철(毁撤)하고 해기지(該基址)에 통감부 특허국(統監部 特許局)을 기공건축(起工建築)하는 중(中)이라더라.

### 《황성신문》 1910년 8월 17일자, "농부이전상보(農部移轉詳報)"
농상공부(農商工部)에서 특허국전(特許局前)에 신축양제관(新築洋製館)으로 이전(移轉)한다 함은 기보(既報)어니와 이전일자(移轉日字)는 내(來) 21일(日) 일요(日曜)오, 이전국과(移轉局課)는 대신관방(大臣官房) 급(及) 농무(農務), 상공(商工) 양국(兩局)이오, 수산(水産), 광무(鑛務), 산림(山林) 삼국(三局)은 의연(依然)히 구사존치(舊舍存置)한다더라.

### 《매일신보》 1910년 9월 4일자, "통감부 신청사(統監府 新廳舍)"
목하(目下) 통감부 구내(統監府 構内)에 증축(增築)한 청사(廳舍)는 주야 독촉(晝夜 督促)하여 공사(工事)를 급(急)히 하는 중(中)이나 그러나 준공(竣工)은 내(來) 10월(月)에 전반(全般)을 요(要)한다 하며 준성후(竣成後)에는 총독부(總督府)가 될 터이나 협애(狹隘)함을 인(因)하여 도저히 영구사용(永久使用)하기 불능(不能)한 고(故)로 조만간(早晚間) 총독부건설지(總督府建設地)를 택정(擇定)한다더라.

### 《매일신보》 1910년 9월 7일자, "폐관청(廢官廳)의 정리기(整理期)"
금회(今回) 합병(合倂)의 결과(結果)로 폐청(廢廳)된 궁내부 급 내각 표훈원(宮内府 及 内閣 表勳院) 각관아(各官衙)의 잔무정리

(殘務整理)는 본월중(本月中)에 완료(完了)될 터이오 단(但) 궁내부(宮內府)는 10월(月) 하순(下旬)까지 지(至)하겠더라.

### 〈한성신문〉 1910년 9월 13일자, "통부증축낙성기(統府增築落成期)"
통감부 구내(統監府 構內)에 증축(增築)하는 관사(官舍)는 내(來) 11월내(月內)에 낙성(落成)되리라더라.

### 〈매일신보〉 1910년 9월 22일자, "총독부(總督府)와 청사(廳舍)"
신관제 발포(新官制 發布)할 동시(同時)에 총독부청사(總督府廳舍)는 현재(現在)한 통감부청사(統監府廳舍)로써 충용(充用)하고 각부(各部)의 수부(首部)는 동청사내(同廳舍內)에 설(設)할 사(事)로 극(極)히 광대(宏大)한 국과(局課)의 전부(全部)를 수용(收容)할 계획(計劃)인데 우(右)는 종래(從來) 각부청사(各部廳舍)로써 차(此)를 대용(代用)할 터이라더라.

### 〈매일신보〉 1910년 10월 12일자, "삼과이전(三課移轉)"
동현(銅峴) 전농상공부(前農商工部)에 잔류(殘留)한 산림(山林), 수산(水山), 광무(鑛務)의 삼과(三課)는 재작일(再昨日)에 농상공부(農商工部)로 이전(移轉)하였다더라.

### 〈매일신보〉 1910년 11월 23일자, "총독부청사(總督府廳舍) 낙성(落成)"
자하(自夏) 이래(以來)로 가축(加築)하던 총독부청사(總督府廳舍)는 대략준공(大略竣工)되었으되 기(其) 내부(內部)에 장식(裝飾)이 정돈(整頓)되기까지는 상차(尙且) 수일(數日)이 요(要)할 터인즉 내월(來月) 초순(初旬)에나 이전시무(移轉視務)할 터이라 하며 내무부(內務部) 급(及) 학무국(學務局)도 동시(同時)에 이전(移轉)하리라더라.

### 〈매일신보〉 1910년 12월 2일자, "적십자사 사무실 이전(赤十字社 事務室 移轉)"
적십자사(赤十字社), 애국부인회(愛國婦人會), 동양협회(東洋協會)의 사무(事務)는 종래(從來)로 총독부 회계국내(總督府 會計局內)의 일실(一室)에서 취급(取扱)하였으나 사무(事務)의 확장(擴張)으로써 자연(自然) 사무실(事務室)이 협애(狹隘)함에 지(至)한지라 도저(到底)히 집무(執務)키 난(難)한 고(故)로 작일(昨日)부터 총독부 구내(總督府 構內) 위생실측(衛生室側)의 일실(一室)에 이전(移轉)하여 집무(執務)한다더라.

### 〈매일신보〉 1910년 12월 16일자, "내무부 이전기(內務部 移轉期)"
총독부내(總督府內)에 증축(增築)하던 내무부 청사(內務部 廳舍)의 공역(工役)이 낙성(落成)되었음으로써 내무부(內務部)는 내(來) 18일(일)에 신청사(新廳舍)로 이전(移轉)한다더라.

### 〈매일신보〉 1910년 12월 18일자, "내무부 본일 이전(內務部 本日 移轉)"
기보(旣報)와 같이 광화문전(光化門前)에 재(在)하던 내무부(內務部)는 본일(本日) 총독부내 증축청사(總督府內 增築廳舍)로 이전(移轉)한다는데 학무국(學務局)도 동시(同時)에 이전(移轉)할 터이라더라.

### 〈매일신보〉 1910년 12월 20일자, "내무부 전부 이전(內務部 全部 移轉)"
광화문전(光化門前)에 재(在)하던 내무부(內務部)는 재작(再昨)의 일요일(日曜日)을 이용(利用)하여 의자(椅子), 탁자(卓子), 서류(書類) 급(及) 기타집물(其他什物)을 총독부내(總督府內)로 운반(運搬)하고 작일(昨日)은 전부(全部)의 이전(移轉)을 필료(畢了)하였더라.

**《매일신보》 1910년 12월 27일자, "경기도청 이전기(京畿道廳 移轉期)"**

경기도청(京畿道廳)은 전내부내(前內部內)에 신건축(新建築)하던 양옥(洋屋)으로 이전(移轉)한다는데 금회(今回) 연종휴가(年終休暇)를 이용(利用)하여 명재명간(明再明間)에 이전(移轉)할 예정(豫定)이라더라.

**《매일신보》 1911년 4월 8일자, "총독부(總督府)의 대증축(大增築)"**

향자(向者) 총독부(總督府)에서는 내무부(內務部)를 이접(移接)케 하기도 증축공사(增築工事)를 행(行)하였는데 금회(今回)에 갱(更)히 탁지부(度支部) 급(及) 사법부(司法部)를 이접(移接)케 할 계획(計劃)으로 일간(日間) 동청내(同廳內)에 증축공사(增築工事)에 착수(着手)할 터이오 준공기(竣工期)는 본년(本年) 9월경(月頃)이라더라.

**《매일신보》 1911년 6월 15일자, "총독부 증축공사(總督府 增築工事)"**

총독부 증축공사(總督府 增築工事)는 목하(目下) 성대(盛大)히 공정(工程)을 진행(進行)하는 중(中)인데 농상공부(農商工部)의 이전(移轉)할 건물(建物)은 2, 3일 전(日前)에 준공(竣工)하였으나 탁지부(度支部) 등의 이전(移轉)할 분(分)은 목하 공사 중(目下 工事中)에 재(在)하여 고(姑) 미준성(未竣成)하였슨즉 필연(必然) 8월(月) 11일 내(日內)에는 준성(竣成)되리라 하며 각청사(各廳舍)의 이전기(移轉期)는 필연(必然) 9월(月) 중순경(中旬頃)에 재(在)하리라더라.

**《매일신보》 1911년 8월 4일자, "총독부 증축공사(總督府 增築工事)"**

총독부청사 증축공사(總督府廳舍 增築工事)는 기후(其後)에 대위진행(大爲進行)되어 본월(本月) 31일(日)에 준공(竣工)할 예정(豫定)이던 자(者)이 기위(旣爲) 기전부(其全部)가 종료(終了)하고 근(僅)히 실내장식(室內裝飾) 등에 대(對)하여 다소(多少) 시일(時日)을 요(要)할 뿐인즉 필연(必然) 8월(月) 20일경(日頃)이면 기 전부(其 全部) 공사(工事)가 준성(竣成)하여 수부자(受負者)로부터 인계(引繼)를 수(受)할 터이라는데 기시(其時)에 지(至)하면 즉시(卽時) 농상공부(農商工部), 탁지부(度支部), 사법부(司法部) 등을 이전시무(移轉視務)케 하리라더라.

**《매일신보》 1911년 8월 9일자, "농상공부 이전기(農商工部 移轉期)"**

기보(旣報)와 여(如)히 왜성대(倭城臺)의 총독부 증축공사(總督府 增築工事)는 준성(竣成)되었으므로 농상공부(農商工部)는 내(來) 15일(日)에 이전(移轉)한다더라.

**《매일신보》 1911년 8월 10일자, "취조국(取調局)의 이전(移轉)"**

총독부(總督府)의 증축청사(增築廳舍)가 대략(大略) 준공(竣工)되었으므로 농상공부 기타(農商工部 其他)는 근근(近近) 해청사(該廳舍)로 이전(移轉)하고 정동 취조국(貞洞 取調局)은 전농상공부(前農商工部)로 이전(移轉)한다더라.

**《매일신보》 1911년 8월 13일자, "양부이전기(兩部移轉期)"**

서소문내(西小門內) 회계국 영선과(會計局 營繕課)는 왜성대(倭城臺)에 신축청사(新築廳舍)가 준공(竣工)되었으므로 내(來) 23일(日)에 이전(移轉)할 터이오, 기타(其他) 탁지부(度支部) 급(及) 사법부(司法部)는 29일(日)의 일한병합기념일(日韓倂合紀念日)에 전부(全部)를 이전(移轉)할 예정(豫定)이라더라.

**《매일신보》 1911년 8월 19일자, "탁지부(度支部)의 이전기(移轉期)"**

왜성대(倭城臺)에 신축중(新築中)인 총독부청사(總督府廳舍)는 대략(大略) 필료(畢了)하였으므로 탁지부(度支部)에서는 내(來) 28일경(日頃)에 이전(移轉)한다더라.

### 《매일신보》 1911년 8월 20일자, "각청사이전기(各廳舍移轉期)"

예보(豫報)와 여(如)히 공사에 급급(急急) 중이던 총독부 증축공사(總督府 增築工事)는 근경(近頃)에 완성(完成)하였으므로 재작(再昨) 18일(日)에 각부(各部) 대표자(代表者)가 총독부(總督府)에 집합(集合)하여 청사이전기일(廳舍移轉期日)에 대(對)하여 협의(協議)한 바가 유(有)하였는데 내(來) 22일(日)부터 26일 내(日內)에 청사 전부(廳舍 全部)가 이전(移轉)하되 22일(日)은 영선과(營繕課), 24일(日)은 탁지부(度支部), 25일(日)은 사법부(司法部), 26일(日)은 농상공부(農商工部)라더라.

### 《매일신보》 1911년 8월 22일자, "각부이전(各部移轉)과 전매국(專賣局)"

탁지부(度支部), 사법부(司法部)는 내(來) 24일(日)에, 농상공부(農商工部)는 26일(日)에 신건축청사(新建築廳舍)로 이전(移轉)한다 함은 기보(旣報)하였거니와 전매국(專賣局)은 아직 이전(移轉)치 아니한다더라.

### 《매일신보》 1911년 8월 24일자, "고등법원이접기(高等法院移接期)"

고등법원(高等法院)은 총독부증축청사(總督府增築廳舍)로 이전(移轉)할 구탁지부(舊度支部)로 이전(移轉)하기를 결정(決定)하였으므로 본일(本日) 탁지부(度支部)의 이전(移轉)을 대(待)하여 다소간(多少間) 수선(修繕)하고 기(其) 공사(工事)를 종료(終了)한 후(後)에 차제(次第) 이전(移轉)할 터이라더라.

### 《매일신보》 1911년 8월 27일자, "토목국(土木局)의 신설(新設)"

총독부관제개정(總督府官制改正)의 일부(一部)로 토목국(土木局)을 신설(新設)한다 함은 기보(旣報)하였거니와 금회(今回)에 차(此)를 신설(新設)하기로 결정(決定)하였는데 기 내용(其 內容)은 내무부 토목과(內務部 土木課), 탁지부 세관공사과(度支部 稅關工事課), 영선과(營繕課)의 3개소(個所)를 합병(合倂)함에 재(在)한다 하며 해안(該案)은 기위(旣爲) 척식국(拓殖局)에서도 심사(審査)를 필료(畢了)하여 불원(不遠)에 관제개정(官制改正)의 일부(一部)로 기발표(其發表)를 견(見)하리라더라.

### 《매일신보》 1911년 8월 27일자, "농상공부 이전(農商工部 移轉)"

남부 저동(南部 苧洞)에 재(在)한 농상공부(農商工部)는 기보(旣報)와 여(如)히 작일(昨日) 총독부신축청사(總督府新築廳舍)로 이전(移轉)하였다더라.

### 《매일신보》 1912년 4월 5일자, "총독부(總督府)의 증축공사(增築工事)"

총독부(總督府)에서는 금회(今回) 관제개정(官制改正)의 결과(結果) 인원(人員)에 증가(增加)가 무(無)하되 국과(局課)의 폐합(廢合)으로 인(因)하여 현재(現在)의 청사(廳舍)로는 다소(多少) 협애(狹隘)를 감(感)함으로써 불원(不遠)에 일부분(一部分)의 증축공사(增築工事)가 유(有)하리라더라.

# 3

## 누가 인왕산에
### '동아청년단결'이란
## 바위글씨를 새겼나?

| 1939년 제15회 대일본청년단대회가 남긴 뼈아픈 상처 |

김영삼 대통령의 취임식이 있던 바로 그 날인 1993년 2월 25일, 수십 년간 막혀 있던 청와대 앞길과 인왕산 등산로가 마침내 전면 개방되었다. 이는 문민정부의 출범과 함께 해묵은 권위주의 시대의 찌꺼기를 걷어내겠다는 뜻을 상징적으로 나타내기 위한 조치의 하나였다.[1]

---

1) 흔히 인왕산 등산로가 폐쇄된 것은 1968년 1·21사태 때였던 것으로 얘기되고 있으나, 막상 그 당시의 신문자료들을 확인해보니까 이에 관한 구체적인 기록은 잘 드러나질 않는다. 당시의 보도 내용을 종합하면, "서울시경이 간첩작전 수행상 경비가 필요한 도봉산, 북한산, 비봉, 남장대, 북악산, 수락산, 불암산에 입산금지구역을 정하고 1968년 3월 9일부터 일체의 민간인 통행을 막기로 하였다가, 다시 이를 일부 완화하여 그달 15일부터 도봉산(유원지 제외), 북한산 및 남장대 일대(우이동유원지 제외), 정릉뒷산(유원지 제외), 수락산, 불암산, 승가사 및 비봉, 세검정 및 북악산(세검정유원지와 삼청공원 제외) 등 7개 방면 11개소로 확정하여 통제구역을 설정"하였던 사실은 확인되지만, 어찌 된 영문인지 여기에 '인왕산'이 포함되었다는 내용은 전혀 보이질 않는다. 따라서 '인왕산' 지역에 대한 입산금지조치가 정확히 언제 내려진 것인지에 대해서는 별도의 자료조사가 있어야 하지 않을까 한다.

제1부__낯선 근대의 거리, 불편한 역사의 현장

다시 14년의 세월이 흘러 노무현 대통령의 참여정부 시절이던 2007년 4월 5일, 이번에는 청와대 뒤편에 있는 북악산(백악산)의 등산로가 마저 일반에게 개방되었다. 군데군데 경비초소와 군사시설 탓에 막혀 있는 등산로가 여전히 남아 있긴 하지만, 이로써 서울을 둘러싼 남산, 낙산, 북악산, 인왕산의 내사산(內四山)은 누구라도 마음만 먹으면 끊긴 곳 없이 성곽을 따라 한 바퀴 빙 도는 일이 쉽사리 가능한 상황이 된 것이다.

그리고 이들 산에 올라 정상에서 서울 전경을 내려다보는 감흥도 자못 남다르다. 사람마다 생각 차이는 있겠지만, 이들 가운데 전망이 좋기로 치자면 아무래도 인왕산이 으뜸이 아닌가 싶다.

남산 쪽은 고층빌딩 숲에 가려 답답하고, 낙산 쪽은 시가지와 거리가 멀어 아득하며, 북악산 쪽은 등잔 밑이 어두운 격으로 전망이 시원한 느낌이 적으나, 이에 반해 인왕산 정상에서 서울 시내를 바라보는 풍경은 거칠 것 없이 시야가 탁 트이고 경복궁 일대를 곧장 내려다보는 맛 또한 쏠쏠하다. 하기야 오래도록 등산객들의 발길을 막은 까닭이 바로 그와 같은 빼어난 전망 때문이 아니었던가 말이다.

그러고 보면 인왕산은 내려다보는 전망 못지않게 올려다보는 풍치역시 멋들어지다. 눈앞을 가로막는 큰 빌딩숲도 덜한 편이고, 산의 경사면이 대부분 암벽으로 되어 있어 산세가 훤하게 드러난 모습이 마치 겸재 정선(謙齋 鄭敾, 1676~1759)의 '인왕제색도(仁王霽色圖)'를 그대로 펼쳐보는 듯하다. 조선시대 중종과 폐비 신씨의 애절한 사연이 얽힌 '치마바위'가 생겨난 것도 따지고 보면 이러한 이치와 깊은 관련이 있다.

그런데 이러한 인왕산에는 겉으로 잘 드러나지 않았던 숨겨진 상처가, 아니 조금만 세심히 살펴보면 누구나 그 모습을 여실히 들여다볼 수 있는 깊고 커다란 상처가 지금도 오롯이 남아 있어 보는 이들의 가슴을 아프게 하고 때로 부아가 치밀게 한다.

인왕산에 올랐다가 창의문 방향으로 하산행로를 잡고 막 철제계단

지난 2003년 2월 25일 이후 등산로가 전면 개방된 인왕산의 모습이다. 인왕산 정상에서 동쪽으로 흘러내린 듯이 웅장하게 자리하고 있는 바위가 바로 '병풍바위'이다.

등산로를 내려서자마자 이내 오던 길로 눈길을 되돌려 보면, 인왕산 정상의 동편으로 흘러내린 듯이 자리를 차지하고 있는 거대한 암벽이 한눈에 들어오는데 이것이 곧 '병풍바위'이다. 아직은 출입이 제한되어 있어, 이곳에는 간혹 정식허가 절차를 거친 몇몇 산악회 회원들의 발길만이 찾아들 뿐인 상태이다.

　　우두커니 웅장한 암벽의 자태를 감상하고 있노라면, 바위의 아래쪽에 보일 듯 말 듯 무슨 글씨의 흔적 같은 것이 여럿 눈에 들어온다.[2]

2) 간혹 이곳을 '치마바위'로 오인하는 사람들도 적지 않은 모양이나 '치마바위'는 '병풍바위' 아래쪽에 있는 별개의 바위를 가리킨다. 오래전인 1966년에 한글학회에서 펴낸 《한국지명총람 I : 서울편》의 '옥인동' 항목을 보면, '치마바위'에 대해 "인왕산 중턱 병풍바위 밑에 우뚝 솟은 바위"라고 설명하는 한편 '병풍바위'에 대해 "인왕산 중턱에 있는 바위. 웅장한 바위가 병풍과 같이 둘러 있는데, 바위면에 글자를 새김"이라는 설명이 붙어 있다.

무슨 글씨를 새겼다가 다시 깎아낸 듯이 그 내용을 알 수 없게 만들어진 저 흔적의 정체는 과연 무엇이란 말인가?

　알고 봤더니 이러한 생채기가 만들어진 때는 다름 아닌 일제강점기였고, 더구나 그것이 생겨난 이유 역시 인왕산이 서울 시내의 어디에서나 제일 잘 올려다보이는 공간이라는 사실 때문이었다. 그리고 그것은 조선총독 미나미 지로(南次郎, 1874~1955)의 친필로 쓴 '동아청년단결(東亞靑年團結)'이라는 구호를 새겨놓은 바위글씨였다.

　서울이 한눈에 내려다보이는 자리, 말하자면 수도 서울의 이마와 같은 곳에다 저렇게 흉측한 몰골의 글씨가 남겨지게 된 연유는 과연 무엇일까?

　그러니까 이 바위글씨가 처음 등장한 때는 지금부터 딱 70년 전의

인왕산 병풍바위에는 1939년 가을에 일제가 새겨놓은 '동아청년단결'이라는 바위글씨의 흔적이 아직도 역력히 남아 있다.

경복궁 옛 국립박물관(지금의 자선당 터) 자리에서 담 아낸 풍경으로 근정전 지붕 너머로 인왕산의 자태가 한눈에 들어온다. 서울의 어디에서나 쉽사리 올려다보이고, 그 전면에 크고 널찍한 암벽을 갖추고 있는 탓에, 이곳은 끝내 일제에 의해 기념각자(記念刻字)가 새겨지는 수난의 공간이 되고 말았던 것이다.

ⓒ대한민국정부기록사진집 제8권

일이었다. 1939년 그해 가을에 식민지 조선의 수도 경성에서 이른바 '대일본청년단대회(大日本靑年團大會)'가 개최되었고, 이를 영원히 기리기 위한 사업의 하나로 인왕산 암벽에 기념각자(記念刻字)로 남겨놓은 것이 바로 이 글씨였다.

이와 관련하여《동아일보》1939년 2월 24일자에 수록된 "조선연합청년단(朝鮮聯合靑年團), 대일본연청(大日本聯靑)에 가맹(加盟), 금추(今秋) 경성(京城)서 대회 개최(大會 開催)"라는 제목의 기사는 서울에서 이러한 대회가 열리게 된 연유에 대해 이렇게 전하고 있다.

작년 9월 전조선 15만 명으로 조직된 조선연합청년단(朝鮮聯合靑年團)은 기간 대일본연합청년단(大日本聯合靑年團)에 가맹이 진섭되던 바 드디어 최근 정식 가입되었다. 따라서 금년은 전일본청년단대회를 경성에서 개최하기로 되어 그것을 중심으로 구체적 방침을 협의 중에 있다. 현재 대일본연합청년단은 약 3백만 명이 되는 것으로 가을에 약 1주일간의 대회는 실제로 캠프생활을 하면서 청년훈련을 하려는 방침이라 한다.

제1부_낯선 근대의 거리, 불편한 역사의 현장

그리고 다시 《동아일보》 1939년 3월 19일자에는 "일만지교환(日滿支交驩)의 청년단대회(靑年團大會), 경성(京城)에서 개최(開催), 9월 16, 7 양일(兩日)에"라는 제하의 기사를 통해 다음과 같은 후속보도가 실렸다.

조선연합청년단(朝鮮聯合靑年團)의 가맹(加盟)을 기회로 대일본청년단 제15회 대회(大日本靑年團 第十五回大會)는 드디어 금년 가을 9월 16, 17 양일 경성에서 개최키로 결정되어 지난번 동경(東京)에서의 전국사무주임회의의 결과 동대회의 대강을 결정하게 되어 요사이 전국 각 지부에 이 뜻을 통달하고 동시에 조선연합청년단에 대하여서도 여러 가지 준비를 정식 의뢰하여 왔다. 이 대회는 일만지교환대회(日滿支交驩大會)를 겸한 것으로 동 대회를 가장 엄중히, 또는 성대히 거행하여 동아신질서의 신단계(新段階)에 처할 청년단의 면목을 일층 발휘하여 총후청년의 결의를 공고히 함과 함께 일만지청년단원교환의 일대 행사가 되도록 하려는 것으로 그 취지를 명확히 하여 일본으로부터 참가자는

1. 군시구연합청년단지단원((郡市區聯合靑年團止團員, 25세 이하) 대표 각 일 명씩(代表 各一名式)
1. 가맹단장(加盟團長), 대의원(代議員), 지도자(指導者) 대표 각 일 명씩 (代表 各一名式)

을 선정하여 다른 본부역원을 합한 수백 명에 달한다. 다시 만지로부터 다수의 청년을 초빙하고 여기에 조선청년단원을 가할 때는 3천 명의 참가를 예상케 된다. 조선청년단 본부에서는 대회 당일에 경성부민관(京城府民舘), 경성운동장(京城運動場)을 회장

이른바 '지나전쟁(중일전쟁)' 이후 전시동원체제가 한창 노골화하던 때인 1939년 9월 16일과 17일 양일간에 걸쳐 서울에서는 '대일본청년단대회'가 개최되었고, 그 바람에 이를 기념하기 위한 인왕산 바위글씨가 새겨지게 되었다.

으로 여러 가지 의의 있는 행사를 실시하도록 벌써부터 준비에 착수키로 되었다.

이 당시는 이른바 '지나사변(支那事變, 중일전쟁)'의 발발 이후 황국신민서사(皇國臣民誓詞)의 제정, 육군특별지원병령(陸軍特別志願兵令)의 공포, 국가총동원법(國家總動員法)의 확대시행, 국민정신총동원조선연맹(國民精神總動員朝鮮聯盟)의 발회 등으로 이어지는 전시동원체제가 가속화하던 상황이었으며, 1938년 9월 24일에 거행된 '조선연합청년단'의 결성도 바로 이러한 맥락에서 이뤄진 것이었다.

이러한 과정을 거쳐 실제로 '제15회 대일본청년단대회'는 경성부민관과 경성운동장 등지에서 개최되었는데, 이때의 대회 일정은 대략 다음과 같이 구성되었다. 《조선일보》 1939년 9월 15일자에 수록된 "임박(臨迫)한 청년단대회(靑年團大會), 각지 대표 속속 입경(各地代表續續入京), 교환회 일정 등 결정(交驩會日程 等 決定)" 제하의 기사는 그 내용을 이렇게 소개하고 있다.

기보=오는 16, 17 양일 동안 개최될 대일본청년단 제15회 대회와 일만지(日滿支)청년교환회(交驩會)는 그 날짜가 임박함에 따라 총독부에서는 모든 준비에 분망 중이며 작 13일 오후 2시 50분에 입경한 남지(南支) 대표를 비롯하여 북지(北支), 중지(中支), 내지(內地), 대만(臺灣), 만주(滿洲), 몽강(蒙彊) 등 각지 대표는 방금 계속하여 입경하는 중이다.

대회 참열원은 내지 기타 각 외국 대표와 조선 대표를 합하여 전부 오천구십구 명으로서 대회 전날인 명 15일에는 오후 3시부터 경성운동장에서 예정 연습을 행한 후 오후 5시부터 역시 경성운동장에서 조선연합청년단총재 카와시마 대장(川島大將) 추대식을 성대히 거행할 터이며 동 6시 반부터는 카와시마 총재의 관계관민 초대회가 조선호텔에서 열릴 터이다. 그리고 대회의 주요 일정은 다음과 같다.

◇ 대일본청년단 제십오회 대회 급 일만지청년교환회 일정(大日本靑年團 第十五回大會 及 日滿支靑年交驩會 日程)

▲ 9월 15일(금요) 대회 전일

　1. 옥외 대회 예행연습(오후 3시 경성운동장)

　2. 조선연합청년단총재 추대식(오후 5시 동지)

　3. 천도(川島) 언청총재 주최 초대회(오후 6시 만 조선호텔)

▲ 9월 16일(토요) 대회 제1일

　1. 옥내 대회(오전 8시 반 경성부민관)

　2. 교환회(우 대회에 계속하여 행함, 동전)

　3. 흥아성업성취기원제(오후 2시 조선신궁)

　4. 기념사업 기공식(오후 4시 인왕산)

　5. 대일본청년단장 주최 초대회(오후 5시 반 부민관)

▲ 9월 17일(일요) 대회 제2일

　1. 옥외 대회(오전 9시 경성운동장) 열단분열식 합동체조

　2. 시내행진(오전 11시~오후 1시)

　3. 조선신궁 참배 폐회식(오후 1시 반)

▲ 비고(備考) : 출석자수(5,099) 내지 대만 등 669, 조선 4,370, 만주
　　　　　 30, 지나 30


　여길 보면 "기념사업기공식(오후 4시 인왕산)"이란 항목이 눈에 띄는데, 이것은 곧 인왕산 병풍바위의 암벽에 '석각(石刻)'을 하는 일을 말한다. 그렇다면 하필이면 인왕산에 이러한 글씨를 새기겠다는 발상은 어떻게 생겨난 것일까?

　우선 이에 관해서는《동아일보》1939년 4월 11일자에 수록된 "일만지청년대회(日滿支靑年大會), 경성성벽(京城城壁)에 기념비(記念碑)"라는 제목의 기사에서 그 흔적을 찾을 수 있는데, 여기에는 "……그리고 참가 청년 대표들은 대경성을 내려다볼 수 있는 적당한 장소에 대비석(大碑石)을 세워 본대회의 역사적 사명을 영구히 기념할 터이라 한다"는 구절이 들어 있다. 그러니까 청년단 대회의 개최가 결정된 직후부터 진즉에 이러한 계획이 수립되었던 것으로 짐작할 수 있다.

　이러다가 대회가 가까워지면서 기념비를 새길 장소로 '인왕산'이 선정되었는데, 그 이유는 역시 이곳이 "서울을 한눈에 굽어볼 수 있는

곳"이라는 사실 바로 그 때문이었다. 그리고 당초에는 여기에 새길 여러 가지 문구가 함께 거론된 바 있었으니, 그에 관한 내용은 《매일신보》 1939년 9월 16일자에 수록된 "인왕산(仁王山)에 대기념 문자(大記念 文字), 17일(日)에 조각(彫刻)"이라는 제하의 기사를 통해 잘 확인할 수 있다.

명 16일 아침부터 호화현란하게 개막되는 일만지청년교환대회(日滿支靑年交驩大會)를 겸할 대일본청년단 제15회 대회는 흥아의 새로운 역사를 꾸밀 5천여 명 청년들이 모이게 되는 만큼 조선서는 처음 되는 큰 성전(聖典)인데 이번 극동의 각지 청년이 한자리에 모이는 것을 기념하는 기념사업을 하기로 결정하였다.

이 기념사업은 서울장안을 내려다보는 인왕산(仁王山) 큰바위에 미나미(南) 총독이 휘호한 기념 문자를 새기어 천추에 빛나도록 하리라는 것으로 총경비는 조선 측 부담 1천 원, 내지 만주 측 기타가 부담하는 것 2천 원, 도합 3천 원이라고 한다.

이 기념사업의 기공식(起工式)은 17일 오후 세 시부터 인왕산에서 각지 청년단 대표들이 모이어 거행할 터이며 거기에 새길 문자는 다음의 여러 가지 중에 하나를 고르리라고 한다.

▲ 흥아청년결맹기념(興亞靑年結盟記念) ▲ 일만지청년결맹기념(日滿支靑年結盟記念) ▲ 신동아(흥아)건설〔新東亞(興亞)建設〕 ▲ 광명(光明)은 동방(東方)으로부터 ▲ 궐기(蹶起)하라 동아청년(東亞靑年)

하지만 실제로 여기에 새기기로 확정된 문구는 '동아청년단결(東亞靑年團結)' 여섯 글자였으며, 이는 지금도 인왕산 병풍바위에 처참한 몰골로 남아 있는 글씨의 내용 바로 그것이다.

이에 따라 마침내 '대일본청년단대회'가 개최된 첫날인 1939년 9월 16일에는 기념각자의 기공식이 인왕산 현지에서 거행되었다.[3] 이 날의 행사에 대해서는 《매일신보》 1939년 9월 17일자에 게재된 "성업성취(聖業成就)를 기원(祈願)코 천추(千秋)에 빛날 각자 기공(刻字 起工), 불멸(不滅) 미나미 총독(南總督)의 휘호(揮毫) '동아청년단결(東

亞青年團結)'의 육문자(六文字)"라는 제목의 기사에 비교적 자세히 묘사되어 있다.

16일부터 개막된 동아각지청년의 결속을 굳게 하는 역사적 큰모임은 부민관(府民館)에서의 여러 가지 결의(決意)와 흥아건설(興亞建設)의 열화 같은 외침으로 오전부 순서를 마치고 오후에는 흥아성업성취기원제(興亞聖業成就祈願祭)와 인왕산(仁旺山)에 '동아청년단결(東亞青年團結)'이라는 천추에 빛날 기념 문자를 새기는 기공식(起工式)을 거행한 것으로 제1일의 모든 절차를 마치었다. 그리고 오늘은 제2일의 순서로서 경성운동장에서 오천여 명이 보무(步武)를 갖추어 대분열식(大分列式)을 거행하며 합동체조와 시내 행진을 하여 세기에 빛날 기록을 남기고 일만지청년교환회(日滿

---

3) 이날 경성부민관에서 개막된 대일본청년단의 첫째 날 대회에서는 각지 청년단 대표들의 '결의(決議)'가 있었는데 그 내용은 "1. 황국부동(皇國不動)의 국시(國是)에 즉(則)하여 흥아(興亞)의 성업관철(聖業貫徹)을 위(爲)하여 맹방청년(盟邦青年)과 상호도모(相互圖謀) 동아청년(東亞青年)의 대동단결(大同團結)을 기(期)함. 1. 적년(積年)의 화근(禍根)인 구미(歐美)의 정치경제사상등(政治經濟思想等) 일체(一切)의 침략적 세력(侵略的 勢力)을 아세아(亞細亞)의 천지(天地)로부터 일소(一掃)하고 황도(皇道)에 기(基)하여 신질서(新秩序)의 확립(確立)을 기(期)함. 1. 익익(益益) 전국청년단(全國青年團)의 일체적 체제(一體的 體制)를 정비(整備)하여 청신(淸新)한 국가활동(國家活動)의 추진력(推進力)으로서 전단원(全團員)의 총력(總力)을 광영(光榮) 있는 사명(使命)의 달성(達成)에 경주(傾注)시키기를 기(期)함. 1. 장기건설(長期建設)의 황전완수(皇戰完遂)에 비(備)하여 국방 제이진(國防 第二陣)의 강화확충(强化擴充)을 도(圖)하기 위(爲)하여 군사해양방공항공급체위향상등(軍事海洋防空航空及體位向上等)의 제훈련(諸訓練)을 철저(徹底)히 할 것을 기(期)함. 1. 호국(護國)의 충령(忠靈)에 감사(感謝)의 지성(至誠)을 봉(奉)하여 익익(益益) 봉공(奉公)의 실천도(實踐道)에 정신(挺身)하며 물자절약생산확충(物資節約生産擴充)으로 경제전력(經濟戰力)의 증강(增强)을 기(期)함. 우(右) 결(決議)함. 소화(昭和) 14년(年) 9월(月) 16일(日). 대일본청년단제십오회대회(大日本青年團第十五回大會)"이다.
그리고 여기에 더하여 다음의 선언(宣言)이 있었는데, 그 내용은 이러하다. "성전(聖戰) 기(旣)히 삼 년(三年), 서구(西歐) 역(亦) 동란(動亂)의 와중(渦中)에 빠졌다. 우내(宇內)의 정세전변무쌍(情勢轉變無雙)이나 팔굉일우(八紘一宇) 조국(肇國)의 황모(皇謨)는 찬연(燦然)히 황국(皇國)의 진로(進路)를 비춘다. 동아신질서(東亞新秩序)의 건설(建設)은 전도(前途) 아직 요원(遼遠)하다 하지마는 황국(皇國)의 역사적(歷史的) 대사명 달성(大使命 達成)의 확신(確信)은 미미(彌彌) 뇌고불발(牢固不拔)이다. (此時)에 당(當)하여 대일본청년단제십오회대회(大日本青年團第十五回大會) 병(並) 일만지청년교환회(日滿支青年交驩會)를 경성(京城)에 개(開)하였다. 내선일체(內鮮一體) 익익(益益) 황국청년(皇國青年)의 단결(團結)을 강화(强化)하고 갱(更)히 널리 동아맹방(東亞盟邦)의 청년(青年)과 흥아(興亞)의 계(契)를 굳게 하려 한다. 생각컨댄 국난(國難)에 제회(際會)하여 청년(青年)의 궐기(蹶起)하는 나라에 광명(光明)이 있다. 동아신질서건설(東亞新秩序建設)의 완수(完遂)는 오로지 아등(我等)의 쌍견(雙肩)에 있다. 이제 천재일우(千載一遇)의 성대(聖代)에 미증유(未曾有)의 중임(重任)을 담당(擔當)하여 일어서는 광영(光榮)에 감격(感激)하고 전동아(全東亞)의 청년(青年)을 거느리고저 각각(刻刻) 변화(變化)하는 정세(情勢)에 희애(喜愛)를 허수히 함이 없이 자주독왕(自主獨往)으로 흥아성업(興亞聖業)의 관철(貫徹)에 매진(邁進)하며 서(誓)하여 천황폐하(天皇陛下)의 대어심(大御心)을 봉안(奉安)하기를 기(期)함. 우(右) 선언(宣言)함."

《매일신보》1939년 9월 17일자에 수록된 인왕산 기념각자의 기공식 관련 기사이다. 기사의 왼쪽으로는 신도(神道) 방식으로 기공식이 거행되는 장면과 아울러 '동아청년단결'이라는 구호가 새겨질 인왕산 병풍바위의 모습을 담은 사진자료가 소개되고 있다.

支靑年交驩會)와 제15회 대일본청년단대회를 뜻 깊게 마치기로 하였다.

멀리 몽강(蒙疆)을 위시하야 중남북(中南北)의 지나 각지도 물론 무한(武漢)과 만주국(滿洲國)으로부터 모인 청년과 다시 내지 각 부현 대표와 조선 각 도 대표들 오천여 명의 씩씩한 청년이 한자리에 얼굴을 대하고 굳은 악수를 교환한 이번 청년단대회는 경성에서 모이게 된 관계로 경성에 기념으로 남아 있는 사업을 이루기로 16일의 옥내 대회에서 만장일치로 결의를 하였다.

이 기념사업은 무엇보다도 영원한 세기에 광휘 있는 역사를 자랑할 만한 불후(不朽)의 사업을 하자고 해서 장안을 굽어보는 인왕산 허리의 바위에다 미나미(南) 총독의 휘호를 부탁하야 '동아청년단결(東亞靑年團結)'이라는 여섯 글자를 새기기로 하였다. 이 기념 문자는 인왕산 허리의 높이 39메돌(미터), 폭이 40메돌(미터) 되는 큰 바위에다 사방이 아홉 자 되는 '동아청년단결'의 여섯 자를 새기기로 한 것이며 오는 10월부터 착공하야 명년까지 마치기로 하고 경비의 일부를 조선연합청년단에서 1천 원, 기타 각 지방 청년단에서 2천 원을 거두는 동시 이번에 모이었던 오천 청년단원이 10전씩 적성을 다한 의연금으로 하게 되었다. 그래서 이 기념 문자로서 신동아의 새로운 질서를 세우는 데에 몸과 마음을 바치는 상징(象徵)이 되게 하며 이 글자를 생각함으로서 동아(東亞)의 오족(五族)을 대표한 청년들은 더욱 단결을 굳게 할 것을 맹세하기로 한 것이다.

제1부_낯선 근대의 거리, 불편한 역사의 현장

그래서 이제 오후 네 시부터 이 글자를 새길 인왕산 바위 옆에서 신식(神式)에 의한 기공식(起工式)을 각지 대표자 17명이 참석하여 거행하고 조선연합청년 이(李) 상무이사, 쿠마가야(熊谷) 대일본청년단 상무이사, 각 지방 청년단 대표들로부터 옥관봉전(玉串奉奠)이 있어 맑은 하늘 밑에 인왕산의 영기(靈氣)가 떠도는 중에서 엄숙히 식을 마치었다.

위의 기사를 통해 '동아청년단결'이라는 여섯 글자는 각각 '아홉 자' 즉 '273센티미터'의 크기로 조성되었으며, 그해 겨울이 넘어가는 시기에 공사가 진행된 사실을 파악할 수 있다.

그런데 이러한 바위글씨가 새겨진 이후 5년 남짓한 세월이 흐른 뒤에 일제는 이내 패망의 길을 걸었기 때문인지는 몰라도, 이 글자의 존재가 어떠한 종류이건 인쇄물을 통해 세상에 널리 알려진 흔적은 전혀 발견되지 않는다. 그 누군가에 의해 사진자료로도 충분히 그 모습이 남겨졌을 테지만, 안타깝게도 지금까지 그러한 자료가 발굴되거나 다른 언론매체를 통해 소개된 일이 있었다는 소식을 들어본 적은 아직 없다.

그나마 다행스러운 것은 이와 관련된 사진자료 몇 점이 국립중앙박물관의 유리원판자료에 포함되어 있다는 사실이 아닌가 싶다.[4]

이 자료를 통해 인왕산 암벽에 새겨진 글자의 내용을 살펴보니까, 오른쪽부터 첫째 열에는 "동아청년단결(東亞靑年團結)", 둘째 열에는 "황기 이천오백구십구년 구월 십육일(皇紀 二千五百九十九年 九月 十六日)", 셋째 열에는 "조선총독 미나미 지로(朝鮮總督 南次郞)"이라는 큰 글씨의 순서로 이뤄져 있다. 그리고 이보다 약간 왼쪽으로 사이를 띄고 '한 열에 28글자씩, 네 줄 길이'로 대일본청년단대회의 개최사실과 기념각석을 남기는 연유를 한자(漢字)로 서술한 내용이 잔뜩 새겨

---

4) 국립중앙박물관, 《유리원판 목록집 V》(2001)에는 pp. 361~362에 걸쳐 "인왕산 암반에 글씨를 새기는 광경"이라고 하여 다섯 장의 유리원판[원판번호#미등록 대판 20-1, 20-2, 20-3, 20-4, 20-5]의 목록이 수록되어 있는데, 이것들이 곧 인왕산 병풍바위에 '동아청년단결' 글씨를 새기는 일련의 작업광경들이다.

져 있으며, 그 말미에는 "조선총독부 학무국장 시오바라 토키사부로(朝鮮總督府 學務局長 塩原時三郎)"이란 글귀가 자리하고 있다.

그렇다면 '동아청년단결'이란 인왕산의 바위글씨는 해방 이후 어느 시점에서 지워지게 된 것일까?

이에 관해 드물게 찾아낼 수 있는 기록은 《조선일보》 1950년 2월 25일자에 수록된 "82만 원의 왜식소탕(倭色掃蕩), 인왕산의 남차랑(南次郎) 글 삭제(削除)"라는 제목의 기사이다.

> 인왕산 절벽암반 위에는 일제가 최후 발악을 하던 때 새겨놓은 '대동아청년단결(大東亞靑年團結) 황기(皇記) 2599년 9월 16일 남차랑(南次郎) 운운'이란 문구가 그냥 남아 있는데 이번 서울시에서는 민족정신 앙양과 자주정신 고취에 미치는 바 영향이 많다고 하여 82만 원을 들여 삭제 공사를 추진 중이라 하며 3월 말까지는 끝날 것이라는데 이와 아울러 일반 시민도 왜색 간판을 자진 없애주기를 바란다 한다.

하지만 이러한 보도가 나온 시점이 한국전쟁이 일어나기 직전이라는 점을 감안하면, 인왕산의 바위글씨를 지워내는 일이 제대로 진행될 수 있기나 했을까 하는 의문이 들지 않을 수 없다. 실제로 이 당시에 삭제 공사가 착수되었다는 구체적인 흔적을 찾아낼 수 없었다.

다만, 《조선일보》 1962년 6월 26일자에는 "[일사일언] 인왕산(仁旺山)의 추흔(醜痕)"이라는 제목으로 소설가 월탄 박종화(月灘 朴鍾和, 1901~1981) 선생의 기명 칼럼이 하나 수록되어 있는데, 여길 보면 그 시절까지도 인왕산의 바위글씨가 남아 있었던 사실을 엿볼 수 있다.

> 인왕산은 삼각산, 백악산, 남산, 낙산과 함께 서울시민과 더불어 오백여 년을 살아온 명산이다. ……(중략)…… 태평양전쟁 말기 때 일인 총독 남차랑(日人總督 南次郎, 미나미 지로)은 인왕산 높고 높은 절벽에다가 한민족과 일본민족의 동조동근(同祖同根)이라는 터무니없는 생각을 강조시키기 위하여 팔굉일우(八紘一宇)라는 큰 글자를 남차랑(南次郎)의 꼴 같지 않은 성명삼자(姓名三字)를 각자(刻字)하여 국도(國都)의 대자연(大自然)

을 더럽히는 일을 감행했던 것이다.

오늘날, 이 각자(刻字)는 의연(依然)히 남아 있다. 인왕산을 바라볼 때마다 불쾌하기 짝이 없다. 해방된 지 이미 17년의 세월을 흘려보냈고 대한민국정부가 선 지도 벌써 십유사년(十有四年)이 되었다. 그러나 누구 한 사람이 추한 도류의 발자국을 지워버릴 것을 생각하는 사람은 없다. 개인의 힘으로 마음은 있으나 도저히 깎아낼 도리가 없고, 국가나 정부의 힘이나 빌어야 할 텐데 과거의 위정자(爲政者)들은 정권쟁탈에만 눈이 어두워서 인왕산 기슭의 도둑의 발자국을 바라다 볼 심경(心境)도 갖지 못했던 모양이다.

하루 바삐 인왕산의 추한 모습을 깎아버려서 수도시민(首都市民)의 마음에 가슴 아팠던 지나간 일을 회상시키지 않도록 하고 대자연(大自然)의 본연(本然)의 모습을 바라보도록 했으면 좋겠다.

《조선일보》 1962년 6월 26일자에 수록된 월탄 박종화 선생의 '인왕산 바위글씨'에 관한 칼럼 내용이다. 이 칼럼은 이때까지 바위글씨의 흔적이 그대로 남아 있었다는 사실을 알려주지만, 몇 가지 사실관계의 오류도 포함되어 있으므로 그 내용을 액면 그대로 받아들이는 데는 다소간의 검증이 필요한 듯하다.

하지만 이 글에도 한 가지 오류가 눈에 띄는데, "팔굉일우(八紘一宇)'라는 큰 글자를 각자하여…… 운운"한 대목이 그것이다. 인왕산의 암벽에 새겨진 글자는 '동아청년단결'인 것이 확실하므로, 이것은 기고자의 착각인 듯이 여겨진다.

그러나 무엇보다도 이 부분은 좀 더 달리 생각해볼 여지가 있어 보인다. "이 각자(刻字)는 의연(依然)히 남아 있다"고 하면서도 정작 그 글자의 내용에 대해서는 엉뚱한 글자로 적고 있는 것은 과연 무얼 말하는 것일까? 요컨대 위의 내용은 필자가 직접 인왕산을 올라가서 현황을 파악한 뒤에 정리한 것이 아니라 그저 저 멀리로 인왕산 자락을 바라보면서 작성한 '관념적'인 결과물일 수도 있다는 추론이 가능한 것이다.

따라서 위에서 보는 기명 칼럼의 내용에도 불구하고 인왕산의 바위 글씨가 1962년 6월의 시점에서 확실하게 원래의 모습 그대로 방치되고 있는 상황이었다는 결론을 내리기는 어려워 보이며, 혹여 그 이전에 어떠한 형태로든지 글씨를 지워내는 작업이 이미 실시된 상태였을 가능성도 배제하기는 쉽지 않을 듯하다. 어쨌거나 이 부분은 아무쪼록 그 시절을 겪었던 관계자들의 증언이나 별도의 기록자료를 통해 정확하게 검증되어야 할 대목이 아닌가 싶기도 하다.

'황도주의(皇道主義)'니 '황국신민(皇國臣民)'이니 '팔굉일우(八紘一宇)'니 '일시동인(一視同仁)'이니 '사해동포(四海同胞)'니 '총후봉공(銃後奉公)'이니 하는 구호들은 이미 사라진 지 오래지만, 군국주의 시절의 망령 하나가 마치 낙인을 찍어놓은 것처럼 저토록 또렷하게 남아 있으니 저들의 만행을 어찌 잊으래야 잊을 수 있을 것인가?

(2008. 7. 27)

# 4

# 왜 하필 매국노의 집터에서
# 독립선언은 이뤄졌을까?

| 삼일만세사건의 현장인 '명월관지점' 혹은 '태화관'의 내력 |

여느 때는 잠잠하다가도 해마다 3월만 되면 유달리 주목을 받는 공간이 몇 군데 있다. 우선은 '탑골공원'이 그 하나이고, '태화관'이란 데도 곧잘 사람들의 입에 오르내린다. 모두가 삼일만세사건의 역사 현장으로 깊이 각인되어 있는 탓이다.

그런데 탑골공원은 잘 알겠는데, 태화관(太華館 또는 泰和館으로 표기)은 도대체 어디에 있는 것일까? 그리고 이곳은 어떤 내력을 지닌 장소이며, 이른바 민족대표 33인은 왜 하필 여기에서 모이기로 했던 것일까?

예전의 흔적은 벌써 사라졌지만 태화관은 인사동 안쪽에 있던 요리점이었다. 지금은 '태화빌딩'이라는 이름의 건물만이 이곳에 남아 있다. 종로 방면에서 인사동길을 따라 오르다가 중간쯤에서 만나는 인사

서울 인사동네거리에서 해
나무길(태화관길)로 따라 꺾
어들면 이내 만날 수 있는
태화빌딩 주변의 모습들이
다. 건물 앞에는 '삼일독립
선언유적지'와 '순화궁터'
표지석이 세워져 있다. 하지
만 아쉽게도 여기에는 사실
관계를 잘못 서술한 구절들
이 너무 많이 눈에 띈다.

동네거리에서 해나무길(태화관길)을 따라 왼쪽으로 꺾어들면 곧장 이
건물이 보이므로 이곳을 찾는 것은 어렵지 않다.

더구나 그 앞에 "삼일독립선언유적지"라고 새긴 제법 큼직한 표지
석이 세워져 있으므로 위치 확인에도 도움이 된다. 여기를 살펴보니,
이러한 내용이 적혀 있다.[1]

　　　이 집터는 본래 중종 때 순화공주의 궁터라 불행하게도 을사 경술 두 조약
　　때 매국대신들의 모의처로 사용되더니 삼일독립운동 때에는 그 조약을 무효

---

1) 이 표지석은 원래 1982년 8월 13일에 세워졌던 것을 1997년 3월 1일에 재건립하였다고 표시되어 있
다. 처음의 것은 갈물 이철경의 글씨였으나, 재건립되면서 이 와중에 해청 손경식의 글씨로 바뀌었다.

제1부_낯선 근대의 거리, 불편한 역사의 현장

화시킨다는 뜻으로 여기에서 독립선언식이 거행되었다. 즉 기미년 삼월 일일 정오 탑골공원에서 터진 민족의 절규와 함께 민족대표 일동은 여기 명월관지점 태화관에서 대한독립을 알리는 식을 거행하는 동시에 미리 서명해 두었던 선언서를 요로에 발표하고 급히 달려온 일경들 앞에서 대한독립만세를 제창하고 일제히 사로잡혔다. 그 뒤 남감리교회는 이 터를 매수하여 태화기독교사회관 건물을 지었으며 일제 말기에는 침략의 도구로 징발되었으나 팔일오 해방과 더불어 이를 되찾아 사업을 계속했다. 그러나 도시재개발계획에 따라 새집을 짓고 여기에 그 사연을 줄잡아둔다.

이 문안은 오리 전택부(吾里 全澤鳧, 1915~2008) 선생이 지은 것인데, 외람된 표현인지는 모르겠으나 썩 잘 정리된 구절로 보이지는 않는다. 여기에는 분명히 사실관계의 오류가 많이 포함되어 있는 탓이다.[2]

우선 이 집터를 "중종 때 순화공주의 궁터"라고 한 것은 아마도 순화궁(順和宮)을 가리키려는 듯하지만 순화궁은 헌종 때의 후궁 경빈 김씨(慶嬪 金氏, 1831~1907)가 생전에 거처하던 곳이었으므로 "중종 때…… 운운"하는 것은 잘못이며, 그 시절에 '순화공주'가 실존했는지도 의문이다. 무슨 근거에서 나왔는지는 모르겠지만, 전혀 사실관계에 부합하지 않는 구절이라고 지적하지 않을 수 없다.

그리고 "을사 경술 두 조약 때 매국대신들의 모의처로 사용"되었다고 한 것도 잘못이다. 을사조약이 있던 1905년 당시에는 경빈 김씨가 여전히 살아 있던 때이므로 순화궁이 매국대신들의 모의처로 사용되었을 까닭이 없었다. 아마도 이 구절은 나중에 이곳이 이윤용·이완용 형제의 집터로 바뀐다는 사실을 빗대어 말하려 했을 것으로 짐작되지만, 여하튼 시간 전후의 구분에 오류가 있는 것은 분명하다.

이렇게 본다면 "삼일독립운동 때에는 그 조약을 무효화시킨다는

---

[2] 전택부 선생의 《남기고 싶은 이야기들》(종로서적, 1993)이란 책에도 '인사동 태화관에 얽힌 이야기'(pp. 147~150)라는 항목이 정리되어 있는데 그 내용은 표지석에 요약된 설명과 크게 다르지 않다.

왜 하필 매국노의 집터에서 독립선언은 이뤄졌을까?

뜻으로 여기에서 독립선언식이 거행되었다"고 한 구절도 매우 과장되거나 앞뒤가 어긋나는 잘못된 설명이라고 판단된다. 그럴듯하게 들리는 찬사와 해석이긴 하지만, 실제로 그러했다는 증거는 그 어디에도 없다.

참으로 아쉽게도 사실관계의 오류는 태화빌딩 앞쪽에 놓여 있는 '순화궁터' 표지석에서도 발견된다.

여기에는 "조선조 헌종(憲宗)의 후궁 경빈 김씨(김조근의 딸) 사당인 순화궁이 있었던 자리"라고 적혀 있다. 이 표지석은 서울특별시에서 1999년 11월에 설치한 것인데, 우선 경빈 김씨를 김조근(金祖根)의 딸이라고 한 것부터가 완전히 엉터리이다. 김조근은 헌종의 원비(元妃)인 효현왕후(孝顯王后)의 아버지이며, 경빈 김씨의 아버지는 김조근이 아니라 김재청(金在淸)이라야 맞다. 그리고 순화궁이란 것도 경빈 김씨의 사당이라고 하기보다는 이미 생전에도 사용하던 궁호(宮號)라고 설명하는 쪽이 옳을 것이다.

그렇다면 이 순화궁터, 나아가 태화관 자리에는 도대체 어떠한 역사의 굴곡이 숨어 있는 것일까?

이 대목에서 가장 먼저 떠오르는 궁금증은 다른 곳도 아닌 일개 요릿집이 어째서 독립선언의 현장이 되었던가 하는 점이다.

고종임금의 인산일을 앞두고 종교계 인사들이 중심이 되어 모의한 거국적인 독립선언의 거사는 당초에 1919년 3월 1일(토요일) 오후 2시로 예정되어 있었다. 그 장소는 파고다공원 즉 탑골공원이었다. 하지만 이 자리에 민족대표 33인은 나타나지 않았다. 그 전날 손병희 선생의 재동 자택에서 별도의 모임을 갖는 자리에서 이들은 느닷없이 거사 장소를 변경하기로 결정했던 까닭이었다.

원래의 계획대로 진행할 경우에 과격한 행동을 야기하여 자칫 유혈충돌이 빚어질 수 있으므로 군중이 모인 파고다공원에는 나갈 수 없다는 것이 이유였다. 그것이 정말 사려 깊은 처신이었는지 아니면 꽤나 구차한 변명이었는지는 알 수 없으나, 그 대신에 선택된 장소가 바로 인사동의 태화관이었다. 파고다공원과 매우 가까운 곳이라는 점이 고려된 듯도 하지만, 스스로 요릿집이라는 폐쇄된 공간으로 비껴난 점은 여러모로 아쉬운 대목이 아닌가 싶다.

요컨대 요릿집 태화관이 삼일독립선언의 역사적 장소로 귀결된 것은 이처럼 민족대표 33인의 막판 변심(?)이 작용한 결과였다.

그런데 참으로 흥미로운 점은 이 태화관이란 곳이 다

◇넷회포 지어내는 태화관◇

《동아일보》 1924년 3월 1일자에 소개된 '태화관' 의 모습이다. 이 당시는 태화여자관으로 사용되던 시절이었으나, 그 후 태화사회관의 건물신축계획과 더불어 1937년 여름에 완전히 철거되어 사라진다.

름 아닌 친일귀족 이완용(李完用, 1858~1926)의 집터였다는 사실이다. 경술국치의 당사자이며 매국노의 대명사인 그가 살았던 장소에서 독립선언의 회합이 있었다는 것은 비록 우연의 결과였다고 할지라도 자못 역설적으로 들린다.

태화관이 있던 곳에는 원래 조선 헌종의 후궁이던 경빈 김씨가 생전에 살았던 '순화궁'이 있었다는 사실은 앞에서 이미 지적한 바와 같다. 하지만 1907년 6월에 경빈 김씨가 세상을 떠난 뒤에는 당시 궁내부대신이었던 이윤용(李允用, 1854~1939)이 재빨리 이곳을 차지하였고, 다시 망국 직후인 1911년 초에 이 집은 그의 동생인 이완용에게 넘겨지는 과정을 거쳤다.[3]

처음에 이완용의 집은 서소문 밖 약현(藥峴, 지금의 중림동)에 있었으나 고종 퇴위 때 격노한 민중의 습격으로 1907년 7월 20일에 불타버렸고, 그 뒤로는 한때나마 남산 아래쪽을 전전하다가 1908년 봄부터 저동 남녕위궁(苧洞 南寧尉宮)에 겨우 터를 잡고 있던 차였다. 그러한 그가 순화궁으로 들어와서 산 것은 3년가량이었다. 그리고 1913년 말에 옥인동(玉仁洞)에 대저택을 세워 이사를 나간 이후에도 이완용은 여전히 집주인의 신분을 버리지 않았던 것으로 알려진다.

그 무렵 이완용이 살던 곳에 요릿집이 들어서는 과정은 이러했다.

시내 한복판의 큰집이 빈집으로 남게 된 마당에 그냥 놀려두기는 아까웠던 모양인지,《매일신보》1913년 12월 12일자에는 "여관설치(旅館設置)의 교섭(交涉)"이라는 내용의 기사가 벌써 등장한다.

백작 이완용 씨(伯爵 李完用氏)가 자하동(紫霞洞) 신건축(新建築)한 가정(家庭)으로 철이(撤移)함은 이보(已報)한 바어니와 이왕(已往) 접(接)하던 종로통(鍾路通) 이문동 소재(里門洞 所在) 가정(家庭)은 모내지인(某內地人)이 여관(旅館)을 설치(設置)하기로 목하(目下) 이완용 백(李完用伯)과 교섭(交涉)하는 중(中).

여기에서 나오는 이문동은 '순화궁'이 있던 곳을 가리키며, 1914년에 주변일대가 인사동(仁寺洞)으로 묶임에 따라 폐지된 지명이다. 그리고 이문(里門)이라고 하는 것은 마을을 지키기 위해 설치하는 시설로 일종의 방범초소와 같은 것이었는데, 일제 초기까지도 이러한 지명

---

3) 순화궁이 이윤용의 수중으로 떨어진 연유에 대해《순종실록부록》1911년 4월 24일조에는 이렇게 적고 있다. "순화궁은 본래 중부에 있는 태화정(太和亭)이었는데 남작 이윤용이 궁내부 대신으로 재임할 때 그 집에 머물면서 반송방(盤松坊)의 택지를 순화궁의 자리와 바꿈으로써 반송방으로 옮겨 갔던 것이다." 그리고 김명수 편집,《일당기사(一堂紀事)》(일당기사출판소, 1927)에 정리된 연보(年譜)에 따르면, 이완용이 백씨(伯氏) 이윤용의 소유인 이문동(里門洞)의 새집(즉 태화궁)을 사들여 이사를 온 것은 1911년 3월 17일이고, 이곳에서 다시 옥인동의 신저택으로 이사를 나간 것은 1913년 12월 1일이라고 기록하고 있다.
한편, 이완용이 옥인동으로 이사를 간 1913년 12월 이후 이곳에 다시 '여관' 태화관이 들어서는 1914년 12월까지의 시기에 이곳의 용도가 어떠했는지는 분명하지 않다. 그런데 흔히 '토쿠토미 소호(德富蘇峰)'라는 이름으로 더 유명한 일본 언론계의 거물 토쿠토미 이이치로(德富猪一郎, 1863~1957)가 남긴《양경거류지(兩京去留誌)》(民友社, 1915)라는 책에 보면, 1914년 10월 17일에 작성한 '태화정(太華亭)'이라는 글(178~179쪽)이 나오고 이곳이 "아베무불거사(阿部無佛居士)의 우사(寓舍)"라고 표시한 구절이 남아 있다. 무불거사(無佛居士) 또는 아베 무부츠(阿部無佛)는 그 당시 막 경성일보 사장에 취임한 아베 미츠이에(阿部充家, 1862~1936)를 가리키는데, 이것으로 미뤄보면 아마도 그가 조선으로 건너온 직후에 이완용의 집터를 임시숙소로 빌려서 사용했던 것이 아닌가 싶기도 하다.

은 서울의 여러 곳에 남아 있었다.

이곳 이문동 순화궁 자리, 다시 말하여 이완용 소유의 저택에 '태화관'이라는 이름이 등장하는 최초의 자료는 《매일신보》 1914년 12월 24일자에 수록된 광고 문안이다.

"대규모적 신여관(大規模的 新旅館)"

조선(朝鮮)에 수부(首府)되는 경성(京城)에 선인측(鮮人側) 대여관(大旅館)이 무(無)함은 경향간 유지자(京鄕間 有志者)의 개탄(慨歎)이 옵던 바 종로(鍾路) 이문동내(里門洞內) 전순화궁(前順和宮)의 삼백간(三百間)되는 가택(家宅)에 대대적 여관(大大的 旅館)을 창립(創立)하고 제반설비(諸般設備)도 차(此)에 응(應)하여 내외관(內外觀)을 겸비(兼備)하였사온데 방옥 급 정원(房屋 及 庭園)의 화려(華麗)와 탕실 여 복도(湯室 與 複道)의 시설(施設)과 야칙전촉(夜則電燭)의 휘황(輝煌)과 침구 여 식품(寢具 與 食品)의 정미(淨美)와 거행자(擧行者)의 민첩(敏捷)과 매매상(賣買上)에 편리(便利)와 기타(其他) 유락 여 운동(遊樂 與 運動)에 서진기의(庶盡其宜)하여 관민간(官民間) 상당(相當)한 회장(會場)이 되도록 준비(準備)이오니 강호상(江湖上) 첨군자(僉君子)는 육속원림(陸續願臨)하시와 본관(本館)의 창설(創設)됨을 희행(喜幸)이 여기사 십분찬성(十分贊成)하여주심을 천만앙축(千萬仰祝)하나이다.

경성부 인사동(京城府 仁寺洞, 구 이문동) 195번지 태화관(太華館) 전화 1630번

광고 문안을 살펴보니, 이 시기에 태화관은 아직 요리점이 아니라 '여관'이라고 표시되어 있다. 그리고 태화관의 한자 표기가 '太華館'으로 되어 있는 것이 눈에 띄는데, 이는 철종 때의 세도가 김흥근(金興根)이 이곳에 살면서 지었다는 '태화정(太華亭 혹은 太和亭으로 표기)'이라는 정자의 이름에서 유래했다고 전해진다.

이것 말고도 《매일신보》 1915년 1월 3일자에는 흐릿하나마 태화관의 모습을 담은 사진까지 수록된 광고 문안이 나와 있고, 그 후로도 태화관의 개업광고는 거듭하여 등장하는 것을 확인할 수 있다.

그럼, 여관이 아닌 '요릿집' 태화관은 언제부터 등장하는 것일까?

이에 관해서는 《매일신보》 1916년 1월 11일자에 수록된 '태화관' 개업광고를 통해 정확한 시기를 확인할 수 있다.

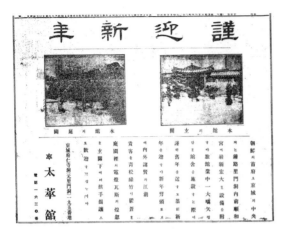

《매일신보》 1915년 1월 3일자에도 '태화관'의 광고 문안이 수록되어 있다. 이 당시 태화관은 '여관'이었다. 태화관이라는 한자 표기 역시 처음에는 '太華館'이라고 적었음을 알 수 있다.

"개업광고(開業廣告)"

본인(本人)이 경성 인사동(京城 仁寺洞)에 재(在)한 전태화관(前太華館)을 인계(引繼)하여 요리업(料理業)을 창설(創設)하옵고 본월(本月) 11일(日)부터 개업(開業)하옵는 바 제반설비(諸般設備)는 일신화려(一新華麗)히 하옵고 내객수응(來客酬應)은 친절정녕(親切丁寧)히 하겠사오니 사해첨위(四海僉位)는 특별애완(特別愛顧)하심을 복망(伏望).

경성부 인사동(京城府 仁寺洞) 〔전 종로 이문동(前 鐘路 里門洞)〕 195번지(番地)

조선요리 태화관(朝鮮料理 太華館)

주(主) 홍순학(洪淳學), 소명(小名) 성우(聖于)

전화(電話) 1630, 2881번(番)

이와 아울러 《윤치호 일기》 1916년 2월 6일자에는 '태화관'(여기서는 泰和館이라고 표기)에서 식사를 했다는 내용이 나오고, 《매일신보》 1917년 1월 1일자에 수록된 '근하신년' 광고 문안에도 요릿집 태화관의 흔적은 그대로 확인된다.

이렇게 보면, 이완용이 이사 나간 지 딱 일 년 만에 이곳에 세를 놓게 되어 여관이 들어섰다가 일 년 남짓 사이에 다시 요릿집으로 바뀌었는데 '태화관'이라는 이름은 처음부터 사용되었던 것임을 파악할 수 있다.

그런데 태화관이 간혹 '명월관'으로 지칭되는 까닭은 무엇이며, 둘

사이는 과연 어떤 관계로 얽혀 있는 것일까?

아닌 게 아니라 사람마다, 자료마다 자주 태화관과 명월관을 혼동하여 적곤 한다. 엄밀하게 말하면, 3·1운동이 일어날 당시에 이곳은 '명월관지점'이었다. 정식으로는 '명월관지점'이었으나 여러 해 동안 '태화관'이라는 이름이 익숙하다 보니 대개는 그냥 '태화관'으로 부르고 있었던 것으로 보인다.

신문자료를 뒤져보니, 이곳 '태화관'이 '명월관지점'으로 전환한 것은 1917년 9월의 일이었다. 《매일신보》1917년 9월 28일자에는 "명월중천(明月重天) 지점 설치(支店 設置)하는 광고(廣告)"라고 하여 다음과 같은 안내 문안이 수록되어 있다.

본관(本館)이 개업(開業) 십수재(十數載) 이래(以來)에 조선요리(朝鮮料理)에 원조(元祖)됨과 서양요리(西洋料理)에 박명(博名)을 득(得)하여 오락적 기관(娛樂的 機關)에 제일위(第一位)를 점거(點居)함은 실(實)로 강호제현(江湖諸賢)에 공인(公認)하심을 특몽(特蒙)하온 결과(結果)로 본영업(本營業)이 대발전(大發展)에 지(至)하온 바 경성내(京城內) 제일류 대가(第一流 大家)로 저명(著名)하던 전순화궁(前順和宮) 종로 이문내(鍾路 里門內) 전태화관적(前太華館跡)에 본관지점(本館支店)

왼쪽은 《매일신보》1917년 1월 1일자에 수록된 요릿집 '태화관'의 근하신년 광고 문안이며, 가운데는 '명월관지점' 개설을 알리는 광고 문안으로 《매일신보》1917년 9월 28일자에 수록된 내용이다. 곧 태화관은 이때부터 명월관지점으로 자리매김되었던 것이다. 그리고 오른쪽은 《매일신보》1918년 1월 1일자에 게재된 '명월관지점'의 근하신년 광고 문안이다. 말하자면 공식적으로 '태화관'은 존재하지 않았던 때였다.

을 설치(設置)하고 금일(今日)부터 개시(開市)하오니 은일(隱逸)한 취미(趣味)와 담박(淡泊)한 요리(料理)에 편의(便宜)를 종(從)하시와 일차(一次) 왕가사영(枉駕賜榮)하심을 망(望)하옵나이다.

경성부(京城府) 광화문통(光化門通) 명월관주(明月館主) 김동식(金東植) 근백(謹白)

경성부(京城府) 인사동(仁寺洞) 195 명월관지점(明月館支店) 전화 64번

황토현(黃土峴, 광화문네거리)에 있던 시절의 명월관 전경이다. 명월관이 이곳에 처음 개업한 것은 1903년 9월 17일이며, 1912년에 이르러 사진에 보이듯이 3층 건물로 증축되었다. 1919년 5월 23일에 이곳이 불탄 이후 명월관은 인사동을 거쳐 돈의동(예전의 장춘관)으로 옮겨 터를 잡는 과정을 거친다. 원래의 명월관 자리는 나중에 동아일보사로 넘겨졌으니 곧 지금의 동아일보사옥이 들어선 곳이 바로 여기이다.

기존의 태화관이 명월관지점으로 편입된 내막에 대해서는 자세히 알려진 바 없다. 그럼에도 몇몇 자료에서는 명월관의 본점이 불타버려 새로운 장소를 찾아 태화관으로 옮겨오게 되었다고 설명하고 있고 또한 그 시기 역시 1918년경이라고 적고 있다. 하지만 이는 위의 광고 문안으로도 확인되듯이 명백히 잘못된 내용이다.

그런데 '명월관'의 역사를 담고 있는 대부분의 자료에서도 마치 약속이나 한 듯이 거의 동일한 내용을 담고 있는 것이 눈에 띈다. 가령 황토현(즉 광화문네거리)에 명월관이 처음 문을 연 것은 1909년이라고 하거나, 명월관 본점이 불탄 것을 1918년경이라고 한결같이 적고 있는 것 등이 그러하다. 물론 이러한 내용은 사실과 다르다. 이건 또 왜일까?

이러한 오류들이 어디서부터 시작되었는지를 거슬러 올라가 봤더니, 그 원출처는 《남기고 싶은 이야기들》에 수록된 "명월관"이라는 글

이었다. 이 내용은 원래 명월관 출신 기생인 이난향(李蘭香)이 1970년에 '중앙일보'에다 연재했던 것으로, 그 후 《남기고 싶은 이야기들 I》(중앙일보사, 1973)에 재수록되어 책으로도 묶어져 나왔다.

하지만 이 책 자체가 엄밀한 고증에 따라 정리된 글이라기보다는 다분히 개인의 경험이나 구전에 의존하여 복원된 결과물이라는 것이 문제였다. 당연히 군데군데 사실관계의 오류나 착각이 있을 수밖에 없었던 것이다. 더구나 이 글의 필자인 이난향은 평양 출신으로 열세 살 되던 1913년에야 비로소 명월관으로 옮겨오게 되는데, 이 때문에 명월관의 초기 역사에 대해 세밀하게 파악하고 있을 만한 입장은 아니었던 것으로 보인다.

예를 들어 글의 첫머리에 "처음 명월관 주인은 안순환(安淳煥) 씨, 그는 지금부터 61년 전이니 1909년에 명월관을 열었다"고 적고 있으나, 이 부분은 사실 직접 목격한 것이 아니라 그렇게 잘못 전해들은 내용에 지나지 않는다. 그럼에도 불구하고 명월관에 대해서는 변변하게 정리된 글이 없는 형편인지라 지금껏 이 회고담은 거의 유일무이한 인용 자료로 치부되어왔던 것이 현실이었다. 이난향의 글에서 발견되는 기억의 혼선이나 기록의 오류가 다른 자료에서도 고스란히 반복되는 것은 바로 이 때문이다.

말이 난 김에, 명월관의 내력을 정리하면 이러하다.

조선식 요릿집의 대명사인 명월관(明月館)이 광화문네거리인 황토현(黃土峴)에 처음 그 모습을 드러낸 것은 1903년 9월의 일이다. 그 위치는 '황토현 기념비전(紀念碑前)'이라 하였으니, 곧 지금의 동아일보사 자리였다. 개업 당시의 흔적을 엿볼 수 있는 직접적인 신문자료 또는 광고 문안을 미처 찾아내지는 못하였으나, 이 사실은 《대한매일신보》 1908년 9월 18일자에 수록된 "명월관 기념(明月館 紀念)"이라는 짤막한 기사를 통해 확인할 수 있다.[4]

명월관에서 작일(昨日)은 해관설시(該館設始)하던 제오기념일(第五紀

念日)인 고(故)로 국기(國旗)를 고양(高揚)하고 기념식(紀念式)을 설행(設行)하였다더라.

이 말대로라면, 이로부터 5년 전인 "1903년 9월 17일"이 명월관의 창립일이라는 사실을 파악할 수 있다. 이와 아울러 《매일신보》 1912년 12월 18일자에 수록된 '상점평판기(商店評判記)'에 '명월관'에 관한 내용이 수록되어 있는데, 여기에는 다음과 같은 내용이 엿보인다.

근 십 년 전(近十年前) 조선 내(朝鮮內)에서 요리(料理)라 하는 명(名)을 부지(不知)할 시(時)…… 일개(一個) 신식적(新式的) 파천황적(破天荒的) 청결적(淸潔的) 완전적(完全的)의 요리점(料理店)이 황토현(黃土峴)에 탄생(誕生)하니 즉 조선요리점(朝鮮料理店)의 비조(鼻祖) 명월관(明月館)이 시야(是也)이다.

이 말은 즉 이미 10여 년 전부터 명월관이 있어왔다는 얘기이므로, 앞에서 1903년에 명월관이 창립되었다는 내용과 크게 다르지 않다.

널리 알려진 대로 명월관은 궁내부 전선사(宮內府 典膳司)의 주사 출신(主事 出身)인 안순환(安淳煥)이 차린 것으로, 그의 요리솜씨가 뛰어난 점은 그가 명월관을 꾸려나가던 때인 1908년 12월에 전선사 장선과장(掌膳課長)으로 다시 특채된 사실에서도 충분히 짐작할 수 있는 일이다. 그리고 궁중에서 벌어지는 연회 때마다 명월관은 음식과 기생의 공급을 도맡다시피 하였으니, 날이 갈수록 그 명성은 높아지고 있었던 것이다.

하지만 최고급 궁중요리와 서양요리를 모두 제공했던 명월관으로

4) 《대한매일신보》나 《만세보》와 같은 신문자료를 뒤져보면, 이미 1906년이나 1907년을 전후한 시기에도 명월관에 관한 기사내용이 자주 등장하고 있다. 따라서 이것만으로도 1909년에 명월관이 생겨났다는 것은 분명 잘못된 내용이라는 점이 입증된다. 지금까지 확인된 바로는 《만세보》 1906년 7월 13일자에 수록된 '명월관 광고'가 가장 시기가 빠른 신문자료인 듯하다. 여기에는 '김인식(金仁植)'이라는 사람이 명월관 주인(主人)으로 표시되어 있다.

서도 이 와중에 나름으로 운영의 어려움은 있었던 모양이었다. 1907년 10월 말에는 명월관이 문을 닫는다는 소식이 당시 여러 신문의 지면을 장식한 적도 있었다. 그 이유는 우습게도 외상값이 너무 쌓여 도저히 꾸려나갈 처지가 되지 못한다는 것이었다.

그런데 사태가 잘 수습되었는지 며칠 후에는 다음과 같은 광고 문안이 신문지면에 다시 등장했다. 이것은 《대한매일신보》 1907년 11월 13일자(국문판)에 수록된 "명월관을 계속하여 개업함"이라는 광고이다.

일기는 점점 춥사온데 관민간 각 사회 여러분 각하께서 만복하시기를 축수하옵니다. 폐관에서 개업한 본의는 비단 모리만 위함이 아니오 국가진보상에 일부분을 진력하와 각종 음식과 기명을 이해를 불구하고 진선진미하여 드리었삽더니 미개한 인사의 패행과 무뢰배의 속여먹은 것이 비일비재하오매 그만 두는 것만 같지 못하와 폐업하는 광고까지 하였더니 관원들과 각 사회에서 극진히 권고하시옵기로 이런 후의를 저버릴 수 없사와 다시 개업하오니 첨군자 각하께서 더욱 권고하여 주심을 복망하옵나이다.
융희 원년 십일월 일
황토현 명월관 고백(전화 칠백이십오 번)

이러한 어려움을 겪은 끝에 명월관은 더욱 그 명성을 더하는 지경이 되었으며, 그 사이에 비록 나라는 망하였으나 이곳만은 영업 기반이 크게 확장되고 있었던 것이다. 특히 1912년 여름에는 명월관의 일부가 종로통의 도로 확장으로 인하여 헐려나갔으나 곧이어 1914년 여름이 되어서는 건물을 3층 양옥으로 증축하는 변화가 일어나기도 했다.

그 이후 1917년 9월에는 태화관을 지점으로 흡수하기에 이르렀으니 이때까지도 명월관의 명성과 기세는 전혀 줄어들지 않았음을 엿볼 수 있다. 태화관을 명월관지점으로 편입한 이유에 대해서는 앞에서도 잠깐 적었다시피, 명월관 본점이 불탔기 때문이 아니었고 그야말로

명月館이 燒失됨

器具全部燒失

御禮言上

李王世子殿下

이왕세자전하

間題의集古閣

一萬保險金

燕劇의暴動

洪鍾宇就職

第一回公判

米國人運轉手

《매일신보》 1919년 5월 24일자에 수록된 명월관 본점의 화재사건 관련 보도 내용이다. 이 기사에 포함된 사진자료는 화재 당시의 장면이다. 이때의 화재로 명월관의 사무와 영업 일체는 인사동 195번지의 명월관지점(옛 태화관)으로 이전되었다.

"장사가 잘되었기 때문"으로 보는 것이 옳을 것 같다.

명월관 본점이 불탄 사건은 흔히 잘못 알려진 것처럼 1918년에 있었던 일이 아니라 정확하게는 1919년 5월 23일에 발생했다. 우연찮게도 기미만세사건이 발생한 지 겨우 두 달여가 지난 시점이었다. 이날 발생한 화재사건에 대해서는 《매일신보》 1919년 5월 24일자에 비교적 소상하게 알리고 있으므로 그 내막을 확인하는 것은 어렵지 않다. 그리고 《매일신보》 1919년 6월 1일자에는 이 화재와 관련하여 명월관이 대판풍국화재보험주식회사(大阪豊國火災保險株式會社)에게서 2만 원에 달하는 거액의 보험금을 탔다는 '보험금 수령 광고'가 수록되어 있다.

어쨌거나 이날의 화재로 인하여 명월관 본점의 사무와 영업 일체는 즉시 인사동 195번지의 명월관지점 즉 옛 태화관으로 이전되었으며, 두 해가량 이곳에 머물렀다가 돈의동(敦義洞) 145번지에 있던 장춘관(長春館) 자리로 다시 옮겨가는 과정을 거친다. 여기에서 말하는 돈의동의 명월관 자리는 곧 지금의 피카디리 극장이 있는 곳을 가리킨다.

이곳에서 명월관은 1928년 정초에 건물을 크게 신축하였고, 서린동(瑞麟洞) 137번지에다가 명월관지점을 개설하는 등 변함없이 그

제1부_낯선 근대의 거리, 불편한 역사의 현장

명성을 이어나갔다. 하지만 해방 이후 한국전쟁의 난리통에 이곳은 완전히 파괴되고 말았으니 반세기에 이르는 근대사의 굴곡과 식민지의 영욕을 고스란히 담아냈던 조선요리점의 대명사 명월관은 그렇게 사라졌다.

그렇다면 '졸지에' 삼일만세사건의 현장이 되어버린 태화관 쪽은 그 후 어떻게 되었을까?

하필이면 자기가 살던 집에서 독립만세사건이 벌어졌다는 부담과 죄책감(?)을 이기지 못한 탓인지 집주인 되는 이완용은 이 태화관을 끝내 처분하기로 결정했는데, 그때가 바로 3·1운동 이듬해인 1920년 9월이었다. 태화관의 인수자는 남감리회 여선교부였다. 감리교회로 넘겨진 태화관 자리에는 이내 사회교육선교기관인 '태화여자관'이 설립되었다.

이덕주 선생이 정리한 《태화기독교사회복지관의 역사 : 1921∼1993》(태화기독교사회복지관, 1993)에는 그 경위가 자세히 소개되어 있는데, 이를 요약하면 이러하다.

이완용이 팔려고 내놓은 이 집을 산 새 주인이 바로 감리교회이다. 1915년 무렵부터 미국 남감리회 선교본부에 여성사회관 설립을 위한 기금을 요청하고 있었으며, 그 기금은 1918년부터 활발하게 전개된 감리교 선교 백년기념 모금운동으로 어느 정도 확보될 수 있었다. 장소가 문제였는데 마침 서울 중앙 요지에 있는 태화관이 매물로 나타났던 것이다.

이 건물에 대한 매입 논의는 1919년 9월에 처음 이루어졌다. 그러나 태화관 매입을 위한 구체적인 절차는 즉시 이루어지지 못하였다. 마침내 1920년 9월 20일에 태화관 실소유주 이완용과 매매계약을 체결했다. 이때 구입한 땅은 2,700여 평에 달하였다. 값은 우리 돈으로 20만 원이었다. 그리고 그해 12월 11일에 잔액을 치름으로써 역사적인 유적지 태화관의 소유권은 교회로 넘어왔다.

하지만 이 과정에서 약간의 문제가 생겼던 모양이다. 그때까지 그곳에서 영업을 하던 명월관지점이 자리를 비켜주지 않았다는데, 전

《대경성사진첩》(1937)에 소
개된 돈의동 소재 명월관의
모습이다.. 건물 외형은 앞
서 《매일신보》 1928년 1월 1
일자 신축 낙성 광고에 수
록된 그것과 동일하다. 오
른쪽은 명월관의 객실 내부
를 담은 것이다. 명월관은
원래 황토현에서 출발하여
인사동을 거쳐 이곳 돈의동
에 자리를 잡았다가 한국전
쟁 때 파괴되어 사라진다.
명월관의 마지막 자리는 곧
지금의 피카디리 극장이 있
던 곳이다.

주인 이완용과 맺은 임대차 계약기간이 아직 남았다는 것이 그 이유
였다.

이 때문에 뜻밖의 실랑이가 있고서야 이곳에 있던 명월관지점은 결
국 돈의동 쪽으로 자리를 옮기게 되었다고 전해진다. 이덕주 선생이
정리한 위의 자료에는 감리교회 측에서 명월관지점 측을 물리친(?)
시기를 1920년 12월말이라고 적고 있으나, 정작 명월관지점의 이전광
고는 《매일신보》 1921년 5월 3일자에 수록되어 있으므로 이 부분에
대해서는 약간의 혼동이 있었던 것 같다. 위의 '광고 문안'을 옮겨보
면 이러하다.

"이전급대확장급고(移轉及大擴張急告)"
폐(弊) 명월관지점(明月館支店)을 장춘관(長春館) '자리'로 5월 10일
에 이전(移轉)하오니 기시(其時)까지는 인사동(仁寺洞, 이문안)에서 의
구(儀舊)히 영업(營業)하옵고 전장춘관(前長春館) 재래가옥(在來家屋)
은 협착(狹窄)하므로 귀객(貴客)의 불편(不便)하심이 불무(不無)하와 금
반(今般)에 이전(移轉)과 동시(同時)에 약(略) 5백인(百人) 연회장(宴
會場)을 신축(新築)에 착수(着手)하오니 시내 유일(市內 唯一)의 광활
(廣闊)한 연회장(宴會場)이 초유(初有)하겠사오니 폐점(弊店)을 애호
(愛護)하시던 귀객제위(貴客諸位)는 배전애고(倍前愛顧)하여 주심을 바
라나이다.
재(再) 장춘관(長春館)에 재(在)한 본년 2월 2일 이전(以前)에 재(在)
한 괘매(掛賣, 외상)는 폐점(弊店)에서는 관계(關係)가 무(無)함.

경성부(京城府) 돈의동(敦義洞) 145번지(番地)〔원 장춘관적(元 長春館跡)〕명월관지점(明月館支店) 고백(告白)

전화(電話) 0064, 862, 2153, 2733번(番)

이와 아울러 원래의 명월관 주인으로 알려진 안순환은 '명월관'의 상호(商號)를 이쪽으로 넘겨버리고, 자기는 남대문로 방면으로 자리를 옮겨 '식도원(食道園)'이라는 새로운 요릿집을 차렸다고 전해진다. 그 후 명월관과 식도원은 일제시대 후반기에 걸쳐 조선식 기생 요릿집의 쌍벽을 이루게 된다.

명월관지점이 물러난 자리는 새롭게 정비되어 1921년 4월 1일에 정식으로 '태화여자관'의 일반 공개가 이뤄졌다.

'태화'라는 명칭은 명월관지점이 들어서기 전에 존재했던 '태화관'의 용법을 그대로 따른 것이기도 하거니와 명월관지점을 사들인 시점까지도 그 구역 안에 '태화정(太華亭)'이 고스란히 남아 있었던 사실에서 비롯된 것이라 볼 수 있다. 다만 한자 표기에 있어서는 원래 '太華館'이었던 것이 차츰 '泰和館'이라는 방식과 혼용되다가 나중에는 '泰和館'으로 공식화되어 고착되는 단계를 거쳤다. 태화(泰和)는 곧 '큰 평화(the great peace)'로 풀이될 수 있는 탓이었다.

명월관지점 및 태화관 시절은 물론이고 이보다 거슬러 올라가 순화궁 시절의 건물 형태와

《매일신보》 1921년 5월 3일자에 수록된 명월관지점의 이전 광고이다. 이걸 보면 태화관 자리가 감리교회로 매각되었음에도 불구하고 여러 달에 걸쳐 명월관지점은 그 자리에서 그냥 버틴 것으로 판단된다.

《동아일보》 1921년 2월 27일자에는 명월관지점 자리에 '태화여자관'이 들어선다는 사실을 알리고 있다. 그러니까 원래 순화궁이었다가, 다시 태화관이었다가, 명월관지점이었다가, 한때 삼일만세사건의 현장이었던 이곳은 마침내 이때부터 '태화여자관'으로 안착되었던 것이다.

대부분의 부대시설은 태화여자관이 들어서고도 한참이나 유지되었던 것으로 알려진다. 하지만 이러한 흔적은 태화여자관의 신축계획에 따라 말끔히 철거되고 말았으니, 이때가 바로 1937년 여름이었다.

이 당시의 건축 공사는 중일전쟁의 영향으로 다소간 지체되었다가 1939년 11월 4일에서야 완공을 보았다. 다시 한참의 세월이 흘러 1980년 6월 23일이 되어 이 건물마저 도심재개발계획에 맞물려 헐리고 말았다. 이후 2년가량의 공사기간을 거쳐 12층짜리 건물이 그 자리를 대신하였으니 이것이 곧 지금의 '태화빌딩'이다.

지금은 매국노가 살던 때의 흔적도, 식민통치자들의 호탕한 웃음소리도, 모리배의 쑥덕거림도, 배부른 부호세력의 왁자지껄함과 그 자제들의 철없는 고함소리도, 기생들의 노랫가락도, 상다리가 휘어지던 산해진미의 향내도, 소심했던 민족대표들의 발길도 모두 끊어지고 잊혀졌지만, 그 '태화'라는 이름만은 오늘에 이르기까지 고스란히 전해 내려오고 있다. (2006. 3. 1)

# 5

# 독립관(獨立館),
## 결국 매국노 송병준의
# 담배공장이 되다

| 일진회(一進會) 일당의 소굴로 변한 독립관의 내력 |

경술국치 이듬해에 해당하는 《매일신보》 1911년 11월 27일자에는 담배제조공장 동광사(東光社)의 전면광고가 다음과 같이 장황하게 수록되어 있다.

아사(我社)의 고백(告白)

동광사(東光社)의 매출(賣出), 12월(月) 28일(日)부터

▲ 동광사(東光社)가 연초제조판매사업(煙草製造販賣事業)을 개시이래(開始以來)로 지(指)를 굴(屈)컨대 근(僅)히 수삭(數朔)을 불출(不出)하였으나 연(然)이나 기사장(技師長) 하기노 시게키치 옹(萩野繁吉翁)의 발명(發明)에 계(係)한 천하독보(天下獨步)의 제조법(製造法)은 종전(從前)에 지권련초(紙卷煙草)에 비(比)하면 기 품질(其 品質)이 온량순아(溫良純雅)하여 위생상(衛生上) 끽연자(喫煙者)의 원기(元氣)를

《매일신보》 1911년 11월 27일자에 수록된 담배제조소 동광사(東光社)의 전면광고이다. 이 회사는 일진회의 창설자이자 친일매국노의 대명사인 송병준의 소유였다. 그런에 이 광고에는 동광사가 자리한 곳이 '독립관 터'라고 되어 있다. 이건 어찌 된 연유일까?

고무작흥(鼓舞作興)하며 신체(身體)를 용건강장(勇健强壯)케 할 뿐더러 가격(價格)이 미증유(未曾有)의 저렴(低廉)된 고(故)로써 대방첨위(大方僉位)의 대환영(大歡迎)을 수(受)하며 대상찬(大賞讚)을 박(博)하였노라(중략).

▲ 어시호(於是乎) 오조(吾曹)가 미력(微力)을 췌(揣)치 않고 감(敢)히 조선(朝鮮)에서 실업(實業)을 장려(獎勵)하기 위(爲)하여 해사(該社)를 매수(買收)하고 금(今) 대발전(大發展)의 기회(期會)를 득(得)하여 기 제조소(其 製造所)를 서대문외 독립관(西大門外 獨立館)으로 이(移)하고 차(此)에 공장(工場)을 증축(增築)하여 참신(嶄新)의 기계(機械)를 구입(購入)하며 숙련(熟鍊)한 직공(職工)을 보충(補充)하고 상차(尙且) 기술(技術)의 온오(薀奧)함을 발휘(發揮)코자 하여 일층(一層) 기제품(其製品)을 정선(精選)하여 차(此) 개량지권련초(改良紙卷煙草)의 보급(普及)에 노력(努力)하노라(중략).

▲ 동광사(東光社)는 이상(以上)의 취지(趣旨)에 기(基)하여 면(勉)히 염가판매(廉價販賣)코자 하며 차(此) 명치성세(明治聖世)의 신민(臣民)으로 신정(新政)의 혜택(惠澤)에 목욕(沐浴)하여 백년(百年)의 수(壽)를 보(保)하고 만금(萬金)의 부(富)를 적(積)코자 하는 자(者)는 위생적(衛生的)이며 경제적(經濟的)되는 아 동광사(我 東光社)의 개량지권연초(改良紙卷煙草)를 구구(購求)하심을 천만복망(千萬伏望).

경성 서대문외 독립관적(京城 西大門外 獨立館跡)

지권연초제조소(紙卷煙草製造所) 동광사(東光社) 전화(電話) 1706번(番)

위의 광고 문안 가운데 "……차(此) 명치성세(明治聖世)의 신민(臣

民)으로 신정(新政)의 혜택(惠澤)에 목욕(沐浴)하여 백년(百年)의 수
(壽)를 보(保)하고 만금(萬金)의 부(富)를 적(積)코자 하는 자(者)
는…… 운운"하는 구절이 유독 눈길을 끈다. 이는 곧 "메이지 천황의
성스러운 치세에 새로운 식민지 백성으로 복을 누리면서 오래오래 잘
살려면, 우리 회사가 만든 질 좋은 담배를 사 피우라"는 소리이다.

그런데 이러한 광고를 게재한 동광사가 자리한 곳이 바로 '경성
서대문외 독립관적(京城 西大門外 獨立館跡)'이라고 표기되어 있다.
더구나 이 회사의 주인은 일진회의 창설자이자 매국노의 대명사라고
할 수 있는 송병준(宋秉畯, 1858~1925)이었다. 그는 일제가 이 땅을
차지한 이후에 친일귀족이 되어 자작(子爵)의 지위를 부여받았다가
후에 백작(伯爵)으로 승작이 될 만큼 인생자체가 '승승장구'였던 인
물이었다.

흔히 독립문이나 독립관이라고 하면 영은문(迎恩門)과 모화관(慕華
館)이 퍼뜩 떠오르고, 그게 아니라면 '독립협회'라는 존재가 먼저 머
리를 스쳐 지나가는 것이 보통일 텐데, 대관절 송병준과 독립관은 무
슨 관련이 있는 것이기에 그가 이 공간을 차지하고 있었던 것일까?

마침 후쿠사키 키이치(福崎毅一)의 《경인통람(京仁通覽)》(1912)에
수록된 '독립문(獨立門) 및 독립관(獨立館)' 항목(75~76쪽)에는 이에
대한 대답을 추론할 수 있는 몇 가지 사항들이 이렇게 정리되어 있다.

서대문 밖을 나서 북쪽으로 꺾어 나아가다 7, 8정(町, 1정＝109미터)되는
거리의 좌측에 보이는 양관(洋館)이 있고, 그 전면에 돌문이 있으니 독립문
(獨立門) 및 독립관(獨立館)이 곧 이것이다. ……독립관은 처음에 모화루
(慕華樓)라고 불렀으나 이조 성종(成宗) 12년에 누(樓)를 고쳐 관(館)으
로 하였고, 더욱이 무과(武科)의 등용시험소로 삼아 무이소(武二所)라고도
불렸다. 관(館)은 지금의 건물을 고치고 또한 증축(增築)을 더하여 일진회
(一進會)의 의장(議場)으로 충용함으로써 한때는 간간악악(侃侃諤諤)하
던 논전(論戰)이 관의 내외에 울려 퍼졌던 것이다. 뒤에 명치 43년(즉 1910
년)의 4월 1일 통감부중학교(統監府中學校, 현 총독부중학교의 전신)가 설

《경인통람(京仁通覽)》(1912)
에 수록된 '동광사연초제조소
(東光社煙草製造所)'의 전경
이다. 사진의 왼쪽에 보이는
한옥 건물이 원래의 '독립관'
이고, 오른쪽의 서양식 건물
은 1905년에 새로 지은 '국민
연설대'로 일진회의 강연회장
으로 사용된 장소이다.

립되자마자 일시(一時) 가교사(假校舍)로 충당되었으나, 지금은 송병준 자
작(宋秉畯 子爵)이 경영하는 동광사(東光社)가 되어 한창 권련초(卷煙
草)를 만들고 있다.

이러한 연혁에 비춰보면, 독립관은 확실히 친일파의 온상이었던 일
진회(一進會, 1904년 8월 18일 창설)의 본거지로 한동안 사용되었던 시
절이 있었음을 알 수 있다.

돌이켜보면, 청일전쟁 직후에 폐허가 되다시피 했던 옛 모화관을
고쳐 독립관으로 수리 공사를 시작한 것은 독립협회(獨立協會, 1896년
7월 2일 창립)에 의해 옛 영은문 자리[1] 북쪽에 독립문의 건립이 막 추

---

1) 영은문이 헐린 시기에 대해 이중화(李重華)의 《경성기략(京城記略)》 권4(신문관, 1918)에는 "동(仝) 32년
춘정월(春正月) 서력기원(西曆紀元) 1895년 2월에 영은문(迎恩門)을 훼거(毀去)하다"라고 적고 있으며,
호레이스 알렌(Horace N. Allen)의 《한국 : 사실과 환상(Korea: Fact and Fancy)》(1904)에 정리된
'외교사연표(Chronological Index)'에 "[1895년 2월] 북경로(Peking Pass, 의주로) 근처에 있는 중
국의 기념아치가 해체되었다"는 기록이 남아 있다.

제1부_낯선 근대의 거리, 불편한 역사의 현장

진되던 1896년 9월의 일이었다.[2] 그리고 이 공사가 완료되자 이듬해인 1897년 5월 23일에는 독립협회 회원들이 독립관에 모여 "왕태자 전하의 친필로 쓴 독립관 현판을 거는" 행사를 여는 한편 "매 일요일 오후 3시에 이곳에 모여 문견과 학문에 유조한 말들을 강론하기로 작정"되었던 것이다.

다시 그해 8월 29일부터는 '조선의 급선무는 인민의 교육'이라는 주제로 첫 토론회를 개최하였는데, 이에 따라 독립관은 독립협회의 활동 거점이라는 기능에 더하여 강연회와 토론회의 전용공간으로 자리 매김이 되기에 이른다. 그러나 일 년 남짓한 시간이 흐르고 1898년 11월 4일에 독립협회에 대한 해산조령이 내려졌다가 다시 그해 12월 25일에 만민공동회 해산칙유와 더불어 독립협회가 사실상 공중분해되는 단계에 들어가면서 이러한 역할은 완전히 막을 내리고 말았다.

이로부터 독립관은 다시 어떠한 정치세력과도 무관한 공간으로 회귀하였던 것이다.

실제로 이 시기(즉 1899년~1904년)에 있어서 독립관에 관한 흔적은 그다지 잘 눈에 띄질 않는다. 기껏해야 몇몇 기념식이나 전별연이 이곳에서 벌어졌다는 내용 정도가 남아 있을 따름인데, 1902년 8월 5일에 서북철도국의 주관으로 독립관 일대에서 거행된 경의철도 기공식도 그러한 사례의 하나이다.[3] 그리고 《황성신문》 1902년 7월 15일자에는 이 무렵 서울에 올라온 징상평양진위대(徵上平壤鎭衛隊)가 거처할 병영이 부족하다 하여 일개 중대의 병력을 독립관에 임시 주둔케 하였다는 보도 내용도 보인다.[4] 이는 그만큼 이곳이 매우 외지고 한적

---

2) 《독립신문》 1896년 9월 3일자에는 "팔월 삼십일일 중추원 의관 안경수 씨와 군부대신 이윤용 씨와 협판 민영기 씨가 독립문 모든 간사원과 장공들을 데리고 새문밖 모화관에 나가서 독립문 세울 터와 독립공원지를 만들 땅과 독립관 건축할 곳을 보고 마련하여 예산을 한즉……"이라는 내용이 보이고, 《독립신문》 1896년 9월 15일자에는 "새문밖 모화관에 독립관은 벌써 시작하여 건축하거니와 독립문은 이 달 십륙일부터 시작한다더라"는 구절이 등장한다.
3) 독립관에서 벌어진 경의철도 기공식 장면은 한불수교 120주년 전시회도록 《서울의 추억》(고려대학교박물관, 2006) p. 177에 관련 사진자료 한 장이 수록되어 있어 참고할 수 있다.

한 지역으로 변했다는 사실을 말해주는 것이다.

이와 아울러 《제국신문》 1901년 4월 30일자에는 다음과 같은 기록
도 남아 있다.

정동 있는 그리스도신문사장 선교목사 원두우 씨가 미국으로 들어가기로
그 신문사 사무는 선교목사 기일 씨에게로 전장하고 약각 가산즙물은 일전
에 박매한 후에 여러 야소교인들을 작별도 하고 기도하기도 위하여 내장원
에 부속된 독립관을 잠깐 빌어서 재작에 독립관에 나가서 여러 교인과 작별
회를 설행하고 기도하였는데 원목사가 일간 배편 있는 대로 떠나간다더라.

이 기사를 보면, 당시의 독립관은 궁내부 내장원(宮內府 內藏院, 왕
실의 보물과 대대로 전하여 오는 장원, 기타 재산을 보관 관리하던 기관)의 관할
이었다는 것을 알 수 있다.

그렇다면 독립관 일대가 일진회 일당의 소굴로 전락한 때는 과연
언제부터였을까?

이에 대해서는 《대한매일신보》 1905년 1월 10일자(국문판)에 수록
된 "처처개회" 제하의 기사에 그 흔적이 또렷이 남아 있다.

자금으로는 일진회인이 새문밖 독립관으로 모여 개회한다 하며 또 경성
부근 각지 요해처에서 회원 삼백 명씩 파송하여 개회한다더라.

다시 그 다음 날짜인 《대한매일신보》 1905년 1월 11일자(국문판)에
서는 독립관 연설회 개최사실과 더불어 송병준이 일진회 평의원으로
선출된 소식도 전하고 있다. 위의 기사는 독립관 일대가 일진회의 점
유지로 바뀐 때가 바로 '1905년 정초부터'라는 사실을 알려준다. 실제
로 이날 이후 일진회가 주최하는 독립관 연설회와 관련된 무수한 보도

---

4) 이와는 별도로 《황성신문》 1904년 1월 21일자에는 '파병독관(派兵獨館)' 제하의 기사에 "재작일(再昨
日)부터 원수부(元帥府)에서 평양대병(平壤隊兵) 50명(名)을 독립관(獨立館)에 파송주차(派送駐箚)하더
라"는 내용도 남아 있다.

내용 또는 광고 문안 등이 수년간에 걸쳐 주요 일간신문의 지면에 잇달아 등장하는 것을 확인할 수 있다.

더구나 일진회는 기존의 독립관 건물 바로 곁에다 아예 '국민연설대(國民演說臺)'라는 상설집회 공간을 새로 설치하여 수시로 대규모의 연설회나 정치집회가 가능하도록 하였는데, 이에 따라 독립관 일대는 졸지에 일진회 일당은 물론이고 그들과 결탁된 여타의 정치단체들이 합동으로 회합을 갖거나 강연과 토론을 벌이는 공간으로 탈바꿈하기에 이르렀다.

《대한민보》 1909년 10월 23일자에 수록된 대한협회와 일진회 공동주최 연설회 광고 문안이다. 이 연설회의 개최 장소는 '서문외 독립관(국민 연설대)'라고 표시되어 있다.

이와 관련하여 《황성신문》 1905년 9월 16일자에 수록된 "일진연설(一進演說)" 제하의 기사는 국민연설대의 설치현황에 대해 이렇게 전하고 있다.

> 본일(本日) 하오(下午) 1시경(時頃)에 일진회(一進會)에서 연설회(演說會)를 독립관 좌방(獨立館 左傍)에 신건(新建)한 국민연설대(國民演說臺)에 개(開)하고 방청(傍聽)을 허(許)한다는데 차(此) 양옥자(洋屋子)가 심(甚)히 굉장화려(宏壯華麗)하여 기 액면(其 額面)에 국민연설대(國民演說臺)라 금자(金字)로 각성(刻成)하고 해대내(該臺內)에는 가(可)히 천여 명(千餘名)의 방청자(傍聽者)를 수용(收容)할 듯하다 하니 금일(今日) 차대(此臺)의 창설(刱設)은 실(實)로 아한유래(我韓由來)의 미증유(未曾有)한 일대기관(一大奇觀)이라더라.

한편, 국민연설대의 정체와 관련하여 조지 래드(George Trumbull Ladd)의 《이토 후작과 더불어 한국에서(In Korea with Marquis Ito)》(1908)라는 책에 수록된 한 장의 사진은 약간의 논란을 불러일으킨다.

---

독립관(獨立館), 결국 매국노 송병준의 담배공장이 되다

조지 래드의 《이토 후작과 더불어 한국에서(In Korea with Marquis Ito)》(1908)에는 '독립관 강연회를 가다'라는 설명문이 붙어 있는 군중 사진이 등장한다. 흔히 이 사진은 독립협회 시절의 것인 듯이 소개되고 있으나, 이러한 해석은 명백한 오류이다. 오른쪽에 태극기가 걸려 있는 건물은 1905년에 와서야 신축된 '국민연설대'이므로, 사진 속의 군중은 일진회의 강연에 모여든 사람이라고 보는 것이 맞다.

여기에는 '독립관 강연회를 가다(Going to the Lecture at Independence Hall)'라는 설명문을 곁들인 사진자료가 들어 있는데, 이 사진은 몇몇 근대사 관련 자료집에 재인용되어 "독립협회의 강연회에 모여든 군중"이라는 제목으로 잘못 소개된 사례도 종종 있어왔던 탓이다.

하지만 이 문제의 사진이 독립협회 시절의 강연회 장면이라고 단정하는 것은 큰 오류이다. 무엇보다도 여기에는 1905년에 와서야 새로 만들어진 국민연설대의 건물 일부 모습도 함께 보이므로, 결코 이것이 독립협회 시절의 광경이라고 볼 수는 없기 때문이다. 요컨대 독립관 앞에 모여든 군중의 정체는 독립협회와는 전혀 무관하게 '친일매국세력'인 일진회가 개최한 시국강연에 참석하려고 했던 사람들이라는 점을 분명히 구분할 필요가 있을 것이다.

그런데 일진회 일당은 러일전쟁 이후 일본세력이 한껏 득세한 틈을 타서 독립관 일대의 땅을 '합법적으로' 독차지하려고 했던 모양이었다. 원래 일진회가 이곳을 '청원'이라는 이름을 빌려 정부소유지였던 독립관 일대를 넘겨받은 것은 1905년 7월의 일이었다.[5] 하지만 그들의 위세에 눌려 형식절차조차도 제대로 갖추지 못한 채 일이 성급하게 처리된 탓인지, 나중에는 결국 독립관에 대한 소유권 논란이 불거졌던 것으로 확인된다.

실제로 《각사등록》에는 "일진회에 인가한 한성부 서부 반송방 소재 독립관 기지에 대한 권리를 명확하게 해줄 것"이라는 제목의 공문서 (문서번호: 조 제179호, 1910년 5월 13일자, 한성재무감독국장 발송, 내각서기관장 수신)가 남아 있는데, 그 내용을 여기에 옮겨보면 이러하다.

광무 9년(光武 9年, 즉 1905년) 7월(月) 19일(日)에 일진회 총대위원 등 (一進會總代委員等)이 의정부참정대신(議政府參政大臣)에게 대(對)하야 한성부 서부 반송방 지하계 소재 독립관기지(漢城府 西部 盤松坊 池下 契 所在 獨立館基地)에 관(關)하야 별지(別紙)와 여(如)히 청원(請願)하와 인가(認可)를 수(受)하와 하온바 해청원급인허지취지(該請願及認許之趣旨)는 토지(土地)의 사용권(使用權)이온지 우(又)는 소유권(所有權)이온지 차(且) 면적(面積)은 기하(幾何)이온지 서면상(書面上)에는 난득요령(難得要領)이오니 조사(調査)하신 후(後) 지급(至急)히 회보(回報)하심을 망(望)하와 자(玆)에 조회(照會)홈.

〔별지(別紙)〕 청원서(請願書)

본회지사대강령(本會之四大綱領)은 총이논지(總而論之)면 공고독립(鞏固獨立)이 직시정백(職是精魄)이온 바 고명사의(顧名思義)에 독립관(獨立館)은 유민인지원처원거(惟民人之爰處爰居)난이옵기 지어미품이명하정부(至於微稟而命下政府)이오되 인허지정식공문(認許之正式公文)을 상(尙)이 미몽(未蒙)이기로 자(玆)에 청원(請願)하오니 이를 성급(成給)

5) 일진회가 독립관 기지(獨立館 基址)에 대한 청원을 제출한 사안에 대해서는 《황성신문》 1905년 9월 16일자 "일진청원(一進請願)" 제하의 기사 및 《황성신문》1905년 8월 21일자 "독립기정(獨立基定)" 제하의 기사를 통해 관련 내용을 확인할 수 있다.

하시와 이위영세철빙지지(以爲永世鐵憑之地)를 복망(伏望).

　　광무(光武) 9년(年) 7월(月) 19일(日)

　　청원인(請願人) 일진회총대위원(一進會總代委員) 홍재익(洪在翼) 염중모(廉仲模) 윤정식(尹定植)

　　의정부참정대신 심상훈 각하(議政府參政大臣 沈相薰 閣下)

　　[지령(指令)] 의원인허(依願認許)할 사(事). 20일(日). 의정부(議政府).


　　하지만 이에 대한 회답(문서번호: 제135호, 1910년 5월 24일자, 내각서기관장 발송, 한성재무감독국장 수신)은 '어이없게도' 단 한 줄로 "해당 청원인허에 대하여 해당 연도 서류를 찾아본즉 남은 것이 없어서 심히 괴이하고 의심스러우나 참고할 증거가 없다"는 것이었다. 어찌 보면 이처럼 허술하게 처리된 인허 절차는 끝내 일진회 일당에게 독립관 일대를 고스란히 넘겨주는 결과를 가져왔던 것이 아닌가도 싶다. 이를테면 친일파의 수괴 송병준이 이곳을 독차지할 기회를 갖게 된 단초도 바로 여기에 있었던 셈이다.

　　독립관의 연혁과 관련하여 특기할 만한 사실은 이곳이 한동안 경성거류민단에서 만든 '일본인중학교'로도 사용되었다는 대목이다.[6] 이 학교는 송병준의 배려(?)에 힘입어 1909년 5월 22일에 독립관(獨立館) 및 국민연설대(國民演說臺)를 가교사(假校舍)로 삼아 창립되었다가 그 이듬해인 1910년 11월에 경희궁(慶熙宮) 안에 신축교사를 지어 옮겨갔으니, 이것이 곧 '경성공립중학교'이다.

　　이와 관련하여 경성거류민단역소(京城居留民團役所)에서 정리한 《경성발달사(京城發達史)》(1912)에는 이 당시의 상황을 이렇게 정리하고 있다.

_____

6) 경성공립중학교(京城公立中學校), 《(황기 2600년 기념) 경희사림(慶熙史林)》(1940)에 수록된 '권두사진'에 대한 설명문 내용에 따르면, "본교는 명치 42년(즉 1909년) 5월 22일 독립관(獨立館) 및 국민연설대(國民演說臺)를 가교사(假校舍)로 삼아 창립되었다. 독립관은 제1학년의 교실로, 연설대는 처음에 강당으로 사용하였으나 나중에는 강당 겸 교관실(教官室)로 사용되었다. 덧붙여 말하면 제1회는 제학년 및 제2학년이 모집입학이 허가되었는데, 제2학년은 독립관의 북측에 '바락크' 일동(一棟)을 급히 지어 교실에 충당하였다"고 알려진다.

제1부_낯선 근대의 거리, 불편한 역사의 현장

〔중학교의 설립〕……또 1909년 3월에 들어서면서부터 거류지 연래(年來)의 숙제였던 중학교 설립의 뜻이 일진회장 이용구(一進會長 李容九) 및 송병준(宋秉畯)의 호의로써 옛 독립관(獨立館)을 무상 차입하는 약정이 이뤄져 거류민회(居留民會)의 의결을 거쳐 동월(同月) 31일 이사관(理事官)의 인가를 얻었는데, 이에 교육기관이라는 그 체면을 갖출 수 있기에 이르렀던 것은 ……(중략)…… 신설된 중학교는 4월부터 학기를 개시했고, 학과과목 등은 내지(內地)의 그것과 큰 차이가 없이 수업연한도 또한 5년으로 최초 정원을 4백 명으로 한해 수업료 2원(圓)으로 정하여 널리 학생을 모집하였으며, 직원으로는 4월 3일부로써 교장(校長) 쿠마모토 아리나오(隈本有尙), 5일부로써 수석교유(首席校諭) 코데라 코시지(小寺甲子二), 교유 카미야 시로(神谷四郞), 교유 타다쿠마 겐지(忠隈元二)의 3씨(氏), 5월 1일부로써 교유 코자키 키사부로(湖崎喜三郞)가 취직하여 개교(開校)하기에 이르렀다(225~226쪽).

독립문과 독립관 일대의 변천을 살펴볼 수 있는 사진 자료들이다. 왼쪽 위는 옛 영은문이 헐리기 직전의 모습이고, 오른쪽 위는 옛 모화관의 측면이다. 아직 벽으로 가로막히지 않고 기둥들이 그대로 드러난 모화관의 모습이 인상적이다. 왼쪽 아래는 독립문이 건립된 직후에 촬영된 것으로 저 너머에 영은문 주초의 모습이 눈에 띈다. 오른쪽 아래는 독립관의 후면에서 독립문 일대의 전경을 담아낸 모습이다.

---

독립관(獨立館), 결국 매국노 송병준의 담배공장이 되다

이른바 1910년의 '한일합방'으로 더 이상 존재가치가 없어진 '일진회'가 차지하고 있던 자리에, 그나마 잠시 경성거류민단에서 만든 일본인중학교가 머물렀지만 이마저도 이내 경희궁으로 새 학교를 지어 옮겨가게 됨에 따라 이곳은 다시 예전의 한적한 공간으로 바뀌고 말았다.

이에 따라 별다른 쓸모가 없어진 독립관 일대는 송병준에 의해 용

《대한민보》 1909년 10월 12일자에 수록된 삽화에는 대한제국 선포일(고종황제 즉위일)인 계천기원절(繼天紀元節)을 맞아 독립문 옥상에 설치된 깃대에 태극기를 내건 풍경이 담겨져 있다.

도 변경이 시도되기에 이르렀는데, 그 결과로 등장한 것이 바로 앞에서 살펴보았던 담배제조공장 '동광사'였던 것이다. 이에 앞서 《매일신보》 1911년 1월 5일자에 수록된 내용에 따르면, 독립관에 잠업소(蠶業所)가 설치되었다고도 하지만 이것이 어느 정도 지속되었는지는 잘 알 수 없는 형편이다.[7]

그렇다면 한때 일진회 일당의 소굴로 전락했던 '독립관'은 과연 언제까지 존속했던 것일까?

이에 관해서는 《동아일보》 1924년 7월 15일자에 수록된 '내동리 명물(名物)' 연재기사에 "관동 독립관(館洞 獨立館)" 항목에 독립관의 '한자편액' 사진을 담은 사진자료까지 소개된 적이 있고, 《별건곤》 제23호(1929년 9월 27일 발행)에 수록된 "경성(京城)이 가진 명소(名所)와 고적(古蹟)"이라는 글에는 독립관에 관한 내용이 등장하는 것으로 보아, 적어도 1920년대까지는 비록 송병준의

---

7) 이와 비슷한 시기인 《매일신보》 1911년 8월 5일자의 보도 내용에 따르면, 엄비(嚴妃, 순헌황귀비 엄씨)의 추도회도 이곳 독립관에서 개최된 사실을 확인할 수 있다.

　　　　　　　　　　　제1부_낯선 근대의 거리, 불편한 역사의 현장

수중에 있었을망정 독립관의 외형만큼은 그대로 보존되어 있었던 사실을 확인할 수 있다.

특히 후지이 카메와카(藤井龜若)의 《경성(京城)의 광화(光華)》(조선사정조사회, 1926)에서는 "(191~192쪽) 동관(同館)은 일청전역(日淸戰役, 청일전쟁) 후 '독립관(獨立館)'으로 고쳐 나중에 일진회(一進會)의 회의소(會議所)가 되었다가 송병준 백(宋秉畯 伯, 송병준 백작)의 동광사(東光社)로 되었지만 지금은 흥업농림주식회사(興業農林株式會社)의 소유로 돌아가 그 사무소가 되어 있다"고 설명한 대목이 눈에 띈다.

하지만 경기도(京畿道)에서 편찬한 《경기지방의 명승사적》(조선지방행정학회, 1937)에는 "(69~70쪽) ……후에 독립관(獨立館)으로 개칭하였고, 지금은 헐어내어 흔적도 남아 있지 않다"는 구절이 들어 있는데, 이로써 1930년대 초반 무렵에 독립관 일대는 이미 철거되어 사라진 것으로 짐작할 수 있다. 독립관의 최후에 대해서는 경성공립중학교

《동아일보》1924년 7월 15일자에 수록된 '독립관' 관련 내용이다. 참고사진에는 '독립관(獨立館)' 이라는 편액이 확연하게 보인다. 이것은 1920년대까지 독립관의 존재가 남아 있었다는 것을 말해주는 동시에 원래 '독립관' 편액의 글씨가 '한글' 이 아닌 '한자' 였다는 사실을 보여주는 증거자료이기도 하다.

에서 펴낸《경희사림(慶熙史林)》(1940)에도 그 내용의 일부가 다음과 같이 서술되어 있다.

（24~27쪽) ……현재 의주통의 독립문 서방 구록(丘麓)에 세워져 있던 와용조선가옥(瓦茸朝鮮家屋) 즉 독립관을 중심으로 하는 약 2,600평의 땅으로, 수년 전 토지는 주택지(住宅地)가 되어 분양되고, 건물은 완전히 파괴되어 끝장을 보았던 것인데, 오늘날에는 예전을 떠올릴 만한 아무런 것도 남아 있지 않은 것은 유감이다.

흔히 독립관이라고 하면 대개 '독립협회'의 활동근거지로 인식되고 있지만, 실상은 그 기간이 다 합쳐도 고작해야 2, 3년을 넘지 못한다. 반면에 일진회가 이곳을 점유한 기간은 최소한 5, 6년으로 그보다도 훨씬 더 길었던 것이다. 더구나 '독립'이라는 두 글자의 의미가 무색할 만큼 독립관의 최후가 일진회의 수괴였던 송병준의 담배공장이었다는 사실은 못내 씁쓰레한 대목이 아닐 수 없다.

이렇게 본다면 독립관 일대는 결국 '애국계몽'의 현장이 아니라 오롯이 '친일매국'의 소굴로 기억되어야 마땅한 공간이 아닐까?

(2006. 12. 24)

# 왕태자(王太子)의 글씨인
# 독립관(獨立館) 현판은
# 원래 한글? 혹은 한자?

서대문을 벗어나면 이내 마주치는 옛 서울구치소(서대문형무소) 앞에는 독립공원이 조성되어 있다. 여기에는 1979년에 성산대로 확장 과정에서 원위치를 벗어나 북서쪽으로 70미터 정도 자리를 옮겨야 했던 독립문과 더불어 공원 뒤편에는 따로 '독립관'도 함께 복구되어 있다.

이 독립관은 일제강점기 이후 한동안 사라졌던 것이지만, 근년에 새롭게 복원되어 공원의 한쪽을 차지하고 있는 상태이다. 독립문마저 원래의 자리가 아니라 북서쪽으로 한참 물러나 있는 형편인지라 이 독립관 역시 원위치에 고스란히 복원될 처지는 전혀 아니었는데, 따라서 지금의 자리는 원래의 독립관(옛 모화관)이 있던 데서 수백 미터 벗어난 위치에 놓이게 되었다.

현재 독립관 앞에 놓여 있는 문화재 안내 문안에는 그 연혁을 이렇게 정리하고 있다.

……독립관은 지상 1층 한식 목조건물로서 정면 6칸 측면 4칸 7량 팔작지붕 구조였으며, 원래 위치는 동남쪽으로 약 350미터 지점이었다. 서대문 독립공원 조성사업계획에 의거 전문가의 고증 자문에 따라, 지상층은 당초대로 한식 목조건물로 복원하여 순국선열들의 위패봉안 및 전시실로 사용하고, 지하층은 행사 및 유물보관을 위해 1995년 12월 28일부터 1996년 12월 31일까지 서울특별시에서 건립하였다.

정확하게 말하면 원래의 독립관은 동남쪽 방향이 아니라 그냥 '정남쪽' 지점에 있었다고 표기하는 것이 맞다. 나머지 부분이야 '전문가의 고증자문'에 따랐다고 하였으나 으레 잘 알아서 복원하였을 테지만, 단 하나 지금의 한글편액만은 제대로 고증이 이뤄진 결과인지는 좀 의문이다. 말하자면 지금의 '독립문'이라는 한글편액이 '전문가의 고증'에 따른 결과인지, 아니면 한글 표기의 뜻을 따른 우리 시대의 의도적인 결정인지는 잘 분간이 되질 않는다.

그런데 독립문의 편액이 의심할 바 없이 '한글'이었다고 주장하는 의견이 있다. 신용하 선생이 《향토서울》 제59호(1999년)에 기고한 "독립문, 독립관, 독립공원의 건립과 변천"이라는 논문

서대문 독립공원 안에 재건된 '독립관'의 모습이다. 어찌 된 영문인지는 알 수 없으나, 여기에는 엉뚱하게도 '독립관'이라는 한글 편액이 걸려 있다. 안내 간판에는 "1995년 12월 28일에 착공하여 이듬해 12월 31일까지 서울특별시에서 건립하였다"고 적혀 있다.

이 그것이다.

여기에는 "(78쪽) 1897년 5월초에 '독립관(獨立館)'을 만들었으며, 현판은 한자를 쓰지 않고 국문(한글)으로 '독립관'이라고 왕세자의 친필로 써서 붙이어 1897년 5월 23일 현판식을 개최한 후, 독립협회 사무실과 시민들의 계몽적 강연장으로 사용하였다"고 하는가 하면, "(104쪽) ……독립관 개수가 완공되자 독립협회는 왕태자(王太子)에게 요청하여 국문(한글)으로 친서한 '독립관(獨立館)'이라는 현판을 친서해주도록 하고 그 현판식을 1897년 5월 23일 거행하였다"고 정리하여, 독립관의 편액이 한글이었다는 사실이 거듭 강조되고 있다.

하지만 '독립관' 편액이 한글이었다는 것은 잘못된 주장이다.

아마도 독립협회가 발행한 《독립신문》이란 것이 순한글 신문이고, 더구나 독립문의 이마에는 그 당시로서는 파격적인 '한글' 편액이 걸렸다는 사실 때문인지, 독립관에도 으레 그러한 종류의 한글 편액을 달았다고 지레짐작한 것인지는 알 수 없으나, 독립관 편액이 한글이었다는 증거는 그 어디에서도 발견되지 않는다.

이와 관련하여 《독립신문》 1897년 5월 25일자에는 다음과 같은 내용이 수록되어 있는데, 단지 이것만으로는 편액 글씨가 한글이었는지의 여부를 판별할 수 없다는 점이 아쉽다.

이달 이십삼일 오후에 독립협회 회원들이 독립관에 모여 독립관 현판을 달았는데 이 현판은 왕태자 전하의 친필이라. 회원들이 길겁게 이 현판을 관문 앞에 달고 경축한 말들을 하며 작정하기를 매일요일 오후 삼시 회원들이 독립관에 모여 문견과 학문에 유조한 말들을 강론한다더라.

제1부_낯선 근대의 거리, 불편한 역사의 현장

하지만 이와는 대조적으로 《독립신문》의 영문판에 해당하는 《디 인디펜던트(The Independent)》 1897년 5월 25일자에는 독립관 편액의 정체에 대해 이렇게 설명하고 있다. 여기에는 독립관 편액이 '한자'로 쓴 것이라는 사실이 분명히 적시되어 있다.

지난 일요일 오후 독립협회 회원들이 독립공원에 있는 클럽하우스(즉 독립관)에 모여 왕태자 전하의 글씨로 쓴 새로운 현판을 달았다. 이 현판에는 한자(漢字)로 '獨立舘(독립관)'이라고 적혀 있다. 글자는 금색으로 썼으며, 현판은 한국의 전통 색채로 화려하게 장식되었다. 이들은 과학과 경제문제에 대한 토론을 위해 매주 일요일 오후에 클럽에서 회합을 갖기로 결정하였다.

그리고 《대조선독립협회회보》제13호(1897년 5월 31일자)에 수록된 '회사기(會事記)'에도 다음과 같은 내용이 정리되어 있다.

본월(本月) 23일(日) 일요일(日曜日)에 회장(會長) 위원장(委員長) 급(及) 제위원(諸委員)들이 독립관(獨立館)에 제회(齊會)하여 왕태자 전하(王太子 殿下)께옵서 친(親)히 서하(書下)하옵신 예필(睿筆) 독립관 삼대자(獨立館 三大字)을 금자(金字)로 현판(懸板)에 각(刻)하야 본관 정문 문미(本館 正門 門楣)에 봉게(奉揭)하니 본회(本會)에 영은(榮恩)됨이 비(比)할 바 없고 제회원(諸會員)에 황감(惶感)과 충(忠)함이 산하(山河)와 제(齊)하듯 하더라.

독립관 편액의 글씨가 '한글'이 아닌 '한자'였다는 더욱 확실한 증거자료는 《동아일보》1924년 7월 15일자에 수록된 '독립관' 관련 내용이다. 이 날짜에는 '내동리 명물(名物)' 시리즈물의 하나로 "관동 독립관(館洞 獨立館)"에 관한 설명과 더불어 참고사진이 하나 수록되어 있는데, 바로 여기에 '독립관(獨立館)'이라는 한자 편액의 모습이 확연하게 보인다.

여기에 더하여 《조선일보》2005년 2월 25일자를 통해 발굴 보도된 '협동측량조합소 제2회 졸업식 사진자료'에는 독립관 전면에서 기념 촬영한 장면이 수록되어 있는 바, 여기에도 한자로 쓴 '독립관'의 편액이 생생하게 드러난 것이 크게 주목되고 있다. 이렇게 본다면 1897년 5월에 왕태자에 의해 내려진 '독립관' 현판글씨는 원래부터 한자로 이뤄져 있었다는 점에 대해서는 큰 이견이 없어 보인다.

그렇다면 어찌하여 지난 1996년에 복구된 새로운 '독립관'에는 한글 현판이 내걸리게 된 것일까?

　이것은 원래의 것이 한자 편액이었다는 사실을 잘 알고도 "그럼에도 불구하고" 새로운 독립관의 의미를 더 돋보이도록 구태여 한글 편액으로 바꾸어 내걸도록 결정했던 것일까? 그게 아니라면 혹여 지극히 단순히 누군가의 잘못된 고증 탓으로 그렇게 된 것일까? 만약 이러한 물음에 대한 대답이 후자 쪽에 해당하는 것이라면, 지금에라도 마땅히 한자 편액으로 고쳐다는 것으로 원초적인 오류를 바로 잡아주는 것은 어떨까?

# 독립관(獨立館), 한때
# 경성거류민단 중학교로 탈바꿈하다

**경성공립중학교(京城公立中學校), 《(황기 2600년 기념) 경희사림(慶熙史林)》(1940) pp. 24~27**

〔교사습엽(校史拾葉)〕독립관 시대(獨立館 時代)의 회상(回想)

본교는 병합전의 명치 42년(황기 2569년, 즉 1909년)5월 22일에 창립되어, 경성거류민단립 경성중학교(京城居留民團立 京城中學校)로서 당시 교북정(橋北町)에 있던 독립관(獨立館) 및 국민연설대(國民演說臺)를 가교사(假校舍)로 삼아 개교했다. 이듬해 43년(즉 1910년) 4월 1일 통감부에 인계되어 통감부중학교(統監府中學校)로 개칭되었고, 동년 8월 한국병합이 되자마자 10월 1일 조선총독부중학교(朝鮮總督府中學校)로 개칭되어, 미리 경희궁터(慶熙宮址, 현재의 부지)에 신축 중이던 교사의 낙성을 보아, 동년 11월 1일에 이전했던 것이다. 이어서 대정 2년(즉 1913년) 4월 1일 경성중학교(京城中學校)로 개칭되었으며, 그 후 대정 14년(즉 1925년) 4월 1일 경기도에 이관되면서 경성공립중학교(京城公立中學校)로 개칭되어 현재에 이르고 있다. 경중32년사(京中32年史) 중에서 가장 이색 있는 것은 창립기의 소위 독립관 시대(獨立館 時代)이었는데, 이곳에서의 일 년 반은 때마침 공교롭게도 한국병합 전후의 물정이 소연(騷然)하던 시기와 겹쳐, 가장 흥취가 풍부한 것이 사중(史中)의 압권이다. 다음으로, 창립 이래 교무(校務)에 진력했고, 더욱이 반도화단(半島畫壇)의 최고봉(最高峯)으로 활약하는 히요시 〔마모루〕 선생(日吉〔守〕先生)에게서 당시를 회상하는 것을 들어보기로 하자.

우리 경성중학교의 전신, 경성거류민단립 경성중학교의 창립은 명치 42년(즉 1909년) 5월 22일이다. 이보다 앞서 일로전쟁(日露戰爭, 러일전쟁) 후 일본 세력의 진전과 더불어 경성에 거류하는 내지인(內地人)의 수가 급격하게 증가를 보여, 명치 41년(즉 1908년)경에 이르러서는 이들 자제(子弟)의 교육상 중학교의 설립은 가장 서둘러 실현되어야 할 상태에 서게 되었다. 여기에 있어서 거류민단(居留民團)은 마침내 이것의 개설(開設)을 결정하여, 당시의 민장(民長) 쿠마가이 라이타로(熊谷賴太郎) 씨에 의해 그 준비가 진행되어, 드디어 재외지정학교(在外指定學校)로서 상술(上述)한 개교(開校)를 보기에 이르렀던 것이다. 나는 개교에 약 1개월 늦은 6월 하순 이 학교에 착임했고, 초창(草創)의 교무(校務)에 미력을 보탰던 관계로 적이 당시의 모양을 술회하여 참고에 기여하리라고 생각한다. 어쨌든 32년의 옛 일인지라 기억에 부정확한 점이랑 사실에 오류가 없다고도 할 수 없다. 이 점은 식자(識者)의 비정(批正)을 바랄 따름이다.

우선 가교사 독립관(假校舍 獨立館)이란 것부터 술회하고자 한다. 현재 의주통의 독립문 서방 구록(丘麓)에 세워져 있던 와용조선가옥(瓦茸朝鮮家屋) 즉 독립관을 중심으로 하는 약 2,600평의 땅으로, 수년 전 토지는 주택지(住宅地)가 되어 분양되고, 건물은 완전히 파괴되어 끝장을 보았던 것인데, 오늘날에는 예전을 떠올릴 만한 아무런 것도 남아 있지 않는 것은 유감이다. 이 건물은 이조시대, 지나 사절(支那使節)의 영접에 사용되던 빈관(賓館)으로 처음에 모화관(慕華館)이라 부르던 깃을 일청전역(日淸戰役, 청일전쟁) 후에 시모노세키조약(下關條約)에 따라 조선의 독립이 인정되자마자 독립관(獨立館)으로 고쳤던 것이며, 부근의 독립문, 영은문 기둥과 더불어 유서 깊은 역사적 유적이었다. 중학 창립 당시는 일진회 소유(一進會 所有)에 속했고, 동회 본부(同會 本部)로 사용되고 있던 것이었다. 국민연설대(國民演說臺)로 부르던 팔각형(八角形) 양풍(洋風)의 이색 있는 건축물은 동회가 건립한 것인데, 당시 정치운동의 책원지(策源地)였던 것임은 고개가 끄덕여진다. 동회의 후의(厚意)에 따라 이 땅을 무상차용(無償借用)했던 민단은 조속히 2, 3동(棟)의 바라크 건물을 급조했고, 좌우간 1, 2년 3학급(學級)을 수용할 수 있는 설비를 서둘렀던 것이었다. 지금으로 생각하면 임시변통의 조악한 시설이었으나 1, 2회생(回生)은 이곳에서 1년 6개월 동안 부자유(不自由)를 참으며 학업에 진력했던 것이다.

독립관과 길을 사이에 두고 마주보는 측에, 일진회립 한성중학교(一進會立 漢城中學校)라고 하는 소규모의 반도인 학교(半島人 學校)가 있었다. 원 여자기예학교장(元 女子技藝學校長) 이노우에 요지(井上要二) 씨가 당시 학감(學監)을 하고 있었다. 우리 학교와 그쪽 학교와의 사이에 교환교수(交換教授)가 행해졌다. 말하자면 상대편은 이노우에 씨 한 사람이고 우리 편은 거의 전 직원이었으나, 이는 우리 교사(校舍)를 차용해준 후의(厚意)에 보답하는 것이라는 의미에서였다고 생각된다.

이듬해 43년(즉 1910년) 4월 1일 통감부중학교의 관제(官制)가 발표되어 민단립 경중(民團立 京中)은 이에 폐교되고, 생도와 교사(校舍)는 그대로 신설 학교에 인계되어 직원도 일부를 제외하고는 신관제 하에 취임을 본 것이다. 당당하게 관립(官立)으로 승격된 기쁨이 전교에 넘쳐나게 된 것은 말할 나위도 없다. 또 어제와는 달리 금테모자에 착검(着劍)을 한 엄한 직원의 자태는 특히 사람들의 눈길을 끌었던 것이었다.

동년 10월 하순, 진즉에 경희궁지(慶熙宮址)에 건축 중이던 대망의 신교사(新校舍)가 준공(竣工)을 보기에 이르렀다. 이어서 11월 1일은 드디어 이전의 날이었다. 책상과 교구(交具)의 운반은 전부 생도의 손에 의하여 행해졌던 것인데, 길게 장사진을 이루어 의주통(義州通)을 지나던 모습은 지금도 눈에 선하다. 일찍이 1년 6개월의 독립관 생활도 이로써 마감을 고했고, 완비된 신교사에서의 생활이 희열이었던 것은 틀림이 없으나, 초창기의 노고를 맛본 독립관의 땅에 작별하는 것 또한 이별이 아쉬웠던 것이다.

마지막으로 한, 두 가지 추억을 덧붙이는 것으로써 이 글을 마칠까 한다.

오늘에야 말로 독립문 부근은 상당히 번잡한 거리가 되었으나, 32년 전에는 실로 적막한 곳이었는데, 교사(校舍)는 완전히 선인부락(鮮人部落) 사이에 고립된 상태여서 숙직(宿直)을 할 때 등은 불안한 마음이 없었던 것은 아니었다. 이를테면 순전히 겁쟁이가 아닌가 하겠지만, 당시는 군대해산사건으로 유혈(流血)의 참화가 있었던 직후의 시절이라 지방(地方)에는 불령도배(不逞徒輩)의 횡행이 심했으며, 오지(奧地)에 주재하는 내지인(內地人)이 경성(京城)으로 철수하여 들어오는 것도 상당히 다수였다고 말해진다든가, 인심(人心)이 험악함을 이야기하는 숱한 뉴스가 전해지고 있었으므로 그다지 좋은 기분은 아니었다. 하루는 내가 숙직을 할 때 가까운 서대문감옥(西大門監獄)에 다수의 파옥사건(破獄事件)이 있었고 많은 사상자가 발생했던 것이었는데, 맹렬한 총성에 새벽의 꿈을 깨치고 긴장했던 적이 있으며 또한 어느 때는 학교의 총기고(銃器庫)가 습격을 받았다는 풍설(風說)이 있어서 숙직은 만일에 대비하여 권총(拳銃)을 준비했던 그야말로 물소천만(物騷千萬)한 이야기도 있었다. 결국 아무 일도 없었던 것이지만, 이와 같은 것은 지금의 사람들은 전혀 상상도 하지 못할 일이라고 생각된다[히요시 선생 기(日吉 先生 記)].


"교사연표(校史年表)"
▲ 명치 42년(1909년) 4월 3일 ─ 쿠마모토 아리나오(隈本有尙) 경성중학교장(京城中學校長)에 임명되어 개교사무(開校事務)를 개시하다.

▲ 명치 42년(1909년) 5월 22일 ─ 경성거류민단립 경성중학교(京城居留民團立 京城中學校)로 칭하여 경성 교북동 독립관(獨立館)에서 개교하다. 당시 생도 총원은 151명.

▲ 명치 43년(1910년) 4월 1일 ─ 통감부(統監府)에 인계되어 통감부중학교(統監府中學校)로 개칭(改稱)되다.

▲ 명치 43년(1910년) 6월 1일 ─ 본교 생도 및 졸업자는 다른 학교 입학과 전학에 관련하여 부현립중학교(府縣立中學校) 생도 및 졸업자와 동등한 것으로 인정되다.

▲ 명치 43년(1910년) 10월 1 ─ 조선총독부중학교(朝鮮總督府中學校)로 개칭되다.

▲ 명치 43년(1910년) 11월 1일 ─ 경성 서대문통 2정목 전 경희궁(慶熙宮)내 신축 교사로 이전하다.

▲ 대정 2년(1913년) 4월 1일 ─ 경성중학교(京城中學校)로 개칭되다.

▲ 대정 14년(1925년) 4월 1일 ─ 경기도(京畿道)에 이관되어 경성공립중학교(京城公立中學校)로 개칭되다.

# 6

# 대한제국 궁내부의
## 게스트 하우스,
# 주차장터로 남다

| 한국주차일본군사령관저였던 대관정(大觀亭)의 내력 |

공시지가만으로도 평당 땅값이 1억 원에 육박하는 서울 도심지의 거리를 걷노라면 이따금 휑하니 너른 평지에다 주차장으로만 사용하는 공터를 목격하는 때가 있다. 말 그대로 '금싸라기'라고 불리는 땅을 한낱 평면으로만 활용하는 것이 저렇게 해도 수지가 맞을까 싶은 괜한 걱정이 들기도 하지만, 전후좌우 빽빽한 빌딩숲 사이로 저토록 숨통을 틔워주는 공간을 남겨준 것이 그저 고마울 따름이라는 생각을 떠올리기도 한다.

서울시청 앞 광장에서 한국은행과 서울중앙우체국 방향으로 이어지는 '소공로(小公路)'를 따라 걷다 금세 그 중간쯤에 '소공주길'과의 교차지점에서 만나는 주차장도 바로 이러한 공간의 하나이다. 앞으로는 동양빌딩이 막아서고 뒤로는 한국은행 신관을 등지고 있으며, 조선

서울 도심지의 조선호텔에서 대각선 방향을 바라보면 한가로운 주차장 공터가 눈에 띄는데 이곳이 바로 옛 대관정 자리이다. 일제 때 소공동의 왜색지명인 '하세가와쵸(長谷川町)'의 유래가 된 '한국주차군사령관저'로도 사용됐던 이곳에는 경성부립도서관 시절의 것으로 보이는 해묵은 돌계단과 은행나무만 간신히 남아 옛 자취를 말없이 전해주고 있다.

호텔과는 대각선 방향에 위치한 이곳은 소공동 112-9번지(새 주소체계로는 '소공로 16')에 해당하는 구역으로 현재 '서울프라자호텔 주차장'으로 사용되고 있다.

야트막한 언덕 지형을 이루고 있는 이 주차장의 중심부에는 무슨 건물을 헐어낸 자리인 듯이 제법 오래된 돌계단이 남아 있고, 그곳과 연결된 축대의 아래 위로는 커다란 은행나무가 한 그루씩 서 있어서 나름으로 도심 속의 고즈넉한 운치를 자아내고 있다. 그런데 알고 보니 이곳은 뜻밖에도 그냥 예사로이 넘길 수 없는 근대사의 현장으로, 특히 대한제국의 영욕과 운명을 좌우하던 대관정(大觀亭)이 있던 자리였다.

그렇다면 이곳 '대관정'은 과연 어떠한 역사의 숨은 내력을 간직하

제1부_낯선 근대의 거리, 불편한 역사의 현장

《경성과 인천》(1929)에 수록된 '경성부립도서관'의 전면 모습이다. 왼쪽의 낮은 건물이 원래의 게스트 하우스였던 '대관정' 건물이고, 오른쪽의 3층 건물이 1928년에 완공된 '경성부 사회관'이다. 사진 속의 돌계단과 은행나무는 천만다행으로 지금까지 고스란히 남아 있다.

고 있는 것일까?

우선 이곳의 변천과정을 추적하는 한 가지 단서는 해묵은 은행나무와 그 아래로 이어진 돌계단이다.

오래전에 하기모리 시게루(萩森茂)가 편찬한 《경성과 인천(京城と仁川)》(대륙정보사, 1929)이라는 책에는 '경성부립도서관(京城府立圖書館)'의 모습을 담은 사진 한 장이 수록되어 있고, 여길 자세히 살펴보면 현재 서울프라자호텔 주차장의 한가운데에 남아 있는 '돌계단'의 존재를 확인할 수 있다. 또한 이 돌계단 위로는 작은 은행나무 한 그루가 심어져 있는 모습도 눈에 띄는데, 이것이 곧 80년 이상의 세월이 흐르는 동안 훌쩍 자라나 있는 지금의 은행나무 그것이다. 그러니까 이곳은 한때 '경성부립도서관'으로 사용됐던 공간이라는 사실이 저절로 드러나는 셈이다.

그리고 이보다 훨씬 앞서 '트래블로그(Travelogue, 여행 강연)'의 창시자로도 잘 알려진 미국의 사진여행가 엘리아스 버튼 홈즈(Elias Burton Holmes, 1870~1958)가 펴낸 《버튼 홈즈의 여행 강의(The Burton

RESIDENCE OF THE MINISTER OF
THE HOUSEHOLD DEPARTMENT

4

미국의 사진여행가 엘리아스 버튼 홈즈의 책(1901)에 수록된 '대관정'의 모습이다. 여기에는 "궁내부대신의 관저"라는 설명문이 붙어 있으나, 이것은 궁내부 찬의관 겸 외부 고문관이었던 윌리엄 샌즈의 신분을 그가 착각한 데서 빚어진 오류이다. 《디 인디펜던트》에 수록된 일련의 기사를 종합하면, 이곳은 원래 미국선교사 호머 헐버트의 집이었던 것으로 확인된다.

Holmes Lectures)》제10권(The Little Preston Company, 1901)에는 '경성부립도서관'과 동일한 건물의 전경 사진이 수록되어 있고, 여기에는 "궁내부 대신의 관저(Residence of the Minister of the Household Department)"라는 표시가 남아 있다. 건물 앞 돌계단의 형태는 경성부립도서관 시절의 그것과 사뭇 다르게 보이지만, 언덕 위의 건물은 둘 다 완전히 동일한 모습이다.

그런데 여기에서 약간 유의해야 할 대목은 이곳이 '궁내부 대신의 관저'라는 표시 그 자체이다.

버튼 홈즈의 책에는 또 다른 페이지에 수록된 원구단 일대의 전경 사진에 대해 "샌즈 대신의 정원에서 바라본 풍경(Panorama from Minister Sands' Garden)"이라는 설명이 붙어 있는가 하면, 본문에도 "전직 대리공사인 샌즈는 현재 궁내부 대신으로 실질적인 내각의 일원이 되어 여느 한국의 귀족만큼 동등한 대우를 받았고, 황제가 기거하는 궁궐이 내려다보이는 언덕 위의 호화스런 저택에 기거하였다"는 내용이 서술되어 있다. 이러한 구절로만 보면, 버튼 홈즈가 말하는 궁내부 대신은 샌즈를 가리키며 사진 속의 건물은 곧 샌즈의 거처라는 얘기가 된다.

하지만 샌즈가 그 당시의 궁내부 대신이었다는 설명은 명백히 잘못된 인식이다. 여기에 나오는 샌즈라는 사람은 종종 '산도(山島)'라는 한자식 이름으로도 널리 알려진 윌리엄 프랭클린 샌즈(William Franklin Sands, 1874~1946)를 가리킨다. 그는 1898년 1월 10일 미국공사관 서기관의 신분으로 한국 땅에 처음 발을 디뎠고, 그 후 1899년 11월 15일부터는 궁내부 찬의관(宮內府 贊議官)에 임명되어 그 무렵 세상을 떠난 궁내부 고문 르젠드르(Charles W. Legendre, 李善得, 李仙得, 1830~1899)의 후임으로 자리를 옮겼다가, 이듬해인 1900년 2월 24일에는 외부 고문관(外部 顧問官)으로도 임명되어 1904년까지 줄곧 국내에서 활동하였다.

샌즈의 이력사항을 죽 훑어보면 그가 '궁내부 찬의관'과 '외부 고문관'을 지냈다는 사항만 눈에 띌 뿐 대한제국의 궁내부 대신을 지냈다는 흔적은 전혀 찾아볼 수가 없다. 그러므로 샌즈를 궁내부 대신으로, 그리고 또 그의 저택을 궁내부 대신의 관저로 서술한 대목은 버튼 홈즈의 착각이자 오해일 뿐만 아니라 실제로 상식에도 전혀 부합되지 않는 일인 것이다. 따라서 이 부분은 "궁내부 찬의관 샌즈의 숙소"로 내용을 수정하는 것이 합당할 듯하다.

어쨌거나 여기에 등장하는 샌즈는 한참의 세월이 흘러 1930년에 한 편의 회고록을 남기게 되는데, 《초보외교관의 회상 : 극동 1896~1904》가 그것이다.[1] 그런데 이 책에는 궁내부 찬의관 시절에 바로 그 자신이 머물렀던 '언덕 위의 벽돌집'에 대해 다음과 같은 회고 내용이 수록되어 있다.[2]

나는 궁궐 안에서 밤을 보내야 했고, 낮에도 황제의 일에 매달려야 했다. 따라서 나는 황제 곁에 뿐만 아니라 도심에도 거처를 마련해야 했다.

어느 미국인 선교사가 지엄한 처소를 굽어보는 곳에다 집 한 채를 지은 적이 있었다. 가끔 일부 외국인들이 이 나라의 예법과 법률에 어긋남에도 불구하고 그와 같은 짓을 벌이곤 했다. 코리아의 관헌들은 그러한 재산을 몰수하고 중벌을 가해야 할 것이나 염치없는 공사관이 가만있지 않을 터였기 때문에, 그러한 법령을 외국인에게는 적용할 엄두를 못 냈다. 유일한 해결책은 황제 측에서 그 외국인이 멋대로 요구하는 액수대로 그 집을 사들이는 것이었는데, 그의 요구 금액은 대개 자기네 나라 공사관의 위세가 뒤를 받쳐주고 있으므로, 그는 엄청난 가격을 불렀다.

이 경우에, 중서부의 빅토리아 중기양식으로 벽돌로 만들어진 아주 꼴사나운 이 집은 아주 터무니없는 가격에 사들여졌고, 이걸 사용하도록 내게 주어졌다. 내가 한국을 떠날 때는 이곳이 충분히 안락했던지 일본인들이 인수하여 자기네 참모본부로 사용했다(p. 130).

이 글을 통해, 그의 숙소로 사용됐던 건물은 원래 "한 미국인 선교사가 지은 집"이었다는 사실을 파악할 수 있다. 그렇다면 여기에서 말하는 '미국인 선교사'란 과연 누구를 말하는 것일까?

이에 대해 1890년대 후반의 여러 신문자료를 두루 살펴본 결과, 《디 인디펜던트(The Independent)》에 수록된 일련의 기사는 그의 정체가 바로 대한제국 시절의 '독립운동가'로도 유명한 호머 헐버트(Homer B. Hulbert, 訖法, 紇法, 轄甫 ; 1863~1949)라는 사실을 알려준다. 그는 일찍이 1886년 9월에 개설된 육영공원(育英公院)의 교사로 초빙된 이래 한성사범학교와 관립중학교를 거치면서 오래도록 교육계에 종사했

---

1) 리하르트 분쉬, 《고종의 독일인 의사 분쉬》(학고재, 1999)에도 간략하나마 "제가 살고 있는 언덕바지 옆에는 황제의 고문으로 있는 샌즈 씨가 사는데…… 운운"하는 구절과 더불어 샌즈와 겪었던 몇 가지 에피소드가 소개되어 있다. 이 당시 분쉬는 지금의 한국은행 신관이 자리한 '달성위궁'에 자신의 거처를 두고 있었다.

2) 이 책의 원제목은 《Undiplomatic Memories: The Far East 1896~1904》(John Hamilton, Ltd., 1930)이다. 그리고 국내에 소개된 이 책의 번역본으로는 김훈 옮김, 《조선의 마지막 날: 고문관 샌즈의 기록》(미완, 1986)이 있고, 또 '집문당 한말외국인기록시리즈 18'로 출간된 신복룡 옮김, 《조선비망록》(집문당, 1999)이 있다.

고, 다른 한편으로 삼문출판사(三文出版社, The Trilingual Press)의 운영과 『더 코리안 리포지토리(The Korean Repository)』, 『더 코리아 리뷰(The Korea Review)』의 발행 등 언론출판계에도 직접 관여했던 인물이었다.

(1) 《디 인디펜던트(The Independent)》 1897년 11월 4일자
"벙커 부처는 현재 헐버트 부처가 살고 있는 집으로 옮겨갈 예정이다. 후자는 그들의 새집이 완공될 때까지 전자가 비워준 집에 머물 것이다."

(2) 《디 인디펜던트(The Independent)》 1898년 3월 3일자
"헐버트 씨와 그의 가족은 원구단 맞은편의 새집으로 이사를 마쳤다."

(3) 《디 인디펜던트(The Independent)》 1898년 5월 10일자
"헐버트 교수와 가족은 6월 초 귀국차 배를 탈 예정이다. 원구단 근처에 있는 헐버트 씨의 새집은 정부에서 사들였다고 전해진다."

(4) 《디 인디펜던트(The Independent)》 1898년 9월 13일자
"헐버트 교수와 그의 가족은 내일 미국으로 떠날 예정이다. 가구 일체를 포함하여 그의 새집은 제국정부에 매각되었다."

위의 기사는 헐버트가 새로 마련한 집이 1898년에 완공되었다는 것을 알려주는 한편 그 위치도 '원구단(The Imperial Round Hill)' 맞은편에 있다고 하였으므로, 이것이 곧 샌즈가 거처했던 곳과 동일한 공간이라는 사실을 새삼 확인할 수 있다. 다만, 샌즈의 회고록에 서술된 내용과는 약간 다르게, 이 집을 궁내부가 사들인 시점은 그가 '궁내부 찬의관'에 임명되기 훨씬 이전인 1898년 여름경이었다는 사실이 드러난다.

어떠한 동기와 목적으로 대한제국 궁내부가 처음 이 집을 사들일 결정을 하였는지는 잘 알 수 없으나, 어쨌거나 이로써 이곳은 근대사

의 풍운이 감도는 핵심적인 현장으로 등장하기에 이른다.

그런데 이곳의 존재가 세상에 널리 알려지게 된 첫 계기는 독일 하인리히 친왕(德國顯利親王, Prince Heinrich[Henry] of Prussia, 1862~1929)의 방한이었다. 독일 황제 빌헬름 2세의 동생이었던 그가 우리나라를 찾아온 때는 1899년 6월 9일이었는데, 독일인 회사 세창양행(世昌洋行, Edward Meyer & Co.)이 경영하던 강원도 김성군(金城郡)의 당고개금광(堂峴金鑛)을 시찰하려는 것이 주된 목적이었다.

이 당시 하인리히 친왕을 영접하기 위한 준비가 부산하게 진행되었고, 그의 숙소로 정해진 곳이 바로 '옛 헐버트의 집'이었던 것이다.[3] 《디 인디펜던트(The Independent)》 1899년 6월 8일자에 수록된 "제국의 귀빈"이라는 제목의 기사는 이 당시의 상황을 생생하게 전해주고 있다.

> 이달 9일 금요일에 한국을 방문할 프러시아의 헨리 친왕을 맞이하기 위하여 대대적인 준비 작업이 진행 중이다. 헐버트 교수가 최근에 거주하던 가옥은 점유자에 의해 매우 긴급히 비워지고, 중국인, 일본인, 한국인이 한 무리 지어 이 가옥에 이르는 접근로를 내는 한편, 도랑을 치우고, 모래를 뿌리고, 지붕에 칠을 하고, 이 집 주위로 담장을 둘러 세우며, 그밖에 전체적으로 외관을 개선함으로써 볼품 있는 집을 만드는 일에 착수했다……(하략).

그리고 《독립신문》 1899년 6월 6일자에 수록된 "친왕영접"이라는 제목의 기사는 하인리히 친왕의 행로와 일정을 자세하게 소개하고 있어, 많은 참고가 된다.

> 덕국 친왕이 이달 9일 상오 아홉 시에 인천에서 하륙하여 열 시 반에게서 떠나 하오 네 시에 남대문으로 들어오는데 참정 이하 각부 대신이 다 남문에 나아가 영접하고 공동 벽돌집에 이르러 여섯 시에 폐현한 후 황제폐하께서

---

3) 《경성부사》 제1권 (1934)에서는 이 당시 "(pp.665~666) 헨리친왕의 숙소로써 '간동 종친부(諫洞 宗親府, 소격동 165번지의 남접지)'를 임시수리하여 사용했다"고 적고 있으나, 이는 명백히 잘못된 고증이다.

제1부_낯선 근대의 거리, 불편한 역사의 현장

연향하시고 10일 식전에 친왕이 동관 대궐을 유람하고 상호 열한 시에 폐하께서 공동에 친림하신 후에 친왕이 잔치하고 하오 세 시에 각국 공영사가 회동하고 네 시에 폐하께서 친왕을 궐내로 영접하사 군사 조련을 간품시키시고 여섯 시에 친왕이 황태자 전하께 폐현한 후 황태자 전하께서 연향하시고 11일에 친왕이 광화문 대궐을 유람하고 육조 앞에서 말 달리고 각부 각관에 심방하고 곧 김성군으로 향한다더라.

여기에서 보듯이 하인리히 친왕의 숙소로 정해진 곳은 옛 헐버트의 집이었으며, 무엇보다도 '공동 벽돌집'이라고 표기된 부분이 눈에 띈다. 공동(公洞)은 곧 '소공동(小公洞)'을 말한다. 이 당시의 신문자료들을 훑어보면, 이곳을 '공동 양제집' 또는 '대한여관'으로도 불렀던 사실을 확인할 수 있다. 하지만 이것 말고도 이곳을 부르는 특별한 명칭이 있었으니, 그것이 곧 '대관정(大觀亭)'이다.

이에 관한 가장 빠른 용례는 《독립신문》 1899년 6월 12일자에 나오는 "[잡보] 대관정 거동"이라는 제목의 기사이다.

> 황상폐하께서 그저께 오전 11시 반에 공동 대관정 덕국 친왕 사처에 거동하옵셨다가 환궁하신 후에 덕국 친왕을 미국 공관 옆에 새로 성조한 벽돌집으로 영접하여 오후 3시에 연향하신다더라.

《독립신문》 1899년 6월 12일자에는 독일 하인리히 친왕의 방한과 관련하여 "대관정 거동"이라는 기사가 수록되어 있다. 이것이 아마도 '대관정'이라는 명칭에 관한 최초의 용례가 아닌가 한다.

또한《각사등록자료》에 포함된 의정부찬정 탁지부대신이 의정부의
정 앞으로 보내는 '궁내부 소관 덕국친왕 도경시 접대비를 예산외 지
출청의서'(1899년 8월 7일자)에는 "……二千十八元五角二錢 大觀亭漱玉
軒修理費及各樣火具兵丁把守幕所費(하략)"이라는 구절이 들어 있는데,
이걸 보면 적어도 독일 하인리히 친왕의 방한 시절부터 '옛 헐버트의
집'은 이미 '대관정'이라는 공식 명칭으로 불렸던 사실을 확인할 수
있다.

이 이름의 정확한 유래에 대해서는 자세히 알려진 바 없으나,《조선
중앙일보》1935년 4월 6일자에 수록된 강교산인(江郊散人)의 연재 기
고문 "서울고금종담(6) 대관정(大觀亭)의 현초목(懸鞘木)"에 이 집과
얽힌 조선시대의 고사와 더불어 "……오직 '현초목'만은 대관정이 헐
린 금일에도 의연히 사회관의 전정에 창연한 고색으로 노가소지를 보
하고 있다 한다"고 설명하는 구절이 있는 걸로 보아, 예전에 이 자리
에 존재했던 정자의 이름에서 따온 것이 아닌가 하는 추측을 낳게 한
다. 하지만 이것은 어디까지나 짐작일 뿐 이에 대한 정확한 근거자료
는 별도의 조사가 있어야 할 듯싶다.

아무튼 헨리 친왕이 머물다 간 이후 이 자리는 통칭 '대관정'으로
굳어지는데, 1902년 12월에 출판된 게일 목사(Rev. James Gale)의 '서
울지도'[4]에 이 명칭이 그대로 채록되어 있는 것에서도 이러한 상황을
파악할 수 있다.

그리고 한 가지 흥미로운 사실은 북경주재 영국공사관의 브라운스
대령(Colonel Browns)이 1901년 9월에 스케치한 '서울서부지도
(Western Quarter of Seoul)'[5]에는 대관정의 위치에 '임페리얼 게스트

---

[4] 이 지도의 출처는 『로얄 아시아틱 소사이어티 한국지회 회보(Transactions of the Korea Branch of
the Royal Asiatic Society)』 제2권 제2부(1902년 12월)이다. 여기에 수록된 게일 목사(Rev. James
S. Gale)의 "한양(서울)"이란 글에 첨부된 자료가 바로 이 '서울지도'이다.
[5] 이 지도자료는 목원대 김정동 교수에 의해 발굴 소개된 것으로 그의 책 《고종황제가 사랑한 정동과 덕
수궁》(발언, 2004)에 권말부록으로 원본크기로 재수록되어 있다.

하우스(Imperial Guest House)'라는 표시가 들어 있다는 점이다.

이 당시는 이미 궁내부 찬의관 샌즈가 이곳을 자신의 숙소로 사용하던 시절이었으나, 사실은 대관정 일대가 그만의 전용공간이 아니라 궁내부에서 게스트 하우스의 용도로 활용하던 시설이었음을 파악할 수 있다. 이 부분은 샌즈 스스로도 "이 집은 내 집으로서보다도 궁궐과 관계된 사람들의 공식 연회장으로 더 자주 쓰였으므로……(p. 131)"라고 적고 있는 데서도 잘 확인된다.[6]

하지만 국내외의 귀빈을 접대하거나 연회를 베푸는 장소로 자주 사용되곤 했던 이러한 대관정의 역할과 기능이 근본적으로 변한 때는 '러일전쟁' 시기이다.

전쟁의 발발과 더불어 '한일의정서(韓日議定書, 1904년 2월 23일)'의 체결이 강요되고, 이 와중에 일본주차대사령부(日本駐箚隊司令部, 1903년 12월 설치)가 폐지되는 동시에 한국주차군사령부(韓國駐箚軍司令部)[7]가 새로이 편성되면서 대관정을 그들의 사령부 자리로 내주어야 했던 까닭이었다. 이와 관련하여 《황성신문》 1904년 3월 18일자에는 일본군사령부의 후보지로 대관정이 처음 거론된 때의 기록이 다음과 같이 남아 있다.

〔대관청차(大觀請借)〕일공사(日公使) 하야시 곤스케 씨(林權助氏)가 아정(我廷)에 조회(照會)하되 아사령부(我司令部)를 대관정(大觀亭)에 차정(借定)할 의(意)로 폐현시(陛見時)에 이몽(已蒙) 윤낙(允諾)하였으니 즉위차여(卽爲借與)하라 하였더라.

---

6) 예를 들어 《황성신문》 1901년 9월 2일자 '대관청요(大官請邀)' 제하의 기사에 "삼작(三昨) 대관정(大觀亭)에서 각국공영사급신사(各國公領事及紳士)를 설연청요(設宴請邀)하였더라"는 내용이 남아 있다.

7) 1904년 3월 10일에 편성된 한국주차군사령부의 역대 사령관은 제1대 육군소장 하라구치 켄사이(原口兼濟, 재임 1904. 3. 11~1904. 9. 8), 제2대 육군대장 하세가와 요시미치(長谷川好道, 재임 1904. 9. 8~1908. 12. 21), 제3대 육군대장 오쿠보 하루노(大久保春野, 재임 1908. 12. 21~1911. 8. 18)의 순서이다. 최초의 한국주차군사령부는 소공동 대관정에 설치되었다가, 일제강점기 이후 경무총감부 및 헌병사령부가 줄곧 자리했던 필동 2가 84번지(현 남산골한옥마을)로 이내 위치를 옮겼으며, 다시 1908년 10월 1일에는 '용산'으로 재이전하는 과정을 거쳤다.

이에 따라 그해 4월 3일에는 대관정에 한국주차군사령부가 설치되었고, 일본육군소장 하라구치 켄사이(原口兼濟)가 초대 사령관으로 이곳에 부임하였다.[8] 그리고 곧이어 하세가와 사령관의 등장은 이곳 대관정의 존재를 크게 부각시키는 또 다른 계기가 되었다.

나중에 제2대 조선총독(재임 1916. 10. 16~1919. 8. 12)이 되어 식민지 조선에 대한 무단통치로 악명을 떨친 일본육군대장 하세가와 요시미치(長谷川好道, 1850~1924)가 새로운 한국주차군사령군이 되어 서울에 당도한 것은 1904년 10월 12일이었다. 전임자에 비해 사령관의 '계급'이 크게 높아진 것은 장차 한국주차군의 주둔 규모를 이개사단으로 늘리려는 계획과 관계된 것으로 알려진다.[9] 《대한매일신보》 1904년 10월 14일자(국문판)는 그의 부임 광경을 이렇게 그리고 있다.

[장곡천대장의 도착] 작일에 주차한국일본사령장관 장곡천 씨가 인항에 도착함으로 일한 양국의 영접하는 사람들이 구름같이 모이여 길이 찼더라 하며 남문 밖 정거장에도 역시 동씨의 상경함을 위하여 등후한 자이 일층 굉장하였는데 과연 상오 아홉 시 삼십 분에 도착한지라 영접 등후하던 사람들이 차례로 문후하여 공경한 뜻을 표하며 군대의 사졸들도 엄숙한 위의로 단정히 경례하고 인하여 호위하는지라 그때에 동씨는 마차를 타고 입성하는데 소속무관들은 좌우로 옹위하고 뒤으로 추종하였으며 남문으로부터 사령부까지는 일한 양국 병정이 좌우로 나열하여 구경하는 사람들이 잡답함을 금하나 서로 틈을 얻어 보려함으로 도리어 금집키 어렵고 남산에서는 예포 십구차를 놓았으며 일본 사진사들은 각처로 흩어져 좋은 경색박이기에 주의하였는데 사령부에 도달한 후 방견하는 사람들과 추종한 바 관리들의 평안 도

---

8) 이와 관련하여 《황성신문》 1904년 4월 7일자에 수록된 '폐부설군(廢部設軍)' 제하의 기사에는 "금번(今番) 경성(京城)에 재(在)한 일본주차대사령부(日本駐箚隊司令部)를 폐(廢)하여 주차군(駐箚軍)을 치(置)하고 기사령부(其司令部)를 본월(本月) 3일(日)부터 대관정(大觀亭)에 설치(設置)하였더라"는 내용이 수록되어 있다.

9) 예를 들어 《대한매일신보》 1904년 9월 6일자(국문판)에는 "[주차사단] 한국주차군이 이개사단으로 증가하여 기 일개사단은 용산에 두게 하고 그 사령관은 지금 요양방면에 있는 장곡천대장이 된다더라"고 소개하고 있다.

착함을 서로 치하함과 체귀하는 원구소장의 발정이 또한 불구한 고로 작별하는 거동이 대단 굉장하였더라.

여기에서 말하는 사령부라는 것은 물론 소공동의 대관정을 가리킨다. 그리고 이곳은 사령관 관저의 용도로도 함께 사용되는데, 특히 일제강점기를 거치는 동안 소공동 지역을 일컬어 '하세가와쵸(長谷川町)'라고 불렀던 연유도 바로 이곳 대관정이 그의 거처였다는 사실에서 비롯된 것이다.

이 명칭의 유래에 대해 몇 가지 자료를 살펴보니까, 조선총독부에 의해 1914년 4월 이후 공식 지명으로 채택되기 이전에도 이 이름이 벌써 공공연하게 사용된 흔적이 두루 눈에 띈다. '하세가와쵸'라는 명칭은 경성거류민단(京城居留民團)의 고시에 따라 1907년 11월에 이미

러일전쟁 당시에 서울로 진입하는 일본군 기병대의 행렬이다. 이들이 지나고 있는 길은 지금의 소공로인데, 도로변에 높은 축대가 보이는 것이 현재의 지형과는 상당히 달랐다는 것을 알 수 있다. 길게 보이는 담장 안쪽에 보이는 건물이 곧 '대관정'이다.

《경성부사》제2권(1936)에
수록된 '을사조약' 관련 사
진자료인데, 여기에는 "장
곡천정 대관정 현관의 이토
후작과 하세가와 대장. 현
관에 선 이는 군사령부 촉
탁 쿠로다 코시로와 부관
자작 야마구치 대위. 대관
정은 현 경성부립도서관 아
동실 및 신문실"이라는 설
명문이 붙어 있다. 이 당시
이토 히로부미의 공식 숙소
는 정동 안쪽의 손탁호텔이
었으나, 실제로는 대부분의
기간을 하세가와 사령관의
관저인 대관정에 줄곧 머물
며 조약의 강압체결을 위해
배후조종을 시도하였다.

長谷川町大觀亭玄關に於ける伊藤侯(車上向つて左)
と長谷川大將 (右) 玄關に立てるは軍司令部囑託黑
田甲子郎(左)と副官子爵山口大尉　大觀亭は現京城
府立圖書館兒童室及新聞室

일본류 정명(日本流 町名)으로 채택된 바 있었으며, 이에 앞서 1907년
10월 일본 황태자의 방한 당시에 일본거류민단의 환영 준비를 위한
시설내역 가운데 "남대문역 내에 대녹문(大綠門) 및 하세가와쵸 입구,
소학교 정문 내에 각각 녹문(綠門, 료쿠몬)을 건설했고…… 운운"하는
구절도 찾을 수 있다.

　　더구나 이 이름은 그 자신이 바로 현직 사령관이던 시절에 명명된
것이라는 사실을 상기하면, 그 시절 하세가와 대장의 위세가 얼마나
대단했던 것인지를 충분히 짐작할 수 있을 듯하다.[10]

10) 하세가와 사령관의 이름을 빌려 지명으로 차용했던 사례는 '하세가와쵸(長谷川町)' 외에 하나가 더 있
었다. 필동 일본군사령부 뒤편의 산자락을 일컬어 '호도원(好道園)'이라고 한 것이 바로 그것이다. 이
이름에 얽힌 유래에 대해서는 《매일신보》 1916년 12월 10일자에 수록된 "신래(新來)의 총독(總督)과
인연(因緣) 깊은 '장곡천정(長谷川町)'과 '호도원(好道園)', 새 총독과 인연 깊은 두 곳의 환영"이라는
제목의 기사를 통해 확인할 수 있다.

제1부＿낯선 근대의 거리, 불편한 역사의 현장

실제로 이곳은 경운궁(慶運宮, 덕수궁)의 턱밑에 자리하여 대한제국 정부를 겁박하여 1905년 이른바 '을사보호조약[11]'을 억지 체결하게 만들고 또한 1907년 헤이그밀사사건을 계기로 고종황제를 퇴위케 만든 배후공간이기도 하였다. 또한 순종황제의 즉위와 더불어 강요된 군대해산 당시에 하세가와 사령관이 이병무 군부대신(李秉武 軍部大臣)과 함께 각 부대 대대장 이상의 장교들을 따로 소집하여 조칙을 전하는 동시에 이에 복종하여 해산에 협조할 것을 훈유한 장소가 역시 자신의 관저인 대관정이었다. 그러니까 대한제국의 게스트 하우스였던 대관정은 어느새 일본 군대의 위세를 나타내는 대명사이자 일제에 의한 무력통치의 본거지로 변모했던 것이다.

이러한 위상은 1910년 경술국치 이후에도 그대로 이어지다가, 그 사이에 조선주차군사령관저가 용산지역에 따로 건축된 것을 계기로 대관정은 차츰 퇴락하는 공간으로 변하였다. 이와 관련하여《매일신보》1911년 9월 3일자에는 "신사령관(新司令官)의 관저(官邸)"라는 제목으로 다음과 같은 내용이 소개되어 있다.

기보(旣報)와 여(如)히 신임군사령관(新任軍司令官) 우에다 중장(上田中將)은 명(明) 4일(日) 오전(午前) 8시(時) 40분(分) 남대문착 열차(南大門着 列車)로 입경(入京)할 터인데 현금간(現金間)은 용산신관저(龍山新官邸)에 불입(不入)하고 대관정(大觀亭)에서 기거(起居)한다더라.

그리고 약간의 세월이 흘러《매일신보》1916년 4월 7일자에는 "총장관저인이기(總長館邸引移期)"라는 제목의 기사 하나가 수록된 것이 눈에 띈다.

---

11) 이 당시 일본의 특파대사 이토 히로부미(伊藤博文)는 1905년 11월 9일에 서울에 들어온 이후 정동 손탁양 저택을 공식 여관으로 정하여 숙소로 삼았으나, 실제로는 대부분의 기간을 하세가와 사령관의 관저인 '대관정'에서 기거하면서 배후조종을 시도하여 그해 11월 18일 이른바 '을사조약'의 강압체결을 이뤄낸 바 있다.

《매일신보》1926년 5월 15일자에는 대관정에 경성부립도서관이 들어서는 것을 계기로 '하세가와쵸' 일대에 신작로를 개설하는 한편 대관정 쪽의 돌담장을 허물어내고 도로변에 상가를 개설할 예정이라는 소식이 수록되어 있다. 그러니까 소공동길이 지금과 같은 구조로 바뀐 것은 바로 이때의 일인 듯하다.

목하(目下) 동상체재중(東上滯在中)인 타치바나(立花) 제19사단장(第19師團長)은 래(來) 20일 조선착임(朝鮮着任)과 동시(同時)에 왜성대관저(倭城臺官邸)에서 장곡천정(長谷川町) 대관정(大觀亭)에 이(移)하고 저 목하(目下) 대관정(大觀亭)은 수선공사중(修繕工事中)이며 우(又) 타치바나사단장(立花師團長) 반이(搬移)와 동시(同時)에 후루미총장(古海總長)은 용산관저(龍山官邸)에서 왜성대관저(倭城臺官邸)에 이(移)한다더라.

위의 기사와 관련하여 실제로 대관정이 타치바나 사단장의 관저로 사용된 것인지, 그리고 그렇다면 이곳이 언제까지 사단장의 관저로 사용된 것인지에 대해서는 자세한 기록을 확인하기 어렵다. 다만,《동아일보》1926년 2월 23일자에 수록된 관련 기사를 통해 "대정 12년(즉 1923년)에 12만 6천 원의 가액으로 미츠이 합명회사(三井合名會社)로 넘겨질 때까지 대관정은 그간 육군 소관이었다"는 사실만큼은 어렴풋이 확인되고 있다.[12]

미츠이 합명회사로 넘겨진 이후 대관정은 어떠한 변천과정을 거쳤던 것일까?

이에 관해서는《매일신보》1926년 11월 6일자에 수록된 "대관정(大
觀亭) 옛터에는 도서관(圖書館)과 아동유원(兒童遊園), 장곡천 대장의
거처하던 곳, 삼정 임업부(三井 林業部)는 황금정(黃金町)에"라는 제목의
기사에 잘 요약되어 있다.

> 삼정물산(三井物産)의 소유이던 장곡천정에 있는 대관정(大觀亭)은 그
> 간 경성부로 옮겨 소유권등기가 재작 4일에 끝이 나 완전히 경성부 소유가
> 되었다. 이것은 전일 장곡천 대장(長谷川 大將)의 구저로서 장곡천정(長谷
> 川町)이란 이름도 이로 인하여 생겼다. 부에서는 경성부도서관을 번화한 명
> 치정(明治町)에 두는 것이 적당치 못함을 인정한 후 대관정에 유의하고 소
> 유자인 삼정합명(三井合名)과 상의한 결과 삼정회사에서 쾌락하고 그 가격
> 에 이르르는 그들이 산 값 12만 6천 원으로 이자 한 푼 생각지 않고 도로 양
> 도하겠다 하여 등기까지 끝나고 돈을 지불도 더구나 내년 3월 그믐으로 정한
> 까닭에 부에서는 참으로 감사하다 한다. 대관정에 있던 삼정 임업부(林業
> 部)는 황금정지점 옆으로 옮겨가서 지금 비었는데 부에서는 곧 일만 천사백
> 사십구 원을 들여 수리에 착수하여 금년 안에 도서관을 옮길 터이오, 앞뜰은
> 아동유원지(兒童遊園地)로 하고 상업회의소(商業會議所)와 한데 붙은 수
> 집한 건물과 토지도 장차 부에서 사서 정리할 터이므로 그 부근은 불원에 면
> 목이 일신되겠더라.

여기에서 보듯이 옛 하세가와 사령관의 관저였던 대관정은 경성부
에 매각되어 경성부립도서관(京城府立圖書館, 장곡천정 112-3번지)으로
전환되었고, 실제로 이듬해인 1927년 5월 24일에는 옛 한성병원 자
리(명치정 2정목 25번지)에 있던 원래의 도서관이 이곳으로 옮겨와 정
식으로 재개관하기에 이르렀다. 이와 아울러 경성의 유지자인 고죠
바이케이(古城梅溪)와 타카키 토쿠야(高木德彌)의 기부금 3만 원으로

---

12) 이것은《동아일보》1926년 2월 23일자에 수록된 "경도(京圖) 부영결정(府營決定), 부립(府立)은 대관
정(大觀亭)에 이전(移轉), 경성도서관은 사만 원에 매수, 부립은 대관정으로 이전키로"라는 제목의 기
사를 말한다.

《경향신문》 1966년 6월 1일자에는 흥미롭게도 '민주공화당' 당사로 막 사용되기 시작한 옛 남대문도서관(대관정)의 모습을 담은 스케치 한 장이 수록되어 있다. 전체 외형은 경성부립도서관 시절과 크게 다를 바 없어 보이는데, 이 건물이 정확하게 언제 철거되었는지는 미처 확인해보질 못하였다.

경성부립도서관 구내에 기존의 건물과 나란히 3층 높이의 '경성부사회관(京城府社會館)'을 신축하여 1928년 6월 30일에 낙성식을 거행하였다.

경성부립도서관은 해방 이후에도 그대로 존속되어 1946년 9월 28일에 '서울시립남대문도서관'으로 개칭되었고, 1963년 11월 24일 이후 남산 기슭에 5층 규모의 새로운 도서관을 짓기 시작하여 1965년 1월 27일에 준공과 더불어 이전 개관하였으니, 이것이 곧 지금의 '서울특별시립남산도서관(서울 용산구 후암동 30-84번지)'이다.

그렇다면 남대문도서관이 떠난 이후 옛 대관정 자리는 또 어떠한 변화과정을 겪었을까?

알고 봤더니 남대문도서관의 이전 개관으로 텅 빈 공간으로 변한 이곳을 새롭게 차지한 주체는 다름 아닌 군사정권 시절의 집권여당인 '민주공화당'이었다. 이 과정에 대한 기록으로는 《한국일보》 1966년 6월 2일자에 다음과 같은 내용의 토막기사가 남아 있다.

공화당(共和黨)은 1일 서울역전의 구 당사로부터 소공동 구 시립도서관 자리 안 새 당사로 이사(이전식은 4일 거행)를 끝냈으나 아직 미진해서 각부마다 눈코 뜰 새 없는 혼잡상(混雜相). 1천만 원 보증금

제1부_낯선 근대의 거리, 불편한 역사의 현장

에 월세 30만 원, 그리고 내부 수리비로는 당초 5백만 원이 책정됐었으나 실제로는 580만 원을 들여 말끔히 단장해놓고 보니 현관은 고급 호텔의 그것에 못지않은 '디럭스' 판 시설이 됐다……(하략).

다른 기록에 따르면 옛 남대문도서관 자리는 1967년에 1억 5천만 원의 가액으로 개인(효성그룹 조홍제 회장)에게 불하된 상태였는데, 이 와중에 민주공화당 측에서 남산 기슭의 한국문화인쇄사 건물(서울 용산구 후암동 30-90번지, 현 '용산도서관' 자리)을 사들여 증개축한 후 1972년 9월 28일에 이곳으로 당사를 옮겨감에 따라, 5년 남짓 공화당 당사로 변신했던 이곳은 저절로 원래의 소유주에게 되돌려지게 되었다. 이후 이 자리에는 여러 차례 호텔 신축이 시도된 바 있었으나 성사 단계에 이르지는 못하였고, 그러다가 1983년 8월에 1,653평에 이르는 이 일대의 부지가 220억 원의 가액으로 '삼환기업'의 소유로 넘겨진 것으로 확인된다.

들자하니 도심의 노후지역으로 전락한 '소공동 112-9번지' 일대의 땅은 수년 전부터 대규모 재개발계획이 진행 중이라는 소식이 전해지고 있다. 이렇게 된다면 그나마 주차장터로 남아 간신히 근대사의 흔적을 일부라도 보여주던 옛 대관정 자리가 일순간에 모두 다 사라지고 마는 것은 그야말로 시간문제인 듯하다. 대한제국 시기 이후 이 자리에 얽힌 기구했던 역사의 굴곡과 영욕을 오래도록 기억하고 되새길 수 있는 묘안은 어디 없는 것일까? (2006. 11. 4)

# 7

## 을사조약의 현장
# 덕수궁 수옥헌(漱玉軒)
# 혹은 중명전(重明殿)의 내력

**| 현존하는 덕수궁 중명전 건물은 과연 언제 건립되었을까? |**

서울 중구 정동에 있는 덕수궁 너머로 정동극장이 있고, 그 옆으로 난 골목길을 따라 조금만 들어가면 서양식 건물인 중명전(重明殿)이 나온다. 이른바 '을사보호조약'의 체결장소로 사람들에게 제법 알려진 곳이다. 부끄러운 근대역사의 현장이기는 하지만 꼭 기억하고 보존되어야 할 사적(史蹟)인 셈이다. 현재는 서울시 유형문화재로 지정되어 관리되고 있는 상태이나, 가급적 국가 사적으로 승격 지정되어 보존될 필요가 있지 않을까 한다.[1]

---

1) 이 중명전은 1983년 11월 11일 이후 서울시 유형문화재 제53호로 지정되었으나 관리상의 문제가 부각되면서, 최근 2006년 9월 21일자로 문화재청으로 소유권 이전과 더불어 지난 2007년 2월 7일 이후 사적 제124호 덕수궁에 추가되어 사적으로 편입된 상태이다.

그런데 이 건물의 연혁에 대해서는 자료마다, 기록마다 약간씩 다르게 정리되어 있어 자못 혼선을 주고 있다. 우선, 현재 중명전 앞에 세워져 있는 문화재 안내 문안을 옮겨보면 이러하다.

중명전(重明殿)
지정번호 : 서울특별시 유형문화재 제53호
시대 : 광무 4년(1900)
소재지 : 서울특별시 중구 정동 1번지 11호
소유자 : 문화관광부
관리자 : 재단법인 정동극장
이 건물은 경운궁(慶運宮, 덕수궁)에 딸린 접견소 겸 연회장으로, 1900년에 지어졌다. 궁중에 지어진 서양식 건물로는 최초의 것이다. 원래 이 건물은

서울 중구 정동에 있는 덕수궁 중명전의 주변 모습이다. 이른바 '을사보호조약'의 현장으로 널리 알려진 곳이기도 하다. 이곳은 원래 서울시 유형문화재 제53호였으나 관리상의 문제가 거듭 부각되면서 2006년 9월 21일자로 문화재청으로 소유권이 이전됨과 동시에 2007년 2월 7일 이후 사적 제124호 덕수궁에 추가 편입되어 관리되고 있다.

日韓協約締結所たる重明殿　（漱玉軒）
（今の貞洞西洋人俱樂部但し再建）

경운궁 안 평성문(平成門) 밖에 있었는데, 도로가 생기면서 궁 밖에 위치하게 되었다. 단순한 2층 벽돌집이지만 1층에 아치형 창과 2층 서쪽에 베란다가 꾸며져 있는 것이 특이하다.

이곳에서는 광무 10년(1906)에 황태자와 윤비(尹妃)가 혼례를 올렸을 때 외국 사신을 위한 초청 연회가 베풀어졌으며, 그 전해에는 을사조약이 조인되기도 했다. 이곳은 일제 때 덕수궁을 축소시키면서 1915년 외국인에게 임대되어 1960년대까지 경성구락부(Seoul Union)라 하여 외국인들의 사교장으로 이용되었다. 1925년의 화재로 인해 벽면만 남았던 것을 복구하였으므로 애초의 원형과는 다소 달라져 있다.

여기서는 이 건물이 "궁중에 지어진 서양식 건물로는 최초의 것이다"라고 적고 있으나 이는 사실과 다르다. 상식적으로 보아도 경복궁 건청궁에 있었던 관문각(觀文閣, 공사 진행 1888~1892년)이 건립된 때가 이보다는 월등히 빠르다. 또한 이 건물의 건립 연대를 "1900년"으로 적은 것도 엄밀한 고증의 결과인지 의문스럽다.

그리고 이 설명문에는 가장 결정적인 구절이 빠져 있다. 이 건물은 '중명전'이기에 앞서 '수옥헌(漱玉軒)'이었다는 사실이 그것이다. 이건 마치 덕수궁을 얘기하면서 원래 '경운궁'이었다는 내용을 빼먹는 것과 다를 바 없다. 을사조약 당시에는 중명전이 아니라 '수옥헌'이었으니까 그 사실 자체는 설명 문구에 꼭 명기되었어야 하는 것이 아닌가 싶다.

중명전이라는 것은 나중에 고쳐진 이름인데, 중명(重明)이란 본디 "일월(日月)이 함께 하늘에 있어 광명이 겹친다"는 뜻으로 "임금과 신하가 각각 제자리에 나란히 서서 직분을 다함"을 이르는 말이라고 전해진다. 그리고 '수옥(漱玉)'은 원래 "옥을 씻는다"는 뜻으로, 폭포 따위에서 물방울이 흩어지는 모양을 비유하여 이르는 말이다.

그렇다면 중명전, 아니 이에 앞서 '수옥헌'은 과연 언제 지어진 건물인가?

확인해 보았더니, 이에 관한 최초의 흔적은 《독립신문》 1899년 6월 12일자에 수록된 "[잡보] 대관정 거동"이라는 신문기사이다. 여기에는 이러한 내용이 담겨져 있다.

> 황상폐하께서 그저께 오전 11시 반에 공동 대관정 덕국 친왕 사처에 거동 하옵셨다가 환궁하신 후에 덕국 친왕을 미국 공관 옆에 새로 성조한 벽돌집 으로 영접하여 오후 3시에 연향하신다더라.

여기에서 말하는 공동(公洞)은 곧 지금의 '소공동'을 가리키고, 대관정(大觀亭)은 원래 미국인 선교사 호머 헐버트(Homer B. Hulbert, 1863~1949)의 집이었으나 1898년에 대한제국 궁내부에서 사들였던 것인데, 그 당시 독일황제의 동생인 하인리히 친왕(Heinrich 親王)이 독일인이 경영하던 강원도 김성군(金城郡)의 당고개금광(堂峴金鑛)을 시찰하러 한국을 방문했을 때에 숙소로 사용되었던 곳이다. 그 직후 이 집은 궁내부 찬의관(宮內府 贊議官) 겸 외부 고문관(外部 顧問官)

이었던 윌리엄 F. 샌즈(William Franklin Sands, 山島; 1874~1946)의 저택으로 사용되기도 하였다.[2]

이 대관정은 그 후 1904년 10월부터 일본주차군사령관의 관저로 전용되었다가, 1926년에는 다시 경성부립도서관으로 변경되었으며, 해방 이후에도 1964년까지 줄곧 서울시립도서관으로 사용되다가 그 후 철거되었는데, 지금은 이곳이 주차장 터로 남아 있다. 일제 때 소공동을 '장곡천정(長谷川町, 하세가와쵸)'라고 불렸던 것은 바로 하세가와 요시미치(長谷川好道, 1850~1924)가 일본군사령관 시절에 이곳 대관정에 머물렀던 내력이 있다 하여 채택된 지명이었다.

그런데 위의 《독립신문》 기사에 보면, "미국공관 옆에 새로 성조한 벽돌집으로 영접하여……" 라고 적어놓은 구절이 보인다. 이 건물의 명칭이 명시적이지는 않지만, 이 벽돌집은 '수옥헌(漱玉軒)'인 것이 확실하고 또한 "새로 지었다"고 하였으니 이 수옥헌은 1899년 6월 직전에 완공된 사실도 읽어낼 수 있다.

이 수옥헌의 존재와 건립 시기를 확인할 수 있는 자료는 이것 말고도 더 있다. 주한미국공사를 지낸 호레이스 알렌(Horace N. Allen, 1858~1932)이 남긴 《한국 : 사실과 환상(Korea: Fact and Fancy)》(1904)이 그것인데, 여기에 수록된 '연표(年表)'에 보면 외교사와 관련한 여러 항목이 일목요연하게 정리되어 있다. 이 가운데(210쪽) 다음과 같은 내용이 보인다.

〔1899년 —월 —일(일자미상)〕이해(즉 1899년) 동안에 미국공관 바로 서쪽의 궁궐 구역에 도서관으로 사용하기 위한 서양식 벽돌건물이 완공되다.

---

2) 목원대 김정동 교수의 《고종황제가 사랑한 정동과 덕수궁》(발언, 2004)에는 북경 영국공사관의 브라운스 대령(Colonel Browns)이 1901년 9월에 스케치한 지도 'Western Quarter of Seoul'이 수록되어 있는데, 여기에는 대관정의 위치에 "임페리얼 게스트 하우스(Imperial Guest House)"라고 표시되어 있다.

제1부_낯선 근대의 거리, 불편한 역사의 현장

국사편찬위원회의 유리원판자료(도판번호 #SJ0024)에 보이는 미국공사관 일대와 옛 수옥헌의 모습이다. 아펜젤러 목사의 사진첩(배재학당 소장자료)에도 이와 동일한 것이 포함되어 있는데, 여기에는 "1899년 3월"이라는 표식이 남아 있어서 사진촬영 시점을 구체적으로 알 수 있다. 하지만 여기에 드러난 수옥헌 건물은 지금과는 완전 딴판으로 '단층건물'로 나타나고 있어, 혹여 1901년 화재사건 이후 완전히 새로운 건물이 들어선 것이라는 인상을 줄 정도이다. 한편,《디 인디펜던트(The Independent)》1897년 10월 23일자에 수록된 기사에는 한성부 기사 다이(J. H. Dye)가 이 건물의 설계자로 표시되어 있다.

　여기에는 구체적인 날짜까지 정리되지는 못하였으나, 1899년 중에 벽돌건물이 만들어졌다고 적은 내용이 눈에 띤다.《독립신문》의 기록과 일치하는 대목이다. 이로써 수옥헌(중명전)은 1899년 6월경에 완공된 도서관 용도의 서양 건축물이었다는 사실이 정리된다.

　이 건물의 설계자에 대해서는 간혹 러시아 건축가 사바틴(Sabatine)이라고 보는 견해도 없지 않으나,《디 인디펜던트(The Independent)》1897년 10월 23일자에 수록된 다음의 기사는 1896년에 내부 소관 기사로 고용되어 한성부에 소속되어 있던 다이(J. H. Dye)가 그 주인공이었음을 분명히 알려준다. 그는 1888년 이래로 연무공원(鍊武公院)의 군사교련교사로 고빙되었던 미국 육군소장 다이(William McEntyre Dye, 茶伊, 1831~1899)의 아들이라고 알려져 있다.

미국공사관과 이웃하는 곳에 공사 중인 새로운 제실도서관(Imperial Library)은 2층 높이로 전체 건축은 유럽 스타일이 될 예정이다. 한성부의 엔지니어 다이 씨(Mr. Dye)는 이 신축 건물의 설계자이다.

한 가지 사실을 덧붙인다면, 도서관 용도의 벽돌건물 즉 수옥헌이 이곳에 건립되기 이전에도 이곳은 '도서관 구역'이었다는 점이다. 가령, 알렌의 책을 바탕으로 편집된 김원모 교수의 《근대한국외교사연표》(단대출판부, 1984)에는 알렌 공사가 1897년 9월 30일에 발송한 "주한미국공사관 주변과 도로의 약도(Rough Sketch of Surroundings and Approaches to U.S. Legation, Sept. 30, 1897)"가 수록되어 있는 바 여기에 보면 수옥헌 자리에 이미 '황실도서관(King's Library)'라고 표시된 것이 눈에 띈다. 이러한 사실에 비춰보면 아관파천 이후 정동 일대에 경운궁을 수축하면서 이곳을 진즉에 왕실도서관 용도로 확보하고 있었던 것으로 보인다. 그러한 상태에서 이곳에 따로 '서양식 건축물'을 추가하여 건립한 것이 바로 수옥헌이었던 것이 아닌가 한다.

그런데 알렌이 정리한 '외교사 연표'에는 수옥헌과 관련한 기록이 여럿 더 보인다.

〔1901년 11월 15일〕 미국공관 서편에 인접한 제실도서관(帝室圖書館, Imperial Library) 건물이 화재로 소실되다.

〔1902년 5월 3일〕 ……위의 칭경예식과 관련하여 궁궐 내에 대규모 관람시설이 착수되었다. 또한 연회시설이 총세무사의 옛 관사 자리에서 지어지기 시작했고, 동시에 화재로 파괴되었던 황실도서관의 재건이 시작되었다.

여기에서 말하는 화재사건은 황현 선생의 《매천야록(梅泉野錄), 권3》에도 기록이 되어 있는 바, 그 내용은 이러하다.

제1부_낯선 근대의 거리, 불편한 역사의 현장

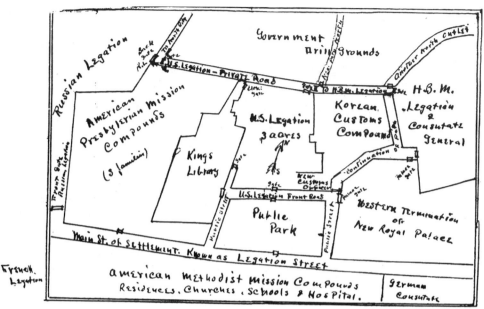

김원모 교수의 《근대한국외교사연표》(단대출판부, 1984)에는 알렌 공사가 1897년 9월 30일에 발송한 "주한미국공사관 주변과 도로의 약도"가 수록되어 있는데, 수옥헌 자리에 이미 '황실도서관(King's Library)'이라고 표시된 것이 주목된다.

수옥헌(漱玉軒)에서 화재가 발생하였으며, 문화각(文華閣)과 정이재 (貞彝齋)도 소실(燒失)되었다.

이와 아울러 《더 코리아 리뷰(The Korea Review)》 1901년 11월호에 수록된 '뉴스 캘린더' 항목(503~504쪽)에는 이날의 화재사건을 이렇 게 정리하고 있다.

이달 16일 새벽 2시경, 미국공사관 바로 서쪽에 붙어 있는 제실도서관 (Imperial Library, 수옥헌을 말함) 후면의 외곽 건물의 하나가 원인 불명의 사유로 화재가 발생하였다. 만약 거기에 어떠한 응급조치가 있었다면, 본 건물로 번지기 이전에 불길은 쉽사리 진화될 수 있었을 것이지만 이 장소는 방치되어 있는 듯이 보였으며, 물동이 서너 개가 없었던 탓에 정부는 매우 귀중한 건물을 잃고 말았다. 도서관에는 숱한 귀한 서책들이 있었는데 이것들은 피아노 한 대를 포함한 가구 일체와 함께 모두 소실되었다.

그리고 이 시기의 《대한제국 관보》 1901년 11월 19일자 및 11월 21일자에는 이곳 "수옥헌(漱玉軒)이 실화(失火)"된 사실이 수록되어 있으며, 특히 11월 21일자 관보에는 "조(詔)하여 가라사대 문화각 (文華閣) 소재 보책(寶冊)과 인(印, 도장)이 회록중(回祿中)에 깎여나간 것이 많도다. 이의 개조수보(改造修補) 등을 영(令)하여 궁내부 장례원, 농상공부에서 곧 택일(擇日)하여 거행하도록 하라"는 내용이 들어 있다.

여기에서 보듯이 수옥헌은 완공 이후 불과 2년 만에 화재로 파괴되고 말았는데, 1902년 5월 이후 재건되는 과정에서 그 외형은 크게 달라졌던 것으로 보인다. 아닌 게 아니라 1899년 3월에 아펜젤러 목사가 직접 촬영했다고 알려지는 '미국공사관 일대의 전경 사진'(배재학당 소장자료)에 보면 수옥헌 건물은 지금과는 그 모습이 현저하게 다른 '단층건물'로 나타나 있다.[3]

그렇다면 이곳은 언제부터 수옥헌(漱玉軒)이라는 이름을 갖게 되었으며, 중명전(重明殿)이라는 이름은 또 언제부터 통용되기 시작했던 것일까?

수옥헌의 용례는 《각사등록자료》에 포함된 의정부찬정 탁지부대신이 의정부의정 앞으로 보내는 "궁내부 소관 덕국친왕 도경시 접대비

---

3) 현재 국사편찬위원회에 보관된 유리원판자료에도 이와 동일한 판형(도판번호#SJ0024)이 소장되어 있는 것으로 확인된다.

제1부_낯선 근대의 거리, 불편한 역사의 현장

를 예산외 지출청의서"(1899년 8월 7일자)가 가장 빠른 시기의 것인 듯
하다. 여기에는 앞서 잠깐 설명했듯이 독일 하인리히 친왕이 서울에
왔을 때에 '접대비 내역'이 정리되어 있다.

"……二千十八元五角二錢  大觀亭漱玉軒修理費及各樣火具兵丁把守
幕所費(중략) …… 九角八錢 漱玉軒 前簷燈籠所排束말價(하략)."

이러한 기록을 보면, 고종황제
가 하인리히 친왕(親王)을 불러
접대했다는 "미국공관 옆에 새로
성조한 벽돌집"이란 바로 이 '수
옥헌'이었을 뿐만 아니라 더구나
'수옥헌'이라는 이름 자체가 이미
그 시절부터 사용되고 있었음을
엿볼 수 있다.

그리고 이 수옥헌이라는 명칭
은 그 후로도 아주 다양한 기록에
빈번하게 등장한다. 특히 1904년
4월 14일에 발생한 '경운궁 대화
재' 이후에 고종황제가 이곳으로
피난하여 거처를 옮겼으므로, 수
옥헌은 그야말로 외세의 침략이
가속화할 때마다 번번이 역사의
현장으로 자리매김되기에 이르렀

일본 박문관(博文館)에서 나온 《사진화보(寫眞畫報)》 임시증간 제25권
'한국사진첩(韓國寫眞帖)'(1905년 6월 20일 발행)에 수록된 삽화 한 장면
이다. 여기에서는 "한국 황제, 후시미대사궁(伏見大使宮)을 수옥전(漱玉
殿)에 방문하다"고 적고 있다. '수옥헌'이라고 하지 않고 '수옥전'이라고
적고 있지만, 한자 표기로 보아 수옥헌을 말하는 것은 분명하다. 후시미노
미야 히로야스오(伏見宮 博恭王, 1875~1946)는 일본 황족으로 1905년 5월
에 전승축하 특파대사의 파견에 대한 답례 및 경부선 개통식 참석을 목적
으로 한국을 방문했다. 계단으로 올라서고 있는 이가 고종황제인 듯한데,
삽화에 그려진 배경이 우리가 알고 있는 수옥헌 즉 중명전과는 훨씬 다른
분위기이다.

다. 이 무렵 대한제국 정부의 주요한 행사, 접견, 회의, 연회 등은 대부
분 돈덕전, 구성헌, 수옥헌 등에서 이뤄졌던 것을 확인할 수 있다.

이곳에서 치욕의 '을사조약'이 체결된 것도 그러한 연유이다. 지금
은 을사조약의 체결장소가 '중명전'으로만 통칭되고 있지만, 엄밀하

영국인 저널리스트 앵거스 해밀턴(Angus Hamilton)이 집필하여 《The Book of History》 Vol. II The Far East(The Grolier Society, 1910)에 수록한 '코리아(Korea)'라는 글에는 우연찮게도 중명전의 사진자료 한 장이 게재되어 있다. 동편으로 인접한 미국공사관 구내에서 촬영한 이 사진의 원문에는 "서울의 황궁에 있는 황제의 거처"라고 표시되어 있다. 전체적으로 덕수궁 돈덕전과 비슷한 인상을 주지만 둘은 완전히 별개의 건물이 확실하다. 확연히 드러나는 아치형 창문과 복도식 돌난간과 같은 세부 구조는 모두 벽으로 막혀버린 지금 남아 있는 건물과는 완전히 색다른 느낌을 준다.

게 말하면 '수옥헌(漱玉軒)'이라고 부르는 것이 옳다.

그렇다면 과연 '수옥헌'은 언제부터 '중명전'으로 바뀌었던 것일까?

이에 대해서는 엄밀하게 고증할 만한 기록과 자료가 남아 있지 않다. 다만, 우리가 짐작할 수 있는 것은 언제부터 '중명전(重明殿)'이라는 표기가 등장하냐 하는 부분이다.

확인 가능한 관련 자료를 종합해보았더니, 중명전의 흔적은 광무 10년(즉 1906년) 가을부터 목격된다. 가령 《일성록(日省錄)》에 남아 있는 용례를 살펴보면 '중명전'이라는 말은 "1906년 9월 28일자(음력)" 이후에 본격적으로 등장한다. 반대로 '수옥헌'이라는 말은 "1906년 7월 25일자(음력)"까지는 빈번하게 등장하나 그 이후에는 단 한 번 더 등장하고 더 이상의 용례는 찾아낼 수 없다.[4]

그리고 매국노 친일귀족 이완용(李完用, 1858~1926)의 사후에 발간된 그의 전기인 《일당기사(一堂紀事)》(일당기사출판소, 1927)에도 중명

《조선》 1934년 11월호에 수록된 오다 세이고(小田省吾)의 "덕수궁 약사"라는 글에는 흥미롭게도 '중명전(重明殿)' 편액 사진이 보인다. 그런데 여기에도 보면 덕수궁 준명당(浚明堂)의 경우처럼 '명'을 '밝을 명(日변)'이 아니라 '밝게 볼 명(目변)'으로 써놓았다. 하지만 아쉽게도 지금은 이 편액의 행방을 알지 못한다. 국립중앙박물관 유리원판자료(목록번호#미분류소관650-7 '중명전 현판')에도 이와 동일한 관형이 남아 있는데, 이것은 오른쪽 사진에 보이는 것과 같이 헤이그 특사 100주년 기념특별전 "대한제국 1907 헤이그 특사"(2007. 7. 14~9. 2) 때 사진인화 모조 현판의 형태로 잠시나마 소개된 적도 있었다.

전으로 이름이 바뀐 시기를 가늠할 수 있는 단서가 엿보인다. 즉, 여기에 수록된 '연보(年譜)'에 보면, 수옥헌이라는 구절은 1906년 1월 1일, 1906년 9월 13일 항목에 등장하고 반대로 중명전이라는 구절은 1907년 5월 22일, 1907년 8월 7일, 1907년 9월 3일, 이렇게 세 차례 등장한다.

따라서 수옥헌이 중명전으로 전환된 것은 1906년 늦가을 언저리가 아닌가 추정된다. 물론 그 이유에 대해서는 전혀 알려진 바 없다. 혹여 대안문(大安門)이 대한문(大漢門)으로 고쳐진 시기와 거의 일치한다는 점에서 이것과 무슨 연관이 있나 싶기도 하지만, 이에 대해서는 아직 입증된 바가 없다.

그런데 수옥헌과 중명전의 관계에 대해 이렇게 설명하는 견해도 있

---

4) 《후비서감일기(後秘書監日記)》를 통해 수옥헌과 중명전의 용례를 확인해 보았더니, 수옥헌은 '1906년 7월 24일(양력 9월 12일)' 기사에 등장하고, 중명전은 '1906년 9월 28일(양력 11월 14일)' 기사에 등장한다. 앞서 《일성록》과의 기록을 대조해보면, 거의 같은 날짜가 중복되어 있으나 양력과 음력일자의 혼동이 있는 것으로 판단된다.

다. 《덕수궁사(德壽宮史)》(이왕직, 1938)의 저자 오다 세이고(小田省吾, 1871~1954)는 중명전은 수옥헌의 일부이자 주요 건물이라고 정리하고 있다.

(54쪽 이하)

제4 수옥헌(漱玉軒, 平成門外)

수옥헌(漱玉軒)이라 하는 것은 본궁 서측의 평성문 밖에 작은 길을 사이에 두고 현재 미국영사관의 서방에 위치한 전각의 총칭이다. 그 주요 건물을 중명전이라 하고, 주위에 다수의 소건물이 존재했던 것이다. 이에 대략 좌기와 같으나 중명전 외는 전부 폐멸되어 금일 이를 보는 것이 불가능함은 아쉽다.

중명전(重明殿)…… 이층구조의 순서양식 건물로 알현소 또는 연회장으로 사용되어, 누누 외국사신을 본전에서 접견했다. 광무 10년(즉 1906년) 현대비전하 윤씨(大妃殿下 尹氏) 가례(嘉禮) 때 본전에서 각국사신을 초청하여 연회를 베풀었다. 또 동년(명치 39년) 2월 1일 일한협약(日韓協約)에 따라 일본국 통감부가 개설되어 3월 2일 통감 후작 이토 히로부미(統監 候爵 伊藤博文)가 부임하자마자 동월 9일 고종은 황태자(순종)과 더불어 통감 및 수행원 16명을 본전에서 접견했다.

지금은 외국인구락부(外國人俱樂部)가 되어 중명전이라는 편액(扁額)이 내걸려 있는데, 이 건물은 최근 대정 14년(즉 1925년) 3월 12일 화재로 인해 외벽만 남기고 전소되어 다시 재건된 바 있다. 그 서측의 낭하(廊下)는 예전의 모습이 남아 있다고 전한다.

만희당(晩喜堂)…… (설명부분은 생략함)

흠문각(欽文閣)…… (설명부분은 생략함)

장기당(長夔堂)…… (설명부분은 생략함)

양복당(養福堂)…… (설명부분은 생략함)

경효전(景孝殿)…… (설명부분은 생략함)

수풍당(綏豊堂)…… (설명부분은 생략함)

정이재(貞彛齋)…… (설명부분은 생략함)

강태실(康泰室)…… (설명부분은 생략함)

환벽정(環碧亭)…… (설명부분은 생략함)

(77쪽)

중명전(重明殿)······ 수옥헌의 주요 건물로 중요 빈객 또는 외국 사신의 알현소가 되고, 또 연회장으로 사용되었다. 본궁 내에 있어서 양식 건물의 하나로 대정 14년(즉 1925년) 화재가 발생하여 전소되었다가 재건되었다. 지금은 대여되어 외국인구락부로 사용되고 있다.[5]

위의 자료를 보아하니, 현행 문화재 안내 문안 등이 이러한 구절을 많이 원용하여 작성되었음을 짐작하게 한다. 어쨌거나 오다 세이고의 《덕수궁사》에서는 수옥헌을 중명전 일대의 전각을 총칭하는 말로 정리하고 있고, 중명전은 수옥헌 구역의 중심 건물로 규명하고 있다. 또한 이 책에 수록된 여타 전각의 내력에 있어서도 "······수옥헌으로 옮겨졌다"고 적어놓은 사례들이 적잖이 보이고 있어, 수옥헌을 단일 건물이 아니라 일정한 구역을 뜻하는 말로 풀이하고 있음을 확인할 수 있다.

그렇다면 수옥헌을 '하나의 구역'을 총칭하는 용어이고, 중명전을 '수옥헌의 일부'로만 이해하는 오다 세이고의 설명은 적합한 것일까? 이에 대해서는 오다 세이고의 설명을 전적으로 그대로 따르기는 어

---

5) 여기에 나오는 '외국인구락부'는 원래 1892년 6월 2일에 결성된 '외교관구락부(外交官俱樂部, Diplomatic Consular Club)'에 그 뿌리를 두고 있다. 정식명칭은 "외교관 및 영사단 클럽(Cercle Diplomatique et Consulaire)"이라 하였으며, 이러한 명칭에서 보듯이 회원자격은 서울에 주재하는 외교관에 한하여 주어졌다. 처음 결성된 이래로 프랑스공사관에 인접하는 가옥('마르텔'의 집으로 표시)에서 회합을 갖다가 1894년 5월 28일에 새로운 건물을 짓기 위한 정초식(定礎式)이 거행한 것으로 확인된다. 이러한 내력을 지닌 외교관구락부는 1902년말에 이르러 해체가 결정되기에 이르는데, 더 이상 외교관들만의 사교모임이 꾸려지기 어려운 상황이 되었던 것이 그 까닭이었다. 이에 따라 정부에 고문(顧問)으로 봉직하고 있는 서양인들을 회원(會員)으로 추가한 다음에, 한성전기회사(漢城電氣會社)를 경영하는 콜브란 · 보스트윅사무소의 사람들도 여기에 가입을 시킴에 따라 서울거주 외국인들을 두루 망라하는 서울클럽(Seoul Club, 외국인구락부)이 1902년 12월에 새로 발족하고, 기존의 외교관구락부는 이듬해인 1903년 1월 31일자로 해체되었다. 이 서울구락부는 1912년부터 정동 1-11번지에 있던 이왕직(李王職) 소유의 옛 수옥헌(중명전) 건물을 무상으로 빌려 사용하는 한편 그 댓가로 매년 순이익금의 일부를 고아원경영비(孤兒院經營費)로서 정부에 기부하였다고 전해진다. 그리고 이 건물을 사용하던 도중 1925년 3월 12일에는 이곳에 화재가 발생하여 이층이 전소되었는데, 이로 인하여 옛 수옥헌은 상당부분 원형을 상실하고 말았던 것이다. 서울구락부는 해방 이후에도 동일한 장소에서 한동안 그대로 유지되었으며, 현재는 서울 중구 장충동 2가 208번지로 옮겨진 '서울클럽'이 그 명맥을 잇고 있다.

렵다. 이 글의 앞쪽에서 이미 살펴본 여러 자료에서 확인되듯이, 수옥
헌은 1899년에 미국공관 서쪽에 지어진 단일한 벽돌집을 가리키는 것
이 분명하고, 그 후 1906년 가을께에 이것이 중명전으로 이름이 변경
된 것이 분명하다고 여겨지는 까닭이다. 다시 말해 수옥헌은 여러 전
각의 총칭이라기보다는 단일 건물에 국한된 명칭인데, 수옥헌은 곧 중
명전인 동시에 중명전은 곧 수옥헌으로 판단한다.

　더구나 오다 세이고는 수옥헌과 중명전의 존재에 대해, 그리고 그
것들 사이의 관계 규명에 있어서 스스로 혼선을 빚고 있는 것이 보인
다. 즉, 그가 1938년에 《덕수궁사》를 정리하기에 앞서 《조선》 1934년
11월호에 발표한 "덕수궁 약사(德壽宮 略史)"에서는 이와 전혀 딴판
으로 정리하고 있기 때문이다.

　(85~86쪽)
　수옥헌(漱玉軒)…… 본궁의 서쪽, 평성문 밖 미국영사관의 서쪽에 있다.
또한 중명전(重明殿)이라고도 칭한다. 다르게는 많은 부근의 건물을 포함
했다.
　중명전(重明殿)…… 순서양식으로 수옥헌(漱玉軒)의 별칭이다. 알현소
등으로 사용되었다. 지금은 외국인구락부가 되어 중명전이라는 편액(扁額)
을 내걸고 있는데, 이 건물은 최근 화재를 당하여 지금부터 약 9년 전에 재건
되어진 것이다. 예전부터 이층구조로 그 서측의 낭하(廊下)는 옛 모습을 남
고 있다고도 이른다(사진 참조).

　이러했던 그가 어떤 이유에선지 1938년에 재정리한 《덕수궁사》에
서는 수옥헌은 중명전을 포함하는 일대 전각의 총칭이라고 그의 견해
를 완전히 고쳐버렸다. 하지만 거듭 말하거니와 이러한 오다의 '변화
된' 주장에 대해 명백한 문헌상의 증거가 제시된 것인지는 분명하지
않다. 그는 수옥헌과 중명전의 존재에 대해 몇 년 사이에 오히려 더 헷
갈려버렸던 것은 아니었을까도 싶다.

　수옥헌을 여러 전각들의 총칭으로 보는 오다의 견해는 가령, 선원

　　　　　　　　제1부_낯선 근대의 거리, 불편한 역사의 현장

전 구역을 일컬어 흔히 '영성문 대궐'이라고 총칭하기도 하거나 '대한문 안'이라고만 표시해도 그것이 덕수궁을 가리키는 것과 같은 용법일 수도 있겠지만, 수옥헌을 중명전이 아닌 여타 전각을 모두 아우르는 총칭의 개념으로 파악하는 것은 명백하게도 오다 그 자신만의 생각일 가능성이 높아 보인다. 지금까지 드러난 자료만을 두고 볼 때, 그냥 "수옥헌은 단일 건물이며 이것은 곧 나중에 중명전으로 바뀐다"는 사실만을 확인할 수 있을 뿐이다. 다시 말하면 수옥헌은 그저 중명전일 뿐이며, 중명전은 곧 수옥헌인 것이다.

그리고 이른바 '을사조약'이라는 치욕을 당한 것은—흔히 알려진 대로 '중명전'이 아니라, 엄밀하게 말하면—바로 '수옥헌' 시절의 일이었던 것이다. (2006. 10. 13)

# 1925년 서울구락부 화재사건에 대한
# 당시의 신문기사

정동 1-11번지에 있던 옛 수옥헌(중명전) 건물은 일제강점기로 접어든 이후에도 이왕직(李王職)의 소유로 그대로 남았으나, 1912년부터 외국인클럽인 '서울구락부(Seoul Club)'에서 이를 빌려 사용하는 상황이 되었다. 이러한 와중에 1925년이 되자 느닷없이 이 건물은 화재사건이 발생하여 이층 전체를 태우는 큰 피해를 입게 된다. 불가피하게도 중명전이 상당 부분 거듭 원형을 상실한 것도 바로 이때의 일이다. 아래에서는 당시 《매일신보》, 《동아일보》, 《조선일보》 등의 지면을 통해 보도된 화재사건에 관한 신문기사이다.

### (1) 《매일신보》 1925년 3월 13일자

〔작효(昨曉) 정동(貞洞)에 대화(大火), 외교단구락부 소실(外交團俱樂部 燒失), 덕수궁이 가까웠음으로 군대까지 출동하였더라〕

작 12일 새벽 3시경에 시내 정동(貞洞) 10번지의 1〔정동 1-11번지의 착오〕 서양 사람의 공회당인 '서울' 구락부(俱樂部) 이층 서적실(書籍室)에서 불이 일어나기 시작하여 마침 불어오는 바람에 싸여 불이 점점 퍼져가지고 순식간에 집 전체가 불에 에워싸이고 말았으나 급거 출동한 각 소방대의 진력으로 동 4시경에 벽돌 이층 한 채만 태운 후 진화하여 겨우 전소는 면하였는데 그 손해가 이만여 원의 거액에 이르렀으며 더구나 이곳은 덕수궁(德壽宮), 미국영사관, 기타 외인의 큰 상점이 즐비한 곳이었으므로 일시는 적지 않이 소동을 일으켜 용산(龍山) 군대로부터는 약간의 보병(步兵)이 출동하여 궁전을 경호하였더라.

〔원인수상(原因殊常), 혐의자 세 명을 인치하고 취조〕

정동화재의 발화원인이 매우 수상하여 소관 서대문서에서는 방금 그곳에서 '쿡쿠'로 있는 오복삼(吳福三, 40) 외 두 명을 불러 엄중한 취조를 계속 중이며 이 집은 오만이천 원의 화재보험에 붙어 있어 사실손해는 없는 모양이라더라.

〔혹(或)은 누전(漏電)인가, 불난 방은 문을 잠그고 아무도 출입을 않았다〕

이에 대하여 '쿡쿠' 오복삼(吳福森)의 말을 들으면 "서양 사람들이 대개 여덟 시면 돌아가고 그 후부터는 이 집을 지키는 우리 외에는 아무도 없습니다. 그리고 불이 난 곳은 이층 중에도 아주 구석방으로 책 혹은 헌 신문들을 쌓아두는 곳인데 한 달에 한 번이나 사람이 들어갈까 말까 하는 곳이며 물론 어제 저녁에도 한 명도 들어간 사람이 없습니다. 문은 앞뒤로 채여두어 바깥에서 누가 들어가려 하여도 못 들어가게 됩니다. 불난 원인은 도무지 알 수 없으나 그 방에는 전기의 '메돌(즉 미터기)'이 있을 뿐인데 그렇다고 누전이라고 얼른 쉬웁게 말할 수는 없습니다" 하더라.

### (2) 《동아일보》 1925년 3월 13일자
〔양인구락부(洋人俱樂部)에 화재(火災), 작일 오전 두시, 손해 삼만 원〕

작일 오전 2시 30분경에 시내 정동(貞洞) 10번지〔정동 1-11번지의 착오〕 서양인들의 모임인 '서울구락부' 이층으로부터 발화가 되어 동 4시 30분경까지에 이층 양옥인 그 회관 한 채를 전소하여 버리고 겨우 진화하였다는데 손해는 삼만 원 이상이 되리라 하며 원인에 대하여는 이층으로부터 누전(漏電)이 된 것이라는데 아직 자세한 것은 조사 중이라 하며 마침 그 회관 부근에는 영미국의 각 영사관(領事館)과 외국인의 상인들이 많이 둘려 있기 때문에 일시는 대 혼잡을 이루고 용산(龍山) 보병대로부터 약간의 보병까지 출동하였었더라(사진설명 : 거죽은 말쑥한 정동 불탄 자리).

《동아일보》 1925년 3월 13일자에 수록된 중명전 화재 현장이다. 이미 불타버린 건물의 모습이긴 하지만, 원래의 중명전을 살펴볼 수 있는 소중한 사진자료다. 나중에 개축된 모습과 비교해보면, 전면 2층 중앙부와 1층 출입구가 크게 달라진 것을 확인할 수 있다.

### (3) 《조선일보》 1925년 3월 13일자
〔정동(貞洞) 서울구락부(俱樂部), 금효(今曉) 2시(時) 소실(燒失), 원인은 누전인 듯하다고〕

12일 새벽 새로 두시 삼십 분경에 시내 정동(貞洞) 10번지〔정동 1-11번지의 착오〕 서울구락부(서양인의 구락부) 이층에서 불이 나자 시내 각처의 소방대와 서대문(西大門) 본정(本町) 양경찰서원과 헌병까지 출동하여 진화에 노력하였으나 불길은 걷잡을 새 없이 맹렬하여 마침내 벽돌양옥 한 채를 전소하고 말았다는데 그 원인인즉 이층에 있는 전선인입실(電線引入室)에서 발화한 것을 보면 누전(漏電)으로 인한 것이라 하며 손해는 약 삼만 원가량이나 된다는 바 그 부근 일대는 모두 외국영사관(外國領事館)과 그 외 학교 등 중요건물이 있고 더욱이나 깊은 밤중이므로 일시는 대 혼잡을 이루었다더라.

〔느낌 많은 수옥헌(漱玉軒), 고종황제께서 정사를 친재, 하시던 의미 많은 신축 양옥〕

이 집은 지금부터 이십오 년 전에 고고종태황제의 명령으로 막대한 금전을 들여 신축된 서양식 전각으로서 수옥헌(漱玉軒)이라고 일컫는 집이며 조선근세사(朝鮮近世史)에 느낌 많은 일로전쟁(日露戰爭)을 전후하여 대략 십 년 동안 고고종황제(故高宗皇帝)가 정사를 친재하시던 곳이요 친로파(親露派)가 중심으로 된 여러 인물들이 여러 가지 획책을 이 집에서 하여 고종황제의 아관파천과 기타 파란 많은 사건이 생겨난 것이다. 그 후 명치 45년(즉 1912년)에 이 집을 서울구락부에 빌려주게 되어 우금 계속하여 오다가 금번에 의외의 재난을 당한 것이라더라.

〔원상회복(原狀恢復) 또는 배상청구, 아직도 미결정〕

이 집을 빌려준 관계에 대하여는 이왕직 회계과에서 말하되 "당초에 이 집을 빌려줄 때에는 서울구락부로 사용하는 동안에만 빌려주기로 하고 빌려준 것인데 이제 의외에 화재를 당하였은즉 그와 같이 신축을 청구할는지 또는 그에 상당한 배상을 청구할는지 그 점에 대하여는 아직 결정한 바이 없다"고 하더라.

〔보험(保險)이 있다, 구락부는 손해 없다〕

그 손해가 전부 약 삼만 원가량이라 함은 별항과 같거니와 그 집은 현재 빌어 있는 미국인이 기구와 건물에 각각 보험계약이 있으므로 그 보험금을 받으면 손해는 별로 없으리라더라.

제 2 부

# 섣부른 역사고증,
# 때로 만들어진 전통

# 8

# 누가 자꾸 '원구단'을
# '환구단'이라 우기는가?

| '圜'이라는 글자의 소릿값에 대한 오해와 진실 |

지난 2005년 11월 16일자 '대한민국 관보'에는 다음과 같은 내용의 고시 하나가 수록되었다.

문화재청 고시 제2005-81호
문화재보호법 제6조에 의해 지정된 사적 제157호 "원구단/환구단"의 한자 표기 및 독음에 대하여 동법 제9조에 의거하여 다음과 같이 고시합니다.
2005년 11월 16일자
문화재청장

1. 국가지정 문화재(사적) 명칭 결정
   가. 대상문화재 : 사적 제157호 원구단/환구단
   나. 결정내용 : 동 문화재의 한자 표기 및 독음을 "환구단(圜丘壇)"으로 함.

다. 결정사유 : 사적 제157호 원구단/환구단의 한자 표기와 독음에 있어서 환구단(圜丘壇), 원구단(圜丘壇), 원구단(圓丘壇) 등이 혼용되고 있는 바, 단을 조성하고 고종황제가 제사를 지낸 1897년 10월 12일자 '독립신문'의 기록을 존중하여 동 문화재 명칭의 한자 표기 및 독음을 '환구단(圜丘壇)'으로 함.

2. 결정일자 : 관보 고시일

이에 앞서 문화재청은 2005년 9월 6일자 '관보'를 통해 예고공고(문화재청 공고 제2005-146호)를 낸 바 있고, 30일간의 예고기간에 이 내용에 대한 반대의견 제출이—필자를 포함하여—여럿 있었으나 이에 아랑곳없이 당초의 예고안이 그대로 확정 고시되기에 이르렀던 것이다.

하지만 원구단을 일컬어 '환구단'이라고 하고, 더구나 '圜丘壇'이라고 써놓고도 이를 '환구단'으로만 읽기를 고집하는 것은 몇 번을 되짚어봐도, 참으로 생뚱맞은 일이다. 원구단의 독음문제(讀音問題)는 오래전인 1980년도에도 이미 한차례 제기되어 그 소릿값이 '원구단'이라는 사실이 이미 재확인[1]된 적이 있고, 이보다 훨씬 앞서 1967년 7월 22일자 '관보'를 통

⊙문화재청고시제2005-81호

문화재보호법 제6조에 의해 지정된 사적 제157호 "원구단/환구단"의 한자표기 및 독음에 대하여 동법 제9조에 의거하여 다음과 같이 고시합니다.

2005년 11월 16일

문 화 재 청 장

1. 국가지정문화재(사적) 명칭 결정

가. 대상문화재 : 사적 제157호 원구단/환구단

나. 결정내용 : 동 문화재의 한자표기 및 독음을 "환구단(圜丘壇)"으로 함.

다. 결정사유 : 사적 제157호 원구단/환구단의 한자 표기와 독음에 있어서 환구단(圜丘壇), 원구단(圜丘壇), 원구단(圓丘壇) 등이 혼용되고 있는 바, 단을 조성하고 고종황제가 제사를 지낸 1897년 10월 12일자 「독립신문」의 기록을 존중하여 동 문화재 명칭의 한자표기 및 독음을 '환구단(圜丘壇)'으로 함.

2. 결정일자 : 관보고시일

《대한민국 관보》 2005년 11월 16일자에 고시된 '사적 제157호'의 독음법에 대한 내용이다. 이 날짜 이후 이곳은 '환구단(圜丘壇)'이 공식 명칭이 되었으나, 이러한 결정은 '圜丘'의 어원과 음가에 대한 종합적인 고증 없이 《독립신문》에 수록된 특정 일자의 '잘못된' 용례만을 근거로 한 것이어서 설득력을 갖기는 어렵다.

---

1) 이와 관련된 내용은 문화재관리국이 펴낸 《문화재》 제14호(1981년 12월 발행)에 수록된 '1980년 문화재위원회 제1분과위원회 제5차 회의록(1980년 6월 18일자)'에 "사적 제157호 圜丘壇의 한글 표기는 '원구단'으로 함"이라는 구절로 정리되어 있다.

옛 남별궁의 건물을 헐어내고 1897년에 새로 조성한 '원구단' 일대의 전경이다. 일제강점기로 접어든 직후 원구단은 철거되고 진즉에 그 자리가 조선호텔로 변하여 지금은 그 터만 남은 상태이지만, 바로 이웃하는 '황궁우(皇穹宇)' 덕택에 근근이 그 이름만은 유지하고 있는 상황이 이어지고 있다.

해 원구단의 사적지정이 최초로 이뤄질 당시에 그 명칭이 진즉에 '圜丘壇'으로 공표된 사실이 엄연한데, 뒤늦게 이와 어긋나는 내용의 고시를 낸다는 것 자체가 그야말로 사족(蛇足)일 뿐더러 매우 새삼스런 일이 아닐 수 없다.

그렇다면 문화재청과 문화재위원회 사적분과에서 근거로 내세운 《독립신문》 1897년 10월 12일자의 '환구단' 표기를 따르는 것은 과연 타당한 결정이기는 한 것일까?

우선 이에 관한 논의를 위해 이 날짜의 해당 기사를 그대로 옮겨보면, 이러하다.

〔논설〕 이전 남별궁 터전에 단을 모았는데 이름은 환구단(圜丘壇)이라고도 하고 황단(皇壇)이라고도 하는데 역군과 장색 천여 명이 한 달이 못 되어 이 단을 거진 다 건축을 하였는데 단이 삼층이라 맨 밑에 층은 장광이 영척으

제2부_설부른 역사고증, 때로 만들어진 전통

로 일백사십사 척가량인데 둥글게 돌로 쌓아 석자 기럭지 높이를 쌓았고 제이층은 장광이 칠십이 척인데 밑층과 같이 돌로 석자 높이를 쌓았고 맨 위층은 장광이 삼십륙 척인데 석자 높이를 돌로 둥글게 쌓아 올렸고 바닥에는 모두 벽돌로 깔고 맨 밑층 가로는 둥글게 석축을 모으고 돌과 벽돌로 담을 쌓았으며 동서남북으로 황살문을 하였었는데 남문은 문이 셋이라. 이 단은 금월 십이일에 황제폐하께서 친행하사 게서 백관을 거느리시고 황제 위에 나아가심을 하나님께 고하시는 예식을 행하실 터이라. 그 자세한 절차와 예식은 후일에 기재하려니와 대개 들으니 그날 황제폐하께서 황룡포를 입으시고 황룡포에는 일월성신을 금으로 수놓았으며 면류관을 쓰시고 경운궁에서 환구단으로 거동하실 터이요 백관은 모두 금관조복을 하고 어가를 모시고 즉위단에 가서 각각 층계에 서서 예식을 거행할 터이라더라.

이 예식이 마친 후에는 대군주폐하께서 대황제폐하가 되시는 것을 천지신명에게 고하시는 것이라 조선이 그날부터는 왕국이 아니라 제국이며 조선신민이 모두 대조선제국신민이라 조선단군 이후에 처음으로 황제의 나라가 되었으니 이 경사로움과 기쁨을 조선신민들이 측량 없이 여길 듯하더라. 이름으로는 세계에 제일 높은 나라와 동등이 되었거니와 이제부터 실상을 힘써 각색 일이 외국에서 못지않게 되도록 신민들이 주선을 하여야 제국신민된 본의요 남에게 실상 대접을 받을 터이라. 사람마다 오늘부터 조선이 남에게 지지 아니할 방책을 하여 외국들이 조선이 황제국 된 것을 웃지 않게 일들을 하여야 할 터이요 또 조선 사람들이 실상 일을 하여야 외국들이 조선을 황제국으로 승인들도 할 터이라. 이 계제들을 타서 사람마다 자주독립할 마음을 더 단단히 먹고 대황제폐하를 모시고 세계에 대접을 받고 나라를 보전할 획책을 생각하며 사람마다 조선이 남에게 의지한다든지 하대받지 않도록 일하는 것이 왕국이 변하여 황국이 된 보람이 될 듯하더라.[2]

---

2) 《더 코리안 리포지토리(The Korean Repository)》 1897년 10월호에 수록된 윤치호의 "대한황제"라는 기고문에는 다음과 같은 설명이 포함되어 있는데, 원구단의 구조를 파악하는 데에 상당한 도움이 된다. "수백 명의 사람들이 몇 주 동안 밤낮으로 일했던(물론 놀기도 했겠지만) 하늘의 제단이 10월 11일에 일찍 준공되었다. 이 제단, 즉 원구단은 돌로 지은 세 개의 층으로 나누어진 원형의 단이다. 맨 위층은 직영이 36피트이다. 이것의 두 배를 하면, 중간층의 직경이 되고, 반면에 바닥층의 그것은 144피트이다. 각 층에는 위층으로 연결된 9계단이 있다. 구(9)는 아홉 하늘[구천]에 상응하는 신성한 숫자이다. 원구단은 한때 중국사신을 접대하곤 했던 웅장한 연회장이 서 있던 터 위에 자리하고 있다 (p. 386)."
이밖에 《디 인디펜던트(The Independent)》 1897년 10월 14일자에도 원구단의 구조에 대한 설명구절이 포함되어 있으나 그 내용은 《독립신문》의 것과 크게 다르지 않다. 다만, 여기에서는 "각층의 높이를 4피트"로 적고 있는 부분이 약간 다르며, 원구단의 지붕부분에 대해 "위층에는 둥근 황막(黃幕)이 말쑥하게 걸려 있고 그 위로는 밤낮으로 뜨거운 햇살과 이슬로부터 제단 전체를 막아줄 거대한 사각형 천막이 설치되어 있다"고 설명한 대목도 눈에 띈다.

여길 보면 틀림없이 '환구단'이라는 한글 표기가 등장한다. 그리고 여기에 더하여 《독립신문》 1897년 10월 14일자에 수록된 "논설"에도 '환구단'이라는 표기가 거듭하여 나오는 걸 확인할 수 있다.

광무 원년 십월 십이일은 조선 사기에 몇 만 년을 지나더라도 제일 빛나고 영화로운 날이 될지라. 조선이 몇 천 년을 왕국으로 지나여 가끔 청국에 속하여 속국 대접을 받고 청국에 종이 되어 지낸 때가 많이 있더니 하나님이 도우샤 조선을 자주독립국으로 만드샤 이달 십이일에 대군주 폐하께서 조선 사기 이후 처음으로 대황제 위에 나아가시고 그날부터 조선이 다만 자주독립국뿐이 아니라 자주독립한 대황제국이 되었으니 나라이 이렇게 영광이 된 것을 어서 조선 인민이 되어 하나님을 대하여 감격한 생각이 아니 나리요. 금월 십일일과 십이일에 행한 예식이 조선 고금 사기에 처음으로 빛나는 일인 즉 우리 신문에 대개 긴요한 조목을 기재하여 몇 만 년 후라도 후생들이 이 경축하고 영광스러운 사적을 잃게 하노라.

십일일 오후 이시 반에 경운궁에서 시작하여 환구단까지 길가 좌우로 각 대대 군사들이 정제하게 섰으며 순검들도 몇 백 명이 틈틈이 정제히 벌려 서서 황국의 위엄을 나타내며 좌우로 휘장을 쳐 잡인왕래를 금하고 조선 옛적에 쓰던 의장등물을 고쳐 누런빛으로 새로 만들어 호위하게 하였으며 시위대 군사들이 어가를 호위하고 지내는데 위엄이 장하고 총 끝에 꽂힌 창들이 석양에 빛나더라. 육군 장관들은 금수 놓은 모자들과 복장들을 입고 은빛 같은 군도들을 금줄로 허리에 찾으며 또 그중에 옛적 풍속으로 조선군복 입은 관원들도 더러 있으며 금관 조복한 관인들도 많이 있어라.

어가 앞에는 대황제 폐하의 태극국기가 먼저 가고 대황제 폐하께서는 황룡포에 면류관을 쓰시고 금으로 채책한 연을 타시고 그 후에 황태자 전하께서도 홍룡포를 입으시고 면류관을 쓰시며 붉은 연을 타시고 지내시더라. 어가가 환구단에 이르샤 제향에 쓸 각색 물건을 친히 감하신 후에 도로 오후 네 시쯤 하여 환어하셨다가 십이일 오전 두시에 다시 위의를 베푸시고 황단에 임하샤 하나님께 제사하시고 황제 위에 나아가심을 고하시고 오전 네 시 반에 환어하셨으며 동일 정오 십이시에 만조백관이 예복을 갖추고 경운궁에 나아가 대황제 폐하께와 황태후 폐하께와 황태자 전하께와 황태비 전하께 크게 하례를 올리며 백관이 길거워들 하더라……(하략).[3]

단순히 이러한 기록들만 놓고 본다면 그 당시의 사람들은 원구단이 아니라 '환구단'이라고 불렀던 것이라고 결론짓기 십상인 듯하다. 하지만 이건 대단한 착각이자 속단이다.

그 시절에 한글로 남겨진 자료가 상당히 드문 탓에 대개는 《독립신문》에 수록된 '표기법'을 존중하는 것이 일반적인 관례라는 점을 충분히 수긍하더라도, 《독립신문》의 기록 그 자체가 절대적 근거가 되지 못함은 다음의 몇 가지 논점에서 분명히 드러난다.

우선은 《독립신문》의 수록 기사들을 죽 훑어보면, 여기에는 '환구단'이라고 표현만 나오는 것이 아니라 '원구단'이라고 적어놓은 사례들도 무수히 찾아낼 수 있는 까닭에, '환구단'의 몇 가지 용례만으로 이러한 독음법(讀音法)이 맞다고 단정하는 것은 결코 옳지 않다.

그리고 특히 문화재청의 판단 근거가 된 기사자료보다 불과 5일이 앞선 《독립신문》 1897년 10월 7일자에는 "……황제위에 나아가실 길일을 음력 구월 십칠일로 추택하여 주하하였사오니 의절을 마땅히 마련하겠삽는데 역대 이례를 상고 하온즉 '원구'에 고제례 이룬 뒤에 교단의 앞에 설의하고 대위에 나아가 오르시옵고 ……(중략)…… 천지 묘사에 미리 고할 례를 택일하여 설행할 일로 주하하였사오니 '원구'와 종묘와 영녕전과 사직과 경모궁 고유제 길일은 음력 구월 십사일로 정행하겠삽고…… 운운"하는 구절이 들어 있는데, 여기에서는 '환구'

---

3) 원구단 조성 공사의 착수 시기에 대해 《고종실록》 1897년 10월 1일자 기사에서 "원구단(圜丘壇)을 설치할 장소를 간심(看審)하니, 남서(南署)의 회현방(會賢坊) 소공동계(小公洞契)의 해좌사향(亥坐巳向)이 길하다 하고, 원구단에 단을 쌓는 공사를 시작할 길일은 음력 9월 7일[양력 10월 2일]로 정하며, 그 조성하는 절차를 봉상사(奉常司)로 하여금 전적으로 맡아서 거행하도록 윤허하였다"는 구절이 들어 있으나, 《디 인디펜던트(The Independent)》 1897년 9월 28일자에 "남별궁의 건물들이 철거 완료되었고 이 자리에는 황제께서 하늘과 땅에 제사를 올리실 원구단이 건립될 것이다"라는 내용이 있는가 하면 《디 인디펜던트(The Independent)》 1897년 9월 30일자에 이미 "원구단의 수축 공사가 매우 급속히 진행 중이다. 엄청난 작업인력이 밤낮으로 공사에 매달리고 있다. 대군주께서 10월 17일에 황제의 직을 수락할 것이라더라"는 기사가 들어 있고, 또한 《더 코리안 리포지토리(The Korean Repository)》 1897년 10월호에도 "'디 인디펜던트'에 따르면 새로운 제단이 21일 만에 건립되었으며, 작업을 수행하는 데에 1천 명의 인력이 필요하였다. ……(하략)"이라는 구절이 수록되어 있는 걸로 보아, 실제로는 작업기간이 훨씬 더 길었던 사실을 파악할 수 있다.

가 아닌 '원구'라고 표기했던 사실이 드러나고 있는 것이다.[4]

따라서 이걸로 보더라도 《독립신문》에 '환구단'이라는 표기가 나온다고 해서 그것이 '원구단'을 '환구단'이라고 불러야 하는 절대적인 근거나 기준이 될 수는 없다는 것이 저절로 드러나는 셈이다. 이를테면 동일한 신문이라 할지라도 '경우에 따라서' 혹은 '집필자나 편집자가 누구냐에 따라서' 때로는 '환구단'으로도, '원구단'으로도 혼용하여 제각기 표기되었던 것으로 판단하는 것이 타당할 듯싶다. 이 부분에 대한 종합적인 고찰 없이 유독 《독립신문》의 몇 가지 용례에만 의지하여

《독립신문》1897년 10월 7일자에 수록된 '원구'의 용례이다. 이와 같이 '원구단'이라는 표기가 엄연한데, 불과 이보다 5일 후 기사에 수록된 '환구단'이라는 표기만을 차용하여 이곳을 '환구단'이라고 불러야 한다는 것은 지극히 부당한 결정이다.

'환구단'이 맞다고 하는 것은 크게 잘못된 결론이다.[5]

그렇다면 '圜丘'라는 글자의 정확한 '소릿값'을 찾아내는 방법은 없는 것일까?

이 점에 관해 가장 일목요연하게 인용할 수 있는 참고자료는 바로 《강희자전(康熙字典)》이다. 이곳 '축집상(丑集上)'의 '口(큰 입구)' 부

---

4) 《독립신문》1897년 10월 7일자에 수록된 해당 기사는 《대한제국 관보》1897년 10월 5일자(호외)의 '궁정록사(宮廷錄事)' 부분을 재인용하여 보도한 것인데, 해당 일자의 원문에는 '圜丘'라고 표기되어 있었던 사실이 확인된다.

5) 한편 이 당시에 발행되던 영자지(英字紙)인 《디 인디펜던트(The Independent)》와 《더 코리안 리포지토리(The Korean Repository)》 등에 수록된 내용을 살펴보면, 이곳이 영어로는 'The Imperial Temple of Heaven[천단]', 'The Altar of Heaven[천제단]', 'The Round Hill[원구단]'과 같은 방식으로 표기된 것을 확인할 수 있다.

제2부 _ 섣부른 역사고증, 때로 만들어진 전통

《강희자전》에 수록된 '圜'이라는 글자에 대한 설명부분이다. 이 글자의 제1소릿값은 '원'이며, 이 경우 '둥글다', '하늘', '돈'이라는 따위의 뜻을 지닌다. 그리고 이 글자의 제2소릿값은 '환'이며, 이 경우 '두르다'는 뜻을 지니는 것으로 표시되어 있다. 또한 여기에는 무엇보다도 '圜丘'에 관한 용례도 인용되어 있는 바 그 음가가 '원구'라는 사실이 거듭 확인된다.

(部)에 해당하는 한자들 가운데 당연히 '圜'이라는 글자도 등장한다.

여길 보면 이 글자는 제1소릿값인 '원'[6]과 제2소릿값인 '환'[7]의 두 가지 음가(音價)를 갖는다. '원'이라고 할 때는 '둥글다(圓)', '하늘(天體)', '돈(法錢)' 등의 뜻으로 사용되고, '환'이라고 할 때는 '두르다(繞)', '둘레(圍)'의 뜻을 담고 있다.

그리고 《강희자전》에는 '圜丘'라는 글자의 뜻풀이가 포함된 구절이 다음과 같이 인용되어 있다. 물론 이 경우에 그 정확한 발음은 '원구'에 해당한다.

〔주례 춘관 대사악(周禮 春官 大司樂)〕 동짓날 땅위의 원구에서, 하짓날 못 가운데 방구에서(冬日至于地上之圜丘夏日至于澤中之方丘)〔주(註)〕

6) '圜'이라는 글자는 '왕권절(王權切)' 즉 '왕(王)의 초성 ㅇ+권(權)의 원'의 음절로 운(韻)을 한다고 하여 'ㅇ+눠ㄴ' 즉 '원'의 음가를 갖는다는 사실이 표기되어 있다. 그리고 달리 '우권절(于權切)'이라고 하여 위의 같은 방식으로 '우(于)의 초성 ㅇ+권(權)의 눠ㄴ'을 합쳐 'ㅇ+눠ㄴ' 즉 '원'의 음가를 지닌다고 설명되어 있다.

7) '圜'이라는 글자는 '왕권절(王權切)'과 '우권절(于權切)' 외에 '호관절(戶關切)' 또는 '호관절(胡關切)'이라고 하여 'ㅎ+ㅘㄴ' 즉 '환'의 음가도 갖는다고 설명되어 있다.

높기에 하늘을 섬기는 일을 하고, 때문에 땅 위에 자연의 언덕을 취하는 것이
니 둥근 것은 하늘이 둥글다는 것에 상응하는 것이니라. 낮게 있으므로 땅을
섬기는 일을 하고, 때문에 못 가운데 모난 언덕을 취하는 것인데 수중에는 제
단을 세우는 것이 불가하므로, 때문에 역시 자연의 모난 언덕을 취하는 것이
니 땅의 모양이 모난 까닭이니라(因高以事天 故於地上取自然之丘 圓者應
天圓也 因下以事地 故於澤中取方丘 水中不可以設祭 故亦取自然之方
丘 象地方故也).

요컨대, 여길 보면 '천원지방(天圓地方, 天圓地方; 하늘은 둥글고 땅은 모
나다)'의 뜻이 그대로 잘 드러나 있다. 다시 말하여 하늘에 제사를 지
내는 곳이 원구단(圓丘壇)이요, 땅에 제사를 지내는 곳이 방구단(方丘
壇. 사직단)인 것이다. 이걸 보면 '둥근 하늘'에 제사를 모시는 '둥근 언
덕'은 '둥글다'는 뜻의 '원' 소릿값을 따서 '원구단'이 되어야 하는 것
이지, 결코 '두르다'는 뜻의 '환' 소릿값을 딴 '환구단'이 될 수 없는
것은 자명한 이치라 하겠다.[8]
이와 관련하여 보충 설명을 위해 일본에서 펴낸 《대한화사전(大漢
和辭典)》(大修館書店, 1985년 수정판 제2판)에 수록된 '圓丘' 항목을 인
용하면, 이러하다. 물론 이 경우에도 그 소릿값은 '환구'가 아닌 '원
구'이다.[9]

圓丘(ェンキゥ, 엔큐)
① 원형의 언덕. 천자(天子)가 동지에 하늘에 제사하는 단. 원(圓)은 하
늘의 모양을 따온 것이다. 원구(圓丘). 〔주례 춘관 대사악(周禮 春官 大司
樂)〕 동짓날 땅 위의 원구에서 이를 연주하다(冬日至于地上之圓丘奏之).

---

8) 《조선왕조실록》에 수록된 용례를 살펴보면, '圜丘', '圜壇', '圓丘', '圜邱', '圜丘壇' 등의 표기가 눈에
띈다. '圜'과 '圓'은 동일한 뜻과 동일한 소리를 지니는 글자이므로, 결국 여기에서도 '원'의 음가가 한
결같이 적용되었던 사실을 확인할 수 있다.
9) 중국의 천단(天壇, Tientan)에도 역시 우리나라와 동일한 명칭의 '원구단(圜丘壇, Yuanqiutan)'과 '황
궁우(皇穹宇, Huangqiungyu)'가 남아 있는데, 이것 또한 '원구단'의 본디 소릿값을 확인하는 데에 유
용한 비교자료가 된다.

제2부_섣부른 역사고증, 때로 만들어진 전통

〔소(疏)〕땅의 높은 것을 가로되 언덕이라 하고, 원이란 것은 하늘이 둥근 것을 본뜬 것이니라. 인하여 높음으로써 하늘을 섬기고, 때문에 땅위에 있는 것이니라(土之高者曰丘 圜者象天圜也 因高以事天 故於地上).〔양웅 감천부(揚雄 甘天賦)〕높디높은 원구로 숨은 하늘이 내려오도다(崇崇圜丘 降隱天兮).〔육부성어 예부 원구 주해(六部成語 禮部 圜丘 注解)〕천단의 제사는 흙으로 언덕을 쌓고 모양은 하늘을 본떠 둥글게 하여, 이곳에서 제사를 차리니 이를 원구라 일컫는다(天壇之祭 築土成丘形 圜以像天 於此設祭 謂之圜丘).

②선인(仙人)의 거처(居處). 원구(員丘)와 같다.


그리고 또 한 가지 주목할 만한 것은 원구단 건립 당시에 우리나라에 통용되던 화폐의 단위가 바로 圜이었다는 사실이다. 그렇다면 이 글자는 그 당시 어떻게 발음되었을까?

이 부분을 살피기 위해 1886년 이후 圜 주화(鑄貨)의 액면에 표시된 내용을 사례별로 모두 모아보면, 아래와 같이 정리된다.[10]


- ▲〔1886년〕주석에 금도금, 二十圜, 大朝鮮 開國四百九十五年, 이십 원, 20WARN
- ▲〔1886년〕주석에 금도금, 十圜, 大朝鮮 開國四百九十五年, 십 원, 10WARN
- ▲〔1886년〕주석에 금도금, 五圜, 大朝鮮 開國四百九十五年, 오 원, 5WARN
- ▲〔1886년〕주석에 금도금, 二圜, 大朝鮮 開國四百九十五年, 이 원, 2WARN
- ▲〔1886년〕주석에 금도금, 一圜, 大朝鮮 開國四百九十五年, 일 원, 1WARN
- ▲〔1886년〕주석에 은도금, 一圜, 大朝鮮 開國四百九十五年, 일 원, 1WARN
- ▲〔1888년〕은화(태극휘장), 一圜, 大朝鮮 開國四百九十七年, 일 원,

---

10) 이 내역은 한국조폐공사, 《화폐도감》(1970)에 수록된 것을 일차자료로 사용하였다.

1886년 이후 대한제국 시기에 이르기까지 우리나라에서 통용됐던 주화들의 액면이다. 여길 보면 화폐의 단위가 '圜'으로 새겨져 있으며, 이와 아울러 '일원', '반원' 등의 한글 표기도 함께 수록된 것이 또렷이 눈에 띈다. 은화(銀貨)의 액면에 표시된 '416'이라는 숫자는 416그레인(=29.96그램)의 무게를 뜻하며, '900'이라는 숫자는 은(銀)의 순도 90%를 나타내는 표시이다.

1WARN(전원국 제조)

▲ [1893년] 은화(오얏꽃휘장), 一圜, 朝鮮 開國五百二年, 닷 냥, 1WARN

▲ [1899년] 시주화(독수리), 半圜, 大韓, 光武三年, 반원, HALF DOLLAR(노한은행에서 제조)

▲ [1901년] 시주화—금화용 동화, 十圜, 大韓, 光武五年, 십 원(용산전원국 제조)

▲ [1901년] 은화(오얏꽃, 독수리), 半圜, 大韓, 光武五年, 반 원, HALF WON(용산전원국 제조)

▲ [1902년] 시주화—금화용 동화, 二十圜, 大韓, 光武六年, 이십 원(용산전원국 제조)

▲ [1905년] 은화(용무늬, 대형), 半圜, 大韓, 光武九年, 반 원, HALF WON(일본 대판조폐국 제조)

▲ [1907년] 은화(용무늬, 소형), 半圜, 大韓, 光武十一年, 반 원, HALF WON

▲ [1906년] 본위화폐—금화, 二十圜, 大韓, 光武十年, 이십 원(일본 대판조폐국 제조)

▲ [1906년] 본위화폐—금화, 十圜, 大韓, 光武十年, 십 원(일본 대판조폐국 제조)

▲ 〔1908년〕 본위화폐—금화, 五圜, 大韓, 隆熙二年, 오 원(일본 대판조
폐국 제조)


여길 보면 '1893년'에 만들어진 은화 '1원' 짜리가 한글 표기로 '닷
량', 그리고 영어 표기로 'WHAN'이라고 표기된 유일한 사례를 제외
하면, 나머지는 예외 없이 圜의 음으로 '원'을 따르고 있을 뿐만 아니
라 영어 표기로도 'WARN' 또는 'WON'이라고 하여 '원'의 소릿값으
로 화폐 액면에 그대로 표기되었음이 다시 확인되는 셈이다.

　요즈음의 사람들이라면 대개—1950년대 자유당 시절의 화폐단위
가 '환'[11]이었던 기억이 워낙 깊이 박혀 있는 탓이겠지만— 圜 이라
는 글자를 보면 으레 '환'이라는 소리를 입에 담는 것이 현실이지만,
적어도 대한제국 시기의 옛 사람들에게 이 글자는 일생생활 속에서 자
연스레 체득하는 대상이었고, 그 소릿값은 의당 '원'으로 통용되었던
것이다.[12]

　圜 의 소릿값과 관련하여 하나 더 짚고 넘어가야 할 항목은 '典圜
局'의 발음문제이다. 이 글자는 대개의 경우 '전환국'으로 읽는 것이
관행처럼 되어 있고, 《독립신문》에서도 한결같이 '전환국'이라는 표기
만 등장할 뿐 '전원국'으로 표기한 사례는 눈에 띄질 않는다.

　그렇다면 '典圜局'은 '전환국'이 맞을까, 아니면 '전원국'이 맞을
까?


---

11) 우리나라의 공식 화폐단위로 '환'이 통용된 시기는 제2차 화폐개혁(1953년 2월 15일) 이후 제3차 화
폐개혁(1962년 6월 9일)까지이다. 이 당시 실제로 사용된 화폐는 미군정 시절에 미국에서 이미 인쇄
가 완료되어 한국은행 금고에 줄곧 보관되어왔던 것을 처음 사용하였는데—여기에는 실제 액면에 한
글로 '원', 한자로 圜 이라고 표기되어 있었으나—당시 한국은행에서는 은행권에 인쇄된 '원'이라는
표기와 상관없이 "정식으로는 '환'으로 호칭한다는 것과 영문 표기는 'Hwan'으로, 영문 약자는
'HW 로 표시한다"는 것을 공시하였다. 원래 圜 이란 것이 '원'의 소릿값을 갖고, 더구나 이미 '원'
단위가 버젓이 인쇄되어 있었는데도 이를 '환'으로 부르게 하였다는 것이 참으로 억지스럽지만, 그저
그 시대의 상황이 이것저것 가릴 처지가 되지는 못했던 것이라고 이해할 따름이다.
12) 이 점에 있어서는 《독립신문》 역시 화폐의 단위를 '원'으로 온전하게 기사에 표시하고 있는 것이 확
인된다.

누가 자꾸 '원구단'을 '환구단'이라 우기는가?　　　　　　　　　　　　　　　　　　171

여기에서 전(典)은 전옥서(典獄署), 전생서(典牲署), 전선사(典膳司), 전의감(典醫監)의 사례에서 보듯이 "무엇 무엇을 관장한다"는 의미이므로, '典圜局'은 곧 "돈(화폐)를 관장하는 기관"을 말한다. 그리고 《강희자전》에 따르면 '圜'은 '법전(法錢, 돈)'이라는 뜻도 담고 있으며, 이 경우 '圜'은 구부원법(九府圜法, 주나라의 화폐제도)처럼 '원'으로 발음된다. 따라서 '典圜局'은 '전환국'이 아니라 '전원국'으로 읽어야 옳을 것이다.

그런데도 《독립신문》에는 '전환국'이라는 표기만 잔뜩 나오는 까닭은 무엇일까? 그 당시의 사람들이 '전원국'이라고 하지 않고 실제로 대부분 잘못된 관행처럼 '전환국'이라고 불러왔던 것일까?

이 부분에 대해서는 《독립신문》 이외에 참고할 만한 다른 자료가 딱히 없는 탓에, 사실이 어떠했는지는 잘 확인하기 어렵다. 하지만 원래의 뜻이나 음가를 살펴보면, 그것이 '전원국'이어야 한다는 사실에는 변함이 없다.

다시 말하여 《독립신문》에 수록된 기사에 '전환국'이라는 표기법이 등장한다고 해서 이것만을 근거로 '전원국'이 아닌 '전환국'이 맞다고 주장하는 것은 결코 옳지 않다. 이건 '원구단'의 소릿값을 살피는 일에 있어서도 마찬가지다.

《대한민국 관보》 1967년 7월 22일자에 수록된 '사적 제157호 원구단'의 최초지정 당시의 고시 내역이다. 여길 보면 한자로 이미 '圜丘壇'이라고 표시되어 있다. 그러니까 한참이나 늦게 이것의 한자 표기가 어떻다고 확인 고시하는 것은 그 자체가 참으로 새삼스러운 일인 것이다.

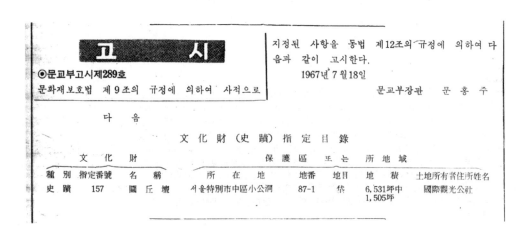

고  시

⊙문교부고시제289호
문화재보호법 제9조의 규정에 의하여 사적으로

지정된 사항을 동법 제12조의 규정에 의하여 다음과 같이 고시한다.
1967년 7월 18일
문교부장관  문  홍  주

다  음

文化財(史蹟)指定目錄

| 文化財 | | | 保護區 또는 所地城 | | | | |
|---|---|---|---|---|---|---|---|
| 種別 | 指定番號 | 名稱 | 所在地 | 地番 | 地目 | 地積 | 土地所有者住所姓名 |
| 史蹟 | 157 | 圜丘壇 | 서울特別市中區小公洞 | 87-1 | 垈 | 6,531坪中 1,505坪 | 國際觀光公社 |

단지 《독립신문》의 기사에 그렇게 표기되어 있다는 사실만을 근거로 내세울 것이 아니라 해당 글자가 지니는 정확한 뜻과 음운(音韻)에 대한 여러 자료와 용례를 종합적으로 헤아린 다음 판단을 내려야 마땅한 것이다. 이러한 점에서 '원구단'은 어디까지나 '원구단'이지 결코 '환구단'일 수는 없다.[13]

그러니까 圜은 누가 뭐래도 '원'으로 읽어야 하며, 그래야만 '둥근' 언덕의 제단을 쌓아 '둥근' 하늘에 제사를 올리고 또한 이곳에서 황제의 자리에 오른 원래의 뜻이 잘 새겨지는 것이다. 잠깐 짬을 내어 옥편(玉篇)이나 자전(字典)을 한번 뒤져보면 저절로 해결이 날 일을, 왜 자꾸 원구단을 환구단이라고 우기는 것인지 참으로 알다가도 모를 일이다. (2005. 11. 17)

서울시청 앞 광장에서 조선호텔 옆 황궁우로 올라가는 샛길에는 '원구단시민광장'이 조성되어 있다. 이곳에는 당초 '원구단시민광장(圓丘壇市民廣場)'이라고 새긴 돌북 모양의 표지석이 설치되어 있었으나, 문화재청의 명칭 확인 고시 이후 지금은 '환구단시민광장(圜丘壇市民廣場)'이라고 고쳐 쓴 새로운 표지판이 그 자리를 대신하고 있다.

---

13) 사족 하나를 달자면, 현재 사적 제157호로 지정된 공간(서울시 중구 소공동 87-1번지 일대 1,310평)은 엄밀하게 말하여 '원구단'이라고 보기도 어렵다. 지금은 이곳에 1899년에 원구단과 이웃하여 만들어진 부속건물인 황궁우(皇穹宇)가 남아 있을 뿐 원래의 '원구단'은 일제강점기인 1913년에 철도호텔(조선호텔)의 건립과 더불어 철거되어 사라진 지 오래이기 때문이다. 따라서 '원구단터' 또는 '원구단 황궁우'라고 불러야 더 적절한지도 모르겠다. 한편, 원구단의 종말에 대해서는 《매일신보》 1911년 2월 14일자에 '원구단 위패매안(圓丘壇 位牌埋安)'이라는 제목의 기사가 매우 짤막하게 남아 있는데, 이를 소개하면 다음과 같다. "원구단(圓丘壇)에 봉안(奉安)하였던 위패(位牌)는 수일 전에 매안(埋安)하였고, 사직단(社稷壇)의 위패(位牌)는 소화(燒火)하였다더라."

# 9

# 저 돌북은 왜
## 황궁우 옆에 놓여 있을까?

| 원구단, 황궁우, 석고단, 조선호텔이 어우러진 공간 |

　　서울의 도심지인 소공동 거리에는 조선호텔이 있고, 이곳 안쪽으로 사적 제157호로 지정된 구역(서울시 중구 소공동 87-1번지 일대)에는 옛 원구단(圜丘壇)의 부속건물이었던 황궁우(皇穹宇)가 자리하고 있다. 일찍이 1897년에 고종황제의 즉위와 더불어 대한제국의 출범을 알린 장소로도 잘 알려진 원구단은 진즉에 사라졌으나, 지금은 '엉뚱하게도' 황궁우가 그 이름을 꿰차고 있는 상황이다.

　　다시 황궁우와 바로 이웃하는 공간에는 돌로 만든 북 세 개가 나란히 배치되어 있는데, 이것이 곧 '석고(石鼓)'이다.[1] 석고는 원래 주나라의 석고문(石鼓文)에서 유래되었다는 것으로, 1902년 고종황제의 보령 망육순과 즉위 40년을 기리는 칭경기념(稱慶記念)과 관련하여 건립된 시설물이다.

서울 소공동의 조선호텔 뒤편으로 사적 제157호로 지정된 구역 안쪽에는 황궁우와 더불어 석고 3개가 나란히 배치되어 있다. 흔히 석고를 원구단 또는 황궁우에 부속된 기념물로 받아들이는 경향이 없지 않으나, 이는 잘못된 생각이다. 석고는 이들과 별개의 연원을 지녔을 뿐만 아니라 원위치 또한 지금의 장소가 아니기 때문이다.

　　그런데 이 둘이 워낙 인접한 곳에 배치되어 있는 탓에 다들 그런지 모르겠지만, 황궁우와 석고의 존재를 의당 하나의 구역으로 뭉뚱그려 이해하는 사람들도 적지 않아 보인다. 하지만 황궁우와 석고는 알고 보면 그 건립 연원도 각기 다를 뿐더러 애당초 별도의 공간에 존재했던 것들이었다.[2]

　　이와 관련하여 오래전《매일신보》1938년 3월 4일자에 수록된 하나

---

1) 현재 '석고' 앞에는 다음과 같은 내용의 설명문이 설치되어 있는데, 내용 자체가 너무 소략한 느낌을 준다. 이러한 내용만으로는 석고단의 내력을 제대로 이해하기는 어려울 듯하다. "석고(石鼓)는 광무 6년(1902) 고종(高宗)황제의 즉위 40주년을 기념하여 세운 조형물이다. 3개의 돌북은 하늘에 제사를 드릴 때 사용하는 악기를 형상화한 것으로 몸통에 용무늬가 조각되어 있다. 이 용무늬는 조선조 말기의 조각을 이해하는 좋은 자료로서 당시 최고의 조각 중 하나로 평가된다."

2) 최근에 설치된 사적 제157호 원구단의 설명 문안에는 "……환구단[원구단의 잘못된 표기]은 제사를 지내는 3층의 원형제단과 하늘신의 위패를 모시는 3층 팔각건물 황궁우(皇穹宇), 돌로 만든 북[石鼓]과 문 등으로 되어 있었다. 일제강점기인 1913년 조선총독부가 황궁우, 돌로 만든 북, 삼문, 협문 등을 제외한 환구단을 철거하고, 그 자리에 조선경성철도호텔을 지었다"고 설명하고 있는 바 '석고'가 마치 원구단의 한 구성물인 듯이 묘사하고 있다. 하지만 석고[석고단]는 지금의 자리가 원위치가 아니라 별개의 영역으로 원구단과 이웃하던 '소공동 6번지' 구역에 있던 것을 일제강점기 후반에야 황궁우 옆으로 옮겨온 것이므로, 이 부분은 잘못된 설명이라고 할 수 있다.

의 기사는 석고의 숨겨진 정체에 대해 몇 가지 단서를 알려준다. 여기에는 "고종(高宗)의 치적 기념한 '석고단(石鼓壇)' 발견, 전후풍상 36년을 경과, 호텔 후정(後庭)에 묵좌(默坐)"라는 제목이 붙어 있다.

부내 장곡천정(長谷川町) 조선호텔 호화스런 전당 뒤를 아담스런 정원 한 모퉁이에서 봄바람 가을비에 시달리며 내외의 관광단과 색다른 손들의 눈에도 별다른 흥미를 끌지 못하고 한 개의 돌(石)로 지나쳐 보이던 이들이 석고단(石鼓壇)이라는 것을 알게 되었다. 석고단이라면 알 사람은 알 것이니 광무(光武) 5년 지금으로부터 36년 전에 당시 유력자로 조직된 한성부민회(漢城府民會)에서 고종황제의 성덕을 오래오래 후세에 기념하기 위하여 북(鼓) 모양으로 만든 돌 세 개에다 고종의 치적(治蹟)을 조각하여 이것을 '석고단'이라 불렀다 한다. 이 석고단과 함께 건물도 지어 이곳을 부민회의 회담장소로 하였었는데 그 후 그 건물은 헐리어 장충단(奬忠壇) 공원에 있는 박문사(博文寺)의 종루(鍾樓)가 되었으

《매일신보》 1938년 3월 4일자에 수록된 기사에 '엉뚱하게도' "조선호텔 후정에서 석고를 새로 발견" 했다거나 "이 세 개의 석고단 간 곳을 몰랐었다" 거나 하는 구절이 등장한다. 이러한 설명이 여기에 등장한 것은 무슨 까닭일까?

나 이 세 개의 석고단 간 곳을 몰랐었다 한다. 차디찬 돌이 말할 리 만무하지! 조각한 글자조차 비바람에 깎이어 보이지 아니함에랴……

이 기사를 따라 읽자니, 몇 가지 의아한 사실들이 눈에 띤다. 무엇보다도, 알 만한 사람들은 다 알고 있을 석고단의 존재를 새삼 '발견'한 듯이 적고 있는 까닭은 무엇일까? 그리고 "이 세 개의 석고단 간 곳을 몰랐었다"는 표현은 도대체 무얼 말하는 것일까?

다음은, "조각한 글자조차 비바람에 깎이어 보이지 아니함에

제2부_섣부른 역사고증, 때로 만들어진 전통

라…… 운운"한 대목이다. 이는 곧 석고에는 원래 어떠한 글자들이 새겨져 있었다는 설명인데, 이 얘기는 과연 사실일까? 그렇다면 '석고'라는 것은 단지 밋밋하게 돌북의 모양만을 본떠 만든 기념물이 아니라 어떠한 치적을 기록하기 위한 비석의 일종이었더란 말인가?

마지막으로, 석고의 조성 시기를 "광무 5년(즉 1901년)"으로, 그 주체를 "한성부민회"로 적어놓은 대목 또한 정말로 사실관계에 부합하는 서술인가 하는 의문이 든다. 도대체 그동안 우리들이 잘 몰랐다거나 잘못 알았던 석고단의 내력에 관한 사항들은 어떠한 것들이 있는 것일까?

우선 석고단의 연혁에 대해서는 《경성부사》 제2권(1936)에 일목요연하게 잘 정리되어 있는데, 그 내용부터 살펴보면 다음과 같다.

〔석고단(石鼓壇)〕한성부민회(漢城府民會)는 그 회합소(會合所)로 누누이 석고단을 사용했다. 석고단의 건설은 광무 5년(명치 34년, 1901년) 12월 관민유지(官民有志)의 논의에 따라 송성건의소(頌聖建議所)라는 것을 설치하여, 고종(高宗)의 성덕표송(聖德表頌)을 위해 단(壇)의 축조를 결의한데서 비롯되었다. 동소(同所)는 우선 궁정(宮廷)에 보조금을 청원하고, 각도관찰사, 부윤, 군수, 기타의 유지로부터 소학교에 이르기까지 기부금을 모집하여 광무 6년(즉 1902년) 1월 6일 땅을 원구단(圜丘壇)의 동린(東隣), 현 하세가와쵸(長谷川町) 6번지 조선총독부도서관(朝鮮總督府圖書館) 부지 내에 정하여, 기사 심의석(技師 沈宜碩)의 설계에 따라 석단(石壇) 및 광선문(光宣門)의 축조에 착수했다. 11월말 간신히 외각(外閣)의 공사를 마치고 익년(翌年)에 접어들어 준공하였다.

석고(石鼓)라는 것은 주시대(周時代)의 석고문(石鼓文)에서 비롯된 것인데, 주(周)의 선왕(宣王)이 기양(岐陽)에 순수(巡狩)하고 왕의 공(功)을 북 모양의 돌에 새겼으니 세상에서 그 문장을 석고문(石鼓文)이라고 부른 고사(故事)에 근거했던 것이다. 석고단(石鼓壇)은 현 조선총독부도서관의 후정(後庭)에 있었으나, 소화 10년(즉 1935년)에 이르러 춘무산 박문사(春畝山 博文寺)에 이축(移築)하기로 결정되었고, 도서관 현관(圖書館 玄關) 앞에 있던 단(壇)의 정문(正門) 광선문(光宣門)은 소화 2년(즉 1927년) 6월 남산 대곡파 본원사별원(南山 大谷派 本願寺別院)의 문(門)

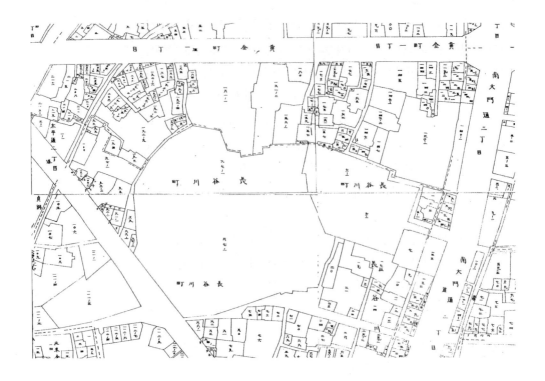

《경성부일필매지형명세도》
(1929)에 수록된 옛 원구단
일대의 지적도면이다. 가운
데에 보이는 넓은 구역이
'하세가와쵸(長谷川町) 87-
1번지'로 조선호텔과 황궁
우가 들어선 공간이고, 그
오른쪽으로 이어진 구역이
'하세가와쵸 6-1번지'로 총
독부도서관이 있던 위치이
다. 석고단(石鼓壇)이 처음
들어선 곳은 '하세가와쵸
6-1번지' 쪽인데, 원래 '홍궁
(洪宮, 紅宮)'이 있던 자리
라고 알려지며, 지금의 '롯
데쇼핑' 구관 및 후면 공터
지역에 해당한다.

으로 이축되었다. 융희 2년(즉 1908년) 8월 단은 또한 순종즉위 1주년을 경
축하는 회장(會場)으로 되었으며, 동월 4일 동회는 유길준(兪吉濬)을 회장
에, 조진태(趙鎭泰)를 부회장에 추선(推選)하여, 28일 저녁부터 동회의 주
된 인사들이 석고단에 집합하여 순종의 만세(萬歲)를 기원하며 성연(盛宴)
을 베푼 적도 있었다.

덧붙여 말하면, 기사 심의석은 당시 내부(內部)에 재직하던 사람으로 그
에 의해 설계감독에서부터 건조된 것은 원구단(圜丘壇), 황궁우(皇穹宇),
석고단(石鼓壇), 종로통에 있는 기념비각(記念碑閣), 파고다공원내 음악
당(音樂堂) 등이 있으며, 부내(府內) 저명한 순조선식·근대건축은 거의
동인(同人)의 손을 거쳐 만들어진 것인데, 대정 13년(즉 1924년) 7월 21일
63세로써 장서(長逝)하였다(p. 59).[3]

여길 보면 석고단 관련 시설의 위치를 "원구단의 동린(東隣), 현 하
세가와쵸(長谷川町) 6번지 조선총독부도서관 부지 내"로 적고 있는

제2부_섣부른 역사고증, 때로 만들어진 전통

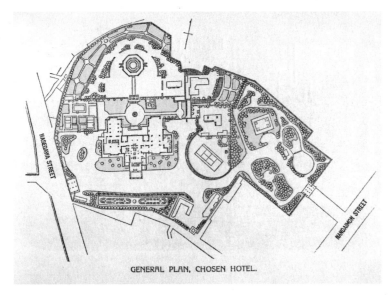

GENERAL PLAN, CHOSEN HOTEL.

구절이 눈에 들어온다. 하세가와쵸는 지금의 '소공동'을 말하므로, 이곳은 곧 '소공동 6번지'로 '롯데쇼핑' 구관 및 후면의 공터지역에 해당한다.

이것으로 보면 애당초 석고는 황궁우의 바로 곁에 있었던 것이 아니라 그 동쪽에 해당하는 '소공동 6번지' 구역에 있었던 것을 나중에야 이웃하는 공간인 '소공동 39-1번지' 황궁우 쪽으로 옮겨왔다는 사실이 드러나는 것이다. 그러니까 《매일신보》 1938년 3월 4일자에 "이

---

3) 건축기사 심의석(沈宜碩, 1854~1924)에 관한 연구서들을 보면, 대개 위의 내용을 근거로 하여 그의 이력사항을 정리하고 있고, 이에 따라 한결같이 '원구단'과 '황궁우'는 그의 작품이라고 서술하고 있다. 최근에 설치된 사적 제157호 원구단의 설명 문안에도 "……1897년 10월에 완공된 환구단[원구단]은 당시 왕실 최고의 도편수였던 심의석이 설계를 하였다"고 명시하고 있다. 하지만 한 가지 매우 의아한 대목은 그 시절의 관보나 실록에 수록된 원구단의 건축 관련 시상자의 명단에 정작 그의 이름이 보이질 않는다는 사실이다. 그가 주도적으로 이들 건축물의 영건(營建)에 관여한 것이 맞다면, 어떤 형태로든지 그의 이름이 남아 있어야 하는 것인데도 말이다. 따라서 심의석이 설계감독했다는 건축물의 목록에 관한 《경성부사》의 서술내용에는 다소간 의심의 여지가 많다고 판단된다. 실제로 《경성부사》의 기록이란 것도 한참의 세월이 흐른 시점에 채록된 것이라는 점에서, 여기에 서술된 내용을 액면 그대로 믿는 것은 좀 곤란하다는 생각이다. 다시 말하면 해당 건축물이 지어질 때에 작성된 1차자료를 바탕으로 그 사실이 엄밀하게 입증되지 않는 한, 단지 《경성부사》의 기록만으로 원고단과 황궁우 등을 그가 설계했다고 지레 단정하는 것은 지극히 삼가야 할 일이 아닌가 싶다.

《경성부사》제3권(1941)에 수록된 '건축 중의 조선호텔' 전경사진이다. 여기에는 "장곡천정 원구단터에 건축 중인 조선호텔로 오른쪽 발판(足場, 비계)의 중앙에 보이는 건물은 석고단(石鼓壇)의 각(閣)으로 지금은 박문사(博文寺)의 종루가 되어 이전되었던 것, 왼쪽의 발판의 중앙에 보이는 수목(樹木)은 현재 호텔 대합실 후방에 있는 고목(古木), 그 좌측의 건물은 황궁우(皇穹宇)로 흔히 원구단으로 잘못 일컬어지고 있는 곳"이라는 설명문이 붙어 있다.

ルテホ鮮朝の中築建

세 개의 석고단 간 곳을 몰랐었다"거나 "조선호텔 후정에서 석고를 새로 발견"했다고 적어놓은 것은 바로 이러한 맥락으로 이해된다.

그렇다면 "조각한 글자조차 비바람에 깎이어 보이지 아니함에랴……운운"한 대목은 어떻게 받아들여야 하는 것일까?

이 구절로만 보면 석고의 면석에는 원래 무슨 글자가 새겨져 있었던 듯이 오해하기 십상이나, 이 부분에 대해 그 어떠한 자료를 뒤져봐도 거기에 무슨 기록을 새겼다는 흔적이나 증거는 전혀 발견되지 않는다.

다만, 석고를 처음 만들려고 했던 당시에는 여기에 고종황제의 치적을 비문(碑文)처럼 적어 넣으려 했던 의도가 있었던 것은 분명한 사실로 확인된다. 가령 《황성신문》 1902년 2월 20일자에는 다음과 같은 내용의 기사가 수록되어 있다.[4]

---

4) 매천 황현(黃玹, 1855~1910)의 《매천야록(梅泉野錄)》에도 이와 동일한 내용이 수록되어 있는데, 이것은 아마도 그가 《황성신문》의 기사를 재인용한 탓이 아닌가 풀이된다. 실제로 《매천야록》에 수록된 상당수의 기록이란 것들이 시골에 묻혀 살던 황현 선생 자신이 몸소 겪었던 일이라기보다는 대개 서울에서 발간된 신문의 기사내용을 그대로 옮겨놓았거나 알음알음으로 전해들은 얘기들을 채록한 경우가 허다했던 사실을 떠올릴 필요가 있을 듯하다.

〔청정기석(請停紀石)〕 송성건의소(訟聖建議所)에서 전판서 이유승 씨(前判書 李裕承氏)로 부의장(副議長)을 천망(薦望)하였더니 이씨(李氏)가 명첩(名帖)을 환송(還送)하고 잉즉상소(仍卽上疏)하여 석고기송사(石鼓紀頌事)를 청정(請停)하였다는데 기 소사개의(其 疏辭槩意)를 문(聞)한 즉(則) 유운역대제왕(有云歷代帝王)이 자요순우탕문무(自堯舜禹湯文武)로 이급한당송명상하삼사천재(以及漢唐宋明上下三四千載)에 칭술덕업(稱述德業)이 유시간책이전야(惟是簡冊以傳也)어늘 금차석고(今此石鼓)는 무계어경전사책(無稽於經傳史冊)하여 혹이위문왕지고이지선왕각시(或爲文王之鼓而至宣王刻詩)하고 약기선왕중흥지미덕(若其宣王中興之美德)은 궐유시아사전(厥有詩雅史傳)이오 비적차석고이전제후세즉금차홍업대훈(非籍此石鼓而傳諸後世則今此弘業大勳)이 저호돈사(著乎敦史)리니 하특어일편석지각명(何特於一片石之刻銘)이릿까 특명정의운운(特命停議云云)이라 하였다더라.

말하자면 "역대 제왕의 덕망과 업적은 오로지 서책으로 전해왔을 따름이며, 석고에 기록하여 후세에 전하는 것이 아니오니 석고의 제작을 중지토록 특명을 내려주시길 바란다"는 것이 이 글의 요지이다. 이 기사에 나타난 상소의 뜻이 받아들여진 것인지 아니면 석고의 조성 공사가 계속 지연되면서 그 결과로 글을 새기려던 계획이 자연스레 유야무야된 것인지는 알 수 없으나, 어쨌거나 나중에 석고가 완공되는 시점에 와서는 당초의 의도와는 달리 아무런 내용도 담지 않기로 결론이 내려진 것으로 보인다.

그렇다면 석고는 처음 어떠한 경위로 조성되었고, 구체적인 완공 시기는 언제이며, 또 무슨 연유로 황궁우 쪽으로 옮겨지게 되었던 것일까?

앞에서도 이미 얘기했듯이 원래 석고의 건립은 고종황제의 '칭경기념'을 위한 사업의 일환으로 추진된 것이었다. 이에 관해서는《황성신문》1901년 12월 26일자에 수록된 "각석기공(刻石紀功)"이라는 제목의 기사에서 그 단서를 찾아낼 수 있다.

전참정 김성근 씨(前參政 金聲根氏)와 모모각대관(某某各大官)이 회의(會議)하고 주선왕(周宣王)의 석고(石鼓)를 의(依)하여 아대한중흥공덕(我大韓中興功德)을 기송(紀頌)하여 원구단전(圜丘壇前)에 건각입치(建閣立置)하고자 발문(發文)하였더라.[5]

이에 따라 곧이어 1902년 정초에는 '송성건의소(頌聖建議所)'란 것이 결성되어, 조병식(趙秉式)을 의장으로 추대하여 석고의 건립에 착수한 것으로 알려진다.[6] 반관반민(半官半民)의 형태로 관변단체의 성격을 띤 이 송성건의소는 1902년 2월초에 석고의 건립처를 결정하기에 이르렀는데, 이에 관해서는 《황성신문》 1902년 2월 4일자에 다음과 같은 기록이 남아 있다.

〔송성개기(頌聖開基)〕송성건의소(頌聖建議所)에서 원구단동(圜丘壇東) 전홍궁기지(前洪宮基址)에 송성비석(頌聖碑石)을 건립(建立)할 차(次)로 일작(日昨)에 해소의장이하각관인(該所議長以下各官人)이 회동(會同)하여 개기제(開基祭)를 설행(設行)하였다더라.

여기에서 말하는 '홍궁기지'의 정체가 무엇인지는 정확히 알 수 없으나, 이 자리가 곧 나중에 총독부도서관이 들어서는 '소공동 6번지'를 가리키는 것은 틀림이 없다.[7] 이리하여 일단 석고의 건립장소가 결

---

5) 이보다 앞서 고종황제의 중흥송덕(中興頌德)을 위해 '구정(九鼎)'과 '석고(石鼓)'의 건립논의가 이미 진행된 사례들도 간혹 눈에 띄는데, 이에 대해서는 《황성신문》 1900년 10월 10일자 및 1900년 10월 11일자와 《제국신문》 1901년 6월 11일자에서 그 내용을 확인할 수 있다.

6) 송성건의소가 결성될 당시에 이와 비슷한 성격을 지닌 것으로 '조야송축소(朝野頌祝所)'란 것도 있었다. 1902년 9월에 조직된 이 단체는 고종황제의 칭경기념식에 대비하여 조야신민(朝野臣民)의 모금으로 기념비를 건립하고 기념식에 참석하는 각국의 사신들에게 환영연을 베풀기 위해 만들어졌는데, 현직고위관리가 중심이 된 관주도의 조직이라는 점에서 '송성건의소'의 성격과는 약간 구분이 된다. 1903년 9월 2일에 완공을 본 황토현(광화문네거리)의 '칭경기념비'는 곧 이 단체의 주관으로 건립된 기념물이다.

7) 통감부철도관리국에서 펴낸 《한국철도선로안내》(1908)에 수록된 "남대문정거장급부근평면도(南大門停車場及附近平面圖)"에도 이 자리에 '홍궁내(紅宮內)'라는 표기가 남아 있는데, 이것의 연원이 무엇인지는 잘 알 수 없다. 이에 대해서는 좀 더 세밀한 보충조사가 있어야 하리라고 여겨진다.

제2부_섣부른 역사고증, 때로 만들어진 전통

《경성과 인천》(1929)에 수록된 '총독부도서관'의 모습이다. 지금은 '롯데쇼핑'으로 변한 소공동 6-1번지 구역에 해당하며, 1974년 10월에 롯데그룹에 매각되면서 '반도호텔'과 함께 헐렸다고 전해진다. 사진에 보이는 대문 자리가 곧 옛 석고단의 정문인 '광선문'이 서 있던 곳이다.

정되자, 보조금의 모금과 징수가 추진되는 한편 석고에 사용할 돌을 충청남도 남포(藍浦)에서 채석하여 운반하는 일도 이내 착수되었다.

그 사이에 석고단의 공역도 시작되어 1902년 11월경에는 외문(外門, 광선문)이 완성되고 기타의 석축 공사도 계속 진행되었으나, 보조금의 징수가 지지부진하여 더 이상의 공사를 진행하기가 어려운 상황이 이어졌던 것이다. 이에 따라 이듬해인 1903년 여름에 가서야 석고의 보호각 역할을 하는 석고각(石鼓閣)의 상량을 겨우 마칠 수 있었던 것으로 알려진다.[8] 하지만 정작 석고를 다듬는 공역은 계속 지연되고 있었는데, 《황성신문》 1903년 7월 25일자에 수록된 "부훈경정(部訓巡庭)" 제하의 기사를 통해 당시의 상황을 어렴풋이나마 엿볼 수 있다.

---

8) 국립중앙도서관에는 《석고각상량문(石鼓閣上樑文)》(도서분류번호 : 古朝 51나 66-2, "소화 11년(즉 1936년) 10월 6일 조선총독부박물관 소장 원본을 등사")이 소장되어 있어 많은 참고가 된다. 여기에는 "광무 7년(즉 1903년) 계묘 윤5월 을사에 종1품 숭록대부 전의정부찬정 내부대신 겸 혜민원총재관 교정소의정관 원임 규장각학사 시강원일강관 이건하(李乾夏)가 상량문을 짓고, 육품 통훈대부 전한성부재판소 판사 윤경규(尹庚圭)가 썼다"고 표시되어 있다.

내부(內部)에서 궁내부(宮內府)에 조회(照會)하되 석고역비의연조(石鼓役費義捐條)를 귀부(貴府)에서 전칙물시(電飭勿施)하였으나 현금막중 석고역비(現今莫重石鼓役費)가 부족(不足)하여 구층고각(九層高閣)을 금재상량(今纔上樑)하고 삼좌석고(三座石鼓)를 조각정지(彫刻停止)는 신민지성(臣民之誠)이 미안고(未安故)로 경정(徑廷)히 폐부(弊部)에서 십삼부(十三部)에 진신장보(縉紳章甫)에게 보조금수상차(補助金收上次)로 발훈(發訓)이라 하였더라.

그런데 이보다 무려 6년이나 지난 시점에서, 아주 의외의 기록 하나가 눈에 띈다. 《대한민보(大韓民報)》 1909년 11월 24일자에 수록된 "석고준공(石鼓竣工)"이라는 제목의 기사가 바로 그것이다. 여기에 나오는 이건하(李乾夏, 1835~1913)는 내부대신 출신으로 석고각 상량문을 썼으며, 나중에 일제로부터 남작의 작위를 받았던 인물이었다.

남부(南部) 소공동내(小公洞內) 석고단(石鼓壇)에 삼좌석고(三座石鼓)를 불일 준공(不日 竣工)한다는데 송성건의소(頌聖建議所)를 준공소(竣工所)로 개칭(改稱)하고 해단내(該壇內)에 차입(借入)한 한성부민회(漢城府民會)는 타처(他處)로 이접(移接)케하고 준공소장(竣工所長)은 전건의소 상의장(前建議所 上議長) 이건하(李乾夏) 씨가 잉임출석(仍任出席)한다더라.

이 기사가 사실이라면, 석고는 석고단 건립논의 이후 곧장 만들어졌던 것이 아니라 무려 7, 8년 가까이나 흐른 1909년 말에 와서야 겨우 마무리되었다는 전혀 뜻밖의 사실이 드러나는 셈이다. 석고단의 건립을 위한 보조금의 모금과 징수가 지지부진하다는 내용으로 일련의 신문기사들이 자주 지면에 등장한 사실을 떠올리면, 석고의 조성이 왜 그토록 지연되었던 것인지 그 까닭을 조금이나마 이해할 수 있지 않을까도 싶다.

그 사이에 '석고 없는' 석고각만 덩그러니 서 있던 이 공간은 1908년 이후 '한성부민회(漢城府民會)'의 차지가 되고 말았는데, 특히 일

舊石鼓壇の正門光宣門
(現南山本願寺正門として移轉後の景)

《경성부사》제2권(1936)에
수록된 석고단 정문 '광선
문(光宣門)'의 모습이다. 설
명문에서 적고 있듯이 사진
속의 모습은 남산 총독부
아래에 있던 동본원사로 옮
겨져 그곳의 정문으로 사용
되고 있던 시절에 촬영된
것이다. 사진의 왼쪽 위에
보이는 '돔'형 지붕이 바로
남산 총독부 건물이며, 이
당시는 '은사기념과학관'
으로 사용되고 있었다. 《경
성부사》와 《경기지방의 명
승사적》 등에는 이 문이 옮
겨진 때가 1927년 6월이라
고 적고 있다.

제강점기로 접어든 직후 이들에 의해 석고단 구역은 차츰 해체과정을
겪어야 했던 것으로 확인된다. 이에 관해서는 《매일신보》 1911년 7월
20일자에 수록된 "부민회관(府民會館)의 개시(開市)와 공사(工事)"라
는 제목의 기사를 통해 그 현황을 파악할 수 있다.

　　경성부민회관(京城府民會館) 내에 장시(場市)를 개설(開設)하기로 승
인(承認)됨은 이보(已報)한 바어니와 작일(昨日)부터 전포설비(塵鋪設
備)의 공역(工役)에 착수하였는데 석고전 중문(石鼓前 中門)과 기타 석재
(石材)는 방매(放賣)하여 해단(該壇)을 수리(修理)한 후에 석고(石鼓)를
보호존치(保護存置)케 하였고 해단 남문(南門)은 청국인(淸國人) 유풍덕
(裕風德)이 모점(冒点)하여 고문(庫門)을 건축 사용함을 시장(市場)의
기지(基址)로 사용하기 위하여 순사(巡査)가 기 실지(實地)의 여하(如何)
를 조사(調査)하였다더라.

여기에 나오는 '경성부민회(京城府民會)'는 1911년 2월에 '한성부

春風秋雨四十星霜
石皷殿由來
不遠博文寺로移葬

《매일신보》 1935년 3월 23일자에는 박문사로 옮겨가는 석고각의 유래에 대한 신문기사와 더불어 관련 사진자료가 수록되어 있다. 여기에 보이는 것과 동일한 판형이 국사편찬위원회의 유리원판자료(도판번호 #사자1419)에도 포함되어 있다. 석고각의 이전과 더불어, 이를 계기로 '오갈 데 없는' 처지가 된 석고 3개는 황궁우 쪽으로 옮겨지게 되었다.

민회'가 새로이 개칭한 이름이다. 그런데 이 기사를 보면, 이 당시에 석고단의 중문과 남문 구역은 이미 철거상태에 들어간 사실을 파악할 수 있다. 다만, 석고단의 정문인 '광선문'과 '석고각'만은 그럭저럭 보존되었던 모양인데, 하지만 시간이 흐름에 따라 이곳 역시 원형을 그대로 유지하는 일조차 힘겨운 상황이 되고 있었다.[9]

특히, 1923년 3월 이후 총독부도서관의 건립 공사가 이곳에서 벌어짐에 따라 석고단 구역은 다시 전면 해체의 위기에 처하게 되었다.[10] 이에 따라 석고각은 총독부도서관 건물에 가려져 마치 그 뒷마당에 숨겨진 듯한 몰골로 변하였고, 더구나 석고단의 정문인 광선문은 1927년에 남산총독부 바로 아래에 있던 일본인 사찰 '동본원사(東本

---

9) 국립중앙박물관의 수장품인 유리원판자료에는 일제강점기에 촬영된 여러 장의 석고단 관련 사진(원판번호#대판 320059~320063)이 남아 있어서 석고단 구역의 옛 모습을 확인하는 데에 여러모로 도움을 준다. 이 가운데 특히, '원판번호#대판 320063 원구단 석고각의 석고'에는 흥미롭게도 석고각 안에 3개의 석고들이 나란히 눕혀진 채 보관되어 있는 장면이 포함되어 있어서 눈길을 끈다. 처음부터 석고가 이와 같이 눕혀진 상태로 있었던 것인지, 아니면 원래 세워져 있던 것을 나중에 다른 연유로 석고를 눕혀놓게 된 것인지는 잘 알 수 없으나, 이 부분에 대해서는 별도의 연구조사가 있어야 하지 않을까 싶다.

10) 옛 석고단 구역이 '총독부도서관'을 건립할 후보지로 처음 부각된 것은 1918년 무렵의 일이다. 이에 대해서는 《매일신보》 1918년 11월 15일자, "경성에 도서관이, 머지 아니하여 생길 터이다, 후보지는 조선호테루 뒤문앞"과 《매일신보》 1918년 12월 22일자, "6만 부의 서적을 비치할 만한 경성도서관, 해빙하면 착수하여 8년 중에 준공, 총독부 영선과 기사 암정 씨의 말" 등의 기사를 참고할 수 있다.

願寺)'로 이축되고 말았던 것이다.

이러한 수난은 여기에 그치질 않고 석고각 역시 끝내 더 이상 제자리에 머물 수 없는 형편이 되었는데, 이 부분에 관해서는 《매일신보》 1935년 3월 23일자에 수록된 "춘풍추우 40성상 석고전(石鼓殿) 유래, 불원 박문사(博文社)로 이전"이라는 제목의 기사가 그 내막을 잘 전해주고 있다.

경성 남대문통에 있는 지금 총독부도서관 구내에 숨은 장미(薔薇)와 같이 옛 정조가 길이 흐르며 사람의 눈에 흔히 띄지 않는 숨은 건축물이 있다. 이것은 이름을 석고전(石鼓殿)이라 하여 국보적(國寶的) 조선 대표건물에 하나이다. 몇 해 전에 이곳에 있는 광선문(光宣門)은 약초정 조동사(曹洞寺)로 옮아갔고 이제 또 이 석고전마저 장충단(奬忠壇)에 있는 박문사(博文寺)로 옮겨 종각(鍾閣)을 만들기 위하여 오래지 아니하여 이전 공사에 착수하게 될 것이라 한다. 한때의 영화를 자랑하던 역사적 건축물들이 때를 따라 이리로 저리로 옮겨 다니며 여기에 소용이 되고 저기에 이용이 되는 이즈음 이제 멀지 아니하여 옮아갈 석고전은 어떠한 것인가. 그 건축된 유래를 알아보자.

지나(支那)의 고대 주(周)나라 시대에 석비(石碑)가 있었는데 그 형상이 북(鼓)과 같다하여 석고(石鼓)라 한 것이 석고전의 효시(嚆矢)로 후일에 유명한 문인(文人) 한유(韓愈) 소동파(蘇東坡)가 그 비에 비문을 새겨 주왕(周王) 문왕(文王)의 성덕(聖德)을 찬송한 것이라도 하며 또는 선왕(宣王)의 신하 사류(史榴)의 글이라고도 한다. 그리고 글씨는 465자인데 달이 흐르고 해가 지남을 따라 풍마우쇠하여 지금은 태반이상이나 보이지 아니한다 하며 원(元)나라 말년에 그때의 연경(燕京) 지금 북경(北京)의 국자감(國子監)으로 옮겼다 한다.

조선은 갑오(甲午)의 란이 평정되고 지금으로부터 41년 전 을미(乙未)년에 그때까지 지나의 제후국(諸侯國)이던 조선이 독립하여 완전한 독립국이 되어 정유(丁酉)년에는 고종태황제(高宗太皇帝)께서 등극(登極)을 하시자 조선의 국호를 대한(大韓)이라 하고 연호를 광무(光武)라 하여 이곳에서 천자(天子)의 예를 행하셨고 민간에서는 광무 6년경에 고종의 성덕을 찬양하는 송성건의소(頌聖建議所)를 창설하고 고종의 즉위기념으로 지나의 석고를 본떠서 건조한 것이 즉 이 석고전의 유래이라고 한다.

위의 내용 가운데 "석고단의 정문인 '광선문'이 약초정 조동종으로 옮겨졌다"는 것은 잘못이며, "왜성대 아래에 있던 '동본원사'로 옮겨졌다"고 해야 올바른 설명이다. 《경성부사》 제2권(1936)에는 그곳으로 옮겨진 '광선문'의 사진자료까지 수록되어 있으므로, 이는 틀림이 없는 사실이다.

여하튼 하나 달랑 남은 석고각(石鼓閣)마저 박문사의 종각으로 이전됨에 따라, 오갈 데가 없게 된 '석고'는 마침내 황궁우 옆으로 자리를 옮길 수밖에 없는 처지가 되고 말았다. 앞에서 소개한 《매일신보》 1938년 3월 4일자의 기사에 "조선호텔 후정에서 석고를 새로 발견"했다거나 "이 세 개의 석고단 간 곳을 몰랐었다"거나 하는 구절이 등장하는 것은 바로 이러한 상황을 반영한 표현이었던 것이다.

그 연원을 따져보면 황궁우와 석고단은 분명 '별개'의 목적으로 '별개'의 공간에 마련된 '별개'의 시설물이었던 것이므로, 이것의 존재를 원구단이나 황궁우와 하나로 묶어서 생각하는 것은 결코 옳지 않은 일이다. 심지어 '석고' 자체를 "하늘에 제사를 드릴 때 사용하는 악기를 형상화한 것"이라고 잘못 인식하는 것도 바로 잡아야 할 대목이 아닌가 싶다.

황궁우 옆의 저 돌북들이 대한제국의 중흥을 기리기는커녕 저러한 몰골로 남겨지게 된 것은 혹여 대한제국의 역사 그 자체를 그대로 빼닮았기 때문은 아니었을까? 그나저나 저들 석고는 '완성'된 것으로 봐야 하는지 아니면 아직 '미완성' 상태인 것인지, 이것이 자못 궁금해질 따름이다. (2007. 10. 7)

# 10

## 대한제국의 제1호 법률이
# 도량형법, 과연 맞나?

| 당시의 법령체계를 잘못 이해한 공허한 '최초' 주장 |

최초, 제1호, 원조, 시초, 첫, 처녀…… 이런 말들은 그 자체로 묘한 마력을 지니고 있다. 제 아무리 세상살이에 무던한 사람이라 하더라도 이런 수식어가 앞에 붙어 있으면 자연스레 한번쯤 눈길을 주고 마는 법이다.

이것과 비슷한 것으로 '최고'라는 말이 있다. 자칫 잘못하다가는 빗나간 '1등지상주의'를 만들어낼 수 있다는 점에서는 많이 닮았을지라도, 이 둘의 속성은 처음부터 다르다. '최고'라는 말의 주인은 하룻밤 사이에 언제라도 바뀔 수 있는 것이지만, '최초'라는 말의 대상물은 아무리 세월이 흐르더라도 고정불변인 것이 기본성질인 까닭이다.

그런데 실제에 있어서는 이 '최초'라는 말의 대상물이 하루아침에 바뀌어버리는 경우를 자주 구경하게 된다. 우리나라 최초의 무엇이 누구 또는 무엇이라고 하면 다들 그런가보다 하다가도 어느 날 갑자기 그게 아니라는 반박자료가 제기되면 여지없이 그 최초라는 자리는 다른 사람이나 다른 대상물로 넘어가게 되는 일을 우리는 언론매체를 통해 심심찮게 접하고 있지 않은가 말이다.

그만큼 명쾌하지 못한 자료고증을 통해 섣불리 '최초'라거나 '제1호'라거나 하는 주장이 남발되는 경우가 많았다는 얘기이다. 최초나 최고라는 말에는 그에 따르는 영예도 함께 주어지는 만큼, 엄밀한 사실관계의 확인을 통해 그러한 명칭이 주어져야 함은 물론일 것이다.

그리고 최근에도 이러한 사례가 하나 있었다. 2006년 12월 4일에 문화재청에서 등록문화재 제320호로 관보 고시한 '국가표준근대도량형기'에 관한 내용이 바로 그것이다.

이와 관련하여 문화재청에서는 2006년 11월 8일자로 "근대기 (1902~1945) '국가표준 도량형기' 문화재로 등록예고, 대한제국 법률 제1호로 탄생된 근대 문화유산"이라는 제목의 보도자료를 냈다. 그 가운데 이러한 구절이 보인다.

　……그러나 과거 교통이 발달하지 않았던 시기에는 도량형이 지역마다 달랐다. 조선시대에는 이러한 도량형을 정비하려고 많은 노력을 기울였으나 이루어지지 않았다. 개항 이후 근대적인 도량형을 도입하기 위하여 1902년 (광무 6년)에 평식원(平式院)이라는 담당 관청을 설립하여 서양식 도량형 제(미터법)를 일부 채택하고 1905년 3월 21일(광무 9년)에 이것을 바탕으로 대한제국 최초의 법률 제1호로 도량형법을 정하였다. 이처럼 당시 고종은 법률 제1호로 도량형법을 제정할 정도로 이에 각별한 관심을 기울였으나 새로운 도량형이 정착되기까지는 그 후 많은 시간이 필요하였다.

그리고 여기에 덧붙여 "미돌법(米突法)을 아시나요?"라는 별도의 첨부자료를 통해 이렇게 설명하기도 했다.

　……이러한 당시 사회의 반응에도 불구하고 대한제국에서는 1905년(광

무 9년) 3월에 법률 제1호로 도량형법을 정하고 농상공부에서 이를 담당하도록 하였다. 이 법은 1902년에 발표되었던 도량형법과 내용은 같으나 법률 제1호로 공표할 정도로 도량형 개정에 대하여 당시 정부가 강력한 의지를 갖고 있음을 알 수 있다.

이와 아울러 이 도량형기를 직접 관리하고 있는 산업자원부 기술표준원 측에서도 2006년 11월 7일자로 "'근대 도량형기' 문화재 등록된다. 대한제국 법률 제1호 시행의 증거물이 문화재로 인정받아"라는 제목의 보도자료를 냈다. 그 내용은 앞서 인용한 문화재청의 보도자료와 대동소이하다.

근대적 도량형 제도의 도입에 대한 의미를 부여하는 데 있어서, 도량형법이 당시 법률 제1호였다는 사실에 기대어 그 의의를 더욱 확대 해석하고 있는 부분이 확연히 눈에 띈다. "이처럼 당시 고종은 법률 제1호로 도량형법을 제정할 정도로 이에 각별한 관심을 기울였다"고도 하였고, 보도자료의 제목에도 "대한제국 법률 제1호 시행의 증거물이 문화재로 인정받아"라는 점을 애써 강조하고 있다.

그렇다면 정말로 '도량형법'이 대한제국의 법률 제1호가 맞는 것일까?

《대한제국 관보》 1905년 3월 29일자(부록)에는 도량형법(度量衡法)에 관한 내용이 게재되어 있다. 여기에는 분명히 '법률 제1호'라는 표시가 들어 있다. 이것만 놓고 본다면, 도량형법이 법률 제1호인 것은 분명하다.

하지만 그렇다고 이것이 대한제

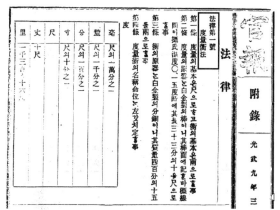

《대한제국 관보》 1905년 3월 29일자(부록)에 게재된 법률 제1호 도량형법이다. 여기에는 분명히 '법률 제1호'라는 표기가 들어 있으나 이것을 일컬어 '대한제국의 법률 제1호'라고 생각하는 것은 대단한 오해이다. 여기서 말하는 법률 제1호라는 것은 해당 연도(즉 1905년)의 법률제정 순위가 가장 앞선다는 의미에 지나지 않는다.

국 시절의 최초 법률로 인식하는 것은 곤란하다. 도량형법에 법률 제1호라는 타이틀이 붙었다고 해서, 그것을 대한제국 최초의 법률로 생각하는 것은 그 당시의 법령체계를 잘못 인식한 데서 빚어진 오해이다.

그 당시의 법률체계를 살펴보면, 법률의 순서를 부여하는 방법은 지금처럼 축차적으로 번호가 붙여지는 것이 아니라 해당 연도별로 제1호부터 번호를 새로 붙여나가는 형태를 취했다. 이러한 방식은 요즘 각 행정관청에서 관보 고시를 할 때에 역대 고시 내역을 누적 관리하는 것이 아니라 해당 연도로 따로 번호를 붙여나가는 것(예를 들어 문화재청 고시 제2007-1호)과 동일하다.

그러니까 도량형법이 법률 제1호라고 하는 것은 대한제국이 첫 법률로 이것을 제정했다는 뜻이 아니라 해당 연도, 즉 1905년도에 반포된 법률로서 그 순서가 가장 빠르다는 의미 그 이상도 그 이하도 아닌 것이다. 아닌 게 아니라, 대한제국이라는 나라가 출범한 것이 1897년인데 무려 8년이나 지나서야 겨우 법률 제1호가 제정되었다는 것도 이상하지 않은가 말이다.

돌이켜보면 근대적인 법률체계가 도입된 것은 갑오경장 이후의 일이었다. 아래는 갑오경장 이후 제정 반포된 각 연도별 법률 제1호 연혁(법률반포일 기준)을 옮겨온 것이다.

▲ 개국 504년(1895년) 3월 25일, 법률 제1호 재판소구성법(裁判所構成法)

▲ 건양 원년(1896년) 1월 18일, 법률 제1호 포사규칙(庖肆規則)

▲ 건양 2년(1897년) 7월 13일, 법률 제1호 우체사항범죄인처단례(郵遞事項犯罪人處斷例)

▲ 광무 2년(1898년) 11월 2일, 법률 제1호 전당포규칙(典當鋪規則)

▲ 광무 3년(1899년) 2월 6일, 법률 제1호 전당포규칙중개정건(典當鋪規則中改正件)

▲ 광무 4년(1900년) 1월 11일, 법률 제1호 적도처단례중개정건(賊盜處斷例中改正件)

▲ 광무 5년(1901년) 2월 12일, 법률 제1호 육군치죄규정(陸軍治罪規程)

韓國度量衡
度量衡原器

韓國農商工部

韓國度量衡
製造所技師
韓國龍山
日本東京
井上工業部
井上宜文君

（二　其）　　　　　　　　　　　（一　其）

▲ 광무 6년(1902년) 〔해당 없음〕

▲ 광무 7년(1903년) 〔해당 없음〕

▲ 광무 8년(1904년) 1월 13일, 법률 제1호 평리원관제중개정건(平理院官制中改正件)

▲ 광무 9년(1905년) 3월 21일, 법률 제1호 도량형법(度量衡法)

▲ 광무 10년(1906년) 2월 2일, 법률 제1호 형법대전중개정건(刑法大典中改正件)

▲ 광무 11년(1907년) 6월 27일, 법률 제1호 민사형사의 소송에 관한 건(民事刑事의 訴訟에 關한 件)

▲ 광무 11년(1907년) 7월 24일, 법률 제1호 신문지법(新聞紙法)

▲ 융희 2년(1908년) 1월 21일, 법률 제1호 삼림법(森林法)

▲ 융희 3년(1909년) 2월 4일, 법률 제1호 재판소설치법중개정건(裁判所設置法中改正件)

▲ 융희 4년(1910년) 3월 12일, 법률 제1호 선박법(船舶法)

《조선지실업(朝鮮之實業)》 제19호(1907년 1월)에 수록된 '도량형원기(度量衡原器)'와 도량형제조소(度量衡製造所)의 일본인 기사 이노우에 노부후미(井上宜文)의 모습이다. 이노우에 기사는 1902년 10월에 한국 정부에 고빙되어 평식원(平式院)의 설립과 도량형법 개정에 관한 사무를 주도했던 인물이었다.

《대한제국 관보》 1904년 1월 21일자에 수록된 법률 제1호 평리원관제중개정 건이다. 여길 보면 이 법률 역시 '제1호'는 표기가 붙어 있음을 알 수 있다. 그리고 법률 내용 가운데 '법률 제3호'라고만 하지 않고 '광무3년 법률 제3호'라고 구분하여 사용하고 있음도 엿볼 수 있다. 거의 해마다 법률 제1호와 제2호 등이 있었으므로 이를 따로 구분하여 부르는 것이 필요했던 탓이다.

위의 목록을 살펴보면, 법률 제1호는 도량형법만 있었던 것이 아니라 최소한 15개나 있었던 것을 알 수 있다. 특히 1907년의 경우에는 헤이그밀사사건으로 고종 퇴위가 있었으므로, 법률 제1호가 둘씩이나 존재한다. 보아하니 자유당 정권 말기에 언론탄압을 위해 동원되었던 '광무 신문지법(光武 新聞紙法)'이란 것도 1907년도의 법률 제1호였다.

그렇다면 정말로 대한제국 시절의 최초 법률은 무엇일까? 하지만, 이에 대한 대답을 구하는 것은 어렵다. 1897년에 대조선국(大朝鮮國)이 대한제국(大韓帝國)으로 전환되었다고 하더라도, 기존의 법률체계와 법률번호는 그대로 승계되었으므로 여기에서 구태여 대한제국 부분만 잘라내어 최초의 법률이 무엇인지는 가려내는 것은 전혀 무의미한 까닭이다.

그럼, 각각의 법률 제1호가 중복되어 등장하는 경우에 이는 어떻게 구분하여 불렀을까?

이에 대한 대답은 명쾌하다. 그다지 법률의 종류도 많지 않았으므로 특별하게 연도를 표시하지 않고 그냥 법률 제 몇 호 무엇 무엇이라고 해도 무방했고, 특별하게 구분이 필요한 경우에는 해당 연도(연호 포함)를 법률번호 앞에 붙이는 방식으로 혼동을 피했다. 예를 들어, 1895년의 법률 제1호 재판소구성법은 "개국 504년 법률 제1호"라고 하면 되고, 1905년의 법률 제1호 도량형법은 "광무 9년 법률 제1호"라고 표시하면 되었다.

다시 말하거니와, 대한제국 시절에는 '거의 해마다' 법률 제1호가 있었다. 그러므로 설령 근대적 도량형 제도의 도입과 정착이 매우 중요한 정책과제였다고 할지라도 그것 때문에 도량형법을 법률 제1호로 삼을 만큼 고종황제까지 각별한 관심이 있었다고 보는 것은 매우 지나친 해석이라고 할 것이다. 요컨대 도량형법은 결코 대한제국의 최초 법률이 아니었다. (2007. 3. 4)

# 11

# 대한제국 시절 전차 개통,
## 동양 최초 맞나?

| 도쿄보다 빠르지만 교토보다는 늦었던 서울의 전차 부설 |

1899년 4월 초파일(양력 5월 4일), 돈의문(새문)에서 종로를 거쳐 동대문 밖 청량리까지 길게 이어지는 전차선로의 개통식이 있었다. 그 시절에 '전기철도', '전기거', '전거'라고도 표현했던 전차는 분명 놀라운 근대문물의 상징이었다.

그런데 간혹 우리나라의 전차 개통이 동양 최초였다는 주장이 눈에 띈다. 예를 들어, 지난해 가을에 방송된 한국방송 《역사 스페셜》 프로그램에서도 이러한 내용이 다뤄진 적이 있었다. 우선 설명을 위해 해당 부분을 옮겨보면, 이러하다. HD 역사 스페셜 63회 '13년의 꿈, 대한제국'(2006. 9. 22일, 밤 10:00~11:00, KBS 1TV)에 언급된 내용이다.

(성우 내레이션) ……그러나 한성에 일어난 가장 놀라운 변화는 전기의

제2부_섣부른 역사고증, 때로 만들어진 전통

1899년 4월 초파일에 우리나라 최초의 전차 개통식이 있었다. 서울에 전차선로가 부설된 것은 일본 도쿄보다 4년 가까이나 빨랐다. 이 때문에 서울의 전차 개통이 동양 최초였다고 하는 주장들이 간혹 있는 모양이지만, 이는 사실과 전혀 다르다.

도입이었다. 1899년 5월, 한성에는 아시아 최초로 전차가 개통되는데 당시 전차는 세계적으로도 보기 힘든 것이었다. 내국인은 물론 주한외국인들 사이에서도 전차는 큰 화제를 모았다. 동대문에서 종로까지 운행하던 전차는 전차 타기를 즐기다 가산을 탕진한다는 유행어가 나올 정도로 승객이 많아지자 노선이 대폭 증설되었다. 주한 이탈리아대사였던 로제티는 당시의 상황을 이렇게 기록하고 있다. '한성에 도착하던 외국인이 가장 놀라워하는 전차였다. 완벽하게 관리되는 전차는 한성의 성 외곽까지 연결되고 있다. 전차로 인해서 한성은 근대적 교통수단을 갖춘 극동최초의 도시라는 영예를 얻었다.' 전차 이용률이 높아지면서 발전소도 증설되었다⋯⋯(이하 생략).

이어서 이 프로그램의 진행자도 다음과 같은 해설을 덧붙이고 있다.

도심을 수놓은 가로등과 그 앞을 가로지르는 전차가 참 인상적이죠? 19세기 말에 발명된 전차는 당시로서는 첨단문명의 상징이었는데요, 서구사회에서도 흔치 않았던 이 전차를 아시아 최초로 도입한 나라가 대한제국이었다는 사실이 놀랍습니다. 한성의 전차 개통은 당시 아시아에서 가장 근대화된 도시였던 일본의 동경보다도 무려 3년이나 앞선 것이었는데요, 이처럼

동대문 문루에서 종로 방면을 바라보는 풍경인데, 왼쪽 아래는 전차차고가 있던 동대문발전소 구역이다. 전차를 좀 이른 시기에 도입했다는 것과 자주적 근대화에 대한 의지의 표출 사이에는 과연 어느 정도의 등식이 성립하는 걸까?

당시 대한제국의 근대화 수준은 세계의 열강들과 비교해도 결코 뒤지지 않는 것이었습니다. 더욱 놀라운 것은 이러한 변화가 대한제국 선포 이후 불과 3년 만에 이뤄졌다는 것입니다. 자본이나 기술이 충분하지 않았던 그 당시로선 참 쉽지 않은 일이었을 텐데요, 대한제국의 근대화가 이렇게 급속도로 진행된 것은 고종황제의 확고한 의지가 있었기에 가능한 일이었습니다(이하 생략).

여기에서는 1899년 5월 4일에 개통식을 가진 서울의 전차선로가 아시아 최초의 전차 개통이었다고 거듭 서술하고 있다. 이것은 과연 올바른 주장인가? 정말로 그러했다면, 조금은 자랑할 만한 일이기도 할 텐데 말이다.

이렇게 주장하는 근거는 단순히 위의 내용만 놓고 본다면, 이탈리

제2부_섣부른 역사고증, 때로 만들어진 전통

아의 외교관 카를로 로제티(Carlo Rossetti, 1876~1948)의 글에서 비롯된 듯하다.

로제티는 1902년 11월부터 이듬해인 1903년 5월까지 7개월가량 한국에 머물렀다. 원래는 호주와 중국 등지를 순방 중이었으나 그 무렵 서울주재 초대 이탈리아 영사 그란체세티 디 말그라 백작(Count Ugo Francesetti di Malgra, 1877~1902)이 장티푸스에 걸려 느닷없이 사망하는 바람에 그를 대신하여 서울에 급파되었던 것이 그가 한국에 온 연유였다. 그 당시 그의 나이는 25살이었다.

그는 귀국하여 이내 한국에 머물 때의 체험과 수집 자료를 바탕으로《한국과 한국인(Corea e Coreani)》이라는 책을 잇달아 펴냈으니 이때가 '1904년'과 '1905년'이었다. 10년 전 서울학연구소 번역으로 나온《꼬레아 꼬레아니》(숲과 나무, 1996)가 바로 이 책의 번역본이다. 여기(369쪽)에 다음과 같은 구절이 등장한다.

서울도성의 중심도로인 종로(종각 부근)를 가로지르고 있는 전차선로의 모습이다. 한때는 근대문명의 상징이었으나, 1968년에 이르러 전차는 쾌속질주의 시대에 낙후된 교통수단의 대명사로 치부되어 이 땅에서 완전히 사라졌다.

나는 이미 여러 번 말했다. 서울에 도착한 여행자들이 가장 놀라워하는 것은 전차가 완벽하게 관리되고 있으며, 그 전차들이 서울 근교의 성곽 밖에 이르기까지 주요 간선도로를 통과하고 있다는 점이다. 그 전차로 말미암아 서울은 그와 같은 근대적 교통시설을 확보한 극동 최초의 도시라는 명예를 얻었다. 이 전차는 몇몇 미국인 자본가들이 주도하여 설치한 것인데……(이하 생략).

그러니까 서울이 전차가 부설된 극동 최초의 도시라는 표현은 로제티의 것에서 나온 셈이다. 하지만 로제티는 틀렸다.

동양에서 최초로 전차를 부설한 곳은 서울이 결코 아니다. 더구나 일본 도쿄보다 몇 년 빠르게 전차를 놓았다고 해서 그것 때문에 동양 최초라고 생각하는 것은 그야말로 속단이다. 결론부터 말하자면, 동양에서 노면전차 방식의 전기철도 부설이 가장 빨랐던 도시는 일본 교토(京都)이다.

일본 땅에 전차라는 존재가 처음 선을 보인 것은 1890년 도쿄 우에노 공원에서 개최된 제3회 내국권업박람회(內國勸業博覽會) 때 일로 알려진다. 하지만 이 당시에는 겨우 400미터 남짓한 거리를 시험주행한 정도에 그쳤기 때문에 이것을 동양 최초의 전차운행으로 보지는 않는 것이 보통이다.

그러던 것이 일본에서 정식으로 영업용 전차운행이 개시된 때는 1895년 1월 31일이다. 제4회 내국권업박람회의 개최를 앞두고 교토 시치조(七條)와 후시미(伏見)를 연결하는 6.6킬로미터의 노면 전차선로를 부설한 것이었다. 이것이 바로 동양 최초의 전차 개통이었으니, 서울보다는 4년이나 빨랐던 셈이다.

그리고 일본의 수도인 도쿄에 전차선로가 운행되기 시작한 것은 생각보다 많이 늦은 1903년 8월 22일의 일이었다. 하지만 도쿄에서 전차 개통이 늦어진 데는 그만한 사정이 있었다.

바로 철도마차의 성행 때문이었다. 도로에 레일을 깔고 거기로 마차를 달리게 했던 철도마차는 여전히 값싸고 빠른 교통수단이었으므

《경성부사》제1권(1934)에 수록된 이른바 '전차소타사건'에 관한 사진자료이다. 전차 개통식 직후에 전차가 어린아이를 치여 죽이고 달아나는 사건이 발생하여 이에 격분한 군중들에 의해 이렇게 전차는 불타버리고 말았다. 이 바람에 일본 교토전기철도에서 데려온 운전수와 기술자들이 신변보호 문제로 일제히 사직하는 사태가 벌어졌다. 이로써 막 개통한 전차노선은 여러 달 동안 개점휴업 상태에 들어갔다.

로 구태여 서둘러 전기철도로 전환할 까닭이 없었던 것이었다. 요컨대 전차 개통 시기가 도쿄보다 서울이 몇 해 빨랐다는 사실 자체만을 강조하는 것은 그다지 의미 있는 일이라고 보기는 어렵다.

그렇다면 우리나라에서 벌어진 전차선로 부설의 과정과 그 실상은 어떠했을까?

이에 관해서는 경성전기주식회사(京城電氣株式會社)에서 발행한 《경성전기주식회사 20년연혁사》(1929)에 몇 가지 기록이 남아 있다. 이것이 비록 일본인들에 의한 기록이기는 하지만, 전차 도입의 역사에 관해 일목요연하게 정리되어 있는 자료가 거의 없는 형편이므로, 도리 없이 그 내용을 여기에 인용하기로 한다.

(54쪽) 동양에 있어서 전기철도의 남상(濫觴)은 명치 27년(즉 1894년, 정확하게는 1895년이 맞음) 교토(京都)에서 운전된 것이 효시(嚆矢)라 하는데, 당시 콜부란 씨는 경성에서 전기철도를 부설하려고 해도 기술자가 없었으므로 교토 전철의 설계자였던 미국공학사 남작 마키 헤이이치로(眞木

京城電氣株式會社二十年沿革史

第七條 該鐵道ハ地方探險スル時ニ當リ政府漲兵運搬ト郵行運致ハ特ニ軍費ヲ給スル事

(二)

京城電氣鐵道敷設

韓帝御乘用車と電線泥棒の斬罪

東洋に於ける電氣鐵道の濫觴は明治二十七年京都に於て運轉せるを以て嚆矢とす當時コ氏は京城に於て電氣鐵道を敷設せんとせしも技術者無きを以て京都電鐵の設計者たる米國工學士眞木平一郎氏に依囑し眞木は同じく米國工學士大圓孝之助氏と石隈信乃雄氏其他二名を伴ひて明治三十一年十月京城に到着し眞木男は設計に大圓石隈兩氏其他は實務に當り同月十七日起工し西大門洪陵淸京里間の單線軌道敷設並に架線工事に着手し同年十二月二十五日竣工す又一方に於ては大門内に發電所用地を撰定し同十二月より基礎工事に着手せるも時恰も迄寒の際とて工事意の如くならす遂に多量の木炭を焚きて玄冬素雪の間工を終り七十五キロ直流六百ボルト一臺百馬力汽機マッキントッシ式ボイラーバブコック式等を据付け電車の組立等をも終りたり斯くて諸事の完了を期して明治三十二年陰暦四月八日の祭日を期して華々しく開通式を舉行した電車は全長二八呎七寸幅七呎一一呎乘客定員四〇人の轉向席式開放車八臺と、韓帝御乘用貴賓車一臺なりき。

근대 시기 전차, 전기, 전화 등의 도입 역사를 연구하는 데에 기초 자료로 자주 인용되곤 하는《경성전기주식회사20년연혁사》(1929)의 일부분이다. 여기에는 "동양에서 전차가 운행된 것은 일본 교토가 그 효시"라는 사실을 분명하게 적고 있다.

平一郎) 씨에게 위촉했고, 마키 씨는 역시 미국 공학사인 오하타 코우노스케(大圓孝之助) 씨와 이시쿠마 노부노유(石隈信乃雄) 씨 기타 2명을 동반하여 명치 31년(즉 1898년) 10월 경성에 도착하여 마키 남작은 설계에, 오하타 이시쿠마 양씨 기타는 실무를 담당하였는데, 동월 17일 기공하여 서대문, 홍릉(청량리) 간의 단선궤도부설(單線軌道敷設)과 더불어 가선공사(架線工事)에 착수했고 동년 12월 25일에 준공하였으며, 또 한편으로는 동대문 내에 발전소 용지를 선정하여 동 12월부터 기초 공사를 착수하였으나 때마침 혹한이 있을 때에 공사가 여의치 않았지만 마침내 다량의 목탄을 태워 현동소설(玄冬素雪)의 가운데 공사를 마쳐 75킬로 직류 600볼트 1백 마력 기기(汽機) 매킨토시식 보일라 바브코크식 등을 설치하고 전차의 조립 등도 마쳤는데, 이리하여 모든 일이 완료됨에 따라 명치 32년(즉 1899년) 음력 4월 8일의 제일(祭日, 즉 초파일)을 기하여 화려한 개통식을 거행하였다. 전차는 전장(全長) 28척 7촌, 폭 7척 11촌, 승객 정원 40인의 전향석식 개방차(轉向席式 開放車) 8대와 한제어승용귀빈차(韓帝御乘用貴賓車) 1대였다……(중략).

이 자료에는 위의 내용에 덧붙여 "운전수는 전부 교토 전철(京都電鐵)에서 경험을 가진 일본인들로만 초빙하였고, 개통 직후에 벌어진 이른바 전차소타사건(電車燒打事件)으로 인하여 이들이 5월 중순 일제히 파업 귀국하는 바람에 전차의 운전은 불능상태가 되고 따라서 휴업하게 되었다"는 사실을 적고 있다.

위의 기록을 훑어보면, 우리나라에 전차선로가 개설될 당시에 이 공사를 위해 동원된 기술자 및 운전수 등이 일본 교토전기철도 출신에서 데려온 것이 분명하므로, 이로써도 고종 시절의 전차 개통이 동양 최초였다는 주장은 '아쉽지만' 결국 사실무근으로 드러나는 셈이다. 이와는 별도로 태국의 수도인 방콕의 경우에도 '1894년 5월에 철도마차 방식이었던 것을 고쳐 전기식 전차가 개통되었다'는 기록이 보이므로, 서울이 아시아 최초로 전차를 부설한 도시라는 얘기는 아쉽게도 이래저래 사실과는 맞지 않는 얘기이다.

서울거리에 전차선로가 놓인 것을 두고 자주적 근대화에 대한 확고한 의지의 표출로 간주하는 것은 혹여 너무 팔이 안으로 굽는 해석이지는 않을까? (2007. 2. 27)

# 12

# 남대문 홍예의 통로바닥이
# 높아진 것이 전차 때문?

| 명확한 자료고증 없는 성급한 복원 시도는 금물 |

2006년 3월 3일은 오랫동안 통행불능 상태에 놓여 있던 남대문 홍예문 통로의 일반 개방이 이뤄진 날이다.

이에 앞서 남대문의 통행재개 준비와 관련한 지난해 10월 이후의 중앙통로 시굴조사 과정에서 현지표보다 1.6미터가량 더 낮은 곳에 원래의 박석이 잔존하는 것으로 드러나 많은 사람들의 이목을 끌었다. 애당초 남대문의 위용이라는 것이 지금 우리가 눈으로 보는 것보다는 훨씬 더 장대하고 당당했음이 확인된 탓이었다.

그렇다면 이처럼 남대문 통로의 지표면이 높아진 것은 언제부터의 일이며, 또한 왜 그렇게 된 것이었을까?

이에 대하여 현재 남대문 통로 안에 설치되어 있는 안내판에서는 이렇게 설명하고 있다.

204

지난 2006년 3월 3일부터 중앙통로(홍예문) 자유통행이 허용된 국보 제1호 숭례문(남대문)의 모습이다. 하지만 2008년 2월 10일에 느닷없는 '숭례문 방화사건'으로 이러한 모습조차 아득한 옛 이야기가 되고 말았다. 최근에는 다시 좌우 성벽을 복구하고 원래의 높이대로 바닥을 낮추겠다는 복원계획이 발표된 바 있다.

〔숭례문의 원형 바닥에 대한 설명〕 2005년 11월 숭례문 석축 하부에 대한 시굴조사 결과, 현재의 지반보다 약 1.6미터 아래에서 석축의 지대석, 성문의 지도리석(확석), 박석이 발견되었다. 이와 같이 숭례문의 통로 바닥이 높아진 원인은 19세기 말, 전차가 숭례문의 홍예를 통과하게 되면서 성문 구조에 대한 손상을 최소화하려는 목적으로 박석 위에 진흙다짐을 하고, 전차선로를 구성하기 위한 것으로 판단된다.[1]

다시 말하면 남대문의 홍예를 통과하는 전차선로를 부설할 때에 바닥을 다지기 위해 흙을 채워 넣는 바람에 지금처럼 지표면이 높아지게 되었다는 설명이다. 원래 종로 구간에만 놓여 있던 전차선로가 남대문을 통과하여 용산까지 연장된 것은 1899년 연말이었다.[2] 위의 설명에 따르자면, 남대문 통로바닥이 높아진 것은 이때의 일이 되는 셈이다.

---

1) 삼성건축사사무소 조사편찬, 《숭례문정밀실측조사보고서》(서울특별시 중구, 2006년 2월)에도 동일한 취지의 내용이 수록되어 있다.

2005년 11월에 벌어진 시굴 조사부위는 다시 흙으로 덮지 않고 그대로 노출시켜 탐방객들의 이해를 돕고 있다. 이 구조로만 본다면 원래의 남대문은 지금 바닥면보다 사람 키높이만큼 더 낮은 지표면을 기준으로 만들어졌던 것은 분명하다.

그렇다면 전차선로를 깔면서 지표면이 높아졌다는 것은 과연 올바른 설명일까?

전차선로가 부설되기 이전의 남대문 사진을 확보 가능한 대로 대조

2) 남대문을 거쳐 용산으로 내려가는 전차선로의 개통 시기에 대해서는 다음과 같은 기록이 남아 있다. 우선 《황성신문》 1899년 12월 22일자에는 "용산전차철로(龍山電車鐵路)를 금이 준공(今已 竣工)하였으매 작일(昨日) 하오(下午) 2시(時)에 한성철도회사장 이채연 씨(漢城鐵道會社長 李采淵氏)가 각부대신(各部大臣)에게 청첩(請牒)하여 철도통행예식(鐵道通行禮式)을 행(行)하였다더라"라고 하였고, 다시 《황성신문》 1899년 12월 22일자에는 "전기회사(電氣會社)에서 작일(昨日)부터 종로용산간 전차(鐘路龍山間 電車)의 통행(通行)을 시(始)하여 차객(車客)을 탑승(搭乘)하는데 상등(上等)은 이십전(二十錢)이오 중등(中等)은 십이전(十二錢)이라더라"는 내용이 수록되어 있다.

한편, 용산행 전차선로는 남대문을 벗어나자마자 이내 분기점을 형성하여 자암동(紫岩洞, 봉래동)을 거쳐 새문밖으로 올라가는 전차선로로 이어지기도 하였는데, 이쪽 방향의 전차 개통 시기에 관해서는 《제국신문》 1900년 7월 2일자에 "남문밖 자암동으로 새문밖까지 놓은 전기철로가 다 준공이 된지라, 명일부터 전거가 내왕한다더라"는 보도 내용이 남아 있다. 하지만 이 선로는 개통 이후 수지가 맞지 않아 2, 3년이 지난 후에 폐지되었다고 전해진다.

제2부__섣부른 역사고증, 때로 만들어진 전통

해본즉, 전차선로 부설 이전이나 이후나 홍예의 바닥면은 그 차이가 거의 없어 보인다. 그러니까 전차 때문에 통로의 지표가 높아졌다는 주장은 확실한 근거가 없는 것으로 확인된다.

여기에서 제시한 몇 장의 사진자료만 훑어보더라도, 남대문 통로바닥이 높아진 것이 애당초 전차 부설과는 전혀 무관하다는 사실을 그대로 살펴볼 수 있다.

맨 위의 사진자료는 《한국건축조사보고》, 《조선고적도보》, 《경성부사》 등에 두루 수록되어 있는 남대문의 모습이다. 1934년에 발행된 《경성부사》 제1권에는

한때 홍예문 안에 설치되어 있던 "숭례문의 원형바닥에 대한 설명문"에는 통로 바닥이 높아진 원인을 전차 부설 공사 때문이라고 적고 있다. 하지만 이러한 설명은 그대로 믿기 어렵다. 전차선로 부설 이전에 남대문 바닥면이 이미 높아져 있는 사진자료들이 수두룩하게 확인되고 있는 탓이다.

이것이 "명치 38년(즉 1895년)에 촬영"된 것으로 표시하고 있다.

분명히 전차가 홍예를 통과하기 이전에 채록된 모습인데, 거리가 멀어 자세히 측정할 수는 없으나 지표면에 드러난 홍예의 폭과 높이가 거의 1:1의 비율이어서 전차선로 부설 이후와 별 차이가 없다. 요컨대 남대문 통로의 바닥이 높아진 것은 전차 부설과 무관하게 진즉에 그렇게 되어 있었다는 얘기이다.

두 번째의 사진자료는 일본인 사진사 하야시 부이치(林武一)의 유고집인 《조선국진경(朝鮮國眞景)》(1892)에 수록된 것으로 남대문의 전경을 담은 사진으로는 그 촬영 시기가 매우 빠른 편에 속한다. 사람들이 서 있는 키높이를 고려하면, 그 당시에 홍예의 바닥면이 어떠했는지를 짐작하는 것은 어렵지 않아 보인다.

세 번째의 사진자료는 영국 외교관 조지 커즌(George Curzon)이 지은 《극동의 제문제(Problems of the Far East)》(1894)에 수록된 남대문의 전경이다. 다시 말하면 1894년 이전에 촬영된 남대문의 모습인데, 여기서도 남대문 홍예의 가로세로 비율은 거의 1:1인 것을 확인할 수

《한국건축조사보고》,《조선
고적도보》,《경성부사》등
에 두루 수록된 남대문의
사진자료이다. 전차가 지나
다니기 이전에 채록된 모습
인데, 지표면에 드러난 홍
예의 폭과 높이가 거의 1:1
의 비율이어서 전차선로 부
설 이후와 별 차이가 없음
을 확인할 수 있다.

일본인 사진사 하야시 부이
치(林武一)의 유고집인《조
선국진경(朝鮮國眞景)》
(1892)에 수록된 남대문의
전경사진이다. 이 사진은
촬영 시기가 매우 빠른 편
에 속하여, 남대문의 원래
모습을 파악하는 데에 소중
한 자료가 되는 셈이다.

있다.

　네 번째의 사진자료는 호머 헐버트(Homer Hulbert)의《대한제국의
쇠망(The Passing of Korea)》(1906)에 수록된 것이다. 이제는 전차가 부
설되어 남대문 홍예를 통과하던 시절의 모습이라서 이전의 것과는 확

영국 외교관 조지 커즌 (George Curzon)이 지은 《극동의 제문제(Problems of the Far East)》(1894)에 수록된 남대문의 사진자료이다. 여기서도 남대문 홍예의 가로세로 비율은 거의 1:1인 것을 확인할 수 있다.

호머 헐버트(Homer Hulbert)의 《대한제국의 쇠망 (The Passing of Korea)》(1906)에 수록된 남대문의 사진자료이다. 전차가 부설되어 남대문 홍예를 통과하던 시절의 모습이다. 하지만 홍예문의 바닥 높이는 전차 부설 이전이나 이후나 별 차이가 없다.

연히 대비가 될 수 있다. 하지만 홍예문의 바닥높이는 전차 부설 이전이나 이후나 달라진 것으로 보이지는 않는다.

마지막의 것은 《경성부사》 제1권에 수록된 '명치 43년(즉 1910년) 촬영' 남대문의 모습이다. 남대문에 연결된 좌우 성첩은 이미 헐린 이

후의 일이라서 전차는 더 이상 홍예를 통과하고 있지는 않으나, 통로의 바닥높이는 한눈에 봐도 여전하다.

1900년 전차선로 부설 과정에서 지표면이 크게 높여진 것이 아니라면, 도대체 어느 시기에 어떻게 남대문 통로의 바닥이 크게 높여졌던 것일까?

이러한 물음에 대해 안타까우나 명백한 답변을 줄 수 있는 사람은 거의 없을 줄 안다.

하지만 지금 남아 있는 바닥의 지하구조에 비추어보건대, 조선시대의 어느 때인가 어떤 '특별한' 목적에서 '인위적'으로 남대문 홍예에 흙을 다져 넣었을 가능성은 아주 높다고 하겠다. 특히 세종 때에는 남대문 일대의 낮은 땅을 돋우기 위해 남대문을 전면 개축한 적도 있었으므로, 아마도 이러한 사실과 무슨 관련이 있지 않았을까 짐작해볼 따름이다.

그런데 지난 2006년 11월초에 서울시 중구청에서 숭례문 성벽 복원과 지반 제거에 관한 계획을 발표한 적이 있었다. 일제에 의해 훼손된 성벽을 복구하는 한편 시굴조사 과정에서 드러난 원래의 지표면을 드러내기 위해 1.6미터가량 쌓여 있는 표토층을 완전히 걷어내겠다는 내용이었다.

모르긴 해도 여기에는 "전찻길을 놓은 사람들의 못된(?) 소행으로 남대문의 원형이 훼손되었으니 이를 바로 잡은 것이 옳다"는 판단과 명분이 강하게 작용했으리라 여겨진다. 하지만 '전차' 때문에 남대문의 원형이 변형되거나 훼손된 사실은 그 어디에서도 확인되질 않는다. 따라서 남대문 성벽의 복원에 대해서는 특별한 이견이 있을 수 없지만, 적어도 홍예의 바닥면을 걷어내겠다는 계획은 선뜻 동의하기 어렵다.

아무리 원형 복원도 좋지만, 때로 그 원형은 반드시 최초의 것만을 지칭하는 것이 아닐 수도 있다는 점은 새겨들을 필요가 있지 않을까 한다. 최초의 남대문을 후대의 어느 시기에 어떤 특별한 목적에서 의도적으로 변형하였다면, 그것은 또 그것대로 원형에 준하는 것으로 존중되어야 할 자격이 충분히 있으니까 말이다.

따라서 이 부분에 대한 구체적인 해명이나 자료고증 없이 함부로 중앙통로의 바닥면을 걷어내겠다는 계획은 마땅히 철회되거나 유보되는 것이 옳을 듯싶다. 원형 복원이라는 이름으로 선불리 걷어낸 진흙바닥층이 정말로 우리 조상이 남겨둔 특별한 역사의 자료이자 흔적인지도 모를 일이기 때문이다.

구태여 바닥층을 복구해야겠다는 생각이라면 1962년에 벌어진 남대문 전면 해체수리 당시에 약간 높여진 부분만을 걷어내는 정도에 그치는 것이 합당한 듯하다. 지금은 "전차선로 부설 탓…… 운운"하며 성급하게 원형 복구를 시도할 때가 아니라 무엇 때문에 바닥이 높아지게 되었는지에 대한 원인규명이나 문헌조사에 치중할 때라고 해야 할

왼쪽은 《정부기록사진집》
제5권에 수록된 '남대문수
리기공식(1961. 7. 21)' 장면
이고, 오른쪽은 《정부기록
사진집》 제6권에 수록된
'남대문 수문장(1965. 3.
30)'의 모습이다. 남대문 수
리 이전에는 성문 아래에
사람이 기어서 통과할 만한
공간이 남아 있었으나, 수
리 이후에는 그 부분이 메
워지면서 지표면이 다시 조
금 높아진 것을 볼 수 있다.

것이다.

그리고 누군가 남대문 통로에 쌓인 바닥흙이 1899년에 이뤄진 전차
선로 부설과 관계된 것이라고 여전히 믿고 있다면, 그는 다음의 두 가
지 물음에도 적절한 해답을 제시해야 할 줄로 믿는다.

질문 하나 : "지금 남아 있는 남대문 홍예의 성문(城門)은 언제부터
이처럼 그 높이가 짧아진 것인지?"

질문 둘 : "같은 시기에 전차선로가 부설된 동대문에도 이러한 바닥
다짐의 흔적이 남아 있는가?" (2006. 12. 17)

제2부__섣부른 역사고증, 때로 만들어진 전통

# 13

# 고종황제 가족사진
# '조작'됐다

| 박물관에서 퇴출되어야 할 엉터리 역사자료 |

　몇 해 전에 이른바 '고종황제 가족사진'이란 것이 세상에 홀연히 그 존재를 드러냈다. 그러나 각 신문지상에 이 사진이 소개되자마자 이것의 진위 여부에 대한 논란이 일부에서 제기되었다. 말하자면 합성사진이라는 것이다.

　인물의 배치간격이 일정하지 않고, 통칭 '영친왕'(의민황태자, 일제 때는 이른바 '이왕세자'로 격하되었다가 1926년 이후 '이왕'을 승계)이 옹색하게도 고종과 순종의 사이에 끼어 있는 듯이 배치되어 있는 것이 영 어색하다는 것이다. 그리고 유독 영친왕의 시선만 사진기 쪽을 바라보지 않고 있다는 것도 가짜를 의심케 하는 빌미가 되었다.

　역사적 사실관계에 비춰보더라도, 이 사진은 도저히 존재할 수 없는 것이라는 의문도 제기되었다. 이 사진의 최초 제공자는 "1915년경

2004년 4월 말경에 느닷없이 세상에 등장하게 된 문제의 '황실 관련 사진'이다. 하지만 이 당시는 사진 상태가 조악하고 배경이 어둡게 처리되어 있어 정확한 사진 판독이 어려운 측면이 있었다. 사진 속 인물은 왼쪽부터 의친왕 이강, 순종, 영친왕 이은, 고종, 순종비, 의친왕비, 의친왕 장자 이건이고, 앉아 있는 아기가 덕혜옹주이다.

이번에 서울역사박물관의 '흥선대원군과 운현궁 사람들' 전시회장에 출품된 사진자료(부분확대)이다. 고종과 순종 사이의 어깨너머로 영친왕의 다른 사진을 오려 붙인 흔적은 육안으로도 쉽사리 확인할 수 있다. 이 사진은 서울역사박물관의 상설전시관에도 진열되어 있다.

영왕의 일시귀국을 기념해 창덕궁 인정전에서 찍은 것으로 추정된다"는 설명을 덧붙였다고 전한다. 하지만 영친왕은 1918년 1월에야 조선에 돌아오게 되므로 이러한 설명은 전혀 잘못된 것이다.

몇 가지 논점에 따라, 이 사진의 진위 여부가 의심된다는 내용은 그 당시 《동아일보》 2004년 5월 6일자에 "[줌인] 고종황제 가족사진 이것이 궁금하다"는 기사로 비교적 소상하게 요약 정리된 바 있었다. 하지만 이 기사에서는 이런저런 논점에 대한 의혹만 지적하였지, 감히 '조작' 사진이라고까지 단정 짓지는 못했던 것은 아쉬운(?) 대목이었다.

그런데 세상일이란 게 때로는 참 묘한 것이, 이 사진은 세상에 나오자마자 여러 의혹이 제기되었음에도 불구하고, 용케도 살아남았다. 아니, 오히려 사진의 존재가 널리 공인되는 지경에 이르렀던 것이다.

지난해 경복궁 안에 있는 국립고궁박물관을 관람했을 때 첫 번째 진열실로 들어가는 초입에다 이 사진을 확대한 것으로 벽면 전체를 장식해놓은 광경을 목격한 적이 있었다. 그리고 이번에 2007년 2월 27일부터 서울역사박물관에서 열리고 있는 "흥선대원군과 운현궁 사람들" 전시회를 둘러보았더니, 이곳에도 그 문제의 사진이 버젓이 걸려 있는 장면이 눈에 띈다.

일간신문을 통해 합성의혹이 제기되고 또한 조금만 역사자료를 고증해보더라도 사실관계에 전혀 맞지 않은 저런 사진을 어떻게 국공립 박물관에 버젓이 걸어놓을 수가 있나 하는 생각을 퍼뜩 떠올리지 않을 수 없는 대목이었다.

하지만 단언컨대, 이 사진은 명백한 '조작사진'이다. 이러한 판단의 근거는 크게 세 가지 논점으로 정리할 수 있다.

첫째, 이 사진은 아주 원시적인 방법으로 '조작'되었다. 이 사진이 합성이네 마네 하지만, 그건 어느 정도의 기술적인 합성 능력이 개재 되어 진위 여부를 가려내기가 어려울 때나 사용되는 말이고, 이 사진의 경우는 전혀 그러한 수준에도 미치지 못한다.

이번에 서울역사박물관에 진열 전시되어 있는 문제의 사진을 들여다보면, 원래의 사진에다 영친왕의 다른 사진을 따로 오려 붙인 흔적이 역력하다. 이건 사진학 전공자들을 동원할 것까지도 없고, 두 눈이 멀쩡한 사람이라면 누구나 확연히 가려낼 수 있을 정도였다.

2004년도에 각 신문지상을 통해 소개된 사진은 인화상태가 조악하고 배경부분도 너무 어두운 것이어서 별개의 사진을 오려 붙인 흔적을 판별하기가 어려웠지만, 이번에 "홍선대원군과 운현궁 사람들"에 출품된 해당 사진은 인화상태가 매우 선명하여 가까이서 쳐다보면, 다른 사진을 오려 붙인 티가 그대로 드러난다.

어떠한 목적인지는 모르겠지만, 이건 인위적으로 오려 붙인 것은 명백하다. 이로써 멀쩡했던 원래의 사진까지 그 가치를 현저하게 훼손 시킨 것이라 할 수 있다. 누가 이런 짓을 하였는지는 알 수 없으나, 역 사자료의 조작행위에 대한 책임 추궁은 반드시 있어야 할 것이다.

이 사진이 조작된 것이라는 두 번째 논점은 '역사적 사실' 그 자체이다.

먼저, 위의 사진은 언제 어디에서 촬영된 지가 분명하지 않다. 처음 사진이 세상에 소개될 때에 "1915년경 영왕의 일시귀국을 기념해 창덕궁 인정전에서 찍은 것으로 추정된다"는 설명 정도가 주어졌을 뿐이다. 물론 잘못된 설명이다. 사진제공자라고 해서 그런 부분까지 정확히 알 수는 없는 노릇이므로 잘못 추정하였다고 그 부분까지 책임을 추궁하기는 어렵다.

하지만 몇 가지 기초적인 사실관계들을 검증해보면, 이 사진은 '역사적으로' 도저히 존재할 수 없는 것이라는 사실이 금세 드러난다.

이 부분을 하나씩 설명하면, 이러하다.

사진 속에 고종황제의 모습이 보이므로, 이건 1919년 이전에 촬영된 것은 확실하다. 그리고 영친왕의 모습이 보인다는 것은 그가 국내에 되돌아왔을 때에 촬영된 기념사진이어야만 한다는 사실을 말해준다. 아울러 고종이 일본으로 건너간 적은 결코 없었으므로, 이건 결단코 국내에서 촬영된 것이다.

그렇다면 고종황제가 세상을 뜰 때까지 영친왕은 몇 번이나, 그리고 언제 조선으로 되돌아왔던 것인가?

대한제국 시절 황태자였던 영친왕은 일본 유학이라는 명분으로 이토 통감과 더불어 일본으로 건너갔으니, 이때가 1907년 12월 5일이다. 그 이후 그는 아버지인 고종황제와 딱 세 차례 상면할 기회를 가졌다. 아래는 이른바 이왕세자의 귀선(歸鮮. 그 당시는 조선에 돌아오는 것을 이렇게 표현했다)에 관한 연혁이다. 다만, 날짜는 서울 체류 일자를 기준으로 정리하였다.

제1차 귀선, 1911. 7. 23~8. 5, 생모인 순헌귀비 엄씨의 장례 [1911. 7. 20일 엄비 훙서, 8. 2일 장의 거행]
제2차 귀선, 1918. 1. 13~1. 26, 일본 육군사관학교 졸업 및 육군소위 임관 후 귀국
제3차 귀선, 1918. 8. 28~9. 2, 고종 환후 위문차 귀국 [이후 1919. 1. 22일 고종 훙거로 1919. 1. 24일에 급거 귀국]

이렇게 보면, 영친왕이 등장하는 이 사진은 1918년 1월 이전에 촬영된 것일 수는 없다. 더구나 같은 사진 속에는 덕혜옹주의 모습까지

216

(下幅王李, 下幅王妃王妃, 下幅王太后妃氏朝陽興人, 下幅王妃王太, 下幅王太平) 影撮念記의食試御理料本日旅一卿下殿王李서에殿造石宮德月廿

《매일신보》 1918년 1월 22일자에 수록된 이른바 '이왕가(李王家)' 일족의 사진자료이다. 이 사진은 촬영일자가 분명하고, 영친왕과 덕혜옹주의 첫 대면 사진이라는 점에서 사진조작 여부를 가려내는 기준으로 삼을 수 있다.

보인다. 덕혜옹주의 출생 일자는 1912년 5월 25일이다. 여동생 덕혜옹주와 오빠인 영친왕의 첫 대면은 당연히 1918년 1월에야 이루어질 수밖에 없다.

그런데 이 대목에서 이 사진이 엉터리라는 명백한 증거자료가 있다. 바로《매일신보》 1918년 1월 22일자에 수록된 별개의 사진자료가 그것이다. 이 자료 역시 황실 관련 사진으로서는 제법 많이 알려진 것으로, 이번 서울역사박물관의 전시회에도 출품되어 위의 조작사진과 나란히 걸려 있다.

이건 영친왕(당시 이왕세자)의 귀국을 맞이하여 고종황제(당시 이태왕), 순종황제(당시 이왕), 순종황후(당시 이왕비), 덕혜옹주와 더불어 1918년 1월 20일에 덕수궁 석조전에서 일본요리를 시식한 후에 기념 촬영한 사진이다. 영친왕과 덕혜옹주의 첫 대면이나 다를 바 없었던 이날의 촬영 장면에 보면, 덕혜옹주는 여섯 살 미만의 나이였으나 덩치만큼은 앉은키로 어른들의 어깻죽지 정도까지 성장했던 것을 살펴볼 수 있다.

그렇다면 이른바 '고종황제 가족사진'으로 다시 돌아가 보자. 거기에 보이는 덕혜옹주는 거의 유모차나 다를 바 없는 의자에, 돌잔치나 겨우 지났을 법한 정도의 유아로 보인다. 따라서 공식 확인된 첫 대면

때의 모습보다 덕혜옹주의 덩치가 오히려 더 줄어져 있다는 것은 나이를 거꾸로 먹었거나 인위적인 조작이 있지 않고서야 도저히 있을 수 없는 사진이라는 점은 이로써도 저절로 드러나는 셈이다.

정리하자면 이렇다. 이른바 '고종황제 가족사진'의 원본은 영친왕과는 전혀 무관하게 1918년보다 적어도 두어 해 이상을 거슬러 올라가는 시점에서 촬영된 별개의 기념사진이었으나, 여기에다 어떤 사람의 인위적인 '조작'으로 영친왕의 사진을 오려 붙인 조악한 '가짜사진'이 탄생한 것이다.

누가, 무엇 때문에 이런 짓을 하였는지는 알 수 없으나, 단지 고종황제, 순종황제, 영친왕, 의친왕, 덕혜옹주까지 구황실의 구성원이 한자리에 모여서 찍은 사진자료라면 그만큼 더 사료가치를 인정받을 수 있을 거라는 기대감 때문에 벌인 일이 아닌가 짐작해볼 따름이다.[1]

이 사진자료가 '조작품'이라는 세 번째 판단 근거는 사진조작에 이용된 영친왕의 사진이 따로 존재한다는 사실이다.

고종황제 가족사진이 조작된 것이 확실한 마당에 원본사진에 오려 붙여진 '영친왕' 사진의 출처까지 명확하게 드러난다면, 더 이상 논란을 벌인다는 것은 전혀 의미가 없을 줄로 믿는 바이다.

그럼 사진조작에 이용된 영친왕의 사진출처는 확인될 수 있는 것인가?

이 점에 있어서 사진원본까지는 추적할 수 없으나, 영친왕의 모습과 동일한 사진이 《매일신보》를 통해 1918년 1월 이전에 벌써 몇 차례 소개된 적이 있었다는 사실만큼은 분명하게 말할 수 있다.

《매일신보》 1916년 8월 3일자와 8월 4일자에는 이른바 이왕세자와 일본 이본궁방자여왕의 혼인 발표에 관한 기사가 잇달아 수록되어 있

---

1) 이와 동일한 판형이 수록된 기존의 출판물을 계속 확인해보고 있는데, 1972년에 초판 발행된 에드워드 아담스(Edward B. Adams)의 《Palaces of Seoul》(Seoul International Publishing Company, 1972) p. 166에도 이 사진이 등장하는 것이 보인다. 이로써 이 조작사진은 생각보다 매우 이르게, 여러 수십년 이전에도 널리 세상에 통용되고 있었음을 짐작할 수 있다.

제2부__섣부른 역사고증, 때로 만들어진 전통

는데, 여기에 등장하는 영친왕의 사진자료가 낯익다. 그러니까 사진조작에는 바로 이 사진의 원본이 활용되었던 사실을 확인할 수 있다.

이로써 이른바 '고종황제 가족사진'은 더 이상 거론하는 것이 입이 아플 정도로 '조작사진'인 것이 명백하다. 그럼 이것으로 끝인가?

앞에서 이미 지적했지만, 이 사진은 현재 국립고궁박물관에 전면 확대사진으로, 그리고 이번에 진행 중인 서울역사박물관 "흥선대원군과 운현궁 사람들" 전시회의 출품자료로, 나아가 서울역사박물관의 상설전시관 진열 유물로 두루 사용되고 있는 실정이다.

이 사진이 여러 해 전 세상에 소개될 때에 '합성사진'이라는 의혹이 제기되었고 또한 이 내용을 담은 일간지의 보도까지 있었음에도 불구하고 버젓이 전시자료로 활용하는 국공립 박물관 측의 무심함이 그저 의아할 따름이다. 논란과 의혹의 대상이 되고 있다는 사실을 한번이라도 전해 들었다면, 이러한 문제성 사진을 전시자료로 채택하는 것은 그만큼 더 신중하고 확실한 검증과정을 거쳤어야 마땅한 일이 아닌가 한다.

《매일신보》 1916년 8월 3일자에 수록된 이왕세자와 이본궁방자여왕의 혼인계획에 관한 보도에는 바로 이 사진자료가 소개되었다. 고종황제 가족사진의 '조작'에 동원된 사진과 동일한 원판을 사용했음을 엿볼 수 있다.

《매일신보》 1916년 8월 4일자에 수록된 이왕세자와 이본궁방자여왕의 사진자료이다. 앞의 것과 동일한 원판을 사용한 것인데, 시선처리가 정면이 아닌 것은 여기서도 확인된다.

나아가 전시회에 반복 출품되거나 관련 도록을 통해 이 사진의 존재가 확대 재생산되고 있는 현실도 매우 우려되는 부분이 아닐 수 없다. 잘못된 사실과 자료가 더욱 퍼져나가고 뿌리를 내리기 이전에, 이른바 '고종황제 가족사진'은 조작된 가짜사진이라는 점이 세상에 널리 공지되어야 할 뿐만 아니라 박물관의 전시물품 또는 연구자료 등에서도 서둘러 "영구퇴출"되어야 마땅할 것이다.

　　누군가의 잘못된 욕심 때문에 공연히 '영친왕' 사진까지 오려 붙여 조작사진을 만드는 바람에, 사료가치가 높은 멀쩡한 원본사진까지 마치 쓰레기 사진처럼 취급되게 만들어버렸다는 것은 두고두고 애석한 일이 아닐 수 없다. (2007. 3. 8)

사진조작에 사용된 원본사진으로, 복장상태에 비추어 일본육군사관학교에 막 입학하던 때의 모습인 듯하다. 이른바 '이왕세자(영친왕)'는 그의 동반학우인 조대호(趙大鎬, 1894~1932)와 더불어 1913년 7월 10일 육군중앙유년학교 예과를 마치고, 1913년 9월 육군중앙유년학교 본과에 입학하였으며, 다시 1915년 5월에는 육군중앙유년학교 본과를 졸업함과 동시에 근위보병 제2연대 제7중대 제1구대에서 사관후보생으로 입대하였다가 1915년 11월 28일 육군사관학교에 입교한 뒤 1917년 5월 25일 육군사관학교를 졸업(제29기생)하였다. [ 자료제공 : 이돈수 한국해연구소장]

제 3 부

# 땅이름에 관한
# 오해 혹은 진실

# 14

# '호미곶(虎尾串)',
# 암만 봐도 억지스런 땅이름

| 동을배곶은 왜 난데없이 호미곶으로 둔갑했나? |

　　"우리나라의 지도가 토끼 모양이고, 포항 앞바다인 영일만의 '장기
갑'이 토끼 꼬리에 해당한다"는 얘기는 소싯적 '국민학교' 시절을 거
친 사람이라면—선생님부터가 수업시간에 그렇게 가르쳤으니까 그
렇게 배울 도리밖에 없었지만—누구나 익히 들어왔고 아직도 생생히
기억하는 내용이다.

　　하지만 그 시절의 '국민학교'도, '토끼 꼬리'도, '장기갑'도 모두가
진즉에 사라지고 없다. '태백산맥'이 물러가고 '백두대간'이 그 자리
를 대신했듯이, 지금은 '국민학교'가 '초등학교'로, '토끼 꼬리'는 '호
랑이 꼬리'로, '장기갑'은 '호미곶'으로 변한 상태가 되어 있다. 무심
코 사용해왔던 이러한 용어들이 십수 년 전부터 악의적인 일제잔재의
일종이라는 사실이 널리 알려지면서 민족정기 회복이라는 이름으로

경북 포항시 남구 대보면 대보리의 국립등대박물관 (호미곶등대) 도로변에는 "한반도에서 해가 가장 먼저 뜨는 호미곶"이라는 입간판이 세워져 있고, 여기에는 일찍이 최남선이 창안했다는 '한반도 맹호도'가 함께 그려져 있다. 가만히 살펴보니 주변 일대가 온통 이 그림으로 도배되어 있다. 이 지역이 '호랑이 꼬리'에 해당한다는 것은 과연 맞는 소리일까? 그리고 '호미곶'이라는 말은 정말로 이 그림과 직접 관련이 있는 것일까?

이를 바로잡으려는 노력들이 꾸준히 진행되어왔던 탓이었다.

예를 들어, 광복 50주년이던 지난 1995년에 '장기갑등대'는 '장기곶등대'로 이름이 고쳐지고, 2002년 1월 24일에 이르러 국립지리원 중앙지명위원회의 심의의결에 따라 '장기곶'은 또 다시 '호미곶'으로 지명 변경이 이뤄지는 한편 그 다음 달에 '장기곶등대'가 '호미곶등대'로 변신한 사실에서도 모두 이러한 변화의 자취를 엿볼 수 있다.[1]

그런데 이 대목에서 간혹 이런 의문들이 드는 때가 있다.

우리나라의 지형을 '호랑이' 모양이라고 보는 것은 도대체 언제부터 시작된 일이며, 그러한 발상은 누구한테서 비롯된 것일까? 우리나라의 전체 지형을 '호랑이' 모양이라고 보는 것과 '장기곶'이라는 특정한 지역의 지명과는 무슨 상관관계가 있는 것이기에, 이곳을 주저

---

1) 《대한민국 관보》 1995년 10월 6일자에 수록된 포항지방해운항만청 고시 제1995-98호에 의해 종전의 '장기갑등대'는 '장기곶등대'로 명칭 변경이 정식으로 이뤄졌다. 그리고 《대한민국 관보》 2002년 2월 25일자에 수록된 포항지방해양수산청 고시 제2002-11호에 의해 이 명칭은 다시 '호미곶등대'로 변경되었다.

⊙포항지방해양수산청고시제2002-11호

포항지방해양수산청 관내 장기곶등대 및 장기곶무
선표지국이 현황변경되었기에 항로표지법 제7조의

규정에 의하여 다음과 같이 고시합니다.

2002년 2월 25일

포항지방해양수산청장

◎광파표지 및 음파표지

| 구분 | 표지명 | 위치 | 등질 | 광달거리(M) | | | 등고 (m) | 도색 및 구조·높이 | 변경일 | 기사 |
|---|---|---|---|---|---|---|---|---|---|---|
| | | | | 지리 | 광학 | 명목 | | | | |
| 변경전 | 장기곶 등대 | N 36° 04.5′ E129° 34.3′ | Fl W 12s | 16 | 35 | 22 | 31 | 백팔각형 연와조(26) | 2002. 02.20 | ·표지명 변경 ·명 호 : 106-347 ·Air Siren 매60초에 1회 취명 (취명4초 정명56초) |
| 변경후 | 호미곶 등대 | N 36° 04.5′ E129° 34.3′ | Fl W 12s | 16 | 35 | 22 | 31 | 백팔각형 연와조(26) | | |

◎전파표지

| 구분 | 무선국명 | 위치 | 표지 부호 | 주파수 (KHZ) | 전력 (W) | 측정 구역 | 변경원 | 기사 |
|---|---|---|---|---|---|---|---|---|
| 변경전 | 장기곶 DGPS & RC | N 36° 04.5′ E129° 34.3′ | C G ···· ─·· | RBN/DGPS 2K10W9W 310 | 300W | 100M | 2002. 02.20 | ·24시간 발사 ·무지향성 ·무선국명 변경 |
| 변경후 | 호미곶 DGPS & RC | N 36° 04.5′ E129° 34.3′ | C G ···· ─·· | RBN/DGPS 2K10W9W 310 | 300W | 100M | | |

《대한민국 관보》 2002년 2월 25일자에 수록된 포항지방해양수산청 고시 제2002-11호에 의해 기존의 '장기곶등대'는 '호미곶등대'로 그 이름이 바뀌었다.

없이 '호미곶'이라고 이름을 바꿔 부른 것일까? 또한 여타 지역의 지명에서는 이러한 문제가 불거지지 않고, 유독 호랑이 꼬리에 해당한다는 이곳의 지명만 문제가 되어 '호미곶'으로 이름이 고쳐진 것일까? 그리고 새로 만들어진 '호미곶'이라는 이름을 공식 지명으로까지 채택한 것은 과연 타당한 결정이었으며, 여기에는 그렇게 고쳐 부를 만한 무슨 뚜렷한 역사적 근거가 과연 존재했던 것일까?

하지만 안타깝게도 이러한 의문들을 풀기 위해 여러 가지 자료를 뒤지면 뒤질수록 이에 대한 대답은 영 마뜩지가 않다. 다른 것은 다 몰라도 '호미곶'이라는 이름만큼은 딱히 수긍하기가 어려워진다. 그렇다면 과연 '호미곶'이라는 이름의 정체는 무엇일까?

널리 알려진 바대로 우리나라의 생김새가 토끼를 닮았다고 하는 소리는 일본인 지리학자 코토 분지로(小藤文次郎, 1856~1935)에게서 처음 나온 것이다. 동경제국대학의 교수였던 그는 1900년에서 1902년에 이르는 두 번의 겨울에 일곱 명의 사람과 네 마리의 나귀를 인솔하여 14개월에 걸쳐 266일간 우리나라 전역을 하루에 약 5리(일본식 거리단위; 1리=3.927km)씩 걸어서 1,570리를 답파하였고, 그 결과를 정리하여 1903년 4월에 발간된 《동경제국대학 이과대학 기요(東京帝國大學理科大學紀要, The Jounal of the College of Science, Imperial University of Tokyo)》에 '조선산악론(朝鮮山岳論, An Orographic Sketch of Korea)'을 발표했던 인물이었다.[2] '태백산맥'으로 대표되는 그의 조선산맥론과 '토끼 모양'에 관한 언급이 포함된 것은 바로 이 논문이었다.

때마침 조선총독부 학무국에서 발행한 월간지 《문교의 조선(文敎の 朝鮮)》 1931년 3월호에 수록된 이토 후미하루(伊藤文治)의 "코토 박사(小藤博士)의 조선산맥론(朝鮮山脈論)을 소개한다"라는 글에는 코토 분지로의 이론이 잘 요약되어 있는데, 이 가운데 일부분을 옮겨 보면 이러하다. 이 글을 정리한 이토 후미하루는 코토의 제자이며 그 당시 해주고보 교유(海州高普 敎諭)의 신분이었던 것으로 표시되어 있다.

'조선(朝鮮)은 동아시아의 이태리(伊太利)이다'라고 첫머리를 잡아, 조선이 만주보다 남방(南方)에 주머니 자루와 같이 황해와 일본해의 사이로 돌출(突出)된 것을 이태리가 지중해와 아드리아틱 해의 사이에 돌출된 것에 비교하고, 반도의 북단이 한쪽은 장백산맥에 의해, 다른 한쪽은 알프스에 의해 대륙과 경계를 이룬 사실로부터, 양자 모두 북위 30여 도에서 40여 도에 이르는 약 10도의 걸쳐 있으며, 기후가 온화(溫和)하고 온도가 적의(適宜)하며 주민(住民)은 둘 다 모두 고대로부터의 문명을 가진 사실의 일치점(一致點)을 거론하는 한편, 양반도에는 지질구조와 기타에 있어서 다른 점이 있다는 것을 지적하였습니다.

이태리는 외형(外形)이 장화(長靴)와 같고 조선은 토끼가 서 있는 것과 같다. 전라도는 뒷다리에, 충청도는 앞다리에, 황해도와 평안도는 머리에, 함경도는 어울리지 않게 큰 귀에, 강원도와 경상도는 각각 어깨와 토끼의 등에 해당한다.

---

2) 이에 앞서 그는 자신의 지질조사결과를 요약하여 1901년에 《지학잡지(地學雜誌)》 제13권 제6호 (pp. 342~354) 및 제13권 제7호(pp. 413~434)를 통해 '한국남부의 지세(韓國南部の地勢)'를 연재하였고, 이어서 1902년에는 역시 《지학잡지(地學雜誌)》 제14권 제6호(pp. 399~414) 및 제14권 제7호(pp. 467~478)를 통해 '조선북부의 지세(朝鮮北部の地勢)'를 발표한 사실이 있었다.

조선인에게는 자기 나라의 외형(外形)에 관하여, 가상(假想) 하는 모습이 있다. 그들은 생각하길 "노인의 형태를 닮았는데, 나이가 많아서 허리는 굽고 양손은 맞잡고 지나(支那, 중국)에 예를 행하는 것과 같다. 조선은 자연히 지나에 의존하는 게 마땅하다"고 하여, 이 같은 생각은 지식계급에 깊이 뿌리 박혀 있어서 일청전쟁(日淸戰爭) 후까지도 계속되고 있다(pp. 39~59).

코토 분지로의 '한반도 토끼형상론'은 논문 발표 이듬해인 1904년에 간행된 야즈 쇼에이(矢津昌永, 1863~1922)의 《한국지리(韓國地理)》에도 그대로 재인용되어 있는데, 이러한 출판물들을 통해 '토끼 모양'에 관한 인식이 널리 퍼지게 되었음은 의심의 여지가 없는 사실이다.[3]

조선의 산악계통(山岳系統)과 아울러 지체구조(地體構造)는 코토 박사(小藤博士)의 명치 33년(즉 1900년)부터 전후 15열월(閱月)에 걸쳐 탐험 여행에 의해 대체로 세상에 밝혀지기에 이르렀는데, 고로 여기에 그 개요를 적록(摘錄)하여 산악계통을 나타내고자 한다.

조선반도(朝鮮半島)는 그 구조상 남부(南部)와 북부(北部)에 있어서는 크게 차이가 있다. 조선의 지형(地形)은 전체로서 한 마리의 토끼가 대마(對馬, 쓰시마)를 뒤로 한 채 직립(直立)하여 막 요동(遼東, 랴오뚱)을 향해 뛰려고 하는 형상인데, 동면(東面)의 영흥만(永興灣)에서 서남(西南)의 강화만(江華灣)에 이르는 가상선(假想線)으로써 토끼의 두부(頭部, 머리)라고 할 때 이 목의 이남을 남조선(南朝鮮)이라 하고 이북을 북조선(北朝鮮)이라 한다. 남조선은 주로 반도부(半島部)이며, 북조선은 대개 대륙부(大陸部)인데, 남한(南韓)은 경기, 강원, 충청, 전라, 경상의 5도를 포함하고, 북한(北韓)은 함경, 평안, 황해의 3도를 포함하며, 남북부 양쪽의 면적은 서로 약간 비슷하다(pp. 11~12).

---

3) 이와 비슷한 시기에 간행된 타부치 토모히코(田淵友彦)의 『한국신지리(韓國新地理)』(1905)에도 "(p. 3) 한국지형의 윤곽(輪郭)은 마치 한 마리의 토끼가 막 북방을 향해 뛰려고 하는 것과 흡사하다"는 구절이 등장하는데, 이런 상황에 비추어 보면 코토 분지로의 '토끼 형상'에 관한 언급은 그 당시 일본인 지리학자들 사이에 신속히 수용되었던 것임을 짐작할 수 있다.

제3부_땅이름에 관한 오해 혹은 진실

그런데 이로부터 오래지 않아 우리나라가 토끼의 모양이라는 발상에 크게 반발한 이가 나타났으니, 그는 곧 육당 최남선(六堂 崔南善, 1890~1957)이었다. 그의 주장은 최초의 신체시 '해에게서 소년에게'가 수록된 것으로 유명한《소년(少年)》창간호(1908년 11월)에 수록되어 있는데, '봉길이(鳳吉伊) 지리공부(地理工夫)'라는 글이 그것이다.

　……또 한 가지 볼 것은 일본해(日本海)니 일본해(日本海)는 우리나라와 일본(日本) 사이에 그 몸을 두고 머리는 뾰족하게 러시아속(屬) 연해주(沿海洲)와 화태도(樺太島) 사이에 들어갔는데 위는 차차(次次)로 가늘어 두 틈에 끼어서 옥혹해(海, 오츠크해)에 통(通)하고 아래는 펑퍼짐하게 되어 우리나라 동남단(東南端)과 일본본토(日本本土) 서남단(西南端) 사이로 빠져 지나 황해(支那 黃海)와 통(通)하였으니 이것은 누가 토형(兎形)에 비(比)하여 아래와 같이 그린 것이 있소.

《소년(少年)》창간호(1908년 11월)에 수록된 '봉길이(鳳吉伊) 지리공부(地理工夫)'라는 글에는 간략하나마 '한반도 맹호도'가 그려져 있다. 이는 일본인 지리학자 코토 분지로가 '한반도 토끼형상론'을 언급하자 이에 반발하여 최남선의 안출(按出)로 등장했던 것이다. 우리나라의 외형이 닮은 것은 '토끼'라기보다는 '호랑이'이며, 그렇게 하는 것이 진취적 기상을 나타내기에도 더 적합하다는 것이 최남선의 생각이었다.

海는 우리나라와 日本사이에 그몸을 法은 大段히 묘흔法이오

듯 난쏘 生氣잇게 할키며 달녀드난 元氣의 無量한것을 남더 업시 너어

'호미곶(虎尾串)', 암만 봐노 억시스런 낭이꿈

227

토형(兎形) 이야기 났으니 말이오마는 일본지리학가(日本地理學家) 코토 박사(小藤博士)는 우리나라도 토(兎)에 비(比)하여 그렸으니 그 말에 이르기를 대한반도(大韓半島)는 그 형상(形狀)이 마치 사족(四足)을 모으고 일어섰는 토지(兎只)가 지나대륙(支那大陸)을 향(向)하여 뛰어가려 하는 형상(形狀) 같다 하였는데 그림을 보면 알려니와 북관(北關)으로 귀를 삼고 서관(西關)으로 전족(前足)을 삼고 경기만(京畿灣)의 요입(凹入)으로 복(腹)을 삼고 삼남(三南)으로 하부(下部)를 삼고 관동(關東)으로 배(背)를 삼고 동대한만(東大韓灣)이 함하(頷下)가 되고 서대한만(西大韓灣)이 후경(後頸)이 되었으니 이 또한 방불(彷佛)하다 아니치 못할 지로되 이보다 낫게 비유(比喩)한 것을 하나 말하오리다.

　　이것은 최남선(崔南善)의 안출(按出)인데 우리 대한반도(大韓半島)로써 맹호(猛虎)가 발을 들고 허위적거리면서 동아대륙(東亞大陸)을 향(向)하여 날으는 듯 뛰는 듯 생기(生氣) 있게 할퀴며 달려드는 모양을 보였으니 제일(第一) 코토 박사(小藤博士)의 토유(兎喩)는 외위선(外圍線)을 많이 개획(改劃)하였으나 최씨(崔氏)는 항용(恒庸) 지도(地圖)에 있는 대로 아무쪼록 철처(凸處)는 철(凸)한대로 요처(凹處)는 요(凹)한대로 그대로 온전(穩全)하게 그렸으되 복잡(複雜)하게 내형(內形)을 강작(强作)하지도 않고 공교(工巧)하게 또 윤당(允當)하게 안출(按出)하였으며 그 포유(包有)한 의미(意味)로 말하여도 우리 진취적(進取的) 팽창적(膨脹的) 소년한반도(少年韓半島)의 무한(無限)한 발전(發展)과 아울러 생왕(生旺)한 원기(元氣)의 무량(無量)한 것을 남겨지 없이 넣어 그렸으니 또한 우리 같은 소년(少年)의 보는데 얼마큼 마음에 단단한 생각을 둘 만한 지라 가(可)히 쓸 만하다 하겠소. 이외에 최씨(崔氏)의 대한지지(大韓地誌) 중(中)에는 그럴듯한 의상도(擬象圖)가 많으나 한번에 다 벗길 수 없슨 즉(則) 후일(後日) 또 기회(機會)를 타서 어서 등사(謄寫)하옵시다.

　　외위의상(外圍擬象)은 이 위에 몇 가지 말한 것과 같이 대단(大段)히 자미(滋味) 있는 일인즉 우리가 어느 나라 지리(地理)든지 배울 때에 지도(地圖)를 펴고는 그 외위선(外圍線)에 맞추어 보면 무엇이 비슷한 것인지를 생각해 내이는 것이 공부(工夫)에도 대단(大段)히 유익(有益)하고 기억(記憶)에도 대단(大段)히 유조(有助)하오(pp. 66~68).


　　우리나라의 외형이 닮은 것은 ‘토끼’라기보다는 ‘호랑이’이며, 그렇게 하는 것이 진취적 기상을 나타내기에도 더 적합하다는 것이 곧 최남선의 생각이었다. 최남선은 이 당시에 19세에 불과한 청년학도였으나, 그 자신이 이미 일본 와세다 대학의 고등사범부에 입학하여 잠시나마 역사지리과에 몸을 담은 적이 있는 지리학도였으니 그의 의견은 남다른 것이었던 셈이다.

그런데 '봉길이 지리공부'에 서술된 내용 가운데 가장 눈길을 끄는 대목은 단연 "이것은 최남선(崔南善)의 안출(按出)인데 우리 대한반도(大韓半島)로써 맹호(猛虎)가 발을 들고 허위적거리면서 동아대륙(東亞大陸)을 향(向)하여 날으는 듯 뛰는 듯 생기(生氣) 있게 할퀴며 달려드는 모양을 보였으니…… 운운"하는 부분이다. 우리나라의 모양을 다른 것도 아닌 '맹호'의 형상으로 본 것은 다름 아닌 "최남선의 안출"이라는 것이다. 다시 말하면 우리의 전통적인 지리 관념과는 무관하게 어디까지나 최남선이 스스로 고안한 발상이라는 뜻이기도 하다.

아닌 게 아니라 우리나라의 지도를 앞에 놓아두고 그 외형을 따져 어떤 모양을 닮았다 아니다 라고 하는 것은—이중환(李重煥, 1690~1752)의 《택리지(擇里志)》와 이익(李瀷, 1681~1763)의 《성호사설(星湖僿說)》에 가까스로 그 용례를 찾을 수 있으나—애당초 우리의 전통에서는 그다지 익숙한 개념은 아니었다.[4] 특히, 우리나라가 무슨 동물 모양을 닮았다거나 하는 식의 얘기는 거의 들어본 기억이 없다.

---

4) 이중환(李重煥)의 《택리지(擇里志)》에는 '산수론(山水論)'에서 "대저(大抵) 옛사람들의 말에 의하면 우리나라는 노인(老人)의 형상으로 해좌사향(亥坐巳向)하여 서쪽으로 향하여 앞이 열려 있고 중국에 공읍(拱揖)하는 형상이어서 예로부터 중국과 친하고 가까이 지냈다. 그리고 천리되는 물이 없고 백리되는 들판이 없는 까닭에 옛날부터 큰 인물이 나지 못하였다. 서쪽, 북쪽, 동쪽의 오랑캐와 여진족이 중국에 들어가서 황제가 되지 않은 나라가 없는데 우리나라만 홀로 그런 일이 없으며 오직 강토만 조심스레 지켜오면서 감히 다른 뜻을 품지 못하였다"고 설명하고 있다.
　그리고 이익(李瀷)의 《성호사설(星湖僿說)》 제1권 천지문(天地門) '동국지도(東國地圖)' 항목에도 이러한 구절이 남아 있다. "대체 우리나라의 지형은 북쪽은 높고 남쪽은 낮으며 중앙은 가늘고 아래쪽은 파리하다. 백두산은 머리가 되고, 대령(大嶺)은 등성마루가 되어 마치 사람이 머리를 기울이고 등을 굽히고 선 것 같다. 그리고 대마도(對馬島)와 탐라(耽羅, 제주도)는 양쪽 발 모양으로 되었는데, 해방(亥方)에 앉아서 사방(巳方)으로 향하였다고 하니, 곧 감여가(堪輿家)의 정론이다.

'호미곶(虎尾串)', 암만 봐도 억지스런 땅이름

근대 시기에 우리나라에 머물렀던 미국인 외교관 샤이에 롱(Charles Chaille-Long, 1842~1917)이 남긴 저작물에는 우리나라의 생김새가 '용(龍)'의 모습을 닮았다는 내용이 서술되어 있으나, 이것이 저자의 기발한 착상에 의한 것인지 아니면 기존의 다른 자료에서 옮겨온 내용인지는 분명히 가려지지 않는다.[5] 어쨌거나 나라의 생김새에 비견하여 동물이나 사물의 모양을 거론하는 것은 어디까지나 서구의 근대적인 지리학에서 파생된 개념이라는 것은 틀림이 없는 사실이다.

그렇다면 '호미곶'이라는 이름은 구체적으로 어떻게 등장한 것일까?

단순하게 생각하면 최남선이 제시한 '호랑이 형상론'에 옛 장기군(長鬐郡) 지역이 '호랑이 꼬리'에 해당하는 위치이므로 거기에서 '호미곶'이라는 이름을 따온 듯도 하지만, 실상은 꼭 그런데에 이유가 있었던 것 같지는 않아 보인다. 무엇보다도 최남선이 《소년(少年)》 창간호(1908년 11월)에 그려놓은 '한반도 맹호도'를 살펴보면, 호랑이의 꼬리는 우리나라의 남해안 일대를 두루 감고 있는 형상으로 그려져 있으므로, 다른 지역들을 다 제쳐두고 영일만 지역만 딱 꼬집어 호랑이 꼬

---

5) 샤를 바라/ 샤이에 롱 지음, 성귀수 옮김, 《조선기행》(눈빛, 2001)에 수록된 것으로 샤이에 롱(Charles Chaille-Long)이 적은 '코리아 혹은 조선(1887~1889)'이라는 내용에는 흥미롭게도 "우리나라의 형상을 일컬어 '용'을 닮았다"고 적어놓은 구절이 눈에 띈다. 샤이에 롱은 '전직 한성 주재 미국총영사이자 공사 서기관'이라는 설명이 붙어 있는데, 그가 정리한 자료의 원본은 1894년 '기메 박물관 연대기' 중 '위대한 총서' 제26권 제1부에 수록되어 있다고 표시되어 있다. 참고삼아 해당 부분의 내용을 옮겨면, 이러하다.
"……조선이라는 영역의 윤곽선은 보면 무척 특기할 만한 점이 발견된다. 지도를 들여다보면 쉽게 수긍이 가겠지만, 그 전체적인 모양은 전반적으로 이 나라에서 신성한 영물로 떠받들어지고 있는 용(龍)의 모습을 닮았다. 우선 머리 부분은 앞서 언급한 두만강의 하구(河口) 지역에 해당한다. 두 귀는 브뤼앗 갑(岬; 함경북도 경성지역) 부근의 돌출된 두 지형과 일치하고, 목 부위는 브루톤 만(灣; 동한만)의 움푹한 지형이라 볼 수 있다. 어깨와 등 부분은 뒤로슈 갑(강원도 고성 북쪽)과 펠리시에 갑(경상북도 울진 일대)을 포함해 동해를 따라 죽 늘어선 가파른 산맥으로 나타난다고 볼 수 있으며, 꼬리부위는 켈파에르트 섬, 즉 제주도까지 이어진다. 뒷발은 황해 도서지방에 걸쳐 있으며, 앞발은 대동강과 압록강의 하구에 포진해 있는 꼴이다. 동쪽에서 솟아나 서쪽으로 미끄러지듯 펼쳐 나간 산자락들은 사이사이 놀랄 만큼 비옥한 경작지를 끌어안은 채 수많은 구릉들과 골짜기들을 거느리고 있다. 그리고 그 각각의 산꼭대기에서 태어난 무수한 시냇물들은 서쪽으로, 서쪽으로 굽이굽이 흘러가면서 대동강이나 한강 등과 같은 거대한 강줄기를 이루어 급기야는 황해의 너른 황토빛 바닷물로 자신을 쏟아낸다(하략)."

（虎 白 太）

우뢰갓흔 큰소래를
萬國이 갓와 밝은대 리니
萬惡이 다 살아지는니
하날門이 열니리라

남김업시 집어먹으라
어질거니 움가 둘어 박흰산

한번 질러 神이 되면
네 바가 王 일진대
네가 맛모양 님으로 살
어지리 랑 압되혜
사 모양될혜
너의 발 압되혜
前의

범 백 태

우리 主의 큰 뜻
어린아해를 論해 좀 작난친
그 經綸을 녀의 이루어 모양
발내여 여긔 이음길 너의 모양

四千年間 ...으로 길너온
大陸으로 하게 이리 나려 너던

崇天된 嚴職하다게요
거룩한 世界
地雄宇浩 球大宙然 가한 좁 몸적의이 고운

―一〇

리에 해당한다고 규정하는 것도 이해하기 힘든 상황이다.

따라서 이곳이 '호미곶'이 된 까닭은 다른 맥락에서 읽어내는 것이 옳다고 여겨진다.

우선은 '호랑이 꼬리'라는 개념은 '토끼 꼬리'에 대한 맞대응의 결과로 나타났다고 보는 것이 자연스럽다. '토끼형상론'이건 '맹호형상론'이건 간에 그 어느 쪽도 특정한 지역의 세세한 지명까지 거론된 적은 한 번도 없었지만, 유독 영일만 지역이 '토끼 꼬리'라는 관념만은 해방이 되고도 반세기가 넘도록 널리 세상에 퍼져있었던 것이 엄연한 현실이었으므로, 이를 대체하기 위한 용어로서 '호랑이 꼬리'의 관념이 자연스레 부각되었던 것으로 해석되어진다.

더구나 옛 '장기곶' 지역은 이곳이 '호랑이 꼬리'와 관련이 있다는 옛 지명이 실제로 존재하는 곳이어서 이러한 '호미곶'이라는 명칭을 짓는 데에 나름의 근거(?)가 전혀 없지는 않았던 것으로 보인다.

《소년(少年)》 1909년 11월호에는 '창간호'의 '봉길이 지리공부'에서 소개된 바 있던 '한반도 맹호도'가 '태백범(太白虎)'이라는 이름으로 다시 등장하였다. 여기에는 "……범은 통골(通骨)이라 고개를 돌리지 못하고 벗을 기운만 가진지라 위로 뛰기만 한다 함은 전부터 이르는 말이거니와 이는 과연 그러하니 우리는 오직 진취(進取)만 하도록 또 연방(連方) 향상(向上)만 하도록 천생(天生)이 된지라 진취(進取)와 향상(向上)은 이것이 곧 우리의 전체(全體)이니라" 라는 구절이 포함되어 있다.

'호미곶(虎尾串)', 암만 봐도 억지스런 땅이름

이러한 사실은 옛 등대박물관 입구에 세워져 있는 '장기갑 호미등 (長鬐岬 虎尾燈)' 표지석에서 그 흔적을 찾을 수 있다. 여기에는 다음 과 같은 구절이 새겨져 있다.

옛 등대박물관 앞에 세워져 있는 '장기갑 호미등(長鬐岬虎尾燈)' 표지석의 모습으로, 여기에는 격암 남사고의 '산수비록'에 '호미등'이란 말이 나온다는 구절이 새겨져 있다. 하지만 '호미등'이란 것은 그 동네에 지세가 호랑이 꼬리를 닮은 고개(燈)가 있다는 뜻을 담은 지역적인 용어에 불과하므로, '토끼 꼬리'에 맞대응하는 한편 우리나라 전체 지형이 '호랑이 모양'이라는 데서 빗대어 등장한 '호미곶'이라는 용어와는 애당초 엄연히 구분되어야 하는 개념인 것이다.

대보(大甫)는 옛부터 자연경관 (自然景觀)이 수려(秀麗)하여 육당 최남선 선생(六堂 崔南善 先生)의 조선상식 지리편(朝鮮常識 地理篇)에 대한십경(大韓十景)의 하나로 기록(記錄)하고 있으며, 조선 명종조(朝鮮 明宗朝) 풍수지리학자(風水地理學者) 격암(格菴) 남사고(南師古) 산수비록(山水秘錄)에서도 이곳을 호미등(虎尾燈)이라 하여 범꼬리라 불렀다.

그리고 한글학회가 정리한 《한국지명총람》6(경북편) Ⅲ (1979년)에는 영일군의 지명에 대한 조사자료가 수록되어 있는데, 여길 보니 벌써 '호미등 (虎尾燈)'이라는 표현이 등장 한다. 이것 말고도 이 지역에는 '호랑이'와 관련된 지명들이 두루 나 타나는데, 그 내역을 옮겨보면 이러하다.

〔영일군 구룡포읍 구만리〕
─장기갑(長鬐岬)〔호미등, 뼈중다리〕〔곶〕구만이 북동쪽에 있는 곶이. 전에 장기군의 가장 북쪽 끝이 되었으며, 등대가 있음.
─장기갑등대(長鬐岬燈臺)〔구만리등대〕〔등대〕구만이 북동쪽 장기갑 에 있는 등대 2천 촉의 전광으로 12초마다 섬광을 발하여 30.9m의 지름거리

를 비추어 주고, 안개경보를 56초 간격으로 4초 동안씩 불어서 배의 통행을 도와줌. 고종 광무 5년(1901, 연도 표기 오류)에 일본장기상선학교(長崎商船學校) 실습반(實習班) 30여명이 응웅환(鷹雄丸, 쾌웅환의 잘못)을 타고 동해 연안의 어족과 수심을 조사하다가 이곳 암초에 걸려서 전원이 익사하였으므로, 일본의 요청에 의하여 그 이듬해(1902, 연도 표기 오류) 3월에 일본인 기술자를 시켜 착공해서 12월에 준공하였음. 이때 이 지방 사람들이, 호미등(虎尾嶝)에 불을 켜게 되면, 범이 꼬리를 흔들어서, 등대가 넘어져서, 이 부근이 모두 불바다가 될 것이라 하여, 이사하는 사람도 있었으며, 일본인 등대수(燈臺守)가 도임(到任)한 지 두어 달 만에, 어느 날 밤중에 괴한이 나타나서 그 등대수와 가족을 몰살시킨 일이 있었는데, 이것은 호미등에 불을 켠 천벌이라 하였음.


　〔영일군 동해면 대동배리〕
　-대동배리(大冬背里) 〔한달비, 한달비곶이, 대동배, 동을배, 동범배, 동을배환, 학달비리〕 〔리〕 본래 영일군 마산면의 지역으로서, 큰 산이 곶이를 이루었으므로 한달비곶이, 한달비, 또는 대동배, 동을배환, 동을배, 동범패, 대동배, 학달리라 하였는데 1914년 행정구역폐합에 따라 장천동을 병합하여 대동배동(리)이라 하여 동해면에 편입됨. 옛날부터 동을배 목장과 동을배 봉수대를 두어서 나라의 요지가 되었음.
　-대동배(大冬背) 〔마을〕 → 대동배리.
　-동범배(冬凡背) 〔마을〕 → 대동배리.
　-동을배(冬乙背) 〔마을〕 → 대동배리.
　-동을배환(冬乙背患) 〔마을〕 → 대동배리
　-목장(牧場) 〔터〕 한달비 동쪽에 있는 목장 터. 신라 때부터 이곳에 목장을 두어서 나라의 말을 길렀음.
　-범아구리〔호구산〕 〔산〕 한달비 남쪽에 있는 산. 모양이 범의 아가리처럼 생겼음.
　-학달비리(鶴達飛里) 〔마을〕 → 대동배리.
　-한달비 〔마을〕 → 대동배리.
　-호구산(虎口山) 〔산〕 → 범아구리.


한편, 이와 관련하여 1993년에 울진문화원에서 펴낸 《격암선생일

고역(格菴先生逸稿譯)》이란 책을 보니까 '격암산수비록'에 언급된 내용이 "창주봉래산하 유호미등명당(滄洲蓬萊山下 有虎尾嶝名堂)"이라고 소개되어 있다.[6] 보아하니 이것들이 바로 '호미곶'이라는 말이 생겨난 직접적인 근거이다.

더구나 이것은 '호미곶'이라는 명칭 자체가 단순히 코토 분지로의 '토끼형상론'에 대한 반론과 폐해가 크게 지적되면서 이에 대한 논란이 크게 불거지던 1990년대의 상황에서 급조되어 나온 것만은 아니라는 증명인 셈이기도 하다.

하지만 여기에도 크게 유의해야 할 대목이 들어 있다.

'호미등'은 과연 '호미곶'으로 곧바로 대체할 수 있는 개념이냐 하는 물음이 바로 그것이다. 말하자면 '호미등'이랄 때 '등(嶝)'은 고개를 말하는 것인데, 이것이 어찌 '해안'이나 '강'의 지형에 쓰이는 '곶(串)'이라는 이름으로 그대로 대체될 수 있는 것인지는 선뜻 이해하기 어렵다.[7]

아주 단순하게 말하여, '격암산수비록'의 구절은 창주지역의 어느 곳에 지세가 '호랑이 꼬리 모양인 고개'에 명당자리가 있다는 식의 설명인데, 어쨌거나 적어도 격암 남사고(格菴 南師古)가 말하는 '호미등'이라는 개념은 최남선의 발상처럼 우리나라의 모양을 빗대어 '호랑이'로 상정하고 그것의 꼬리 부분에 해당하는 곳이 영일만 장기현 일대라는 식의 — '글자 그대로' 거시적(巨視的)인 — 설명이 아니었던 것은 명백하다.

아닌 게 아니라 우리나라의 여느 고을치고 산자락의 지세가 '호랑이' 형상과 관련되거나 동네 이름에 호(虎)라는 글자가 들어가는 고유

---

6) 여기에서 말하는 '창주(滄洲)'는 지금의 '구룡포읍'을 포함하는 지역으로 예전 일제시대에 '창주면'이라는 지명이 있었던 것으로 확인된다. 다만 봉래산은 지금의 어느 산을 지칭하는지는 정확히 알지 못한다.

7) 가령 《세종실록》 세종 10년(1428년) 1월 4일자 '안면 광지곶의 백성들을 원하는 곳에 옮겨두게 하다'는 기사에는 "……물속으로 쑥 들어간 땅을 세속에서 곶(串)이라 한다(斗入水內之地 俗謂之串)"고 정의(定義)하고 있다.

제3부_땅이름에 관한 오해 혹은 진실

지명 한둘씩 없는 곳이 어디에 있는가 말이다. 전국에 두루 퍼져 있는 이러한 '호랑이' 관련 지명들이 백이면 백 가지 다 '한반도 맹호형상론'을 전제로 하여 생겨난 것이 전혀 아니라는 사실은 새삼 강조할 필요도 없을 것이다.

애당초 "호랑이 어쩌구"하는 얘기는 최남선 스스로가 적고 있듯이 지리 공부의 한 방편이라는 의미가 크고, 그것을 가급적이면 진취적 기상 같은 것을 표현하기 위해 토끼보다는 호랑이가 더 재미있고 적합하다는 관점에서 주장하고 창안된 것이었다. 그리고 그의 논지는 우리나라의 전체 모양을 따져 설명하는 것이기 때문에, 영일만 지역을 특정하여 호랑이 꼬리 운운한 사실은 물론 없었다. 더구나 그가 이곳의 지명 변천에 관심을 두고 '호미곶'이라야 맞다고 하거나 그 비슷한 소리라도 한 적은 결코 없었다.

그러니까 '호미곶'이라는 개념은 코토 분지로에 맞선 최남선의 아이디어에다 엉뚱하게도 후대 사람들이 짐짓 남사고의 문헌을 끌어대어 만든 현대적 창조물이라고 보는 것이 옳을 것 같다.

그렇다면 이곳의 원래 지명은 무엇일까?

조선 초기의 기록인 《세종실록지리지》와 《신증동국여지승람》에는 물론이고 조선 후기의 기록인 《대동지지》와 《대동여지도》 등에는 일일이 인용하는 것이 번거로울 만큼 무수하게 이곳을 '동을배곶(冬乙背串)'으로 적고 있다. 더구나 1899년에 간행된 《대한지지(大韓地誌)》에도 여전히 '동을배곶'으로 표기되어 있어서, 이 지명은 시대를 가리지 않고 한결같이 유지되었던 사실을 엿볼 수 있다.[8]

그런데 이 '동을배곶'이라는 명칭은 대한제국 시절에 이르러 '동외곶(冬外串)'이라는 이름으로 등장한다.

특히 《대한제국 관보》 1908년 12월 16일자에는 '관세국 고시 제58호' 한국동안경상북도동외곶등대(韓國東岸慶尙北道冬外串燈臺) 및 무적(霧笛)의 신설(新設)'이라는 내용이 수록되어 있는데, 여기에 바로 '동외곶'이라는 표현이 나온다.

이 등대는 지금의 '호미곶등대'를 말하는 것으로 그 전년도인 1907년에 발생했던 일본의 수산강습소 실습선 '쾌응환(快鷹丸)'의 조난사고가 이 등대를 서둘러 설치하는 직접적인 계기가 되었다고 전해진다.[9] 이보다 앞서 러일전쟁 때는 일본 해군이 '한국 동외곶(韓國 冬外串)'에 '동기 망루(冬埼 望樓)'를 설치하고 8명의 인원을 배치하여 1905년 8월 21일부터 운영을 시작했다는 기록도 눈에 띈다.

동외곶이라는 이름은 '동을배곶'에서 파생된 명칭으로 보이며, '동외곶등대'의 설치가 비록 한국통감부(韓國統監府)가 크게 위세를 떨치던 때에 이뤄진 것이긴 하지만, 그 명칭만큼은 일본식의 작명이 아니라 우리의 고유지명을 따랐음을 짐작할 수 있다.

그리고 이러한 이름은 경술국치 이후 일제강점기로 접어든 뒤에도 그대로 지켜졌다. 비록 그 무렵에 '동외곶'은 진즉에 일본식 명명법에 따라 '장기갑(長鬐岬)'으로 전환되어 부르게 되었으나, 그 앞에 있는 등대의 이름만큼은 한동안 계속 '동외곶등대'로 남아 있었던 것이다.

하지만《조선총독부 직원록》에 수록된 '조직분류표시'에 따르면, 체신국 아래에 소속된 '동외곶등대'라는 명칭은 1928년까지 그대로 등장하며, 1929년부터는 그 자리에 '장기갑등대'라는 명칭이 등장하는 걸로 봐서 이 무렵에 명칭 변경이 이뤄졌음을 알 수 있다. 식민통치자들의 입장에서 보자면 '장기갑'이라는 지명과 상충되는 '동외곶'이

---

8) 현채(玄采), 《대한지지(大韓地誌)》(1899)에는 '경상북도(慶尙北道)' 항목(pp. 117~118)에 다음과 같은 내용이 정리되어 있다.
　　"연일만(延日灣)은 본도 동해안(本道 東海岸) 연일군(延日郡)에 재(在)한 일대해만(一大海灣)이라. 기(其) 북단(北端)이 해중(海中)에 돌출(突出)한 처(處)를 동을배곶(冬乙背串)이라 칭(稱)하니 차(此)는 아방 남부(我邦 南部)의 최동단(最東端)이라. 만내(灣內)의 광(廣)이 수리(數里)에 긍(亙)하고 심(深)이 수십척(數十尺)인 고(故)로 상선(商船) 포함(砲艦)의 정계(碇繫)가 편리(便利)하나 연(然)하나 동북풍(東北風)은 피(避)하기 불편(不便)하며 만남안(灣南岸)은 구릉(丘陵) 강만(岡巒)이 고저기복(高低起伏)하고 서북안(西北岸)은 백사벽력(白沙碧礫)이 상련(相連)하여 풍광(風光)이 절승(絕勝)하고 동을배곶 남방(冬乙背串 南方)에 지전포(至錢浦)라 칭(稱)하는 소부두(小埠頭)가 유(有)하니라."

9) 현재 등대박물관(호미곶등대)과 그리 머지않은 '대보면 구만리 491-2번지' 해안에는 '수산강습소 실습선 쾌응환 조난기념비(水産講習所 實習船 快鷹丸 遭難紀念碑)'가 남아 있는데, 여기에는 조난일자가 "명치 40년(1907년) 9월 9일"이라는 사실과 더불어 조난자 4명의 명단이 함께 새겨져 있다.

제3부_땅이름에 관한 오해 혹은 진실

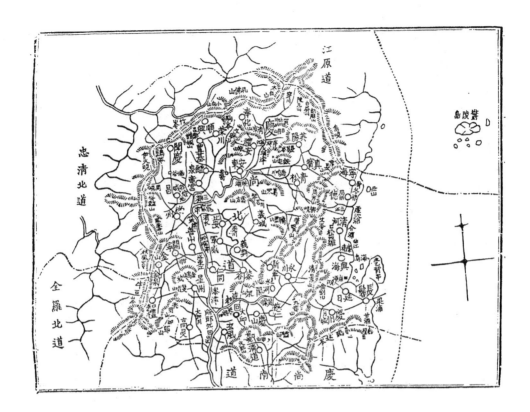

라는 이름이 생소하거나 불편하게 느껴졌을 수도 있었을 것이므로, 아마도 이러한 연유로 등대 이름도 '장기갑'이란 것으로 통일했을 가능성이 높지 않았나 여겨진다.

이에 관해서는 조선총독부 체신국 기수(技手)인 카나기 료노스케(金木良之助)가《조선(朝鮮)》1926년 3월호에 기고한 "조선연안(朝鮮沿岸)의 항만갑각(港灣岬角) 및 수도해협(水道海峽) 등의 명칭통일(名稱統一)에 대하여"라는 글에서 당시의 형편이 잘 드러나고 있다.

……또 언젠가 등대간수(燈臺看守)가 사직하게 되어 은급(恩級)을 청구하게 되었을 때에, '흑산도등대 근무 운운(黑山島燈臺 勤務 云云)'한 것이 있었던 것에 대해 은급국(恩級局)에서는 이 흑산도등대가 어느 섬에 있

'호미곶(虎尾串)', 암만 봐도 억지스런 땅이름

237

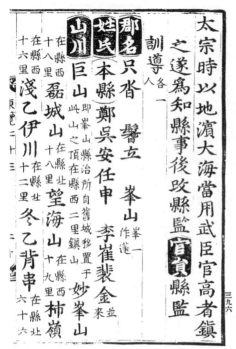

《신증동국여지승람》권23 '영일현'과 '장기현' 항목에는 '동을배곶'이라는 표현이 거듭 나온다. 이곳의 이름이 '동을배곶'이라는 것이 이처럼 명확한데, 왜 뜬금없는 '호미곶'이라는 이름이 그 자리를 꿰차고 있는 것일까?

《대한제국 관보》1908년 12월 16일자에 수록된 '관세국 고시 제58호'는 '동외곶등대'의 설치사실을 알리고 있다. '동외곶'은 '동을배곶'에서 파생된 명칭으로, 이 이름은 일제강점기로 접어든 이후에도 1928년까지 그대로 사용되었던 것으로 확인된다.

는 것인지를 질문해왔기에 조사해보았더니, 해도(海圖)의 흑산도(黑山島)는 지형도(地形圖)에는 소흑산도(小黑山島)라고 되어 있었습니다. 즉 섬 이름과 등대 이름이 일치하지 않았던 탓에 그 같은 의문이 일어났던 것이었습니다.

또 경북(慶北)의 동외곶등대(冬外串燈臺)는 장기갑(長鬐岬)의 끄트머리에 있는 것인데, 해도(海圖)에는 'Changii Kutsu'라고 영역(英譯)되어 있으나 항해자(航海者)는 동외곶(Togaikan)으로 부르며, 지형도(地形圖)에는 長鬐岬(장기갑, チャンキカブ)이라고 써 있습니다. 이와 같이 되어 있으므로, 한촌벽판(寒村僻阪)의 항만(港灣), 갑각(岬角), 도서(島嶼) 등에 이르면, 꽤나 복잡하게 되는 것입니다. 고(故)로 이들 명칭을 통일하여 금후(今後)에는 해도나 지도에 속하는 도면(圖面)의 간행(刊行)은 기본지도(基本地圖)에 의하여 일정하게 만들 필요가 있다고 생각하는 것입니다 (pp. 93~94).

그러니까 1929년부터는 등대 이름도 장기갑등대로 바뀌었고, 그 후로는 해방이 되고도 줄곧 이 이름이 사용되어졌다. 그러다가 '갑(岬)'이라는 것이 일본식 어법이라 하여 이를 '곶(串)'으로 바로잡은 것이 앞에서 얘기했다시피 광복 50주년이던 지난 1995년의 일이었다. 여기에 다시 2002년 2월에는 '장기곶등대'가 '호미곶등대'로 돌변하는 과정을 거쳤던 것이다.[10]

하지만 이러한 결정에 대해 너무 이해력이 부족한 것인지 아니면 마음씀씀이가 박한 것

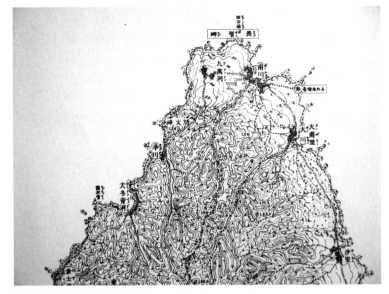

조선총독부가 펴낸《대정4년측도 지형도》에는 '장기갑(長鬐岬)'이라는 지명과 '동외곶등대(冬外串燈臺)'라는 이름이 동시에 등장한다. 하지만 서로 다른 지명이 불편(?)하다고 느낀 것인지 조선총독부는 1929년 이후 '동외곶등대'를 '장기갑등대'로 고쳐 명칭을 통일함에 따라 '동외곶'이라는 지명은 완전히 역사 속으로 사라지고 말았다.

인지는 모르겠으나, 아무리 곰곰이 되새겨보아도 '호미곶'이라는 이름의 정당한 근거를 찾기도 어렵거니와 이것이 참으로 터무니없고 엉터리라는 생각이 자꾸 드는 것은 무슨 까닭일까?

누구나 고지도와 옛 자료를 한번만 뒤져봐도 조선시대를 관통하여 이곳이 내내 '동을배곶'이라는 단 하나의 지명으로 불렸다는 사실이 너무도 명백한 마당에, 왜 이 이름은 굳이 마다하고 정체불명의 '호미곶'이라는 이름은 선뜻 받아들인 것인지 참으로 이해하기 어렵다.

모름지기 호미곶은 일제잔재를 걷어내야 한다는 우리 시대의 강박관념(?)이 만들어낸 부산물이 아니었을까? 그리고 최남선의 '맹호형상도'가 우리 영토와 역사의 영역을 한반도 안으로 국한시켜버리는 자가당착에 빠지게 만들 수도 있다는 누군가의 지적을 새삼 상기시키지 않더라도, 우리나라가 '호랑이 모양'이라는 관념의 유용성과 그 한계

10) 그런데 이 대목에서 정작 전형적인 일본식 작명법에 따른 울산의 '울기등대(蔚埼燈臺)'와 같은 사례는 지금도 여전히 그 이름이 고쳐지지 못한 상태로 방치되고 있다는 사실도 함께 지적되어야 할 것이다.

'호미곶(虎尾串)', 암만 봐도 억지스런 땅이름

가 무엇인지는 한번쯤 깊이 고민해볼 필요가 있을 것이다.

그나저나 '동을배곶(冬乙背串)'이라는 원래의 지명을 찾아주는 일에는 왜 그리 다들 인색한 것일까? (2005. 5. 26)

# 일본인들은 한때 '동외곶(冬外串)'을
# '쌀의 코(米ゕ鼻)'라고 불렀다

경북 포항의 '호미곶(虎尾串)'이라는 작명은 그다지 근거가 없거나, 자못 터무니없기까지 하다는 얘기는 본문에서 이미 지적한 바 있으며, 이곳의 지명 변천이 "동을배곶(冬乙背串) → 동외곶(冬外串) → 장기갑(長鬐岬) → 장기곶(長鬐串) → 호미곶(虎尾串)"으로 이뤄진 사실도 소개하였다.

그런데 대한제국 시절 농상공부 수산국이 편찬한《한국수산지(韓國水産誌)》제2집(1910년 5월) pp. 474~475에 보면 다음과 같은 내용이 보인다. 여기에는 특이하게도 일본인들이 동외곶 지역을 일컬어 '쌀의 코(요네카하나)'라는 지명으로 불렀다는 사실이 채록되어 있다.

> 〔제5절 영일군(迎日郡)〕……북은 흥해군(興海郡)에, 서는 경주군(慶州郡)에, 남은 장기군(長鬐郡)에 접하고, 삼면으로 산을 등지고 북과 서는 죽림산맥(竹林山脈) 및 형산맥(兄山脈)이 연호하여 흥해(興海), 경주(慶州) 양군의 경계를 나누며, 남은 기림사(祇林寺) 뒷산에서 뻗어 내린 마운산맥(馬雲山脈)이 동으로 돌출하여 반도(半島)를 형성하여, 그 갑각(岬角)을 동외곶(冬外串)이라 하고, 일본인은 이를 '쌀의 코(米ゕ鼻, 요네카하나)'라고 부르며, 흥해군 달만갑(達萬岬)과 상대하여 큰 만(灣)을 이뤄 이를 영일만(迎日灣)이라고 칭하는데……(하략).

물론 이때에도 원래의 지명인 '동외곶'이라는 이름과 더불어 일본인들이 새로 붙여놓은 '장기갑'이라는 명칭도 거의 같은 비중으로 함께 사용되고 있었다. 가령 등대의 이름으로는 '동외곶'이라는 명칭이 1928년까지 줄곧 사용되다가 그 이후에 '장기갑등대'라는 이름으로 대체되는 과정을 거쳤던 것으로 확인된다.

그런데 여기에서 말하는 '쌀의 코'라는 것은 어떤 의미를 지닌 말일까?

이에 대해서는 다음의 몇 가지 용례를 통해 그 대답을 가늠할 수 있다. 우선《한국수산지(韓國水産誌)》제1집(1908년 12월)에는 "(p.55) 무수단(舞水端)—토명(土名)을 무시곶(茂時串)으로 칭하며, 일본 어부(日本漁夫)는 '명천(明川)의 코(鼻)'라고 부르는데, 북관항로 중 항해자의 목표가 되어 가장 중요한 갑각(岬角)으로 부근에 암초가 있어 주의를 요한다"는 구절이 포함되어 있다. 이것을 보면 육지에서 좀 튀어나온 형상인 곳에다 흔히 '코(鼻, 하나)'라는 이름을 붙였던 일본 어부들의 용법을 어느 정도 짐작할 수는 있을 것 같다. 따라서 '쌀의 코(米ガ鼻)'라는 것도 그러한 용법의 하나로 파악된다.

다시 《한국수산지(韓國水産誌)》 제2집(1910년 5월)에 보면, 경남 동래부 사중면 절영도(즉 지금의 부산 영도) 항목에 '주비(洲鼻, 스하나 또는 스바나로 읽음)'라는 지명이 나오고 이를 달리 '주갑(洲岬)'이라고 표기한 것이 들어 있다. 그리고 《한국수산지(韓國水産誌)》 제3집(1910년 10월)에 보면, 전남 무안군 군내면 목포구 안에도 '박비(泊鼻, 도마리하나로 읽음)'라는 지명이 등장하는 것을 찾아낼 수 있다. 이로 미뤄보면 '비(鼻)'는 '갑(岬)'이나 '곶(串)'의 대용어 의미로 일본인들에게는 흔히 사용되던 용법의 하나인 듯이 보인다.

제법 두툼한 일본어사전을 뒤져보니, '하나(鼻)'는 '하나(端)'와 같은 발음에다 거기에 어원을 둔 뜻을 갖고 있다고 풀이되어 있다. 즉 '하나(端)'는 튀어나온 곳, 갑(岬)이랑 암벽의 끝자락을 가리키는 용어이다.

# 15

## 가수 배호는
## '삼각지(三角地)'의 유래를 알았을까?

| 일제가 이 땅에 남겨놓은 '세모꼴' 지명의 흔적 |

삼각지 로타리에 궂은비는 오는데
잃어버린 그 사랑을 아쉬워하며
비에 젖어 한숨짓는 외로운 사나이가
서글피 찾아왔다 울고 가는 삼각지

삼각지 로타리를 헤매 도는 이 발길
떠나버린 그 사랑을 그리워하며
눈물 젖어 불러보는 외로운 사나이가
남 몰래 찾아왔다 돌아가는 삼각지

이것은 혜성처럼 나타나 전설로 사라진 가수 배호(裵湖, 1942~1971)
가 부른 '돌아가는 삼각지'의 노랫말이다. 이 노래의 취입은 1967년 3

월 16일에 있었고, 그 해 1월 27일에 막 착공한 삼각지 입체교차로 건설 공사와 맞물려 순식간에 빅히트곡이 되었다.

비운의 스타가수는 채 서른을 넘기지 못하고 이내 세상을 떠났고, 노래의 유행과 더불어 유명세에 상승작용을 일으켰던 '돌아가는' 입체교차로는 그 후 요절가수의 생애만큼이나 짧은 27년간의 세월을 마감하고 1994년에 헐려 사라지고 말았다. 하지만 노래는 여전히 사람들의 입에서 맴돌고 '삼각지'라는 지명은 지하철 4호선과 6호선의 교차역 이름으로 고스란히 채택되어 예나 지금이나 여전하다.

그렇다면 이 '삼각지'란 것은 도대체 언제부터 사용되었으며 어떻게 생겨난 말일까?

글자 그대로 풀이하자면 삼각지(三角地)는 '세모꼴로 생긴 땅'이라는 뜻이다. 그리고 여기에는 몇 가지 어원풀이가 있는 듯하다.

먼저, 한글학회에서 펴낸 《한국지명총람 I : 서울편》(한글학회, 1966)에는 '한강1가로동' 항목(189쪽)에서 삼각지를 이렇게 설명하고 있다.

> 삼각지(三角地) 〔길〕 한강, 서울역, 이태원 쪽으로 통하는 세 갈래 길.

서울특별시사편찬위원회의 《동명연혁고(V) 용산구 편》(서울특별시, 1980)에 수록된 '한강로1가' 항목(146쪽)에서도 이와 비슷한 설명이 보인다.

> 삼각지란 원래 한강 서울역 이태원 방면으로 통하는 세모난 땅이란 데에서 나온 지명이지만 현재는 사각지(四角地)라고 해야만 할 것이다.

이러한 설명에서 보면, 삼각지란 것을 대체로 '삼거리'와 동일한 의미로 파악하고 있는 듯한 인상이다. 하지만 삼각지는 삼거리나 사거리와 같은 길의 갈래를 뜻하는 것과는 전혀 무관한 용어이며, 더구나 삼각지는 실제로도 삼거리가 아니라 처음부터 '사거리'(보기에 따라서는 '오거리')의 형태를 이루고 있었으므로 이러한 설명을 곧이곧대로 따르기는 어렵다.

한편, 《주간한국》 제1883호(2001년 8월 9일자)에 수록된 이홍환 선생의 연재물 "땅이름과 역사"(79쪽)에서는 '용산구 삼각지'의 지명 유래에 대해 이렇게 설명하고 있다.

……오늘날과 같이 한강 기적의 상징처럼 각인되고 있는 이촌동 지역의 개발이 있기 훨씬 이전에는 한강이 범람하면 말 그대로 삼각지 일대는 물바다였다. 한강물이 상습적으로 들락거리다 보니, 늪지대로 습지(濕地)일 수밖에 없었던 것. 그래서 억새풀이 우거진 습한 이 늪지를 두고 '새펄'이라 불렀다. 이 '새펄'이 세월이 흐르면서 '새펄―새뻘―세뻘'로 된소리 발음되다 모음발성음으로 인해 '세뿔', '세뿔' 했던 것. 이 '세뿔'이라는 땅이름을 일제가 우리 국토를 유린, 토지조사사업을 하면서 '세뿔'은 곧 '삼각(三角)'이라 한 것이 삼각지(三角地)라는 땅이름을 얻게 된 것이다(또, 서쪽에는 철도가 지나고 있어, 한강, 서울역, 이태원 쪽으로 통하는 세 갈래

《한국일보》 1968년 4월 28일자에 수록된(완공 직후의) 삼각지 입체교차로 일대의 항공사진이다. "3억 원짜리 '도너트', 혹평을 받은 작품이지만 하늘에서 본 삼각지입체교차로는 그런대로 볼품이 있다"고 적은 설명문이 흥미롭다.

길이라는 뜻으로 '삼각지'라고 하나 큰 설득력이 없다).

그리고 근년에 나온 다큐인포, 《부끄러운 미군문화 답사기》(북이즈, 2004)에도 거의 동일한 지명 유래를 따르고 있는 것이 보인다.

(41쪽) ……그런데 이 지명 이름이 일제 때 우리말 지명의 뜻을 제대로 몰랐던 일제에 의해 한자로 표현되면서 잘못 옮겨졌다고 한다. 원래 삼각지의 고유지명인 '새벌'(억세 벌판)은 경기 지방 방언으로 '새뿔'이라고 불렸었고, 새(세)를 삼(三)으로, 뿔(벌)을 각(角)으로 표현하여 삼각지로 불렸다고 한다. 그 이름에서부터 삼각지의 얽힌 실타래가 꼬이기 시작했는지도 모른다.

하지만 새뻘에서 세뿔로 발음이 바뀌고, 이것이 다시 일제에 의해 잘못 채록되어진 결과로 삼각지라는 지명이 생겨났다는 설명은 받아들이기 어려운 해석이다. 특히, 세뿔에서 한자어 '삼각(三角)'으로 전환되었다고 하는 대목에서는 논리의 비약이 심하다.

여기에서 말하는 새뻘은 지금의 이촌동 일대를 일컫던 새푸리(新草里), 새평리(沙平里), 사원(沙原, 새벌) 등의 속칭과 관계된 것일 뿐이며, 지금의 '삼각지' 부근과는 여러모로 거리가 먼 지명인 것은 분명하다. 이러한 점은 1914년 4월 1일자로 조선총독부 경기도 고시 제7호에 따라 '경성부정동(京城府町洞)의 명칭 및 구역'이 변경될 때 "신초리(新草里), 사촌리(沙村里), 신촌리(新村里)는 이촌동(二村洞)"에 귀속된 반면, 정작 삼각지가 위치한 "한강통(漢江通)은 원흥동(元興洞), 이태원동(梨泰院洞)"을 관할구역으로 한다고 적시한 사실에서도 거듭 확인된다.

그럼 삼각지란 것이 삼거리를 뜻하는 것도 아니며 새뻘에서 파생된 이름도 아니라면, 이 말은 도대체 어떻게 생겨난 것일까?

모르긴 해도 삼각지의 이름에 얽힌 수수께끼는 경부선(경인선) 철도와 한강로가 이 부근을 함께 지나면서 만들어낸 '세모꼴' 지형과 도로

구조에 주목하는 것으로 풀어나가야 할 듯싶다.

이를테면 서울역 방면에서 곧장 내려오는 철도와 한강로 도로가 용산역 방면으로 이어지기 전에 크게 꺾어진 위치가 바로 지금의 삼각지이다. 이러한 도로구조 탓에 이곳에는 우연찮게도 꽤 너른 '세모꼴 광장'이 형성되기에 이른다. 이러한 사실은 이 무렵에 제작된 용산 일대의 시가지도를 한번만 살펴봐도 금세 확인할 수 있는 일이다.

이곳을 '삼각지'로 일컫는 까닭은 필시 여기에서 비롯된 일인 것 같다. 더구나 이 지점을 이태원 쪽에서 철길을 건너 원효로 방면(지금의 용산구청 방향)으로 이어지는 도로가 비스듬히 가로지르면서 군데군데 세모꼴 지형으로 잘라 놓았던 것이다. 따라서 이 일대에 '세모꼴' 지형과 관련된 지명이 자주 발견되는 것은 자연스런 일이다. 물론 그것

1974년 7월 20일에 삼각지 건널목이 폐쇄되고 이곳에는 철로 위를 지나는 고가도로가 건설되었다. 경부선 철로를 가로질렀던 이 길은 이미 1910년 이전부터도 존재하고 있었다. 다시 말하여 삼각지는 애당초 세 갈래 길이 아니라 처음부터 네 갈래 길의 형태를 띠고 있었던 것이다.

들이 한결같이 일본인들의 작품이란 것이 문제이긴 하지만 말이다.

가령 오무라 토모노죠(大村友之丞)의 《경성회고록(京城回顧錄)》(조선연구회, 1922)에 보면, 1910년 9월에 경성거류민단(京城居留民團)에서 제정 고시한 '용산구시가신정명(龍山舊市街新町名)'이 소개되어 있다. 이 가운데 특히 삼각지형과 관련된 지역으로는 다음과 같은 사례가 있었다.

〔쿄마치(京町)〕 칸코도리(漢江通) 3, 4쵸메 중앙에서 모토마치(元町) 4쵸메 중간에 접속됨.
〔스에히로쵸(末廣町)〕 쿄마치(京町) 북측 모토마치(元町) 4쵸네 및 경부선과의 중앙삼각지(中央三角地)
〔히가시쵸(東町)〕 쿄마치(京町) 남측 문평산(文平山) 및 경부선과의 중간삼각지(中間三角地)
〔야나기쵸(柳町)〕 15칸 도로 삼각지(三角地)에서 일한와사회사(日韓瓦斯會社)를 거쳐 군사령관관저 앞에 이름.[1]

여기에서 말하는 '쿄마치'는 지금의 삼각지 교차로에서 경부선 철길을 가로질러 용산구청 앞으로 연결되는 '백범로' 일대를 가리킨다. 이 동네의 존재는 곧 1910년 이전에 이미 삼각지 교차로는 '사거리'의 형태를 갖추고 있었음을 뜻한다. 그러니까 삼각지의 유래와 관련하여 "세 갈래 길…… 운운"하는 발상은 그다지 설득력이 없다는 것이 저절로 입증되는 셈이다.

그런데 쿄마치를 사이에 두고 남북대칭으로 자리한 '스에히로쵸'와 '히가시쵸'는 모두 경부선 철로를 끼고 삼각지(三角地)를 형성하고 있

---

1) 여기에 나오는 '용산구시가'는 곧 '구용산' 지역을 말한다. 그 당시 일본인들은 옛 용산 즉 지금의 원효로 방면을 일컬어 '구용산(舊龍山)'이라고 불렀고, 러일전쟁 이후 본격적으로 개척된 경부선 철도의 동편 즉 지금의 한강로 주변과 용산기지 일대를 '신용산(新龍山)'이라고 각각 구분하여 불렀다. 한편, 여기에 등장하는 쿄마치, 스에히로쵸, 히가시쵸는 1914년 4월 1일자로 '경성부 정동(京城府 町洞)'의 명칭 및 구역'의 개정이 이뤄질 때 세 곳을 묶어 '쿄마치(京町)' 하나로 통합되었다가 해방 이후 왜색지명 일소과정에서 '문배동(文培洞)'으로 이름이 고쳐진 지역을 말한다.

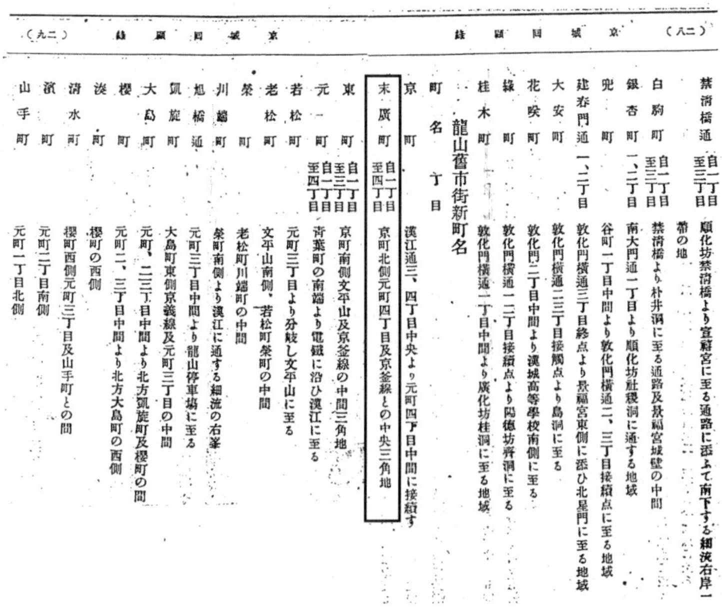
(二八) 京城回顧録

禁淸橋通 自一丁目 至三丁目 順化坊禁淸橋より宣禧宮に至る通路に添ふて南下する細流右岸一帶の地
白駒町 自一丁目 至三丁目 禁淸橋より朴井洞に至る通路及景福宮城壁の中間
銀杏町 一、二丁目 南大門通一丁目より順化坊社稷洞に通する地域
兜町 谷町一丁目中間より敦化門横通二、三丁目接續点に至る地域
建春門通 一、二丁目 敦化門横通三丁目終点より景福宮東側に添ひ北星門に至る地域
大安町 敦化門横通二三丁目接觸点より島洞に至る
花咲町 敦化門二丁目中間より漢城高等學校南側に至る
綠町 敦化門横通一二丁目接續点より陽德坊齊洞に至る
桂木町 敦化門横通一丁目中間より廣化坊桂洞に至る地域

龍山舊市街新町名

町名 丁目
京町 漢江通三、四丁目中央より元町四丁目中間に接續す
末廣町 自一丁目 至四丁目 京町北側元町四丁目及京釜線との中央三角地

(二九) 京城回顧録

東町 自一丁目 至三丁目 京町南側文平山及京釜線の中間三角地
元町 自一丁目 至四丁目 靑葉町の南端より電鐵に沿ひ漢江に至る
若松町 元町三丁目より分岐し文平山に至る
老松町 文平山南側、若松町榮町の中間
榮町 老松町川端町の中間
川端町 榮町南側より漢江に通する細流の右峯
旭橋通 元町三丁目中間より龍山停車場に至る
凱旋町 大島町東側京義線及元町三丁目の中間
大島町 元町、二三丁目中間より北方凱旋町及櫻町の間
櫻町 元町二、三丁目中間より北方大島町の西側
湊町 櫻町の西側
淸水町 櫻町西側元町三丁目及山手町との間
濱町 元町二丁目南側
山手町 元町一丁目北側

《경성회고록》(1922)에는 1910년 9월에 새로 제정 고시된 '용산구시가신정명(龍山舊市街新町名)'이 소개되어 있다. 이 가운데 스에히로쵸(末廣町)에 대해 '쿄마치 북측 모토마치 4쵸메 및 경부선과의 중앙삼각지(中央三角地)'라고 설명하고 있다. '스에히로쵸'라는 말 역시 '부채꼴'을 가리키는 것으로 '삼각정(三角町)'과도 뜻이 통하는 말이다.

다는 설명이 눈길을 끈다. 쿄마치의 북쪽에 자리한 '스에히로쵸(末廣町)'는 '(끝이 넓어지는) 부채꼴' 모양의 동네를 가리키는데, 일본 내에서도 세모꼴로 생긴 마을을 부를 때 자주 사용되곤 하는 지명이다.

요컨대 지금의 '삼각지' 부근이 이 이름을 얻기 이전에도 용산 일대에서 '삼각지'라고 표현되고 있는 지역들이 두루 존재했던 것은 분명한 사실이다.

그렇다면 지금의 삼각지는 정작 언제부터 삼각지였던 것일까?

《경성부사(京城府史)》 제2권(1936)에 정리된 내용에 따르면, 서울역 쪽에서 한강로로 이어지는 대로(大路)가 완성된 것은 러일전쟁 이후 일본군 진영이 막 구축될 무렵인 1906년 6월이라고 전한다. 삼각지란 것은 경부선철도와 한강로가 나란히 내려오다가 크게 꺾어진 지점에서 만들어진 세모꼴 지형에서 유래된 것이라고 보면, 이 말은 적어도 이 시기 이후에나 정착되는 것으로 볼 수 있을 것이다.

《병합기념조선사진첩》(신반도사, 1910)에 수록된 '테라우치통감 신임 피로회장(용산통감관저)' 안내 약도에 보면 지금의 삼각지 자리에 '삼각도(三角道)'라는 표시가 등장한다.

경성부가 1927년 2월에 정리한 《경성도시계획자료조사서》(248쪽)에 보면, "명치 41년(즉 1908년), 신용산 한강통 삼각지(新龍山 漢江通 三角地), 총면적 500평, 광장으로서 설비는 없음"이라고 하여 이곳에 '운동장(運動場)'이 설치되었음을 나타내고 있다. 하지만 이 기록만 가지고는 그 당시부터 이곳을 '삼각지'라고 불렀는지는 분명히 확인할 수 없는 상태이다.

어쨌거나 삼각지라는 표현이 정식지명으로 채택된 적은 없었고, 그저 일본인들 사이의 속칭(俗稱)으로 통용된 탓인지 처음부터 통일된 표기가 사용되었던 것은 아니었던 모양이다.

이른바 '한일합방' 직후에 발행된 《병합기념조선사진첩》(신반도사, 1910)은 그러한 흔적을 담고 있는 확실한 자료의 하나이다. 여기에는 '테라우치통감 신임 피로회장' 안내약도가 그려진 것이 수록되어 있는데, 남대문 방향에서 용산통감관저(龍山統監官邸)에 이르는 행로가 나오고 지금의 삼각지 자리에 '삼각도(三角道)'라고 표시해놓은 것이 눈에 띈다. 이것이 아마도 삼각지와 관련한 지명 표기에 있어서 가장 빠른 시기의 용례가 아닌가 싶다.

이와 아울러 이 이후의 시기에 있어서는 삼각통(三角通), 삼각공원(三角公園), 삼각정(三角町), 삼각지점(三角地點), 삼각도로(三角道路)와 같은 용어들이 두루 사용되고 있는 것을 확인할 수 있다.

예를 들어 오카 료스케(岡良助)의 《경성번창기(京城繁昌記)》(박문사, 1915)에는 '전차정류장일람도'(160쪽)가 수록되어 있는 바 신용산

250

종점으로 내려가는 전차선로의 정류장 이름에 '삼 각도로'라고 표시되어 있는 것이 눈에 띈다. 그리 고 아베 타츠노스케(阿部辰之助)의 《대륙지경성 (大陸之京城)》(경성조사회, 1918)에 수록된 '경성시 가도로' 항목(252쪽)에는 다음과 같은 내용이 보 인다.

〔선로명〕 경성전량교선(京城全良橋線)
〔기점(起點)〕 원표(元標)
〔종점(終點)〕 한강통부계(漢江通府界)
〔경과지명(經過地名)〕 태평통(太平通), 남대문통 (南大門通) 5, 고시정(古市町, 후루이치마치), 강기 정(岡崎町, 오카자키쵸), 한강통 삼각공원(漢江通 三 角公園)에서 좌로 꺾어 한지면계(漢芝面界)에 이름.

이 노선은 다시 말하여 광화문네거리 도로원표 에서 태평로를 따라 내려와서 서울역 앞을 거쳐 한강로로 이어지다가 다시 '삼각지'에서 좌로 꺾 어져 이태원 방향의 한 지면과의 경계선까지 이르 는 길을 말한다. 여기서는 삼각지 대신에 '삼각공 원'이라는 표기를 사용하고 있는 것이 특이하다. 아마도 이 무렵에 삼 각지의 일부분을 활용하여 공원이 조성되어 있었던 것이 아닌가 추측 할 따름이다.

이것 말고도 삼각지 일대를 '삼각정(三角町)'이라고 표기한 사례도 심심찮게 발견된다. 가령 《시대일보》 1924년 9월 4일자에 수록된 "행 정구역정리(行政區域整理), 한강통 부근과 육군관사 근방"이라는 기 사에는 다음과 같은 내용이 나온다.

용산 한강통은 구역이 너무 광범하고 번지가 복잡하여 공사 간 불편한 일

《조선일보》1938년 10월 14일자는 삼각지교차로를 '로타리식'으로 교체하는 공사가 시작되었다는 사실을 알리고 있다. 그러니까 '삼각지로타리'의 이미지는 이때부터 생겨난 일이다.

이 적지 않고 더욱 육군관사 부근은 육군 독특한 칭호로써 부르게 되었는데 경성부에서는 그 관할지와 동명을 조사한 후 행정구역을 정리할 예정으로 목하 조사 중인 바 연병정(練兵町), 경정(京町), 삼각정(三角町)은 이미 그대로 굳어버렸으므로 그대로 두고 가장 복잡한 한강통은 일정목에서 삼정목으로 제정하고 육군관사방면은 독특한 정명을 붙이려고 계획 중이라 한다.

이와 같은 자료들을 죽 훑어보면, '통칭(通稱)' 삼각지라는 지명은 1920년대 초반 무렵에 완전히 정착되는 것으로 판단된다. 특히 을축대홍수가 일어났던 1925년에는 이곳까지 물이 차올랐고, 피난민들이 자연스레 이곳으로 몰려들었던 탓에 '삼각지'라는 용어가 자주 신문지상에 오르내렸던 것을 확인할 수 있다.

그리고 삼각지 하면 무엇보다도 퍼뜩 떠오르는 말은 '삼각지 로타리'이다.

삼각지교차로가 '로타리'로 변신한 것은 1939년 봄의 일이었다. 로타리 설치 공사는 전년도 여름부터 공사가 시작되어 1939년 4월말에 완공을 보았던 것으로 알려진다. 《조선일보》 1938년 10월 14일자에 수록된 "용산 삼각지(龍山 三角地)에도 로타리식(式) 교통로 착공, 분수탑(噴水塔)도 금월 내에는 준공"이라는 기사는 당시의 상황을 이렇게 전하고 있다.

〔경남(京南)〕 병참적 대륙도시(兵站的 大陸都市)로 나날이 뻗어나가는 대경성의 약진에 호응하여 경성부에서는 교통량의 격증에서 일어나는 교통사고의 방알과 근대도시로서의 미관을 보지할 계획으로 시내 번화한 네거리마다 순차로 "로타리"식(循環路式) 교통정리 도로를 설치하고 있는데 벌써 서문의 십자로와 대조선은행 앞에는 십만 원을 들여 최근 완성되었고 경성의 남쪽 관문이라 할 용산 삼각지(三角地)에는 또한 이곳이 장차 남산주회도로(南山週廻道路)에 입구가 되는 반면에 경남 일대로서는 제일 교통이 번잡하여 총 공비 오만여 원을 들여 지난 여름부터 "로타리"식으로 꾸미고 있는데 넓은 길 한복판에는 녹청(綠靑)에 주린 이곳 주민들의 일대 위안을

주고저 "프라탄"을 심고 또 한편에는 보기 좋은 분수탑(噴水塔)까지 신설하여 전부 금월 안으로 낙성될 터이라 한다.


이때에 생겨난 삼각지 로타리는 해방 이후에도 그대로 존속되었다가 1967년에 입체교차로가 들어서면서 재변신하였고, 1994년에 이르러 마침내 이 입체교차로마저 철거되면서 다시 평범한 네거리 교차로로 환원되는 과정을 거쳤다.

그런데 이 삼각지라는 명칭을 왜색지명으로 분류할 수 있다고 보는 까닭은 무엇일까?

말하자면 삼각지가 단순히 '세모꼴'의 지형을 지칭하는 것에 지나지 않는 개념이라면, 설령 그것이 일본인들에 의해 처음 불리기 시작했다 할지라도 그것 때문에 딱히 왜식지명으로 단정하는 것은 좀 지나친 발상은 아닐까?

하지만 이에 대한 대답은 다시 되짚어봐도 여전히 변함이 없다. 분명히 그렇다는 것이다.

앞에서 보았듯이 '스에히로쵸(末廣町)'처럼 세모꼴 지형에 으레 이런 식의 이름을 붙이길 좋아하는 것이 일본인들의 습관인 것은 분명하다. 삼각지(三角地) 역시 그러한 관행의 연장선상에서 나온 지명이라 할 것이다.

아닌 게 아니라 일제강점기에는 그네들의 방식으로 세모꼴 지형의 지명을 정해놓은 곳이 '삼각지' 말고도 더 있었다.

우선, 청계천 광교와 장교 아래에 붙어 있는 '삼각정(三角町)'이 그 하나였다. 이곳은 원래 '굽은다리'가 있었다 하여 곡교동(曲橋洞)이라고 했던 지역이었으나, 식민통치자들이 이곳을 청계천 본류와 무교동 방면에서 흘러 내려온 지류가 합쳐지는 지형으로 그 모양이 세모꼴이라고 하여 '삼각정'이라고 고쳐 불렀던 것으로 알려진다.

세모꼴인 탓에 이를 '삼각정'으로 고쳐 부른 것이 언뜻 보아 그다지 이상한 일은 아닌 듯이 보인다. 하지만 문제는 그리 간단하지 않다.

《경성과 인천》(1929)에 수록된 광화문통 전경사진에는 조선총독부 청사 너머로 백악(즉 북악)이 보인다. 일제강점기에 이른바 '내지인들'은 그네들의 오랜 습성대로 이 산이 세모꼴이라는 이유로 줄곧 이를 '삼각산(三角山)'으로 불렀다. 바로 그 뒤에 '오리지널' 삼각산(즉 북한산)이 따로 있다는 사실을 뻔히 알고도 말이다.

이 '삼각정'이라는 표현은 '산카쿠쵸' 또는 '미스미마치'라고 하여 일본 내에서도 세모꼴 지형으로 생긴 동네의 이름을 정할 때에 곧잘 사용하는 일본식 지명에서 따온 명칭이었다. 말하자면 그네들이 익숙한 지명을 그대로 가져와 식민지에 정착시킨 경우라고 보면 틀림이 없을 것이다.[2]

우리가 흔히 백악(白岳) 또는 북악산(北岳山)이라고 부르는 산의 이름을 고쳐 '삼각산(三角山)'이라고 불렀던 것도 세모꼴 지명에 관한 또 다른 사례이다.

삼각산이라 하면 원래 "가노라 삼각산아, 다시 보자 한강수야" 하는

---

2) 참으로 아쉬운 사실은 그럼에도 불구하고 이 삼각정(三角町)이라는 이름은 해방 이후에도 '삼각동(三角洞)'이라고만 이름이 고쳐져 지금까지 그대로 사용되고 있다는 점이다. 해방 직후 왜색지명 일소작업이 벌어질 때 "이 삼각정은 옛 이름을 따라 '곡교동(曲橋洞)'으로 고쳐져야 한다"는 제안이 구체화한 적이 있었으나, 삼각동이라는 이름 자체가 그다지 왜색지명의 의혹이 없다고 판단했던 탓인지 이 안은 끝내 받아들여지지 않았다. 하지만 이 이름은 일본식 지명에서 유래한 것이 분명한 만큼 서둘러 폐기되는 것이 마땅하리라고 생각하는 바이다.

시조에서 보듯이 북한산(北漢山)의 본디 이름인데, 이것에는 구애되지 않고 일본인들 사이에는 거의 예외 없이 북악을 일컬어 '삼각산(三角山)'이라는 이름이 통용되고 있었던 것이다.

이에 대해 이마무라 토모(今村鞆)는《조선급만주(朝鮮及滿洲)》1933년 10월호에 기고한 "경성부근(京城附近)의 산명계몽록(山名啓蒙錄)"이라는 글을 통해 이렇게 설명했다.

[북악(北嶽)] 이것은 총독부의 후방에 약간 삼각형을 이룬 산의 본 이름이다. 다른 이름은 백악(白嶽), 고려시대의 이름 면악(面嶽)이다. 동월(董越)《조선부(朝鮮賦)》에 …… 북악후종궁전증휘(北岳後從宮殿增輝)…… 가 있다. 이 산을 대다수 내지인(內地人)은 삼각산(三角山)이라고 불러왔으며, 요즘에는 삼각산으로 통하고 있다. 요사이 내지인뿐만 아니라 조선의 아동들도 그 얘기에 감염되어 삼각산이라고 부르는 사람들도 있다. 인간에게 닉네임이 있는 것과 같이 산에도 속칭(俗稱)이 있대도 지장이 없는 것이나, 삼각산으로 부르는 산은 따로 부근에 저명한 것이 있으므로 크게 지장이 있어, 향후 본 이름인 북악이라고 불러야 하는 것이다. "북악(北嶽)은 석면(石面, 바위가 드러나 있다는 뜻)이라서 붕당(朋黨)이 끊이질 않는다"는 등의 말이 있었으니까 예로부터 산은 벗겨져 있었던 것이다.

[삼각산(三角山)] 지금의 통칭 북한산(北漢山), 일명 화산(華山), 신라시대의 명칭 부아산(負兒山), 조선의 옛날에는 기하학(幾何學)의 삼각형을 삼각(三角)이라고 불렀던 예는 없어, 이 삼각산의 명칭은 3개의 뿔(角, 츠노) 또는 모서리(角, 카도)인데, 예전의 이 산 그림을 보면 지금보다는 훨씬 더 뾰족한 봉우리 셋이 명확하게 있었으므로 이러한 명칭이 되고……(하략).

이것뿐만이 아니라 일제강점기에 발행된 경성 관련 역사서와 안내 책자들에는 총독부가 있던 경복궁의 뒷산을 가리켜 이른바 내지인(內地人)은 거의 예외 없이 '삼각산'으로 부른다는 사실이 자주 등장한다. 산의 생김새가 '기하학적'인 삼각형을 닮았다는 데서 붙여진 이름이라는 것이다.[3]

하지만 이러한 발상 역시 세모꼴 지형을 일컬어 '삼각정(三角町)'과 같은 이름으로 부르길 즐겨했던 그네들의 오랜 습성에서 비롯되었음은 새삼 강조할 필요가 없을 것 같다. 이렇게 본다면 삼각지, 삼각정, 삼각산은 모두 단순한 세모꼴 지형의 한자식(漢子式) 표현이 아니라 일본식 지명이 그대로 유입된 결과라는 사실은 거듭 확인되는 셈이다.

사실이 이러할진대 혹여 삼각지 부근을 지날 일이 있다면, 이곳에서 그저 "돌아가는 삼각지"의 낭만과 추억에만 빠져들 일은 결코 아니지 않을까? (2006. 5. 22)

---

3) 《조선휘보(朝鮮彙報)》 1915년 9월호(시정오년공진회기념호)에는 다음과 같은 표현이 등장한다. "(8쪽) 본 공진회(共進會)의 회장(會場)은 경성 구경복궁으로써 이를 충당한다. 동궁(同宮)은 경성시가의 북단 삼각산(三角山, 일명 백악)의 전록(前麓)에 있다." 이것으로 보면 일본인들에 의해 백악이 삼각산으로 대체된 것은 매우 이른 시기의 일이라고 짐작할 수 있다.

제3부_땅이름에 관한 오해 혹은 진실

# 16

## 창덕궁과 남산총독부를 잇는
## 가교, 관수교(觀水橋)

| 청계천 관수교라는 이름의 부활은 과연 합당한가? |

2005년 10월 1일, 청계천 물길이 다시 열렸다. 한때는 시궁창 냄새와 자동차 소음이 그득했고, 무려 40년 넘게 콘크리트 덮개가 짓누르고 있던 이곳을 열린 공간으로 되돌려놓은 것은 분명 반겨 맞을 일이 아닌가 한다.

하지만 이러한 일을 두고 딱히 '복원'이라는 이름에 합당한 것인지에 대해서는 의문을 갖는 이들이 적지 않다. 비록 겉모습은 그럴싸하게 되살렸을지라도 그 안에 배어 있는 역사와 옛것에 대한 배려는 많이 부족했다는 것이 일반적인 평가인 듯하다.

그리고 무엇보다도 새로 '만들어진' 청계천이 너무 인공적이라는 것도 못내 거슬린다.

자연은 글자 그대로 자연스러워야 제맛일 텐데, 이곳은 사실 그다

청계천 복원이라는 이름으로 물길이 다시 만들어지면서 그 위를 가로지르는 다리들도 다시 생겨났다. 그 가운데 청계3가에서 돈화문로를 이어주는 다리가 '관수교(觀水橋)'이다. 하지만 이 다리는 식민지 시절의 굴곡을 잔뜩 안고 있는 개운치 못한 장소일 뿐만 아니라 그 이름조차 참으로 마땅찮은 내력을 지녔다.

지 자연스러운 축에 들지 못한다. 자로 잰 듯이 반듯하게 꾸며놓은 하천의 생김새가 그러하고, 건천(乾川)에 가까운 청계천의 특성을 무시하고 쉴 새 없이 물을 흘려보내는 것이 그러하며, 또한 그나마도 물살이 계곡물처럼 너무 거세다는 것도 자연스럽지 못하다.

어쨌거나 이 과정에서 잘 다듬어진 청계천 위로 물길의 이편저편을 이어주는 새로운 다리들이 잇달아 들어섰다.

새로운 물길의 최상류인 동아일보 앞 청계광장에서 출발하여 하류쪽으로 내려가면, 모전교—광통교—광교—장통교—삼일교—수표교(임시 목교)—관수교—세운교—배오개다리—새벽다리—마전교—나래교—버들다리—오간수교가 죽 이어진다. 이곳까지가 예전의 도성 안쪽 구간이고, 계속하여 성 밖으로는 맑은내다리—다산교—영도교―황학교―비우당교―무학교―두물다리―고산자교의 순서로 다리가 놓여 있다.

22개에 달하는 다리의 이름은 대개 조선시대의 것을 되살리거나 아예 새로 짓는 방식을 따랐다. 가령 모전교, 광통교, 장통교, 수표교, 마전교, 오간수교, 영도교가 재래의 고유 명칭을 따른 경우이고, 나머지는 새로 지은 이름들이다.

그런데 이 가운데 이도저도 아닌 사례가 하나 보인다. 청계3가 구간에 걸쳐 있는 '관수교(觀水橋)'가 바로 그것이다. 이곳에는 원래부터 관수교가 있었다는 이유인 듯도 하지만, 이 다리가 처음 만들어지고 존재했던 시기는 아무리 거슬러 올라가더라도 일제강점기를 넘어서지 못한다. 그러니까 아주 전통적인 이름이라고 하기는 더욱 어렵다.

언뜻 보면 지금의 종로3가와 청계천변 사이에 '관수동'이라는 지명이 엄연히 남아 있으므로 청계천다리의 이름을 '관수교'라고 작명한들 뭐가 잘못이냐고 생각할지도 모르겠다. 그러나 사실은 그리 간단하게 판단을 내릴 수 있는 문제가 아니다.

관수(觀水)라고 하니까 '고사관수도(高士觀水圖)'와 같은 산수화나 그 안에 담겨 있음직한 풍류 따위가 먼저 연상된다. 하지만 이처럼 고상한 '관수동'이라는 이름이 처음 등장한 것은 일제강점기가 막 시작된 무렵인 1914년 봄이었다.

이 당시 원래에 있던 행정구역과 명칭을 버리고 경성부의 정동명(町洞名)을 일본식으로 완전히 뜯어 고쳤는데, 이때에 식민통치자들이 새로 창안한 숱한 이름들 가운데의 하나가 '관수동'이었다. 즉 입동(笠洞) 일부, 비파동(琵琶洞) 일부, 모곡동(帽谷洞) 일부, 상판교(上板橋) 일부를 합쳐 만든 구역을 일컬어 관수동이라고 정하였던 것이다.[1]

---

1) 1902년 12월에 출판된 게일 목사(Rev. James Gale)의 '서울지도'에는 지금의 관수동 일대를 "비파골(琵琶洞)"이라고 표기한 것이 눈에 띈다.

겉으로 드러난 작명의 이유는 '청계천의 물길이 바라다 보이는 동네'라는 정도의 뜻이라지만, 실상은 꼭 그러한 뜻만이 아니었던 것 같다. 왜냐하면 관수(觀水, 칸스이)라는 말은 일본인들에게도 매우 익숙한 표현이었던 탓이다. 요컨대 이는 왜색지명의 혐의가 아주 짙다는 것이다.[2]

이번에 새로 붙여진 '관수교'라는 다리 이름은 바로 이 시기에 작명된 관수동이라는 지명에서 따온 것이다. 그러니까 이 이름은 그냥 예사로 보아 넘기기가 더욱 어렵다. 그들이 남겨놓은 지명을 그대로 용인하고, 나아가 그 이름을 다시 빌려와서 다리의 이름을 짓는 것은 참으로 삼가서야 될 일이 아닌가 말이다.

더구나 사실을 알고 보면 예전의 관수교는 그 자체가 그다지 개운치 못한 내력을 지닌 공간이었다. 그렇다면 일제강점기의 관수교는 어떻게 만들어지게 되었으며, 여기에는 또 어떠한 식민지 시대의 굴곡이 얽혀 있는 것일까?

관수교의 정체에 관해서는 마침 《동아일보》 1924년 7월 10일자에 수록된 연재물 "[내동리 명물] 관수동 관수교" 편에 잘 요약되어 있다. 우선 이 내용을 옮겨보면, 이러하다.

◇ 광교부터 시작하여 다리 이름을 상고하여 동대문 편으로 내려가겠습니다. 첫째가 광교, 광교는 원명(原名)이 광제교 속명(俗名)이 광충다리라 하고요, 광교 다음에 장교, 장교는 원명이 장통교 속명이 장차꼴다리라 하고요, 장교 다음에 수표교, 수표교는 원명이나 속명이 다 같으나 속명은 '교'를 새

---

2) 하나 더 지적한다면, 이곳과 가까운 '삼각동(三角洞)'의 경우도 이러한 사례에 포함된다. 일제강점기에는 삼각정(三角町, 산카쿠쵸 또는 미스미마치)'이라고 표기했던 이곳 역시 겉으로 드러난 작명의 이유는 청계천 본류와 굽은다리쪽 지류의 합류점이 삼각형(델타 지형)을 이루고 있다는 데서 따온 것이라고 알려져 있지만, 사실 '삼각정'이라는 표현은 일본 전역에 널리 통용되고 있는 지명의 하나였으므로 일본에서 곧장 건너와서 식민지에 정착된 지명의 하나로 분류된다. 참으로 아쉬운 일은, 그럼에도 불구하고 '관수동'이나 '삼각정'이라는 지명은 해방 이후에 제대로 걸러지지 못하고 지금도 그대로 법정지명으로 사용되고 있다는 사실일 것이다. 이러한 명칭은 왜색지명이 분명한 만큼 어떠한 형태로든지 조속한 개정이 이뤄져야 옳을 것 같다.

제3부_땅이름에 관한 오해 혹은 진실

《동아일보》 1924년 7월 10일자에 수록된 연재물 '내동리 명물'에는 관수동 관수교의 내력을 소개하고 있다. 여기에는 "창덕궁과 조선총독부 왕래길에 있는 까닭에" 이 다리가 이토록 훌륭하게 만들어졌다고 설명하고 있다.

김으로 불러서 수표다리라고 할 뿐이랍니다.

◇ 수표다리가 수표정 명물이 되었으니 수표다리 다음에 있는 관수교가 관수동 명물이 된다고 부끄러울 것이 없을 줄 압니다. 관수교는 새로 만든 다리라고 업수이여기지 마십시오. 외양이 새로 되니만치 다른 다리 보담 낫습니다. 예전 말을 들으면 수표다리 아래에 새다리라는 이름을 가진 다리가 있었답니다. 인제는 이 관수교가 새다리라는 이름을 차지하여도 좋을 것입니다.

◇ 이 관수교가 새로 훌륭하게 된 것은 창덕궁과 조선총독부 왕래길에 있는 까닭이랍니다. 요사이 같은 더운 날은 밤저녁이 되면 다리 위에 바람 쏘이는 사람이 대단히 많습니다. 이것으로만 하여도 광교, 장교, 수표교 따위는 못 당할까 합니다.

이 가운데 눈길을 끄는 대목은 단연 "이 관수교가 새로 훌륭하게 된 것은 창덕궁과 조선총독부 왕래길에 있는 까닭이랍니다"는 부분이다. 이는 곧 전에 없던 관수교가 왜 이곳에 개설되었는지를 잘 설명해주는 구절이라고 할 수 있다.

아무런 실권이 없는 신세일망정 명색이 대한제국의 전직 황제가 거처하던 곳이 창덕궁이었고, 청계천을 사이에 두고 그 대척점되는 남산

---

창덕궁과 남산총독부를 잇는 가교, 관수교(觀水橋)

261

의 왜성대(倭城臺)에는 식민권력의 본거지인 조선총독부와 더불어 총독관저와 정무총감관저, 그리고 헌병사령부가 잔뜩 버티고 있던 시절이었다. 우연찮게도 창덕궁의 정남향에는 남산총독관저가 있었고, 남산총독관저의 정북향에는 창덕궁이 있었으므로 둘은 서로 마주보는 형상이었다.

하지만 애당초 이 두 곳을 곧장 이어주던 통로는 존재하지 않았다. 설령 이러한 길이 진즉에 존재했더라도 이는 곧 선린우호와 동양평화를 빙자한 겁박과 굴종의 길이 되고 말았을 테지만 말이다. 아무튼 그 시절의 형편으로는 창덕궁과 남산왜성대로 연결되는 통로는 그나마 수표교로 둘러가는 것이 최단거리였으며, 그보다 아래쪽인 광통교까지 내려오는 경로도 자주 채택되곤 했다.

가령 《대한제국 관보》 1909년 7월 9일자(호외)에는 순종황제가 남산 자락의 통감관저(나중의 총독관저)로 나아가는 행로가 잘 표시되어 있다. 이를 통해 두 지점 간의 연결통로가 어떠했는지를 살펴보면, 이러하다.

본월 10일에 대황제폐하(大皇帝陛下)께옵서 태자태사(太子太師) 공작 이토 히로부미(公爵 伊藤博文)를 통감관저(統監官邸)에 어방림(御訪臨)하옵시는 지(旨)를 봉승(奉承)하온 바 출궁시각(出宮時刻)과 어로차(御路次)는 여좌(如左)함이라.

오전(午前) 10시 20분에 돈화문(敦化門)으로 출어(出御)하사 파조교(罷朝橋) 철교(鐵橋) 종로(鍾路) 광통교(廣通橋) 소광교(小廣橋) 광선문 전로(光宣門 前路) 장동(長洞) 본정통(本町通) 수정 삼정목(壽町 三丁目) 일출정(日出町)으로 종(從)하사 통감관저(統監官邸)에 어방림(御訪臨)하옵시고 동(同) 11시 30분에 환어(還御)하심이라.

위의 행로를 지금 식으로 풀이하면, 창덕궁에서 출발하여 돈화문로, 종로3가, 종로네거리(보신각)를 감아 돌고, 광교, 남대문로, 충무로, 주자동, 남학동을 거쳐 예장동(통감관저)에 도달했다는 얘기이다.

만약 창덕궁과 통감관저를 잇는 직선도로가 있었다면, 이 행로는 절반 이하로 줄어들었을 것이다.

　수표교를 이용하는 경우에 거리는 좀 짧아졌으나 이 역시 상당히 둘러가기는 마찬가지였다. 마침 《대한제국 관보》 1909년 10월 28일자 (호외)에는 순종황제가 수표교를 건너 다시 통감관저로 나아가는 행로가 수록되어 있다. 이를 옮겨보면, 이러하다.

　　본월 28일에 대황제폐하(大皇帝陛下)께옵서 태자태사(太子太師) 이토 공작(伊藤 公爵)의 훙서(薨逝)를 위문(慰問)하시기 위(爲)하여 통감관저(統監官邸)에 어방림(御訪臨)하옵시고 덕수궁(德壽宮)에 문안(問安)하옵시는 지(旨)를 봉승(奉承)하온 바 출궁시각(出宮時刻)과 어도로(御道路)는 여좌(如左)함이라.

　　오후(午后) 3시에 돈화문(敦化門)으로 출어(出御)하사 파조교(罷朝橋) 포전병문(布廛屛門) 수표교(水標橋) 전영희전 전로(前永禧殿 前路) 본정 오정목(本町 五丁目) 수정 삼정목(壽町 三丁目) 일출정(日出町)으로 종(從)하사 통감관저

《대한제국 관보》 1909년 10월 28일자(호외)에는 순종황제가 창덕궁을 출발하여 '수표교'를 거쳐 남산 왜성대의 '통감관저'로 행차하는 경로가 수록되어 있다. 이 당시 대한제국의 황제는 국권침탈의 원흉이었던 이토 히로부미가 안중근 의사에게 피격되자 몸소 통감관저로 나아가 그의 죽음을 조문하는 거동을 해야만 했다.

(統監官邸)에 어방림(御訪臨)하옵신 후 일출정(日出町) 수정 삼정목(壽町 三丁目) 본정 오정목(本町 五丁目) 전영희전 전로(前永禧殿 前路) 수표교(水標橋) 포전병문(布廛屛門) 철교(鐵橋) 종로(鍾路) 황토현(黃土峴) 신교(新橋) 포덕문 전로(布德門 前路) 대한문(大漢門)으로 덕수궁(德壽宮)에 문안하옵시고 오후 5시에 환어(還御)하심이라.

　보아하니 위의 내용은 이토 히로부미가 안중근 의사에게 저격되어

《매일신보》 1914년 2월 13일자에는 기원절을 맞아 순종임금이 총독관저를 찾았던 때의 모습이 소개되어 있다. 이처럼 창덕궁과 총독관저를 내왕하는 일은 시시때때로 이뤄졌다.

李王殿下끠셔紀元節을祝賀ᄒᆞ시
기爲ᄒᆞ야總督邸에行啓ᄒᆞ신光景

절명한 때의 상황이다. 이 일로 인해 순종황제는 그의 죽음을 조문하기 위하여 몸소 통감관저에까지 찾아가야 했던 비운의 신세가 되고 말았다. 이 당시 태황제로 물러난 고종황제까지 이토의 장례식에 맞춰 통감관저로 위문행차를 하였다는 기록도 보인다.

망국의 황제는 경술국치 이후 창덕궁 이왕(昌德宮 李王)으로 격하되고 허울뿐인 존재가 되었으나, 그렇다고 이처럼 마지못한 행차가 줄어든 것은 결코 아니었다. 식민통치의 개시와 더불어 이름만 총독관저로 바뀌었을 뿐 시시때때로 이곳을 찾아야 했던 처지가 바뀌지는 않았던 것이다.

어느 때는 원유회와 만찬회에 참석하는 일로, 또 어느 때는 천장절이나 기원절 같은 국경일을 경축하는 일로, 또 어느 때는 일본천황과 황태후의 죽음을 조문하는 일로, 또 새해를 맞아 천황에게 올리는 신년하례 전보를 의뢰하는 일로, 또 다른 때는 총독의 하례에 대한 답방 형식 따위로 창덕궁에서 총독관저를 왕래하는 일은 그칠 새 없이 이어졌다. 이러한 경우에 그 행로는 대개 수표교나 광통교로 둘러 가는 것이었으므로, 다소간 불편 아닌 불편이 있었던 셈이다.

물론 이러한 불편(?)은 반대로 남산 왜성대에서 창덕궁으로 찾아가

《매일신보》1912년 7월 31
일자에 수록된 것으로 '창
덕궁 이왕'으로 격하된 순
종황제가 총독관저로 행계
하는 장면이다. 막 세상을
떠난 명치천황(明治天皇)을
조문하기 위해 서둘러 총독
관저를 다녀오는 길이다.
이때는 아직 창덕궁과 남산
총독관저를 잇는 직통도로
가 없었으므로 틀림없이 수
표교나 광교 쪽으로 우회하
여 왕래하는 행로를 밟았을
것이다.

는 일이 더욱 잦았던 조선총독이나 총독부 고관들의 입장에서도 마찬
가지였을 것이다. 공무상 또는 의전상 필요에 따라 왕래의 빈도가 훨
씬 더 많았을 테니 그들의 수고가 더했으면 더했지 결코 덜하지는 않
았으리라는 점은 충분히 짐작할 만한 사실이다.

　이러한 탓인지 창덕궁과 남산 방면을 잇는 최단거리의 직통도로를
서둘러 개설하는 일은 조선총독부가 설치된 직후부터 하나의 긴요한
과제가 되고 있었다. 더구나《대한민보》1910년 1월 21일자에 수록된
"통로준비(通路準備)"라는 기사는 이러한 도로의 필요성이 진즉부터
검토되어 왔음을 잘 보여준다.[3]

　　동궐(東闕) 돈화문전 대로(敦化門前 大路)를 좌우민가(左右民家)를 이
　　칸식(二間式) 훼철(毁撤)하고 어로(御路)를 확장(擴張)하고 차(且) 통감
　　부(統監府)로 직로(直路)를 관통(貫通)한다더니 개춘이후(開春以後)에

---

3)《대한매일신보》1909년 6월 15일자(국문판)에도 '도로수축' 제하에 "창덕궁과 통감부에 통행하는 길을
　곧게 하기 위하여 파조교 건너편으로 남촌 등지까지 관계되는 가옥을 훼철하고 도로를 수리한다더라"
　는 내용의 기사가 남아 있다.

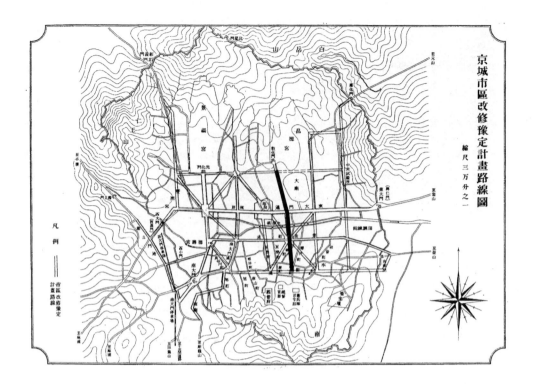

《조선총독부 관보》1912년 11월 6일자에 수록된 '경성시구개수예정계획노선도'이다. 이것을 보면 식민통치자들이 서울시내 일대를 방사선형 도로 위주로 완전히 개조할 의사가 있었음을 명확히 확인할 수 있다. 이 가운데 남북축의 중심도로가 되었던 것은 '제9호 노선'(굵은 표시 부분) 즉 창덕궁과 남산 아래 총독관저를 곧장 잇는 직통도로였다. 이 도로는 1918년에 이르러 마침내 완공을 보았다.

개공(開工)할 차(次)로 준비중(準備中)이라더라.

그리고 이러한 해묵은 열망은 식민지의 수도인 경성에 있어서 효율적이고 체계적인 도로망을 구축하려는 기본계획에도 고스란히 반영되었다.

《조선총독부 관보》1912년 11월 6일자에 고시된 "경성시구개수예정계획노선표(京城市區改修豫定計劃路線表)"는 이에 관한 그들의 생각이 어떠했는지를 잘 엿볼 수 있는 자료이다. 여기에는 기존의 도로망에 크게 구애되지 않고 서울 시내를 완전히 새로운 방사선 형태의 도로들로 엮어놓은 기본계획이 망라되어 있었다.

이에 따르면 이 가운데 유일하게 팔방향(八方向) 도로가 형성되는 지점은 황금정 3정목(즉 지금의 을지로 3가) 교차로였다. 그리고 이 교차점의 남북축이 바로 돈화문통(敦化門通)이었다. 이 길은 곧 창덕궁과 남산 왜성대를 잇는 직통도로이기도 했지만, 장차 대경성의 중심지로 변모할 곳이라는 점에서도 그 의미와 위상은 남달랐던 것이다.

그렇다면 이 당시 '제9호 노선'이라고 이름이 붙여졌던 '돈화문통' 계획도로는 어느 시기에 완전한 개통을 보았던 것일까?[4]

이에 관하여 1927년에 경성부에서 펴낸《경성도시계획자료조사서》에는 돈화문통의 시공 연도를 "1913년에서 1921년까지"라고 표시하고 있다. 생각보다 꽤나 오랜 시간에 걸쳐 도로의 개설이 이뤄졌던 것으로 보인다. 기존의 도로를 단순히 확장하는 구간만 있었던 것이 아니라 가옥을 헐어내어 새로 길을 내야하는 구간이 대부분이었고, 더구나 청계천 물길을 건너야 하는 다리도 새로 놓아야 하는 어려움이 있었던 까닭이었다.

이 와중에 마침내 청계천을 곧장 가로지르는 새로운 다리가 만들어진 것은 1918년 봄이었다. 이 다리가 이름하여 '관수교'였다. 이로써 창덕궁의 전직 황제나 남산총독부의 조선총독과 고관들이 더 이상 광통교나 수표교 쪽으로 둘러갈 필요는 없어지게 되었다.

《매일신보》1918년 3월 30일자에 수록된 "경성제일(京城第一)의 관수교(觀水橋) 삼월말일까지에 준공된다, 사만 삼천 원을 들여 팔 개월 만에 준공되는 돈화문통 새 거리의 튼튼한 다리"라는 기사에는 청계천 관수교가 만들어지게 된 경위와 완공 직전의 풍경을 이렇게 자세히 그리고 있다.

창덕궁 앞에서 남산 및 경무총감부 앞까지를 남북으로 마주 뚫고 열 두 칸 넓이로 넓히는 돈화문통(敦化門通) 치도 공사는 작년 여름부터 시작되어

---

4) 《조선총독부 관보》 1912년 11월 6일자에 고시된 "경성시구개수예정계획노선표(京城市區改修豫定計劃路線表)"에는 이 도로가 지나는 노선을 이렇게 설명하고 있다. "제9호 노선 : 돈화문(敦化門) 앞에서 황금정 광장(黃金町 廣場)을 경유, 본정(本町) 6정목(丁目)을 횡단하여 대화정(大和町)에 이르는 노선(폭원 12칸)."

아직도 역사를 시키는 중이나 그 치도 공사의 허리 토막되는 청계천 큰 개천의 다리는 거의 준공되어간다. 그 다리는 간조(間組)라는 일본인이 사만 삼천 원에 도급을 맡아 가지고 작년 8월 1일부터 시작하여 이 달 31일까지 여덟 달만에 손을 뗄 예정으로 지금 다리 위에 깐 자갈돌을 고르는 중인데 이 다리는 넓이가 열두 칸이요 길이가 열다섯 칸 반이며 경성 안 다리 중에는 제일 잘 놓은 다리라.

그 다리 가설 공사에 감독관으로 있는 수산 기수(水山 技手)의 이야기를 듣건대 그 다리는 전부 철근 '콩크리트'(철근 '콩크리트'라는 것은 속에다 철장대를 집어놓고 양회로 굳히는 것이라)로 놓았는데 경성 안 다리 중에서 광화문통 네거리 아래의 신교(新橋)가 이 방법으로 놓은 것이요, 남대문통 대광교(大廣橋)를 넓힐 때에 양편 보충에 이 방법을 썼고 그 외에는 전례가 없는데 이 방법으로 놓은 다리는 돌다리 보다 튼튼한 것이요. 그리고 이 다리를 놓기에 제일 힘들인 곳은 다리발 세우는 공사였소. 처음에 개천 바닥을 깊이 파고 생바닥이 나온 뒤에 삼 칸 길이씩 되는 통나무 방천을 수백 개 내리 박아서 바닥을 굳히고 그 위에다는 돌을 깔아다졌으며 그 위에 양회를 깔고 또 한층 그 위에다 철근 '콩크리트'를 뒤에 역시 철근 '콩크리트'로 다리발을 세웠으므로 아주 튼튼할 것은 물론이요 또 다리바닥도 처음에 철근 '콩크리트'를 석자 두께나 되게 깔아 바닥을 아주 굳히고 그 다음에 황토를 깔았으며 그 위에 돌을 붓고 또 흙을 깔고 또 돌을 깔아 지금 증기차로 고르는 중인즉 경성 안 다리 중에서 제일 완전한 다리라 하겠습니다. 또 다리난간으로 말하여도 수표교, 광교에는 돌난간이 있을 뿐이나 이 다리에는 네 길에다 길 반이나 되는 돌다리를 세우고 그 사이에는 튼튼한 철난간을 둘렀은즉 어린 아이들이라도 다리에서 떨어질 염려는 없고 또 이 다리는 여름장마에라도 개천물이 막히지 아니하도록 활짝 들어 놓았은즉 비록 여름에 장마가 질지라도 이 다리를 놓은 까닭으로 물이 넘나들 리는 없다고 말하더라.

과연 이 다리는 팔 개월의 세월과 사만여 원의 경비를 들여놓은 값이 있어 보기에도 튼튼하여 보이며 장차 경성시중의 한 유명한 물건이 될 모양인데 장차 이름이 높을 이 다리의 이름은 관수교(觀水橋)라고 부른다더라.

여기에서 표현하듯이 관수교는 "경성에서 제일 잘 놓은 다리"였다. 이 다리는 1917년 8월 1일에 착공되었다가, 이듬해인 1918년 4월 13일에 완공을 보았다. 《매일신보》 1918년 4월 16일자에는 "관수교(觀

《매일신보》 1918년 3월 30
일자에는 "1917년 8월 1일
에 착공한 '철근 콩크리트'·
관수교 설치 공사가 곧 마
무리된다"는 사실을 알리고
있다. 이후 이 다리의 준공
식은 1918년 4월 13일에 이
뤄졌으며, 이에 관해서는
《매일신보》 1918년 4월 16
일자에 준공광경을 담은 사
진자료와 더불어 관련 보도
가 남아 있다.

水橋)의 도초식(渡初式), 우좌미장관이 선두가 되어서"라는 제목의 기
사를 통해 관수교의 개통식 광경을 이렇게 전하고 있다.

일기는 따뜻하고 봄바람 부는 13일 오후 세시부터 이번에 준공된 돈화문
통 관수교의 도초식(渡初式)이 거행되었더라. 다리는 경성 안에서 제일 되
는 다리요, 때는 춘삼월이라 근처에는 남녀노소의 구경꾼이 조수 밀듯하였
더라. 처음으로 건너기는 장곡천 총독이 할 터이었으나 신기가 불평하다 하
여서 대리로 우좌미 장관이 부옥 무관과 같이 왔었다. 장관은 부옥 무관과 선
착된 판출 기사(阪出 技師)와 나란히 걸어서 다리를 건너고 다시 돌아와서
설계의 대요와 공사의 개황을 청취하였으며 이번에는 개천바닥으로 내려서
서 다리발에 물 갈라져 내려가는 모양까지라도 자세히 시찰하였더라. 이때
에 조중응자(趙重應子, 조중응 자작을 가리킴)는 애양의 손을 끌고 나타나
서 다리를 건넜더라. 이와 같이 하여 도초식은 무사히 종료되고 양편의 새끼
줄을 끊으매 잔뜩 기다리고 있던 군중은 물밀 듯이 건너가니 때는 오후 세 시
사십 분이더라.

원래는 하세가와 총독(長谷川 總督)이 직접 참석하기로 예정되어
있었으나 그가 몸이 불편한 관계로 우사미 장관(宇佐美 長官)이 대신
이 행사를 주관했던 모양이었다. 새끼줄로 매어 '테이프 커팅'을 했다

는 대목은 지금 생각하면 참으로 새삼스러운 광경이다.

그리고 기사의 말미에 보이는 "조중응 자작은 애양의 손을 끌고 나타나서…… 운운"한 구절도 눈길을 끈다. 조중응(趙重應, 1860~1919)이라 하면 매국노이자 친일귀족의 대명사인데, 더구나 그가 늘그막에 흔히 '우부인(右夫人)'으로 세상에 알려진 일본인 처에게서 얻은 여섯 살짜리 딸아이를 데리고 나타났다는 것은 자못 씁쓰레한 풍경이 아닐 수 없다. 그러고 보니 이때는 그가 죽기 바로 1년 전의 상황이다.

청계천을 가로지르는 관수교는 이렇게 만들어졌다. 식민지 서울의 뼈대인 '돈화문통'이 개설되고 이 길을 잇는 관수교가 만들어짐으로써 창덕궁과 남산총독부의 왕래는 더욱 원활(?)해지게 되었던 것이다.

그 후 1926년에 이르러 전직 황제인 순종이 세상을 떠나고 또한 남산 왜성대의 조선총독부마저 경복궁 안에 건설된 새 총독부 청사로 옮겨갈 때까지 이 도로의 기능은 그대로 유지되었다. 물론 당하는 쪽의 입장에서 보면 굴종과 고난의 길이기도 했을 것이다.

이처럼 관수교는 태생부터 식민지 시대의 굴곡과 애환을 담고 있는 장소였다. 새로운 청계천을 만들면서 원래 관수교가 있던 자리에 다시 다리를 놓는 것은 어쩔 수 없는 일이라고 하여도, 적어도 그 이름만은 더더욱 되살리지 말았어야 옳았을 것이다. (2006. 3. 26)

# 17

# 인천 송도(松島)는
# 과연 또 다른 왜색지명일까?

| 대전 · 목포 · 청진에도 '송도정(松島町)' 이 있었다 |

    지난 2005년 6월 27일에 인천도시환경연대회의를 비롯한 인천지역 시민단체의 공동성명으로 "일제 식민잔재인 '송도' 지명은 반드시 뿌리 뽑아야 한다!"는 주장이 제기된 이래 이에 관한 논란이 거듭되고 있다고 전해 듣고 있다. 문제의 핵심은 최근에 행정자치부와 연수구청 등에서 인천 송도매립지의 '인천경제자유구역' 법정동명을 '송도동' 으로 확정하여 발표한데서 촉발되었고, 이에 대해 '송도' 라는 지명이 일제잔재여서 쓸 수 없는 이름이라는 주장이 맞서고 있는 것이다.

    이 와중에 《연합뉴스》 김태식 기자가 송고한 2005년 7월 1일자 "인천 '송도(松島)' 는 식민잔재일까?" 라는 보도를 통해 '송도' 라는 지명이 예전부터 우리나라에도 흔하게 있던 것이라는 점을 들어 일제잔재라고 몰아붙이는 것은 무리라는 논지를 제시하면서, 이에 대한 논란은

증폭되었던 것으로 기억한다.

이것 말고도 '송도'라는 명칭이 1930년대 인천부윤(仁川府尹)을 지낸 마츠시마 키요시(松島淸)의 이름에서 따온 것일 가능성이 있다는 주장과 관련 보도가 나온 것으로 기억하지만, 이건 그다지 귀에 담아 둘 내용이 아니라고 본다. 이 주장에 대해서는 마츠시마 부윤의 재임 기간이 1929년 12월~1933년 8월이지만, 송도라는 표기는 이미 그 이전 시기에도 분명히 있었던 증거가 있다는 사실을 지적하는 것만으로도 재고의 여지가 없다고 할 것이다.

이밖에 송도의 어원에 대해 러일전쟁 때의 일본 군함 '송도'에서 따온 것이라는 주장도 있으나, 그다지 납득할 만한 근거를 찾기 어려운 과장된 추론으로 여겨진다.

그렇다면 '송도'라는 것은 과연 '왜색지명'일까, 아닐까?

나는 개인적으로 이 송도라는 명칭이 참으로 고약한 왜색지명이라는 쪽에 99.99%의 가능성을 인정하는 편이다. 아주 세밀하지는 않았지만, 이와 관련된 여러 가지 자료를 뒤져보고 또 뒤져본 결과로 내린 결론이다.

앞서《연합뉴스》김태식 기자의 지적처럼 우리나라의 고문헌, 고지

《경기지방의 명승사적》(1937)에 수록된 '인천 송도' 전경이다. 해안에 돌출된 섬 모양의 지형에다 소나무 숲을 이룬 이곳은 자연스레 '송도'라는 이름을 부여하기에 충분한 명승지였다. 더구나 어딜 가나 '송도(마츠시마)'라는 이름을 붙이길 즐겨하는 일본인 거류민들의 눈에는 더욱 그렇게 보였던 모양이다. 그리하여 처음에는 '옥련리 해안' 또는 '능허대 해변'이었던 것이 차츰 '송도'라는 속칭이 그 자리를 차지하게 되었던 것이다.

도에 흔하게 발견되는 것이 '송도'라는 지명이긴 하지만, 설령 그 사실을 인정하더라도 그것이 인천 송도의 작명이 '왜색'으로 이뤄졌다는 사실을 부인하는 근거는 전혀 되지 못한다.

예전에 우리가 '송도'라는 이름을 아주 흔하게 사용했다고 해서 송도가 일제의 작명이 아니라는 논지라면, 일제가 우리의 '울릉도'에다 '송도(松島, 마츠시마)'라고 붙였던 사실 역시 그대로 용인할 수밖에 없는 것이 되고 마는 까닭이다. 가령 '죽도(竹島, 타케시마)'라는 것도 마찬가지이다. 우리의 고문헌, 고지도에 자주 발견되는 지명의 하나가 바로 '죽도'이다. 그렇다고 일본인들이 독도를 '죽도'라고 부르는 것을 그대로 용인할 수는 없지 않은가 말이다.

요컨대 중요한 것은 그러한 용례가 우리들에게도 있었느냐 없었느냐를 따지는 것에 있는 것이 아니라, 무엇보다도 해당 지역이 과연 그러한 명칭으로 불러왔던 흔적이 있었는지를 엄밀히 검토하는 것에 있다는 사실이다. 우리나라의 재래지명에 '송도'라는 용례가 수백 군데, 아니 수만 군데 있는 것이 확인될지라도, 그것이 곧 문제가 되는 '인천 송도'가 바로 우리식 작명이라는 것을 입증해주지는 못하는 것이다.

따라서 그 지역에서 예전에 '송도'라고 불러왔던 흔적을 전혀 발견할 수 없다면, 이제 그 명칭의 유래를 의심해보고 또한 그러한 '새로운' 지명의 작명과정을 되짚어보는 것은 지극히 당연한 순서가 아닐까 한다. 그러한 지명을 누가, 어떠한 경위로, 언제 붙였는가를 가려내는 것은 매우 긴요한 일인 셈이다.

이 부분에 관해서는 이미 여타의 연구자들이 충분히 검토했을 테지만, 이곳을 송도라고 불러왔던 흔적은―일제강점기 이전의 시점에서는―전혀 확인되지 않는다.

단지, 비교적 좀 빠른 시기의 것이라고 판단되는 《한국수산지(韓國水産誌)》제4집(조선총독부 농상공부 편찬, 1911년 5월)과 같은 자료에서 "인천부(仁川府) 다소면(多所面)" 항목에 '능허대도(凌虛臺島)'라는 명칭이 등장하는 것을 확인할 수 있을 따름이다. '능허대'는 지금의 인천송도 지역에 남아 있는 고적지를 가리키는 것이므로, 이는 곧 지금의 송도지역을 말한다.

이 대목에서 우선 《조선총독부 관보》를 통해 송도(능허대) 지역과 관련한 행정지명의 변천과정을 살펴보면, 그 연혁은 이러하다.[1]

▲《조선총독부 관보》1914년 11월 28일자 :

경기도 고시 제63호 "부천군 면내 동리의 명칭 병 구역 변경(1914년 11월 20일)"에 따라 '문학면 오리(五里)'가 '문학면 옥련리(玉蓮里)'로 명칭 변경

▲《조선총독부 관보》1936년 9월 26일자(호외) :

조선총독부령 제93호 "대정 2년 조선총독부령 제111호(도의 위치, 관할구역 급 부군의 명칭, 위치, 관할구역) 중 개정(1936년 9월 26일)"에 따라 기존의 부천군 문학면의 내에 학익리, 옥련리, 관교리의 일부, 승기리의 일부, 다주면의 내에 도화리, 용정리, 사충리, 장의리, 간석리의 일부가 1936년 10월 1일부터 인천부의 관할로 이관

▲《조선총독부 관보》1936년 10월 24일자 :

경기도령 제16호 "대정 3년 조선총독부 경기도령 제3호(면의 명칭 급 구역) 중 개정(1936년 9월 26일)"에 따라 관할구역의 인천부 편입으로 인하여 면적이 크게 줄어든 부천군 문학면과 다주면의 잔여구역을 합쳐 '문학면' 하나로 통합

▲《조선총독부 관보》1936년 10월 29일자 :

경기도 고시 제146호 "정동리의 명칭 급 구역중 개정(1936년 9월 30일)"에 따라 인천부로 새로 편입된 예전의 부천군 문학면 옥련리는 1936년 10월 1일부터 '송도정(松島町)'으로 명칭 변경

▲《조선총독부 관보》1936년 11월 2일자 :

경기도령 제22호 "소화 11년 조선총독부령 제93호 급 동년 조선총독부

---

1) 1936년 10월 1일 이후 일제에 의해 '송도정'으로 변경되었던 행정지명은 해방 직후 '왜색지명말살'을 위한 인천시 지명위원회의 결정에 따라 1946년 1월 1일 이후 이를 폐기하고 예전의 '옥련동'으로 환원되었다. 이러한 조치를 보더라도 '송도'라는 명칭이 일본식 지명의 범주에 포함된 것이라는 인식은 진즉에 있어왔던 셈이다.

경기도령 제16호에 근거한 읍면제 제3조에 의한 면유재산의 처분(1936년 10월 1일)"에 따라 '옥련리 공동묘지', '옥련리 임야' 등 공용재산이 인천부로 귀속

▲《조선총독부 관보》1937년 4월 12일자 :

조선총독부 고시 제263호 "인천시가지계획구역, 동가로 급 동토지구획정리(1937년 4월 12일)"에 '수인철도 송도정거장'이라는 표기가 등장

▲《조선총독부 관보》1937년 8월 6일자 :

"사설철도운수영업개시" 안내 문안에 경동철도주식회사(京東鐵道株式會社) 수인선(水仁線)은 1937년 8월 5일부로 운수개시 인가를 받았다는 사실과 더불어 수인선 철로에 설치된 17개 정거장과 목록과 정거장간 거리표시가 수록된 가운데 종점인 인천항 정거장을 앞두고 수원기점 47킬로미터 지점에 '송도(松島, 마츠시마)' 정거장이 설치된 사실이 표기

흔히 이곳 송도는 원래 섬이 아닌 데도 '송도'라고 이름을 붙인 것 자체가 '일본인들의 소행'이라는 증거가 아니냐고 반문하는 주장도 없지 않으나, '능허대도' 역시 그러한 종류의 명명에 따른 것이어서 별다른 호응을 얻기 어려운 지적인 듯이 보인다. 뒤에 나오겠지만, '송도'라는 이름은 무슨 섬이기 때문에, 아니면 무슨 섬이라는 뜻으로 붙인 것은 아니라 소나무로 상징되는 지형이 존재하는 특정의 해안(海岸) 일대를 통칭하여 불렀던 것이라고 보면 맞을 것이다.

그런데 이 지역에 '송도(松島)'라는 지명이 등장하는 것은 도대체 언제부터일까? 바꿔 말해 최초의 용례는 어느 시기로 확인되는 것인가?

일부에서는 1937년에 '송도유원지'가 개설되고, 그에 앞서 1936년 4월 12일에 200만 원의 자본금을 가지고 창립총회를 개최한 '송도유원주식회사(松島遊園株式會社)'에 그 유래가 있다고 보고, 1930년대 중반 이전에는 '송도'라는 지명의 용례를 전혀 찾을 수 없다고 정리하고 있지만, 이러한 주장은 정확한 고증과는 거리가 멀다.

'송도'라는 지명의 용례는 인천지역의 역사자료로 널리 사용되는 《인천부사(仁川府史)》(1933년 10월 발행)에도 이미 '송도'라는 표기는

《경성잡필》1939년 7월호에 수록된 송도유원지의 광고 문안이다. 원래 공식 명칭으로만 본다면 '송도정'이란 것은 1936년 10월에 생겨나 해방 직후인 1946년 정초에 폐기되어 불과 10년 만에 사라졌지만, 무려 반 세기를 훨씬 넘긴 세월을 보내고도 이번에 다시 '송도동'이라는 왜식지명이 부활하게 된 데는 바로 이 '송도유원지'라는 존재의 역할(?)이 지대했다.

발견되는 까닭이다.

　능허대(凌虛臺)…… 인천과 떨어져 동남으로 1리(里, 일본식 거리단위로 우리의 10리에 해당) 남짓한 해안에 능허대라 부르는 지점이 있다. 예전에 지나 당(唐) 시대(조선 이왕시조)부터 명(明)의 신종황제시대에까지 지나(支那)에서의 사신 및 조선에서의 조공사가 왕래하던 곳으로 현재 송도해안(松島海岸)의 한 지점으로 생각되지만, 하등의 유적이 없어서 확언은 할 수 없다(22~23쪽).

　이 책보다 약간 앞서 인천교육회(仁川敎育會)에서 펴낸《인천향토지(仁川鄕土誌)》(1932년 10월 발행)에도 '송도'라는 표현이 여럿 등장한다. 이 책에 수록된 '인천지방 식물목록(53~67쪽)'에 보면, "습지초원(濕地草原) (송도)", "산지(山地) (송도)", "염융지(鹽融地) (송도)", "해빈노방(海濱路傍) (송도)", "해빈구지(海濱丘地) (송도)", "해안사지(海岸砂地) (송도)", "염성사지(鹽性砂地) (송도)" 등으로 표기된 구절이 10여 곳이나 된다.
　그리고 이것보다 앞선 시기의 것으로 '송도'라는 명칭이 등장하는

제3부_땅이름에 관한 오해 혹은 진실

자료로는《중외일보》1930년 8월 8일자에 "창기와 마드로쓰 정사도모코 고행, 인천송도해안에서, 남녀생명은 위독"이라는 기사가 있으며, 또한《매일신보》1926년 12월 16일자에 "별천지(別天地) 송도(松島)"라는 기사가 수록되어 있고, 같은 신문 1927년 2월 23일자에도 "별유천지(別有天地) 인천송도(仁川松島)"라는 기사가 있는데, 이걸로 보면 1920년대에도 벌써 '송도'라는 명칭이 통용되고 있었던 사실을 엿볼 수 있다.[2]

이 가운데 우선《매일신보》1926년 12월 16일자에 수록된 "경인간(京仁間)의 별천지(別天地) '송도(松島)', 인천 유지가 유원지 시설, 당국에서 도로를 개수해"라는 제목의 기사를 옮겨보면, 이러하다.

〔인천〕백사청송(白沙靑松)의 절경지(絶景地)로 저명(著名)한 부천군 문학면 옥련리(富川郡 文鶴面 玉蓮里) 해안(海岸)의 속칭 송도(俗稱 松島)는 인천(仁川)을 거(距)하기 2리(里) 내외(內外)에 위(位)한 터이나 통로(通路)의 비편(非便)으로 인(因)하여 탐승자(探勝者)의 발길끌기가 곤란(困難)한 터이므로 항상(恒常) 유감(遺憾)으로 여겨오던 부천군(富川郡)에서는 내년도(來年度) 예산의 도로계획(道路計劃)으로 인천부(仁川府)로부터 해지(該地)에 통(通)하는 현재(現在)의 도로(道路)를 개수(開修)키로 내정(內定)된 모양(模樣)이며 인천(仁川) 일부유지(一部有志) 등은 목하(目下) 송도(松島)에 유원지(遊園地) 시설(施設)을 ○○할 계획(計劃)도 유(有)하다는 전설(傳說)도 있는 바 양자(兩者)가 실현될 시(時)에는 경인양지(京仁兩地) 시민(市民)의 일대(一大) 향락향(享樂鄕)

---

2) 이와는 대조적으로 이보다 앞서거나 비슷한 시기에 나온 '송도' 지역 관련 기사를 살펴보면《동아일보》1920년 9월 18일자에 "부천군 문학면 옥련리 돌각으로부터 근해어업금지구역…… 운운."《동아일보》1924년 5월 6일자에 "부천군 문학면 옥련리 바닷가에 있는 능허대…… 운운."《시대일보》1924년 5월 8일자에 "부천군 옥련리 능허대에서 소창…… 운운."《매일신보》1925년 8월 9일자에 "소년척후군 부천군 문학면 옥련리 능허대 해변에서 천막생활…… 운운."《동아일보》1927년 6월 21일자에 "부천군 문학면 옥련리 해변으로 조개 잡으러 갔다가…… 운운."에서 알 수 있듯이 한결같이 '능허대' 또는 '옥련리 해변' 등으로 표기하고만 있을 뿐 아직 '송도'라는 명칭은 거의 보이질 않는다. 이 말은 곧 1920년대 초반에는 설령 송도라는 속칭이 존재했다고 하더라도 아직 보편적으로 통용되지는 않았다는 뜻으로 받아들여진다.

을 현출(現出)하는 동시에 동지(同地) 주민(住民)들은 지가(地價) 기타(其他)의 관계(關係)로 ○인(○人)의 공(功)을 좌수(坐收)할 모양(模樣)이라더라.

여길 보면 이 당시 유원지 설립계획이 논의되고 있었을 뿐만 아니라 이 시점에서 이미 '송도'라는 명칭은 존재했으며, 더구나 그것이 "부천군 문학면 옥련리 해안 일대를 '속칭'으로 부르던 명칭"이란 점이 새삼 확인된다.

참고삼아 《중외일보》1926년 12월 18일자에 나온 "송도대유원(松島大遊園) 계획(計劃) 착착진척(着着進陟) 20만 원(萬圓)의 주식회사 조직(株式會社組織)"의 내용도 여기에 옮겨둔다.

〔인천〕인천(仁川)의 발전책(發展策)으로 산자수명(山紫水明)한 송도(松島)를 개척하여 유원지(遊園地)로 할 계획이 유지간(有志間)에 진행(進行)된다 함은 기보(旣報)한 바와 여(如)하거니와 금번(今番)에 마침내 20만 원의 주식회사를 조직하여 월미도유원지(月尾島遊園地)에 불하(不下)하는 시설(施設)로써 인천발전(仁川發展)에 대공헌(大貢獻)을 하고저 동부유지(東部有志)들에 의하여 준비(準備)가 착착진행중(着着進行中)이라더라.

이 기사에서 적어놓은 대로라면, 앞서 인천송도와 관련한 별도의 기사가 하나 더 있었던 사실을 알 수 있으나, 관련 신문철을 여러 번 뒤적여 보아도 그러한 내용이 전혀 눈에 띄질 않는다.

그리고 결정적으로 《시대일보》1924년 10월 26일자에 수록된 "〔지방운동(地方運動)〕"항목의 기사에서도 '송도'라는 지명의 흔적을 찾을 수 있다.

〔인천〕"공보원족(公普遠足)" 인천공립보통학교(仁川公立普通學校)에서는 27일에 부천군 부근(富川郡 附近)으로 원족(遠足)을 간다는데 방향지(方向地)는 여좌(如左)하다.

제3부_땅이름에 관한 오해 혹은 진실

▲ 남자(男子) 5, 6학년(學年) 김포 방면(金浦 方面)

▲ 4학년(學年) 부내면(府內面)

▲ 3학년(學年) 문학산 방면(文鶴山 方面)

▲ 2학년(學年) 급(及) 강습생(講習生) 송도〔松島, 능허대(陵虛臺)〕 방면(方面)

▲ 여자(女子) 3, 4, 5, 6학년(學年) 원통산 방면(圓通山 方面)

▲ 1, 2학년(學年) 급(及) 남녀(男女) 1학년(學年)은 주안 방면(朱安 方面)

여기에서 보듯이 남자 2학년 학생들의 목적지가 '송도(능허대)'로 표기되어 있다. 그러니까 '송도'라는 이름이 딱히 언제부터 정착되고 있었는지를 정확히 가늠하기는 어렵지만 적어도 1920년 중반 무렵에 벌써 '속칭'의 형태로 존재하고 있었다는 것은 분명해진다. '송도'라는 지명이 언급되어 있는 자료들이 좀 더 풍부하게 발굴되면 좋겠으나, 아쉽게도 이 시기를 거슬러 올라가는 것들은 적어도 현재로서는 더 이상 찾아내질 못하였다.

다른 지역에서 발견되는 무수한 왜색지명들이 그러하듯이, 이곳의 '송도'라는 지명 역시 일찍이 이 지역에 진출한 일본인들 사이에 소나무 숲으로 각인되는 해변의 명승지를 자기네들 식으로, 또는 '비공식적'으로 통용되던 '속칭' 수준의 지명으로 부르기 시작했던 것이 차츰 유원지 설립 계획이나 인천경계구역의 확장 등과 맞물리면서 서서히 원래의 고유지명까지 잠식하고 그것을 '공식적으로' 대체해나가는 단계에까지 이른 것이라고 풀이된다.

이건 누가 봐도 원래 우리나라에 숱하게 존재했던 '송도(松島, 일본식 발음으로 '쇼토')'라는 지명에서 따온 명명방식이 아니라 일본인들이 관행적으로 많이 사용하던 '송도' 즉 '마츠시마'의 용법을 끌어온 것이라고 정리하는 것이

《매일신보》 1926년 12월 16일자에 수록된 인천 송도 관련 기사의 내용이다. 이것은 비교적 초기의 용례에 해당하는데, 이것으로 대략 1920년대 중반에 '송도'라는 속칭이 퍼져나가기 시작했다는 사실을 엿볼 수 있다. 현재까지 확인된 바로는 '송도'의 흔적을 확인할 수 있는 가장 빠른 시기의 자료는 《시대일보》 1924년 10월 26일자에 수록된 기사인데, 여기에는 '송도(능허대) 방면'이라는 표현이 등장한다.

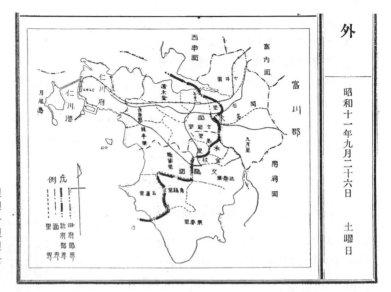

《조선총독부 관보》1936년 9월 26일자(호외)에 수록된 조선총독부령 제93호에 따라 기존의 부천군 문학면 내의 옥련리 일대는 1936년 10월 1일부터 인천부의 관할로 이관되었다.

맞을 듯싶다. 이 점에 관해서는 부산 송도(해수욕장), 포항 송도, 함남 홍원 송도해수욕장, 목포 송도공원(松島公園) 등의 지명정착과정을 함께 추적하여 비교해보는 것도 좋은 방법이 될 것이다.[3]

이와 관련하여 일제강점기 내내 목포(木浦)와 청진(淸津) 지역에 '송도정(松島町)'이라는 지명이 존속했다는 점에 주목할 필요가 있고, 특히 이와 아울러 심지어 내륙지방인 대전(大田)에도 한때나마 이러한 지명이 존재했다는 사실을 덧붙여 두고자 한다.[4]

《대한제국 관보》1910년 5월 3일자에 수록된 '통감부 고시 제71

---

3) 원산의 경우 '송도원' 해수욕장이 유명하나, 이건 '송도(松島)'가 아니라 '송도원(松濤園)'이라고 하여 한자표기가 다른 점에 유의할 필요가 있다. 하지만 그렇더라도 이것 역시 우리 고유의 명칭은 아닌 듯하고, 일본인 업자들에 의한 작명일 가능성이 높다는 점에서 비교대상사례로 포함해도 무방할 것 같다는 생각이다.

4) 《통감부 공보》1908년 3월 21일자에는 '청진이사청 고시(淸津理事廳 告示) 제3호'를 통해 '청진항시가정명(淸津港市街町名)'의 하나로 송도정(松島町)이 새로 생겨난 사실이 표시되어 있고, 《(신구대조) 조선전도부군면리동명칭일람》(중앙시장, 1917)에도 이 명칭이 그대로 등장하고 있으므로, 식민통치자들에 의해 행정구역폐합이 이뤄진 이후에도 이 지명은 계속 통용되었던 사실을 파악할 수 있다.

제3부_땅이름에 관한 오해 혹은 진실

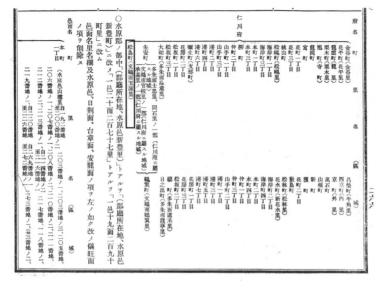

《조선총독부 관보》1936년 10월 29일자에는 "인천부로 신규 편입한 예전의 부천군 문학면 옥련리는 1936년 10월 1일부터 '송도정(松島町)'으로 명칭을 변경"하는 내용이 수록되어 있다. 이와 거의 비슷한 시기에 '송도유원주식회사'도 정식으로 발족하여, 이곳이 '송도'라는 왜색지명으로 고착화하는 또 다른 요인으로 작용하게 되었다.

호'(명치 41년 9월 통감부 고시 제159호 전화호출 지역 중 개정)에 대전지역의 몇몇 지명이 보이는데 여기에 '송도정(松島町)'이라는 표시가 등장한다. 여기에 나열된 대전지역의 왜색지명은 그 당시 일본인 거류민들에 의해 작명되어—공식 지명은 아니었지만—널리 통용되던 것들이었다.

이 지명들은 그 후 1914년 봄에 전국적인 행정구역 폐합이 실시되었을 때 '본정(本町)', '춘일정(春日町)', '영정(榮町)', 이 세 가지만 공식 지명으로 채택되어 살아남고 나머지는 사라졌다. 그러니까 대전지역의 '송도정'이란 명칭은 일본인들의 유입과 더불어 자연발생적으로 생겨났다가 1914년까지만 사용되었던 용례라고 보면 될 것이다.

우리가 익히 알듯이 '송도(松島)'라는 왜식 표기—그것이 '쇼토'라고 읽든 '마츠시마'로 읽든 간에—는 대개 항구도시나 해안과 관련된 곳에서 생겨나거나 정착되는 것이 보통일 텐데, 대전과 같은 내륙도시에도 왜 난데없는 '송도정'이란 표기가 등장하는지는 좀 선뜻 이해되지 않는 측면이 있다. 하지만 뒤집어 말하면 이것은 '송도'라는 것 자

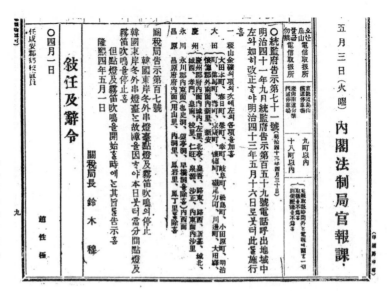

《대한제국 관보》 1910년 5월 3일자에 수록된 '통감부고시 제71호'에는 대전지역의 지명 가운데 '송도정(松島町)'이라는 표시가 등장한다. 해안지방도 아닌 내륙도시에 이러한 느닷없이 이러한 지명이 등장하는 까닭은 무엇일까?

체가 어느 지역을 가릴 것 없이 일본인들이 즐겨 채택하던 보편적인 왜색지명의 하나였다는 사실을 입증해주는 유력한 증거인 셈이다.

이러한 용례에 비추어 보면 지금까지 버젓이 사용되고 있는 인천의 '송도'라는 명칭은 암만 봐도 우리의 고유지명을 이은 것이 아니라 일본식 작명법에 따른 결과라고 보는 것이 맞다고 하겠다. 어찌 보면, 대전지역에도 정착되었던 '송도정'이란 존재가 바로 그 의문을 풀어가는 중요한 단서의 하나가 아닐까? (2005. 8. 17)

# 후지모토 겐이치(藤本源市, 송도유원 상무)의
# "송도유원을 말한다"

《경성잡필》1936년 12월호, 52쪽

　송도유원(松島遊園)은 자본금 2백만 원의 주식회사로 본년(1936년) 4월 인천부(仁川府)에서 고고성(孤孤聲)을 올렸던 것이나 아직 경성(京城)의 사람에게는 그다지 많이 알려져 있지는 못한 모양이다. 물론 영리회사이긴 하지만, 본 유원(遊園)은 무역, 공업, 관광의 3대 부시(府是)를 기간(基幹)으로 하여 인천부의 개발에 대단히 활약하고 있는 나가이 인천부윤(永井 仁川府尹)에 의해 계획되어 본래는 부(府)의 사업으로 경영되어질 성질의 것이었으나, 적적(適適)한 바다에 대해 동경(憧憬)을 가졌던 경성(京城)의 유지(有志)로부터 계획되고 있던 임해별장지(臨海別莊地)의 경영과 경합(競合)된 탓에, 회사의 사업으로 하여 실현하는 것으로 귀결되었던 것이다.

　나가이 부윤의 관광인천(觀光仁川)은 문학산(文鶴山)을 중심으로 하는 480만 평에 달하는 광대한 지역을 국제관광지대(國際觀光地帶)로 하여 개발하는 것을 이르는데, 송도유원은 실로 그 선구(先驅)가 되는 것으로, 따라서 회사의 사업목적은 해수욕장(海水浴場)을 중심으로 하는 임해유원지(臨海遊園地)의 건설과 임해별장지(臨海別莊地) 및 임해주택지(臨海住宅地)의 경영에 있으므로, 이름은 주식회사(株式會社)이지만 사업 자체는 다분히 공공적(公共的) 색채를 지니고 있다.

　관광인천의 건설은 그 규모가 크고 이것의 완성에는 상당한 세월을 필요로 하는 것이라 생각되는데, 그 선구(先驅)인 송도유원은 인천부 관민일반의 큰 기대와 지원 아래 내년 여름철까지 대체의 형태를 갖춰 도읍대중(都邑大衆)에 선을 보이고자 착착 공사를 진척시키고 있다.

　회사의 경영지(經營地)는 본년 10월 새롭게 인천부에 편입되어진 구 부천군 문학면 옥련리(舊 富川郡 文鶴面 玉蓮里)의 해안 일대 60만여 평의 지대인데, 인천부 제2산업도로의 연장과 경동철도 수인선(京東鐵道 水仁線)의 개통으로 경성에서의 행정(行程)이 1시간 20분으로 단축되고, 더구나 주안학익정간(朱安鶴翼町間)의 도시계획노선이 개통되는 날에는 행정이 1시간으로 되어, 유원의 위치는 인천부에 있으나 경성의 유원지라고 해도 안 될 것도 없으며 또한 실제에 있어서도 월미도유원(月尾島遊園)과 더불어 경성부민(京城府民)에게 보다 많이 이용되길 기대하고 있다. 도시가 커지게 되면 그런 만큼 시민의 건강보지(健康保持)의 입장에서 위안, 오락, 운동, 휴양 등을 겸비한 유원설비가 필요한 것은 설명을 필요치 않는 바이며, 특히 여름철의 해수욕이 도회인(都會人), 그 가운데 아동(兒童)의 건강에 기여하는 효과가 큰 것이 일찍이 경험되고 있음은 주지의 사실이다.

송도유원은 10만 평의 해면(海面)을 매립, 해빈사유지(海濱社有地) 2만 평을 합쳐 면적 12만 평을 유원지대로 하고, 2만 5천 평의 대해수욕장(大海水浴場)을 중심으로 위안, 휴양, 오락, 운동을 겸한 유원지를 조성하여 경인양부(京仁兩府)는 물론 원근(遠近)의 도읍대중을 맞아들이고 있다. 게다가 경영지 일대는 송도금강(松島金剛)이라 칭하는 기암(奇巖)이 중첩(重疊)된 영봉(靈峰)을 배경으로 하여 바다에 임하며, 멀리 인천 앞바다의 도시(島嶼)를 전망(展望)하는 멋진 바닷가 별장지도 있고 또 주택지도 있다.

우리 경성부(京城府)는 최근 부역확장(府域擴張)에 따라 인구 65만의 대도시(大都市)가 되고, 나아가 인구 백만을 보며 약진도상에 있어, 도시로서의 시설은 해마다 정비되어 가고 있다. 이것을 지리적으로 보아도 산이 있고, 강이 있고, 지세의 변화에도 충분히 건강도시(健康都市)로서의 요소는 모두 갖추고 있다. 다만 한 가지 빠진 것은 바다가 멀다는 것이다. 아니, 가까이 이용하기에 적합域擴張)를 갖지 못했다는 것이다. 경성의 인사(人士)는 허다한 불편과 경제적 희생을 돌보지 않고, 겨우 여름철 수주간을 위해 원격지(遠隔地)에다 별장을 구하고, 혹은 천막생활을 나선다. 하지만 그것은 부민(府民)의 아주 일부분이며, 대다수의 부민은 바다를 접할 기회를 누리지 못한다. 이것이 우리 경성의 현상이다. 송도유원이 다대한 희생을 견디며 거비(巨費)를 던져 부시(府是)에 순응하여 일대유원지를 건설하는 것과 함께, 바닷가 별장지의 경영을 기도하는 것은 실로 이 바다에서 떨어진 경성의 결함을 메워 도읍대중에 위안과 휴양을 겸하여 가족적 아동본위(兒童本位)의 오락장을 제공함으로써 건강증진에 기여하는 것에 다름 아니다. 감히 여기에 본고를 기고하는 까닭이 있다.

# 18

## 과연 유릉(裕陵) 때문에
## '능동(陵洞)'이 생겨났을까?

| 어린이대공원이 있는 능동의 지명 유래에 대한 재검토 |

현재 어린이대공원이 있는 동네 이름은 '능동'이다. 이 이름은 곧 대한제국시절 황태자비였다가 나중에 순명효황후로 추존된 순명비(純明妃)의 '유강원(裕康園)'이 순종 황제의 즉위와 더불어 '유릉(裕陵)'으로 능호가 격상된 데서 비롯되었다는 것이 지금까지의 통설이다. 과연 그럴까?

우선 다음의 설명을 살펴보자. 현재 어린이대공원 안에 남아 있는 '유릉' 석물에 대한 안내 문안이다.

유강원문화유적(裕康園文化遺蹟)
지정번호 : 서울특별시 유형문화재 제134호
시대 : 대한제국시대, 광무 9년(1905)

능동 어린이대공원 안에 여기 저기 흩어져 있던 '유릉' 잔여석물들을 최근에 한곳에 모아 가지런하게 정리해 놓은 모습이다. 서울시유형문화재 제134호 '유강원 문화유적'이란 것이 바로 이것들이다. 《매일신보》 1926년 4월 30일자의 사진자료와 비교해보면, 무인석과 문인석 등은 예전 것과 동일하다는 것을 확인할 수 있으나 '혼유석'만은 전혀 딴판이란 것이 확연히 눈에 띤다. 이것의 출처에 대해서는 좀 더 구체적인 재고증이 필요하다는 생각이다.

소재지 : 서울특별시 광진구 능동 18(어린이대공원 내)

유강원 문화유적은 대한제국 제2대 황제 순종의 황후 순명효황후(純明孝皇后) 민씨의 능이었던 옛 유강원터에 남아 있던 석조물들이다.

순명효황후는 민태호의 딸로 고종 19년(1882) 왕세자빈으로 책봉되고, 광무 원년(1897) 황태자비로 책봉되었으나 순종이 황제가 되기 전 광무 8년(1904) 경운궁[현 덕수궁]에서 춘추 33세로 승하하여, 이듬해 1월 용마산 기슭의 이곳에 예장(禮葬)하고 원호(園號)를 유강원이라 하였다.

융희 원년(1907) 순종이 즉위하면서 순명효황후로 추증(追贈)하고, 유강원을 유릉(裕陵)으로 승격시켰다. 1926년 순종이 승하하고 경기도 남양주시 금곡동에 위치한 홍릉(洪陵) 왼쪽 언덕에 유릉을 조성하면서 순명효황후도 그곳으로 옮겨 순종과 함께 모셔짐으로써 이곳에는 석조물들만 남게 되었다. 이러한 역사적 사실로 인하여 이 일대의 동명(洞名)도 능동(陵洞)으로 불리게 된 것이다.

현재 남아 있는 석조물들은 유강원을 조성할 때 설치된 것으로 문·무인석을 비롯하여 말·양·호랑이의 석물, 장명등의 하대석, 망주석 받침, 난간석 등이 있다……(하략).[1]

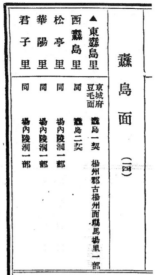

《신구대조(新舊對照) 조선 전도부군면리동명칭일람 (朝鮮全道府郡面里洞名稱 一覽)》(중앙시장, 1917)이라 는 자료집에 보면 1914년 행정구역폐합 이후의 행정 구역명칭이 정리되어 있는 데, 이전의 '경성부 두모면 능동의 일부'가 '능리(陵 里)'로 정해졌는데, 이것이 지금의 '능동'을 이루는 직 접 유래가 되었다.

어쨌거나 여길 보면 이 '유릉'으로 인하여 이 일대의 동명이 '능동 (陵洞)'으로 부르게 되었다는 사실을 알리고 있다. 정말 그러할까?

하지만 이러한 내용은 잘못 알려진 사실이다. 다들 그런 줄로 알지 만, 사실은 이곳에 '유강원'이 들어서기 이전에 여기는 이미 '능동'이 었다.

1914년에 일제에 의해 전국적인 행정구역 폐합이 이뤄질 때의 내역

---

1) 이 유릉석물의 문화재 지정 명칭은 '유강원(순명효황후의 능)문화유적'이라는 참으로 짝이 맞지 않고 어색한 이름으로 되어 있다. 처음의 이름은 유강원이었으나 이미 '유릉'으로 승격되었으므로 당연히 이 곳의 이름은 유강원이 아니라 유릉으로 부르는 것이 옳을 것이다. 따라서 '유강원 문화유적'이라는 전 혀 어법에 맞지 않는 이름을 사용하기보다는 '구유릉석물'이나 '유릉터 석물'로 그 명칭을 바로 잡는 일이 필요할 것이다. 이건 단순히 어법상의 문제만이 아니라 실제로 그 존재기간을 따져 봐도 유강원 (1905년 1월~1907년 8월은 2년 반 남짓이었던 반면 유릉(1907년 8월~1926년 6월)은 거의 20년 가 까이 '능'이었다는 사실도 상기할 필요가 있을 것이다.
한편, 유릉석물의 지정 명칭과 관련하여 최근 서울특별시에서는 2008년 10월 30일자로 유형문화재 제134호의 명칭을 '순명비 유강원 석물(純明妃 裕康園 石物)'로 변경 고시하였는데, 이것은 비록 호칭 의 균형은 맞추었을지라도 여전히 '유릉'이었던 이곳의 위상 및 격식에는 전혀 어긋나는 것이므로, 올 바른 명칭 변경이라고 보기는 어렵다고 하겠다.

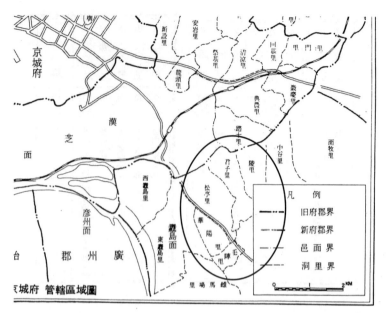

1914년 이전의 행정구역을 살펴보면, 지금의 '능동', '군자동', '송정동', '화양동', '모진동' 일대가 모두 원래의 '능동'에서 분화되었음을 알 수 있다. 그러니까 원래의 능동은 지금의 능동만을 지칭하는 지명은 아니었던 모양이다.

을 살펴보면, 당시의 '능리(陵里, 지금의 능동)'는 원래 '경성부 두모면 능동의 일부'에서 갈라져 나온 지명이라고 설명되어 있다. 그리고 지금의 능동, 군자동, 송정동, 화양동, 모진동 일대가 모두 원래의 '능동'에서 분화되어 나온 동네로 기재되어 있으므로, 원래의 능동이란 지금보다는 훨씬 너른 지역을 포괄하고 있었음도 확인할 수 있다.

여기에서 말하는 원래의 능동이란 것은, 당초 유강원이었다가 1907년 8월에 '유릉'으로 격상되면서 생겨난 것인 듯이 자칫 오인하기 십상이나, 사실관계는 전혀 그렇지 않다. 《대한제국 관보》 1904년 11월 21일자(호외)에 보면, 막 세상을 떠난 '황태자비(순명비)'의 원소(園所)를 정하는 논의와 관련하여 "용마봉(龍馬峰) 아래 능동(陵洞)으로서 원소를 정한다"는 조칙이 내려진 내용이 수록되어 있는 까닭이다.

이는 곧 '유릉'도 아닌 겨우(?) '유강원'으로 정해질 때에 이곳이 이미 '능동'으로 불리우고 있었다는 것을 말해준다. 다시 말하면 지금의 '능동'이라는 지명 유래를 한참 거슬러 올라가면, 순명효황후의 '유

제3부_땅이름에 관한 오해 혹은 진실

릉'과는 전혀 무관하게 벌써 능동이라는 지명은 존재했었다는 사실을 새삼 확인할 수 있는 것이다.

그렇다면 이곳에는 '유릉' 훨씬 이전에 다른 '왕릉'이 존재했었다는 얘기인가? 그렇지 않고서야 어찌 이곳에 '능동'이라는 이름이 붙여졌을 것인가 말이다.

이 물음에 대한 답변은 '유강원'을 조성할 당시의 신문자료 등을 통해 어느 정도 확보할 수 있다. 가령, 《대한매일신보》 1904년 11월 16일자에는 이러한 내용이 들어 있다.

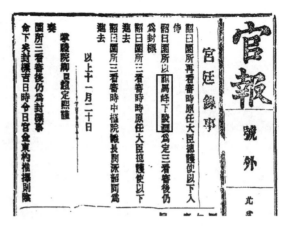

《대한제국 관보》 1904년 11월 21일자(호외)에는 "용마봉 아래 능동으로써 원소를 정한다"는 조서의 내용이 들어 있다. '유강원'이 들어서기 이전에 이곳은 이미 '능동'이었다는 결정적인 증거인 셈이다.

　　〔원소재심〕 황태자비 궁원소를 왕십리에 있는 이전 유릉 구기지로 초정한지라, 원소도감제조와 장례원경과 학부대신 제씨가 재심할 차로 또 나갔다더라.

그리고 《대한매일신보》 1904년 11월 17일자에도 다음과 같은 내용이 보인다.

　　〔원소택정〕 원소를 동문외 마장리로 정한지라, 재작일에 돈체사 학부대신 서리와 궁내부 관인이 재심차로 출거하였는데 해소는 유릉 구기라 내해자의 사사분묘를 전부터 금지한 고로 파 옮길 분묘가 십여 처에 불과하다더라.

여길 보면 흥미롭게도 '유강원'을 조성할 원소가 예전에 '유릉'이 있었던 곳이라고 적고 있다. 그런데 의아한 것은 '유릉'이라 하면 '유강원'이 능으로 추숭될 때에 생겨나는 이름인데, 그것에 앞질러 이곳을 '유릉 구기'라고 하였으니, 많이 헷갈리지 않을 수 없다.

---

과연 유릉(裕陵) 때문에 '능동(陵洞)'이 생겨났을까?

《매일신보》 1926년 6월 4일자에 수록된 뚝섬 '유릉'의 전경이다. 사진설명문에 들어 있는 "오늘부터 폐릉 되는 뚝섬 유릉"이라는 표현이 색다른 감회를 가져다준다.

《매일신보》 1926년 4월 28일자에 수록된 '뚝섬 유릉'의 모습이다. 사진설명문에서 보듯이 당초에는 순종의 능은 금곡 홍릉 쪽이 아니라 이곳 뚝섬 유릉에 정해질 것으로 알려졌다. 이곳의 유릉을 금곡으로 옮겨 합장릉으로 조성하는 계획이 최종 결정된 것은 이보다 며칠 후의 일이다.

하지만 여기에서 '유릉'이라고 한 것은 사실 '수릉(綏陵)'을 가리킨다. 이 '綏'라는 글자는 '편안할 수'와 '깃발늘어질 유'의 두 가지 소릿값을 가지므로, 이곳을 '수릉'이 아닌 '유릉'으로 표기하거나 발음하는 경우도 간혹 발견된다. 예전에 '수길원(綏吉園)'을 일컬어 '유길원(綏吉園)'이라고 하였다가, 원래의 음을 바로 잡는다고 하여 '문화재 지정 명칭'을 정식으로 '수길원'으로 바로 고친 것도 이것과 동일한 맥락에 속한다.

수릉(綏陵)은 현재 동구릉(東九陵) 안에 있는 능으로, 순조의 원자 효명세자(孝明世子, 1809~1830)와 흔히 조대비(趙大妃)로 널리 알려진 신정익왕후 조씨(神貞翼皇后 趙氏, 1808~1890)의 합장릉이다. 효명세자는 아들인 헌종의 즉위와 더불어 1834년에 추존왕이 되어 묘호가 '익종(翼宗)'이었다가, 다시 대한제국 시절인 1899년에 '문조익황제(文祖翼皇帝)'로 추존된 바 있다.

이 수릉의 내력을 살펴보면, 이 '능동'의 의문점을 풀 수 있지 않을까 여겨진다.

순조 30년(1830년) 5월에 세상을 뜬 효명세자의 무덤은 처음에 의

릉(懿陵) 옆인 양주 천장산(楊州 天藏山) 왼쪽 언덕에 있었고, '연경묘(延慶墓)'라고 불렸다. 이와 관련하여 《순조실록》 순조 30년(1830년) 5월 30일조에는 "왕세자 묘소를 능동(陵洞)의 도장곡(道莊谷)에 정하고 봉표(封標)와 시역(始役)은 내일 하도록 명하였다"는 구절이 보인다. 그러던 것이 헌종 즉위년(1834년) 11월에 익종(翼宗)으로 추존하는 한편 능호를 수릉(綏陵)이라 하였다. 다시 헌종 12년(1846년)에는 풍수지리상 불길하다는 이

《매일신보》 1926년 4월 30일자에 수록된 뚝섬 유릉의 근접사진이다. 여기에는 봉분, 난간석, 주변 석물배치가 어떠했는지를 그럭저럭 확인할 수 있는 모습이 담겨져 있다.

유로 수릉은 양주 용마봉(楊州 龍馬峰) 아래로 천장하였으며, 철종 6년(1855년)에는 다시 태조 건원릉 왼쪽 언덕으로 이장하여 지금의 '동구릉' 안으로 옮겨지게 되는 과정을 거쳤던 것이다.

그러니까 익종의 '수릉'은 1846년부터 1855년까지 10년 가까이 '양주 용마봉' 아래에 자리를 하게 되었던 것인데, 앞서 《대한매일신보》 기사에서 보았던 '유릉(수릉의 표기 착오) 구기'라는 구절은 바로 이 수릉의 옛터를 가리키는 것이라고 판단할 수 있다. 그리고 수릉이 이곳에 10년 가까이 존재했으므로 여기에 근거를 두어 이 근처를 '능동'이라고 불렀던 것이라고 짐작된다. 이로 인하여 유강원의 터를 정하던 때에 이미 '용마봉 아래 능동'이라는 지명이 존재하고 있었던 것이다.

《비서원일기(秘書院日記)》 1904년 11월 21일자에는 다음과 같은 내용이 등장하는데, 이것 역시 유강원이 조성되기 훨씬 이전에 '능동'이라는 지명이 이미 존재하고 있었음을 입증해주는 확실한 근거자료가 아닌가 한다.

과연 유릉(裕陵) 때문에 '능동(陵洞)'이 생겨났을까?

상(上)이 재실(齋室)에 나아갔다. 원소(園所)를 세 번째 간심(看審)하고 봉표(封標)할 때의 총호사와 시원임 대신 이하가 입시하였다. 이때 입시한 비서원 승 이석종(李奭鍾), 비서원랑 허만필(許萬弼)·이문구(李文求), 총호사 의정부의정 이근명(李根命), 빈전도감제조 중추원의장 민영소(閔泳韶), 원소도감 제조 민영달(閔泳達), 궁내부대신서리 내부대신 이용태(李容泰), 학부대신서리 의정부찬정 박제순(朴齊純), 장례원경 조정희(趙定熙)가 차례로 나와 엎드렸다. 상지관(相地官)들이 나와 기둥 밖에 엎드렸다.

······이어 하교하기를, "그곳의 지명이 능동(陵洞)이라고 하던데, 그런가?" 하니, 민영달이 아뢰기를, "능동과는 거리가 다소 먼 곳으로, 장안(長安)이라 일컫기도 하고 장내(張內)라 일컫기도 합니다" 하였다.

상이 이르기를, "산의 이름이 본래 용마봉(龍馬峯)이었는데 익종(翼宗)의 능을 옮긴 뒤에 용마산으로 고쳤으니, 용마산 아래라고 통칭하는 것이 좋겠다" 하니, 이근명이 아뢰기를, "성상의 말씀이 지당하십니다" 하였다.

이상에서 본다면, 순명효황후의 '유릉' 때문에 지금의 어린이대공원이 있는 지역에 '능동'이라는 동네 이름이 생겨나게 되었다는 통설은 명백히 잘못된 것으로 그 지명 유래가 재검토되어야 마땅할 것이다. (2006. 6. 11)

# 순종황제, 1907년 10월 12일에
# 뚝섬 유릉에 행차하다

양주 용마산 아래 능동에 자리한 순명비의 '유강원(裕康園)'을 '유릉(裕陵)'으로 추봉(追封)한 것은 순종황제의 즉위 다음 달인 1907년 8월 26일의 일이다. 그리고 곧이어 그해 10월에는 순종황제가 몸소 이곳을 행차하였는데,《대한제국 관보》1907년 10월 8일자(호외)에는 흥미롭게도 다음과 같은 내용이 수록되어 있어서 당시의 행차로를 자세히 엿보는 데에 많은 도움이 되고 있다.

> 궁내부 포달(宮內府 布達) 제19호
> 음력(陰曆) 9월 초육일(初六日, 즉 양력 10월 12일을 말함)에
> 홍릉(洪陵)과 유릉(裕陵)에 행행(行幸)하옵셔 친제(親祭)하옵실 지(旨)를 봉승(奉承)하온 바
> 출궁시각(出宮時刻)과 어도로(御道路)는 여좌(如左)함이라.
> 상오(上午) 8시에 대한문(大漢門)으로 출어(出御)하사 포덕문 전로(布德門 前路), 신교(新橋), 황토현(黃土峴), 종로(鍾路), 돈화문 전로(敦化門 前路), 태묘 전로(太廟 前路)를 과(過)하사 동교(東橋), 홍인문(興仁門)을 종(從)하사 동관묘 후로(東關廟 後路), 안감천(安甘川), 용두리(龍頭里), 청량리(淸凉里), 홍릉동구(洪陵洞口, 自大漢門十里)로 재실(齋室)에 입어(入御)하사 동(同) 10시 30분에 행례(行禮)하옵시고
> 동(同) 12시 30분에 자홍릉(自洪陵) 동가(動駕)하사 청량리(淸凉里), 용두리(龍頭里), 마장리(馬場里), 마장리 후천(馬場里 後川), 사근현(沙斤峴), 전곶대천조교(箭串大川造橋)를 도(渡)하사 신평(新坪), 군자동 전로(君子洞 前路), 화양정 전로(華陽亭 前路), 유릉동구(裕陵洞口, 自洪陵十里)로 재실(齋室)에 입어(入御)하사 하오(下午) 3시에 행례(行禮)하옵시고
> 동(同) 4시 30분에 자유릉(自裕陵) 동가(動駕)하사 화양정 전로(華陽亭 前路), 군자동 전로(君子洞 前路), 신평(新坪), 전곶대천조교(箭串大川造橋), 사근현(沙斤峴), 마

장리 후천(馬場里 後川), 마장리(馬場里), 용두리(龍頭里), 안감천(安甘川), 동관묘 후로(東關廟 後路), 흥인문(興仁門), 동교(東橋), 태묘 전로(太廟 前路), 돈화문 전로(敦化門 前路), 종로(鍾路), 황토현(黃土峴), 신교(新橋), 포덕문 전로(布德門 前路), 대한문(大漢門, 自裕陵十五里)으로 종(從)하사 동(同) 6시에 환어(還御)하심이라.

융희(隆熙) 원년(元年) 10월(月) 7일(日)

궁내부대신(宮內府大臣) 훈일등(勳一等) 이윤용(李允用)

한편, 당시의 《대한매일신보》에도 순종황제의 홍릉 및 유릉 행차에 대한 연속 기사가 수록되어 있는데, 여기에서는 참고삼아 다음의 두 가지 기사만 간략해 소개하려고 한다.

**《대한매일신보》 1907년 10월 11일자(국문판), "학도지영절차"**

명일에 대황제폐하께옵서 홍릉에 거동하실 때에 관사립학교 교원과 학도들이 종로 종각으로서 좌우로 나열하였다가 지영할 터인데 학도의 지영하는 차례는 사범학교 일어 한어 의학교 안동 어의동 수하동 매동 경교 각 보통학교요, 건너편에는 고등 영어 덕어 법어 교동 재동 인현 정동 각 보통학교요. 기외에 사립학교는 차례로 좌우에 배립한다더라.

**《대한매일신보》 1907년 10월 13일자(국문판), "거동절차"**

대황제폐하께옵서 작일 상오 8시에 홍릉거동을 하시는데 의장과 절차가 이와 같으니 법부대신 조중응 씨와 경시총감 환산중준 씨가 간심차로 먼저 나아가고 한일 양국의 경찰관리와 일본 기병대가 앞에 선진이 되고 예식관과 궁내대신 이윤용 씨가 각기 마차를 타고 배종하며 대황제폐하께옵서는 마차를 타옵셨는데 시종경 민병석 씨가 모시고 탔으며 그 다음에는 군부대신 이병무 씨가 본국 장교 몇 명을 영솔하였고 총리대신 이완용 씨와 서기관장 한창수 씨가 마차를 한 가지 탔으며 각부대신과 칙주임관이 인력거를 타고 배종하였는데 동일 하오 5시에 환궁하셨다더라.

# 19

## 왜색지명 '태합굴',
### 잠시 세상을 시끄럽게 하다

| 이른바 '통영태합굴해저도로'에 대한 자료 고증 |

광복 60주년을 코앞에 둔 2005년 8월 10일, 그날 당시의 유홍준 문화재청장은 서둘러 다음과 같은 내용으로 한 장의 사과문을 발표하였다.

문화재청이 지난 7월 11일 근대문화재유산 등록예고를 하면서, 경남 통영시 '통영해저터널'을 '통영태합굴(太閤堀)'이란 가(假)명칭을 사용한 데 대해 국민여러분께 깊은 사과의 말씀을 드립니다.

문화재청은 문화재 등록 예고시 '문화재 명칭을 해당 문화재의 생성 당시의 고유 명칭으로 한다'라는 통상적인 절차를 따르다 이런 상식 밖의 어처구니없는 결과를 초래했습니다. 문화재청은 이번 사례를 계기로 문화재 등록 예고시 철저히 점검해 이런 일이 재발되지 않도록 각별히 유념토록 하겠습니다.

| 연번 | 문 화 재 명 | 소　재　지 | 수 량 · 규 모 | 소 유 자 |
|---|---|---|---|---|
| 11 | 구 진해요항부 병원 | 경남 진해시 현동 해군작전<br>사령부 기지 내 | 1동, 1층<br>건축면적 699평 | 해　군 |
| 12 | 구 마산헌병 분견대 | 경남 마산시 월남3가 8-11 | 1동, 지상1층, 지하1층<br>건축면적 175.21㎡ | 국방부 |
| 13 | 마산 봉암수원지 | 경남 마산시 봉암동 88 | 저수량 600,000T.<br>제방높이 23m,<br>제방길이 73m | 마산시 |
| 14 | 마산 구 한일와사<br>전기회사 관사 | 경남 마산시 장군동1가<br>4-3, 4-16, 4-17 | 3동, 1층<br>연면적 320.79㎡ | 박재광, 최오경,<br>김종화, 김종인,<br>이필점, 김종향,<br>김종이 |
| 15 | 창원 소답동 김종영<br>생가 | 경남 창원시 소답동 131-14 | 3동, 1층<br>연면적 208.03㎡ | 김종영 |
| 16 | 통영태합굴해저도로 | 경남 통영시 당동-통영시<br>미수2동 | 터널 1기,<br>길이 483m, 폭 5m,<br>높이 3.5m | 통영시 |
| 17 | 남해 아산리 김영태<br>가옥 | 경남 남해군 아산리 388-1,<br>389-2 | 4채, 1층<br>연면적 142.15㎡ | 김윤태 |
| 18 | 진주역 차량정비고 | 경남 진주시 강남동 245 | 1동, 1층<br>건축면적 100㎡ | 철도공사 시설본부 |

《대한민국 관보》 2005년 7월 11일자에 수록된 '문화재청 공고 제2005-127호' 경남지역 근대문화유산 문화재등록예고와 관련된 내용이다. 여기에는 '통영해저터널'의 예고명칭에 '통영태합굴해저도로'라고 표기되어 있다. 하지만 여기에 나오는 '태합굴'이란 것은 토요토미 히데요시의 관명에서 파생된 전형적인 왜색지명의 하나인 탓에 여론의 매서운 질타가 있었고, 이에 대해 문화재청장은 부랴부랴 사과문을 내는 큰 소동으로 번지기에 이르렀다.

　　　문화재청은 8월 11일 오후 5시 문화재위원회 근대분과소위원회를 긴급 소집해 문화재위원들의 의견을 수렴해 새로운 명칭을 제시토록 하겠습니다.

　　　이렇듯 문화재청장이 직접 사과문을 내고, 문화재위원회 근대문화재분과의 긴급회의가 소집된 것은 흔히 '동양의 나폴리'라는 별칭을 갖고 있는 통영항의 명물(名物) '통영해저터널' 때문이었다. 이곳은 1955년 9월 1일 이후 1995년 1월 1일까지 행정구역으로 '충무시(忠武市)'에 속했으므로, 대개는 '충무해저터널'이라는 이름으로도 널리 기억되는 장소이다.

　　　문화재청의 해명에 따르면, 사건의 발단은 이러했다.

　　　2004년 2월 경상남도는 경남지역 근대문화유산에 대하여 경남대학교박물관에서 수행한 실태조사 결과물인 《경상남도 근대문화유산 목록화 조사보고서》를 우리 청에 제출하였습니다.

이 보고서에서 '통영해저터널'의 원래 명칭은 '통영태합굴(太閤堀)해저도로'로 조사되었으며 문화재청에서는 경남지역의 근대문화유산을 문화재로 등록하기 위하여 경상남도로부터 제출된 이 보고서를 토대로 관계 전문가 3인의 현지조사(2004. 11. 16~12. 22)를 실시한 결과 등록 문화재로서의 가치가 있다는 의견이 제시되어 문화재위원회(2005. 7. 1)의 검토를 거쳐 등록예고 하였습니다.

아울러 문화재위원회에서 이 터널의 명칭에 대한 검토가 있었으나 "문화재 등록 명칭 부여시에 생성 당시의 고유 명칭이 현재까지 유지되고 있는 경우 원래 명칭으로 한다"라는 의견이 있어서 이 터널의 원래 명칭인 '통영태합굴해저도로'로 가(假)명칭을 부여하여 등록예고 하고, 이 기간 중 해당 전문가, 학계 및 일반국민들의 의견을 수렴하여 결정하기로 하였습니다.

통영항의 명물로 일컬어지는 '통영해저터널'의 이모저모이다. 입구의 편액인 '용문달양(龍門達陽)은 "용문을 통해 산양면[미륵도]에 이른다"는 뜻으로 통영운하 개착의 주창자이자 1929년에서 1938년에 걸쳐 통영면장 및 통영읍장을 지냈던 야마구치 세이(山口精)의 글씨로 알려져 있다.

그러니까 문제는 '태합굴(太閤堀)'이라는 명칭에 대해 깊은 고민 없이 그 이름을 그대로 '관보'에 등록예고 공고가 나가도록 했다는 데에 있었다. 그리고 등록예고 기간 막바지에 이러한 사실이 세상에 널리 알려지면서 여론의 따가운 질타가 있었고, 이에 따라 황급히 사과문을 발표하는 소동이 일어났던 것이다.

그렇다면 이 '태합굴'의 정체는 무엇이며, 그 유래는 어떤 것일까?

원래 태합(太閤, 타이코)이란 정식명칭으로 태합하(太閤下, 타이코우카)라 하며, 섭정(攝政)이나 관백(關白)의 직(職)을 그 자제(子弟)에게 물려준 인물을 일컫는 일본(日本)의 관명(官名)인데, 임진왜란의 원흉인 토요토미 히데요시(豊臣秀吉, 1536~1598)를 가리켜 흔히 '풍태합(豊太閤, 호타이코)'라는 경칭(敬稱)을 사용하여 불렀으므로, 결국 '태합굴'이라는 명칭은 그 자체가 전형적인 '왜색지명'의 하나라는 사실이 저절로 드러나는 셈이다.

그리고 굴(堀, 호리)은 "땅을 파서 만든 수로 즉 강이나 하천"을 말하는 일본식 용어이다. 따라서 '태합굴(太閤堀)'이란 것은 "토요토미 히데요시 시절에 만들어진 인공수로"라는 뜻으로 풀이된다. 실제로 이 지역에는 임진왜란 때 왜군이 도망가면서 퇴로가 막히자 좁고 얕은 물길을 파서 헤쳐 나갔다는 얘기가 전해지고 있다.

그런데 간혹 몇몇 답사 안내기에 '태합굴'이라고 할 때의 '굴'을 터널을 뜻하는 '굴(窟)'자로 표기해놓은 사례도 눈에 띄는데, 위에서 설명한 대로 '인공적으로 파낸 수로'라는 뜻의 '굴(堀)'자로 표기되는 것이 맞다. 실제로 '태합굴'이란 명칭은 이곳에 '해저터널'이 뚫리기 훨씬 이전부터 사용되어 왔던 흔적을 두루 확인할 수 있다. 따라서 태합굴은 '통영해저터널'만을 가리키는 별칭이 아니라 그 위로 '운하'가 개설되기 이전의 해협처럼 '좁은 물길'이 난 지역 전부를 일컫는 이름이었다.

대관절 '태합굴'이라는 명칭은 언제부터, 누가 붙여서 사용했던 것일까?

이에 관해서는 《동아일보》 1926년 7월 9일자에 수록된 "향토예찬 내고을명물, 통영명물 착량교(鑿梁橋)의 내력"이란 글에서 몇 가지 단서를 찾을 수 있다.

이 다리의 놓인 곳은 원래는 육지와 연하였던 곳이었다는데 이백 년 전 충무공 이순신(忠武公 李舜臣) 씨가 노량진(露梁津)에서 일본병정을 쳐부수었을 때 태각(太閣, 태합의 잘못)이라는 일본 장수와 그의 거느린 수만 군사가 이곳으로 도망해오다가 물이 막히어 있으므로 군사들이 수없이 죽어가면서 죽을힘을 다하여 그곳 땅을 뚫고 달아났다 한다. 그러므로 착량교 혹은 '판되다리'라고 부르고, 일본 사람은 '태각굴(太閣堀, 태합굴의 잘못)'이라 이름한다. 그리고 옛날에는 여러 번 목교를 놓았던 것인데 십오 년 전에 통영사람 자선가 한 분이 수만금의 재산을 들이어 돌다리로 한 것이다.

여기에서는 '태합굴'을 '태각굴'로 잘못 표기한 오류는 있지만, 이 이름이 일본 사람들에 의한 것이라는 점은 분명히 지적하고 있다. 그

《조선》 1927년 4월호에 수록된 '판데목(착량교)' 일대의 모습이다. 이 사진의 원문에는 "운하계획중의 통영태합굴(統營太閤堀)"이라는 설명이 붙어 있다. 굴(堀, 호리)은 '땅을 파서 만든 수로 즉 강이나 하천'을 말하는 일본식 용어이다.

리고 조선 사람들은 이곳은 '착량(교)'라는 지명으로 따로 부르고 있었던 것을 알 수 있다.

하지만 이러한 기록과는 달리 이곳에 처음 땅을 판 것은 일본군이 아니라는 지적도 눈에 띈다. 예전에 춘원 이광수(春園 李光洙, 1892~1950)가 《동아일보》에 연재소설 "이순신"을 게재하기 앞서 충무공 관련 유적을 몸소 순례하였고 그 내용을 적어 같은 신문에 연재한 적이 있는데, 그 가운데 《동아일보》 1931년 6월 10일자에 수록한 '충무공 유적순례(忠武公 遺蹟巡禮)(14)'에는 다음과 같은 구절이 보인다.

5월 29일(2)

한산도(閑山島)에서 돌아오는 길에 '판뎃목이'를 보았습니다. 판뎃목이는 한자(漢字)로는 착량(鑿梁)이라고 쓰고 일본인(日本人)들은 태합굴(太閤堀)이라고 쓰는데 이것은 통영(統營) 앞 바다와 당포(唐浦) 쪽 바다와를 연결(連結)하는 운하(運河)여니와 일본인(日本人)이 처음 팠다는 것은 무근(無根)한 허설(虛說)입니다. 그 증거(證據)로는 충무공 난중일기(亂中日記)에 "숙착포량(宿鑿浦梁)"이라는 구절(句節)이 있음으로 보아서도 알 것이니, 이 판뎃목은 임란 이전(任亂 以前)에 아마 신라시대(新羅時代)에 팠던 것으로 추정(推定)함이 옳을 것입니다.

판뎃목은 지금(至今) 더 파는 중(中)이니 불원(不遠)에 개통(開通)이 될 것입니다.

판뎃목 구상(丘上)에는 착량묘(鑿梁廟)라는 묘(廟)가 있으니 옛날 초묘(草廟)하던 것입니다. 앞에 강당(講堂)이 있고 향(向)하여 우벽(右壁)에 사명당(泗溟堂)을 배향(配享)하였습니다.

"鑿梁之上 舊有草廟 始於濱民感忠武李公忠節而立者也"라고 한 것입니다.

우스운 것은 묘(廟)의 서린(西隣)에 관왕묘(關王廟)가 있는데 거기는 유비(劉備)의 화상(畵像)을 봉안(奉安)한 것입니다. 관우(關羽)를 제사(祭祀)하자니 그의 주(主)인 유비(劉備)까지도 제사(祭祀)한다는 논리(論理)입니다……(하략).

그런데 실제로 '태합굴'이라는 지명이 구체적으로 등장하는 것은 전적으로 근대 시기에 작성된 자료들에 한정되어 있다는 점은 특히 주목된다. 가령 대한제국 농상공부 수산국에서 편찬하여 발행한 《한국수산지(韓國水産誌)》제2집에 보면 경상남도 용남군 서면 서당동(慶尙南道 龍南郡 西面 西堂洞)[1] 관련 대목에 다음과 같은 구절로 정리되어 있다. 이 자료가 나온 것이 1910년 5월이므로, '태합굴'이라는 용례가 처음 등장하는 시기를 어느 정도 가늠할 수 있다.

미륵도(彌勒島)와의 사이에 형성된 해협(海峽)의 최협부(最狹部, 가장 좁은 위치)에 있고, 이 섬의 남수동(南修洞)과 마주하여 교량(橋梁)으로 서로 접하는데, 이 해협은 임진역(壬辰役, 임진왜란) 때 일본인이 개착(開鑿)한 것이라는 구비(口碑, 전설)가 있어 일본인은 이를 태합굴(太閤堀, 타이코보리)이라고 부르며, 요즘은 모래뻘이 침체되어 대선(大船)은 지날 수가 없고, 간조(干潮) 시에는 어선(漁船)도 통행하는 것이 불가능하며, 인가 36호가 있고, 주민은 농상업(農商業)을 영위하고 어업(漁業)에 종사하는 사람은 없다(p. 652).

여길 보면 임진왜란 때 왜군들이 이곳을 뚫었다는 전설이 있음은 익히 아는 바일 테지만, '태합굴'이라는 이름은 "일본인에 의해 붙여진" 것이라는 사실이 거듭 밝혀지고 있다. 짐작컨대, 개항 이후에 우리나라로 밀려든 일본인들에 의해 그러한 이름이 마구잡이로 붙여졌던 것이 아닌가 여겨진다.

이것 말고도 나루시마 사기무라(成島鷺村)가 정리한 《조선명승시선

---

1) 여기에 나오는 '용남군(龍南郡)'이라는 것은 통영군의 옛 지명이다. 통영 지역의 지명변천연혁을 잠깐 살펴보면, 1895년 '통제영'의 폐지 이후 경상남도 고성군 구역 내에 포함되어 있었으나 1900년 5월 16일 통제영 구역과 고성군 도선면, 광이면, 광삼면, 거제군 가좌도, 한산도를 관할로 하여 '진남군(鎭南郡)'이 설치되었다가, 1909년 3월 13일 북한지역의 '진남포'와 이름이 같다는 이유로 진남군은 '용남군(龍南郡)'으로 개칭되는 과정을 거쳤다. 다시 일제강점기로 접어들어 1914년 3월 1일 이후 기존의 용남군과 거제군을 합쳐 '통영군(統營郡)'이 생겨났고, 해방 이후 1953년에는 거제군이 분리 독립하는 한편 1955년에는 다시 통영읍 일원이 '충무시'로 승격 독립하였다가, 1995년 1월 1일 이후 충무시와 통영군이 도농복합형 '통영시'로 합쳐져서 오늘에 이르고 있다.

야즈 쇼에이(矢津昌永)의 《한국지리》(1904)에 수록된 '울산왜성'의 삽화이다. 《한국수산지》 제2집에 수록된 내용에 따르면, 일본 어부들은 이곳을 '위 태합(上の太閤)'으로 부른다는 내용이 확인되고 있다. 결국 '태합(太閤)' 운운하는 식의 명칭은 근대 시기 우리나라로 밀려든 일본인 어부 또는 일본인 거류민들에 의해 창작된 전형적인 왜식지명의 일종이라고 보는 것이 옳다.

城山(원문)

《朝鮮名勝詩選)》(연문사, 1915)에도, 통영 관련 대목에서 '태합굴(太閤堀)'에 관한 또 다른 흔적을 찾을 수 있다.

> 미륵도(彌勒島) : 통영만(統營灣)의 전면에 있는 한 섬으로 주위 7리(里)이며, 통영과의 사이에 태합굴(太閤堀)이라고 부르는 굴(堀)이 물길을 나누어 떨어져 있는데, 섬의 동북안(東北岸)에 오카야마현(岡山縣)의 어업자(漁業者)가 이주하여 한 어촌을 이뤄 오카야마무라(岡山村)라고 불리어진다(p. 249).

흥미로운 것은 이 시기에 일본인들이 자기네 조상들과 관련된 것이라고 하여, 통영 지역 말고도 '태합(太閤)'이라는 이름을 만들어 붙인 사례를 다른 곳에서도 흔히 발견할 수 있다는 사실이다. 예를 들어 위의 《한국수산지》 제2집에 수록된 내용을 살펴보니, 경상남도 울산군 온산면(慶尙南道 蔚山郡 溫山面) 항목에 '위 태합(上の 太閤, 카미노타이코)'이라는 지명이 나오는데 여기에는 이러한 설명이 나와 있다.

제3부_땅이름에 관한 오해 혹은 진실

강을 사이에 두고 남방연안(南方沿岸)에 봉우리 하나를 높이 둘러싸 성곽(城郭)으로써 하여 이것을 옹성(甕城)이라고 부르는데, 서생포영(西生浦營)의 구지(舊趾)가 되며, 멀리 바다에서 바라보면 매우 형승지(形勝地)가 되는 곳이라. 일본 어부(日本漁夫)는 부르기를 '위 태합(上の 太閤)'이라는 이름으로써 하는데, 아마도 문록역(文錄役, 임진왜란) 때 카토 키요마사(加藤淸正)가 성을 쌓은 곳이라고 전하는 바에 따른 것으로, 성의 내외에 부락이 있어 진하(陣下)라고 부르며, 매(每) 5일과 10일에 장시가 열리며 진하(陣下)에서 서생강(西生江)에 이르는 일대는 평지로서 조금 너른 부락(部落)이 점점이 있고, 그 연안에 일본 어부의 온지예(鰮地曳, 정어리잡이)를 목적으로 하는 작은집을 엮어놓은 것이 있다(p. 510).

여기에서 '태합… 운운'하는 것은 흔히 '서생포왜성(西生浦倭城, 현재 울산문화재자료 제8호로 지정)'으로 알려진 곳인데, 일본인 어부들이 작명하여 부르는 것이라고 분명히 적고 있다. 그리고 다시 같은 책의 경상남도 기장군 읍내면(慶尙南道 機張郡 邑內面) 항목에 보면 '위 태합'에 대칭되는 '아래 태합(下の 太閤, 시타노타이코)'이라는 지명이 등장하는데, 이곳은 현재 부산 기념물 제48호로 지정된 '기장죽성리왜성'을 말하는 듯하다.

……만(灣)의 남각(南角) 즉 월전(月田)의 남방에 돌출된 갑각(岬角)을 광계말(廣溪末)이라고 부르며, 부근에 암초가 많고 조류가 급격하여 어선이 누차 난파(難破)하는 곳이 있고, 일본어민(日本漁民)은 이곳을 '아래 태합(下の 太閤)'이라고 부르는데, 아마도 두모포(豆毛浦)는 원래 만호(萬戶)의 땅으로 사방을 둘러싸기를 석성(石城)으로써 하였다(p. 518).

이렇듯 개항 이후 우리나라로 밀려든 일본인 어부를 비롯한 일본인 거류민들이 임진왜란 때 자기네들 조상이 만들어놓은 흔적이라고 하여, 그런 곳마다 '태합(太閤)'이라는 이름을 즐겨 지명으로 채택하는 것은 여러 지역에서 두루 확인되는 사실이다.

물론 통영의 '태합굴(太閤堀)'이라는 지명이 생겨난 것도 그러한 배경에서 만들어진 것이라 보인다. 더구나 일본인 관리들이 주도하여 만든 《한국수산지》와 같은 공식 자료에 "일본인들(일본 어부, 일본 어민)은······ 이렇게 부른다"고 적어놓은 것이니, 지명 유래가 어떤 것인지는 더욱 명확해진다고 하겠다.

따라서 '통영태합굴'이란 것은 단순히 임진왜란 때 왜군들이 도망가면서 뚫은 곳이라고 해서 자연생성된 것이거나 그렇게 전래되어 내려왔던 명칭이 아니고, 실제로는 개항 이후 외세가 밀려들면서 일본인들이 자기네 식으로 갖다 붙인 전형적인 '왜색지명(倭色地名)'이라고 할 것이다.

그렇다면 이른바 '통영태합굴해저도로'라는 것은 어떤 연유로, 어떤 과정을 거쳐 만들어진 것일까?

여기에 대해서는 우선 《조선일보》 1923년 8월 22일자에 수록된 "태합굴 개착사업(太閤堀 開鑿事業) 통영항 전도(統營港 前途)"라는 기사의 내용을 살펴볼 필요가 있다.

경남 통영(慶南 統營)의 서남단(西南端)과 미륵도(彌勒島)의 인후(咽喉)가 되는 태합굴(太閤堀)을 확착(擴鑿)하여 항해(航海)의 편(便)을 도(圖)하고자 백만 원(百萬圓)의 토목사업(土木事業)을 기(起)하고 기중(其中) 삼십삼만 원(三十三萬圓)은 총독부예산(總督府豫算)에, 십칠만 원(十七萬圓)은 경남지방비(慶南地方費)의 보조(補助)를 수(受)하고 잔액(殘額) 오십만 원(五十萬圓)은 면채(面債)를 기(起)코자 하여 목하(目下) 총독부(總督府)에 운동중(運動中)인 동지대표자(同地代表者) 야마구치 세이(山口精), 토코 우사쿠(藤光卯作) 양씨(兩氏)는 여좌(如左)히 어(語)하더라.

태합굴(太閤堀)의 개착사업(開鑿事業)에 대(對)하여는 정무총감(政務總監)을 관저(官邸)로 방문(訪問)하고 진정(陳情)한 바 동사업(同事業)은 태합굴(太閤堀)을 광 이십칸(廣 二十間), 장 칠백칸(長 七百間)을 단절확장(斷絶擴張)하여 기토사(其土砂)로 매축지(埋築地)를 작(作)하는 동시(同時)에 통영만내 이천오백호(統營灣內 二千五百戶)의 어민(漁民)을 위(爲)하여 일대어촌(一大漁村)을 설(設)하는 경제상 최유익(經濟上

太閤堀開鑿
統營港前途

《조선일보》 1923년 8월 22 일자에는 야마구치 세이를 비롯한 통영지역의 대표자 들이 이른바 '태합굴운하' 의 개착을 주장하는 논지의 신문기사가 수록되어 있다.

崔有益)한 사업(事業)인데 총독(總督), 총감(總監)은 낭자(曩者)에 실지 조사(實地調査)하고 남방연안항행(南方沿岸航行)의 선박(船舶)이 항정 (航程)과 시간(時間)을 절약(節約)함과 풍랑(風浪)의 피해(被害)를 경 (輕)케 함에 지대(至大)한 효과(效果)가 유(有)한지라 종래(從來) 미륵도 (彌勒島) 팔리(八浬, 8해리)를 우회(迂廻)하던 것이 기필요(其必要)가 무 (無)하게 될 터이므로 기채상환(起債償還)은 상항(常航)하는 기선급석유 발동기선 십육척(汽船及石油發動機船 十六隻)으로 작작(綽綽)히 지변 (支辨)하게 되고 조우기선(朝郵汽船)과 여(如)한 일 년 이만 원(一年 二 萬圓)의 석탄(石炭)을 절약(節約)하기 능(能)한지라, 보조비 삼십삼만 원 (補助費 三十三萬圓)은 내년도 예산(來年度 豫算)에 계상(計上)될 줄로 신(信)하나 통영(統營)으로는 종래(從來) 정부(政府)의 보조(補助)를 수 (受)치 아니하고 시민(市民)의 자력(自力)으로 금일(今日)의 성운(盛運) 에 도(導)한 것이라, 남방(南方)의 일소항(一小港)에 불과(不過)하나 십 일(十一)의 회사(會社)와 수개(數個)의 조합(組合)을 조직(組織)하여 공 동일치(共同一致)로 상세(商勢)의 발위(發展)을 기(期)하고 현(現)에 일 년 사백만 원(一年 四百萬圓)의 해산(海産)과 육백만 원(六百萬圓)의 무 역(貿易)을 실현(實現)한지라, 요(要)컨대 태합굴(太閤堀)의 경제적 가치 (經濟的 價値)는 일반(一般)으로 충분인정(充分認定)하여주기를 망(望) 한다고 운운(云云).

여길 보면 통영과 미륵도 사이의 해협을 확장하여 선박의 통행로를 확보하고 운항시간을 단축하며, 이에 곁들여 통영 일대의 발전을 도모 하려는 목적에서 1920년대 초반부터 운하의 개설이 시도되어왔다는 사실을 확인할 수 있다.

《매일신보》1930년 4월 14
일자에는 통영운하 공사의
막바지에 이르러 "통영과
미륵도를 연결하는 해저터
널을 뚫거나 그게 아니라
면 다리를 놓을 터"라는 요
지의 신문기사가 수록되어
있다.

그런데 여기에는 통영지역의 대표자로 야마구치 세이(山口精,
1876~?)라는 이름이 등장한다. 그는 일본 기후현(岐阜縣) 출신으로
1906년 서울로 건너와서 경성일본인상업회의소(京城日本人商業會議
所)의 서기장(書記長)을 역임하였고, 경성도서관(京城圖書館)을 창설
(1909)하는 한편《조선산업지(朝鮮産業誌)》(전3책, 1910~1911)를 저술
했던 인물이었다.

야마구치 세이는 통영해저터널 입구의 편액인 '용문달양(龍門達
陽; 용문을 통해 산양면[미륵도]에 이른다)'이란 글씨를 쓴 장본인이기도
한데, 그러한 그가 통영 지역에 정착한 것은 1918년의 일로 알려져
있다. 그리고 1920년부터는 통영운하의 개착을 적극적으로 주장하
여, 1923년 6월에는 통영항만운하기성회(統營港灣運河期成會)를 조
직하여 스스로 회장이 되었으니, 결국 통영운하의 개착과 통영해저도
로의 설치는 어쨌거나 거의 전적으로 그 자신이 주도하여 일궈낸 성
과였던 셈이다.

그는 1929년에 통영면장(統營面長)으로 선임된 이래 1931년에는
읍승격과 더불어 통영읍장(統營邑長)이 되어 오랫동안 재직하다가

제3부_땅이름에 관한 오해 혹은 진실

1938년에는 동래읍장(東萊邑長)으로 자리를 옮겼고, 다시 1941년에
는 울산읍장(蔚山邑長)이 되었던 것으로 확인되고 있다. 참고로, 조선
총독부에서 펴낸 《조선총독부시정이십오주년 기념표창자명감(朝鮮總
督府始政二十五周年 記念表彰者名鑑)》(1935)에는 통영운하의 개착에
관한 그의 공적이 이렇게 정리되어 있다.

……대정 6년(즉 1917년) 12월 토미타 기사쿠(富田儀作) 씨와 더불어
전선소공업(全鮮小工業)의 조사에 착수하여 대정 11년(즉 1922년) 10월까
지의 기간에 전선(全鮮) 13도(道)의 주요도읍(主要都邑)을 시찰하였으며,
그 결과 대정 7년(즉 1918년) 11월 경상남도 통영(慶尙南道 統營)에 나전
칠기주식회사(螺鈿漆器株式會社)를 창립하고 몸소 그 전무취체역(專務取
締役)에 취임하여 쇠퇴해진 사업(斯業)의 개선발달을 도모하고 선인직공
(鮮人職工)의 양성에 노력하여 금일 성황에 이르게 했던 공적이 현저하며,
현재 경성(京城)을 비롯하여 각지 전습소(傳習所), 형무소(刑務所) 등에
있는 우량직공 지도자는 모두 이 회사가 양성한 자들인데, 대정 10년(즉
1921년) 사와다 경남지사(澤田 慶南知事)의 양해를 얻어 통영면립병원(統
營面立病院)을 설치하고, 대정 10년 5월 이래 체신국(遞信局)에 진정 청원
하는 노력을 한 것이 수십 회에 마침내 통영우편국(統營郵便局)의 설치를
보기에 이르렀으며, 대정 9년(즉 1920년) 이래 통운하개착(統營運河開鑿)
을 주창하여 대정 12년(즉 1923년) 6월 통영항만운하기성회(統營港灣運河
期成會)를 조직하여 그 회장에 당선 당시에 때마침 사이토 총독(齋藤總督)
의 내통(來統, 통영 방문)을 맞아 실지 시찰을 청하여 대체의 양해를 얻은
이래 약 10년간 허다한 반대를 물리치고 우여곡절을 거쳐 영열한 운동의 결
과, 운하(運河)는 사이토 총독(齋藤總督)과 유아사 정무총감(湯淺政務總
監)의 양해에 따라 총공비 3천만 원으로써, 해저도로(海底道路)는 코다마
총감(兒玉總監)의 양해에 따라 총공비 18만 5천 원으로써 소화 7년(즉
1932년) 11월 준공하였는데, 1년에 약 백만 리(浬, 해리)의 연안항로단축이
라는 편리를 보기에 이르러 직접 간접으로 국가적 이익이 실로 위대한 것이
었다(하략).

이러한 그의 노력(?)이 결실을 보게 되어, 마침내 1928년 5월 26일

에 통영운하의 기공식이 거행되었던 것이다. 이 공사는 해협의 양쪽을 완전히 물막이한 상태에서 무려 5년간이나 계속되었으며, 여기에 더하여 운하의 개착이 막바지에 이르자 다시 1931년 7월 26일에는 해저터널 공사의 착공식이 있었다.

'해저터널'은 운하개착이 시작될 당시에는 확정되지도 않았던 계획이었으나, 공사가 마무리 단계에 들어가면서 해저터널을 개설하는 일이 자연스레 논란이 되었던 것이었다. 운하 공사의 종료와 더불어 어차피 물막이를 헐어내면 통수(通水)가 되어야 하는데, 그 이후에 통영과 미륵도 사이에 다시 해상다리를 놓거나 해저터널을 뚫거나 한다는 것은 비용문제는 물론이고 공사의 어려움이 있다 하여 이왕에 운하를 파는 일과 겸하여 뭔가를 결정해야 한다는 논의가 계속 벌어졌던 탓이었다.[2]

그 결과 그들이 내린 결론은 해저터널이었다. 이 공사는 운하의 바닥을 파낸 곳에다 다시 바닥을 더 파내어 콘크리트구조물을 설치하는 방식, 즉 요즘 땅을 파내 하수도관을 묻거나 지하철 공사를 진행하는 것과 같은 방식으로 이뤄졌으며, 16개월 정도의 공사기간이 걸렸다.

하나 더 지적하자면, 간혹 어떤 답사안내기에는 이곳에다 다리를 놓지 않고 해저터널을 개설한 것에 대해 "왜군들이 많이 죽은 지점 위로 걸어 다니지 못하게 하기 위해서였다"고 적은 놓은 대목이 보이는데, 이러한 설명은 사실관계와 많이 어긋나는 것이어서 곧이곧대로 받아들이기가 어렵다. 이곳 '판데목'에는 일제강점기 초기에도 이미 홍

---

2) 《매일신보》 1930년 2월 2일자, "태합굴 완성을 기회로 도답관통(道踏貫通)을 계획, 통영군에서 조사중", 《매일신보》 1930년 4월 14일자, "태합굴 개착후 해저수도(海底隧道)계획, 그렇지 않으면 다리를 놓을 터, 통영면장 지사방문", 《매일신보》 1930년 6월 15일자, "통영과 미륵도간 해저선로개착안, 총공비 18만여원", 《매일신보》 1930년 7월 6일자, "태합굴개착을 기회로 통영의 수도(隧道)계획, 군수 면장 도당국에 진정", 《매일신보》 1930년 8월 5일자, "통영태합굴, 지하도 계획, 본일중 실행에 착수", 《매일신보》 1930년 8월 5일자, "차기(此機)를 일(逸)하면 성공은 무망, 산구면장담(山口面長談)", 《매일신보》1930년 8월 8일자, "조선에 있어서 지하도(地下道)는 초유(初有), 태합굴은 이채, 기술에 대하여 응답할 터, 주엽토목과 장담(楳葉土木課長談)" 등의 신문기사는 이러한 논의의 단면을 보여준다.

교 모양의 돌다리가 놓여 있었던 사실이
그러하고, 또한 실제로 통영운하를 건설
하면서 줄곧 다리를 놓을까, 해저터널을
놓을까 하는 두 가지 대안을 놓고 계속
검토한 사실이 있기 때문에 애당초 다리
를 놓지 않으려던 생각은 전혀 없었다고
보는 것이 옳을 것이다.

이러한 과정을 거쳐 그 시절의 명칭으
로 이른바 '통영태합굴운하'와 '통영태
합굴해저도로'의 준공이 이뤄진 것은
1932년 11월 21일이었다. 조선총독부가
발행하던 《조선(朝鮮)》 1932년 12월호에
는 "통영운하(統營運河)와 해저도로 준
공(海底道路 竣工)" 사실을 다음과 같이
요약하고 있다.

《동아일보》 1932년 10월 6일자에 소개된 '통영해저도로 공사'
(위) 및 '운하 공사 진행광경'(아래) 모습이다. 사진의 상태가
별로 좋지 못하여 흐릿한 모습이긴 하지만, 물막이가 된 상태
에서 운하가 상당히 굴착된 것을 확인할 수 있다. 그리고 여기
에는 해저도로 공사의 모습도 그대로 보이는데, 이 공사에는
터널 굴착식이 아니라 '개방 절삭식'의 공법이 사용되었던 것
을 알 수 있다. 바닷물을 채우기에 앞서 운하의 바닥을 파내 콘
크리트 구조물로 미리 관통터널을 만들어놓고, 그 이후에 바닷
물이 통수되게 하는 방식인 셈이다.

동양 제일이라 일컬어지는 남선 다도해
항운(南鮮 多島海航運)에 일신기(一新
期)를 긋는 경남통영(慶南統營)의 태합굴
운하(太閤堀運河)는 소화 3년(즉 1928년)
3월 28일[5월 26일의 착오]에 기공(起工)하여 공비(工費) 30만 원(圓)을
들여, 4년 8개월의 세월을 거쳐 드디어 준공(竣工)되었고, 또 운하(運河)의
개착(開鑿)에 동반하여 대안 산양면(對岸 山陽面)과의 교통상(交通上)
없어서는 안 될 해저도로(海底道路)의 계획(計劃)도 운하개착중(運河開
鑿中)에 진행되어 소화 6년(즉 1931년) 7월에 기공(起工), 1년 4개월이 걸
려 공비(工費) 18만 5천원(圓)을 들였고, 이제 그 준공을 보아 11월 20일
성대한 준공식(竣工式)이 거행되어졌다.

이 양공사(兩工事)는 도(道)의 직영공사(直營工事)로 하여 만전(萬
全)을 기(期)한 것인데, 운하(運河)의 깊이는 만조면하(滿潮面下) 6.7미
터이고, 2천 톤급의 선박(船舶)을 자유로이 통항(通航)하게 하고, 간조시

통영해저터널의 입구 바로 옆에는 실물크기의 1/4로
줄여놓은 '해저터널 모형'이 설치되어 있다.

(干潮時)라 하더라도 수심(水深)이 3미터가 되어 2백
톤급의 선박(船舶)을 통행시키는 것이 가능한 것이다.
운하의 폭원(幅員)은 상폭(上幅) 55미터이며, 저 항행
선박(航行船舶)이 비상히 폭주(輻輳)하는 동경(東京)
니혼바시운하(日本橋運河), 칸다바시운하(神田橋運
河)의 폭원 47미터에 비하여 여전히 8미터의 여유가 남
는 것이다.

또 해저도로(海底道路)의 길이는 총연장(總延長)
482.5미터, 내해저부(內海底部) 302.5미터, 취합부(取
合部) 180미터, 폭원(幅員)은 유효폭원(有效幅員) 5
미터, 유효고(有效高)는 3.7미터, 구배(勾配)는 취합부
15분의 1, 해저부 400백분의 1로, 2대의 자동차가 완전
히 엇갈려 다니는 것이 가능한 폭원이다(p. 132).

이상에서 살펴본 것이 바로 통영의 명물로 일
컬어지는 해저터널의 탄생과정이다. 그런데 이 대
목에서 한 가지 흥미로운 것은 이른바 '태합굴운
하'라는 명칭이 불과 반년도 되지 않아 공식 명칭
이 변경되었다는 사실이다. 이와 관련하여 《조선총독부관보》 1933년
4월 15일자에 수록된 '조선총독부 경상남도령 제13호'에는 "소화 7년
경상남도령 제16호 제명 및 제1조중 '태합굴운하'를 '통영운하'로 고
쳐 소화 8년 4월 15일부터 이를 시행한다"는 내용이 들어 있는 것이
확인된다.

이렇게 본다면 결국 '태합굴'이라는 왜색지명은 식민통치자들의 손
에 의해서도 진즉에 용도 폐기되었던 것인데, 그런 줄도 모르고 문화
재청이 이를 무심코 '재활용'하려던 꼴이 되고 말았으니, 그저 씁쓰레
한 헛웃음이 터져 나올 뿐이다. (2005. 9. 15)

제3부_땅이름에 관한 오해 혹은 진실

제 4 부

뒤틀어진 식민지시대의
일상 속에서

# 20

## 국회의원의 봉급은
## 왜 '세비(歲費)'라고 부르나?

| 그 뿌리는 1889년의 일본제국 '의원법(議院法)'(?) |

무슨 일이나 관직에 종사하는 대가로 받는 금전 일체를 보통 '봉급 (俸給)'이나 '급여(給與)'라고 일컫는다. 굳이 살펴보면 이러한 범주에 속하는 용어들은 여러 가지가 있다. '월급(月給)'이나 '연봉(年俸)'이나 '임금(賃金)'이나 '상여(賞與)' 같은 것은 너무 흔한 말이고, '수당(手當)', '보수(報酬)', '급료(給料)'도 모두 익숙한 단어들이다. 좀 해묵은 표현이긴 하지만, 예전에는 '녹봉(祿俸)', '봉록(俸祿)', '월봉(月俸)', '연급(年給)'과 같은 말들도 있었다.

그리고 이것 말고 '세비(歲費)'란 것이 있다. 세비 하면 많은 사람들은 국회의원이라는 존재를 퍼뜩 떠올린다. 그런데 왜 유독 국회의원의 봉급만은 이런 별스런 이름으로 부르는 것일까?

이에 관한 내력을 뒤져봤더니, 국회의원의 봉급을 일컬어 세비라고

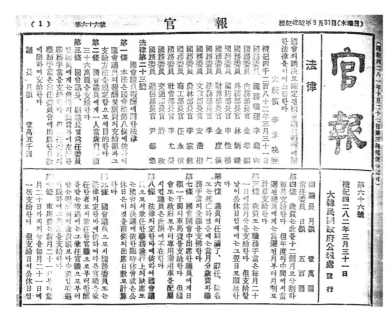

《대한민국 관보》 1949년 3월 31일자에 수록된 법률 제23호 '국회의원 보수에 관한 법률'이다. 이는 해방 이후 '세비'라는 말이 법률 용어로 자리매김이 된 첫 번째 용례인 셈이다. 여기에는 "국회의원에게 1인당 세비 연액 36만 원을 지급" 한다는 구절이 들어 있다.

하는 데에는 구체적이고 공식적인 근거가 있었다. 정부수립 이듬해인 1949년 3월 31일에 제정된 법률 제23호 '국회의원 보수에 관한 법률'이 그것이었다. 여길 보면, "국회의원에게 1인당 세비 연액 36만 원을 지급한다"는 구절이 등장한다. 이 법률은 그 후 여러 차례 개정되면서 세비 금액이 상향조정되었고, 1956년 8월 21일자 개정법률 제397호 에서는 "국회의원에게 국무위원이 받는 보수와 동액의 세비를 지급한다"는 구절로 변경이 이뤄졌다.

그러다가 이 법률은 1973년 2월 7일자로 폐지되고, 그 자리를 새로 제정된 법률 제2497호 '국회의원 수당 등에 관한 법률'이 대신하게 되었다. 그런데 여기에는 '세비'라는 표현이 전혀 보이질 않는다. 그러니까 이때부터 세비라는 말은 더 이상 법률적 효력을 갖는 용어는 아닌 셈이었다. 그리고 이 얘기는 지금으로서도 틀리지 않는다.

하지만 진즉에 폐지된 이 용어는 그대로 통용되고 있어, 아직도 국회의원의 봉급하면 으레 '세비'라고 불러야 사람들이 쉽게 알아듣는

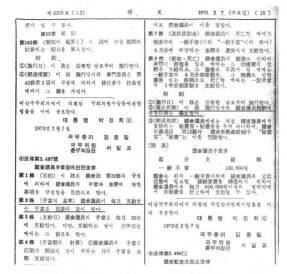

《대한민국 관보》1973년 2월 7일자(그2)에 수록된 법률 제2497호 '국회의원 수당 등에 관한 법률'이다. 이 법률의 제정과 더불어 기존의 '국회의원 보수에 관한 법률'은 폐지되었다. 이날부터 국회의원은 '세비'가 아니라 '수당'을 받는 직업이 되었다. 하지만 국회의원에게는 여전히 '세비'라고 해야 제 느낌이 난다고 생각하는 사람이 많다.

다. 반대로 그것을 '수당'이라고 정확히 가려내어 사용하는 이들은 극히 드물다. 그만큼 언어습관이나 고정관념이란 것은 무서운 것이다.

엄밀하게 말하면, 지금껏 세비라는 말의 흔적이 남겨진 법률도 없지는 않다. 가령 '소득세법'에는 "근로의 제공으로 인하여 받는 봉급, 급료, 보수, 세비, 임금, 상여, 수당과 이와 유사한 성질의 급여"를 갑종근로소득으로 규정하고 있다.[1] 여기에도 보듯이 현행 법률에도—이건 보나마나 법률제정자들의 무성의와 타성이 빚어낸 결과가 아닌가 싶지만— '세비'라는 용어는 완전히 그 자취를 지워내지는 못하고 있음을 알 수 있다. 정작 그 용어의 근거가 되었던 '국회의원 보수에 관한 법률'은 진즉에 사라졌음에도 말이다.

이렇게 놓고 본다면 국회의원의 봉급을 가리켜 세비라고 부른 것이 딱히 맞는다고도, 완전히 틀렸다고도 할 수 없는 상황인 듯하다.

그렇다면 이 세비라는 용어는 도대체 언제부터, 어디에서 유래한 말일까?

우리의 고문헌을 살펴보면 이것이 아주 흔하게 접할 수 있는 단어는 결코 아니로되, 그 흔적은 그럭저럭 드물지 않게 눈에 띄는 것을 확

---

1) 소득세법에 '세비'라는 용어가 채택된 것은 오래전인 1954년 3월 31일에 법률 제319호로 '소득세법'이 전면 개정될 당시부터로 확인된다. 여기에는 "국내에서 한 근무의 제공으로 인하여 봉급, 급료, 임금, 세비, 연금, 상여, 퇴직급여 또는 이러한 성질이 있는 급여나 보수의 지급을 받을 때" 납세의무가 있는 것으로 규정하고 있었다.

제4부_뒤틀어진 식민지시대의 일상 속에서

인할 수 있다. 그러나 이 용어는 어디까지나 '근대적'인 제도와 관념을 전제로 하여 성립될 수 있는 말이라는 사실을 우선 새겨둘 필요가 있겠다.

국어사전의 풀이에 따르면, 세비라는 것은 원래 "국가기관의 일 년간 비용"이라는 뜻으로 언뜻 보면 참 싱겁기가 짝이 없다. 하지만 우리가 익히 알고 있는 '세비'라는 말에는 생각보다 훨씬 더 심오한 시대성과 역사성이 배어있다.

그런데 근대 시기에 있어서 '세비'라는 말이 사용된 가장 뚜렷한 용례는 120년 전쯤에 등장했던 일본법률 제2호 '의원법(議院法)'이다. 이 법률은 1889년 2월 11일자로 일본제국헌법(日本帝國憲法)이 만들어질 때에 함께 제정된 것이다.

여길 보면 '제3장 의장, 부의장 및 의원 세비'라는 제목이 나오고, 그 아래 제19조에 다음과 같은 내용이 들어 있다.

書記官ハ議事錄及其ノ他ノ文書ヲ作リ事務
ヲ掌理ス
書記官ノ外他ノ必要ナル職員若干以下
書記官ハ議長之ヲ任ス

第十八條　兩議院ノ經費ハ國庫ヨリ之ヲ支出ス

第三章　議長副議長及議員歲費

第十九條　各議院ノ議長ハ歲費トシテ五千圓副
議長ハ三千圓貴族院ノ被選及勅任議員及衆議
院ノ議員ハ二千圓ヲ受ケ別ニ定ムル所ノ規則
ニ從ヒ旅費ヲ受ク但シ召集ニ應セザル者ハ歲
費ヲ受クルコトヲ得ス
議長副議長及議員ハ歲費ヲ辭スルコトヲ得
官吏ニシテ議員タル者ハ歲費ヲ受クルコトヲ
得ス
第二十五條ノ場合ニ於テハ第一項歲費ノ外議
院ノ定ムル所ニ依リ一日五圓ヨリ多カラサル
手當ヲ受ク

1889년 2월 11일자로 일본제국헌법과 함께 제정된 일본법률 제2호 '의원법(議院法)'의 일부이다. 여기에는 "의원은 (세비로) 2천 엔을 받고 따로 정하는 바의 규칙에 따라 여비를 받으며, 단 소집에 응한 자는 세비를 받을 수 있다"는 내용이 들어 있다. 그러니까 이 시절부터 의원은 '세비'를 받는 신분이었던 것이다.

각의원(各議院)의 의장(議長)은 세비(歲費)로 하여 오천 엔, 부의장(副議長)은 삼천 엔, 귀족원(貴族院)의 피선(被選) 및 칙임(勅任)의원 및 중의원(衆議院)의 의원(議員)은 이천 엔을 받으며, 따로 정하는 바의 규칙에 따라 여비(旅費)를 받고, 단(但) 소집에 응한 자는 세비를 받을 수 있다.

의장, 부의장 및 의원은 세비를 사양할 수 있다.

관리(官吏)로서 의원(議員)인 자는 세비를 수령할 수 없다.

제25조의 경우에 있어서는 제1항 세비의 외에 의원(議院)이 정하는 바에 따라 1일 오 엔부터 그 이상의 수당

各國主權者의 歲費

雜俎

土耳其 三千二百萬圓
葡萄牙 一百二十七萬圓
露西亞 二千四百萬圓
瑞典 二千四百萬圓
那威 一百十五萬圓
英吉利 千五百八十萬圓
瓦敦堡 九十二萬圓
丁抹 五十二萬二千圓
奧匈 七百七十五萬圓
魯亞 七百十五萬圓
伊太利 七百十萬六千圓
普 六百七十萬圓
希臘 五十二萬圓
西班牙 五十二萬圓
和蘭 四百萬圓
塞爾維 四十萬圓
日本 三百萬圓
羅馬尼 四十萬圓
巴威耳 二百八十萬圓
佛 四十萬圓
蘭西 二十四萬圓
撒遜 一百四十七萬圓
美洲合衆國 十萬圓
白耳義 一百三十二萬圓
瑞西 五千四百圓

《서북학회월보》1908년 8월호에 소개된 '각국 주권자의 세비(歲費)'라는 내용이다. 이걸 보면 '세비'라는 것이 반드시 국회의원에게만 통용되던 그들만의 '전용어'는 아니라는 사실을 확인할 수 있다.

(手當)을 받는다.

이것으로 미뤄보건대 우리가 국회의원의 봉급을 '세비'라고 부르게 되었던 연원은—그리 달갑지 않은 사실이긴 하지만—바로 여기에 있었던 것이 아닌가 싶다. 다만 이 '세비'라는 말 자체가 서구식 대의제도를 받아들이면서 '번역어'의 차원에서 들여온 것인지, 아니면 일본 스스로가 창안하여 정착시킨 것인지는 솔직히 잘 가려내질 못하겠다.

어쨌거나 이렇게 공식화된 '세비'라는 말은 세월이 흐를수록 아주 익숙한 일상용어의 하나가 되어갔던 것이다.

일제강점기의 신문자료를 훑어보면, 이 용어가 국회의원은 물론이고 부회(府會)와 같은 자치의결기관의 구성원에까지 통용되었던 것으로 확인된다. 가령《동아일보》1933년 2월 14일자, "부의수당(府議手當)을 세비제(歲費制) 개정(改正)"이라는 제목의 기사에는 다음과 같은 내용이 보인다.

경성부에서는 금번 부회의원들의 회의수당을 세비제(歲費制)로 개정코저 신년도 예산편성에 그의 개정안이 작성되었다. 그 개정안은 부회의원 1인에 대하여 1개년 평균 세비는 3백 원이다. 이외에 부회 부의장에 연액(年額) 1백 5십 원, 부회 각위에 연액 1백 2십 원의 수당을 주기로 되었다.

이 세비총액은 약 1만 4천 원으로서 종래 회의수당 연액 1만 2십 4원에 비교하면 연액 약 4천 원 정도의 증액이라고 볼 수 있다. 이 개정안의 실시로 말미암아 의사일정을 무리하게 연장하는 것과 같은 폐단은 완전히 방지될 터이라고 한다.

한 가지 주목할 만한 사실은 패전 후에 제정된 일본의 '평화헌법(平和憲法)'에 이르러 '세비'라는 용어가 전면에 등장한다는 점이다. 즉 일본헌법 제49조는 '의원의 세비'라고 하여 "양의원(兩議院)의 의원은 법률의 정하는 바에 따라 국고(國庫)에서 상당액의 세비(歲費)를 받는다"고 되어 있다.

말하자면 제국헌법 때에는 '의원법(議院法)'으로 미뤄졌던 세비지급에 관한 조항이 1946년 이후로는 아예 헌법조항의 하나로 자리를 차지하기에 이르렀던 것이다. 1949년부터 1973년까지 '법률'의 형태로만 존재했다가 폐지되었던 우리나라와는 사정이 많이 다른 대목이라고 하겠다.

그런데 알고 보니 오래전에 우리에게는 세비에 관한 참으로 안 좋은 추억(?)이 있었다.

1910년 8월 22일에 체결된 이른바 '한일병합조약'이 그것이었다. 여기에는 이러한 구절이 들어 있다.

……제3조 일본국황제폐하(日本國皇帝陛下)는 한국황제폐하(韓國皇帝陛下), 태황제폐하(太皇帝陛下), 황태자전하(皇太子殿下) 병(並) 기(其) 후비(后妃) 급(及) 후예(後裔)를 하여금 각기 지위(地位)를 응(應)하여 상당(相當)한 존칭(尊稱), 위엄(威嚴)과 급(及) 명예(名譽)를 향유(享有)케 하고 차(且) 차(此)를 보지(保持)함에 십분(十分)한 세비(歲費)를 공급(供給)함을 약(約)함.

그러니까 망국(亡國)의 반대급부가 황실에 대한 신분보장과 '세비'의 공급이었던 셈이다. 한국의 황제는 이로써 일본천황이 보내주는 '세비'라는 이름의 돈으로 품위유지와 생계(?)를 꾸려나가야 하는 처지가 되었던 것이다.

그로부터 몇 달이 지나 1910년 12월 30일에 황실령 제40호로 '이왕직 경비의 지변 및 이왕세비의 수지감독에 관한 건'이란 것이 제정되면서 이러한 상황은 다음과 같은 형태로 정리되기에 이르렀다.

《대한제국 관보》1910년 8월 29일자(호외)에 수록된 이른바 '한일병합조약'의 내용에는 "일본황제폐하는 한국황제폐하 등을 위하여…… 세비(歲費)를 공급함을 약속한다"는 구절이 등장한다.

이왕직(李王職)의 경비(經費)는 은급(恩給), 유족부조료(遺族扶助料) 및 퇴관사금(退官賜金)을 제외한 외에 이왕(李王)의 세비(歲費)로써 이를 지변(支辨)한다.

이왕세비(李王歲費)의 수지(收支)는 조선총독(朝鮮總督)이 이를 감독(監督)한다.

전항(前項)의 수지의 예산 및 결산은 조선총독의 심사(審査)를 거친 후 궁내대신(宮內大臣)이 이를 인가(認可)한다.

여기에 나오는 '이왕'은 두말 할 것도 없이 예전의 한국 황제가 신분이 격하된 때의 호칭을 말한다. 이걸 보면 일제강점기에 조선왕실은 일본에서 보내오는 '세비'로써 일상생활을 연명했고, 그것조차 조선총독의 감독을 받아야 했던 사실을 짐작할 수 있다.

이렇듯 '세비'라는 말은 참으로 고약했던 식민지 시절의 유산과도 같은 것이었다. 해방 이후에 이 말은 국회의원의 봉급을 뜻하는 '특수어' 개념으로만 정착되게 되었지만, 그 역시 애당초 그다지 유쾌하지 못한 역사의 내력을 담고 있는 용어인 것은 분명했다.

요컨대 이미 30년 전에 공식 폐기된 이 용어가 여전히 위세를 떨치고 있다는 현실을 부인할 수는 없지만, 아무리 봐도 이것은 그다지 권할 만한 용어는 결코 아닌 듯하다. 혹여 누군가 그래도 이 말을 정히 쓰고 싶어 한다면, 차라리 '새경'이라는 표현을 써보라고 권해봄직하지 않을까? 모름지기 국회의원이란 사람들은 자칭, 타칭으로 '국민(國民)의 공복(公僕)'이라는 꼬리표를 달고 사는 법이니까, 그러한 표현인들 영 틀린 말은 아닐 듯싶다.

(2005. 10. 5)

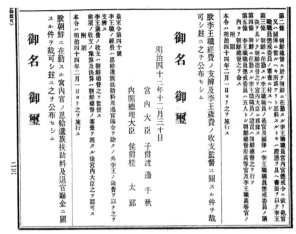

《조선총독부 관보》 1911년 1월 9일자에는 황실령 제40호로 '이왕직 경비의 지변 및 이왕 세비의 수지 감독에 관한 건'이 결정되어 공포된 사실이 수록되어 있다.

# 21

# 대일본제국,
# 마침내 시간마저 점령하다

| 동경 135도, 그리고 일본 · 조선 · 만주 · 대만의 표준시 |

한 세기도 더 지난 1908년 2월 11일의 《대한제국 관보》에는 다음과 같은 내용의 칙령이 반포되었다. 이름하여 칙령 제5호 '대한국표준시에 관한 건'이 그것이었다.

종래(從來) 관용(慣用)하던 경성시각(京城時刻) 즉(卽) 영국(英國) '구린위치' 관상대(觀象臺) 자오의(子午儀)의 중심(中心)을 기준(基準)으로 한 동경(東徑) 127도 30분의 평시(平時)로써 대한국표준시(大韓國標準時)로 정함.

이로써 새로 정한 표준시에 관한 규정은 부칙에 따라 융희(隆熙) 2년(즉 1908년) 4월 1일부터 전면 시행되었다. 이때의 일은 우리의 독자

320

적인 표준시를 처음으로, 그리고 공식 절차로 대내외에 천명한 것이라는 데에 나름의 의미가 있었다. 적어도 겉보기로는 시간에 대한 주권만큼은 당당하게 지켜내고 있었던 것처럼 보였으니까 말이다.

그런데 이 대목에서 선뜻 이해되지 않는 한 가지 사실이 있다.

이러한 표준시의 결정이 이 시점에서 '느닷없이' 이뤄졌던 까닭이 무엇이었을까? 단순히 칙령의 구절을 액면 그대로 받아들인다면, "이전부터 이미 사용해오던 서울시각 즉 동경 127도 30분의 평시"를 그저 대한국표준시로 공식화하는 절차에 지나지 않았다는 얘기인데, 구태여 이러한 요식행위가 왜 이때에 와서야 필요했던 것일까? 하지만 아쉽게도 이에 관한 내막이 자세히 알려진 바는 없다.

그리고 더 이해하지 못할 일은 이러한 '뜻 깊은' 한국표준시의 제정에 대해 무슨 까닭인지 한국 통감부(韓國統監府)가 순순히 응하고 있었다는 사실이다. 1908년이라고 하면 새삼 설명할 필요도 없이 이른바 '보호정치'라는 미명 아래 '한국통감부'가 한껏 위세를 떨치고 있었고, 또한 일상의 거의 모든 것들이 일본식 제도와 관습으로 속속 편입되고 있던 때였다. 그런데도 이러한 대세에 거슬러

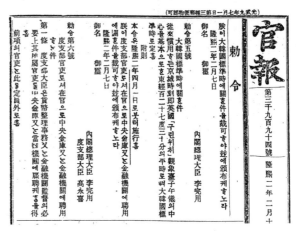

《대한제국 관보》1908년 2월 11일자에 수록된 칙령 제5호 '대한국표준시에 관한 건'이다. 여길 보면 동경 127도 30분을 표준자오선으로 삼아 시간을 결정하고 이를 1908년 4월 1일부터 시행한다는 내용이 들어 있다.

대한제국의 독자적인 표준시가 제정될 수 있었던 까닭은 잘 납득이 되질 않는다.

어쨌거나 한국조정에 의한 표준시의 제정과 더불어 통감부 역시 지체 없이 현지 시각을 존중하는 조치를 취했던 것으로 확인된다. 가령 《한국통감부 공보》1908년 2월 15일자에는 한국표준시를 즉각 채택

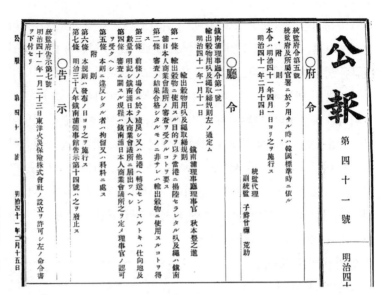

《한국통감부 공보》 1908년 2월 15일자에는 "통감부 및 소속관서에서 사용하는 시간은 한국표준시에 따른다"는 요지의 통감부령 제5호가 수록되어 있다.

한다는 요지의 통감부령 제5호가 수록되어 있다.

　　통감부 및 소속관서에서 사용하는 시간은 한국표준시(韓國標準時)에 의
한다.
　　[부칙] 본령(本令)은 명치 41년(즉 1908년) 4월 1일부터 이를 시행한다.

　이와 아울러 통감부철도관리국에서 운영하던 경부, 경인, 경의철도
의 열차운행 시각도 한꺼번에 개정하는 조치가 뒤따랐다. 이는 "(1908
년) 4월 1일부터 각 열차는 모두 한국표준시에 따라 운전"하기로 결정
한 데 따른 것이었다.
　하지만 이 얘기는 뒤집어 말하면 한국표준시가 결정되기 이전에 이
미 별도의 표준시가 이 땅에서 널리 통용되고 있었다는 사실을 그대로
입증해주는 셈이다. 앞서 보았듯이 대한제국의 칙령 제5호에서는 비
록 "종래 관용하던 경성 시각…… 운운"하였지만, 내막을 들여다보니
관용은커녕 일본인들의 편의에 따른 그네들의 표준시간에 일찌감치

압도되고 있었던 것이다.

예를 들어 《대한매일신보》 1904년 12월 20일자에 보면, "한국에 일본세력"이란 제목의 기사에 그 시절의 형편을 엿볼 수 있는 흥미로운 내용이 들어 있다.

경부철도가 내년 1월 1일에 개회식을 행할 터인데 서울에서 부산에 가는 수레는 올라간다 하고 부산에서 서울에 오는 수레는 내려간다 한다는데 그것은 동경을 중심으로 삼는 연고라 하고 차세는 일본 돈으로 받게 하고 철로변에 지명은 다 일본말로 부르게 한다 하며 일삭 전에 경인철로회사에서 일본시간을 쓰기로 작정하였으니 그 전보다 삼십오 분이 잃게 되었는데 외국 사람들에게 이 말을 미리 통기하지 아니하여서 차 타러 나아갔다가 낭패한 자도 있고 다른 불편한 일이 많이 있었다더라.

이 기사는 1905년 1월 1일부터 경부선이 완전 개통되기 직전의 상황을 담은 것으로, 장차 경부철도가 완전히 일본식

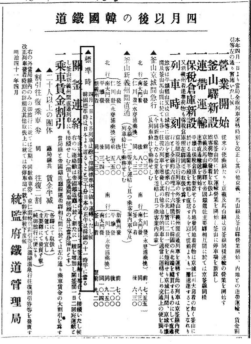

《경성신보》 1908년 3월 28일자에 수록된 통감부철도관리국의 열차시각 변경 등에 관한 안내광고이다. 대한제국 칙령 제5호에 따라 대한국표준시가 4월 1일자부터 시행됨에 따라 "이날부터 각 열차는 전부 이것에 의해 운전된다"는 내용이 들어 있다. 그 이전에는 한국현지시간에 구애받지 않고 경부철도와 경인철도가 모두 일본시각에 맞춰 운행되고 있었다.

운영체계로 이뤄지게 되었을 뿐만 아니라 그에 앞서 경인철도까지 일본시간에 따라 운행시각을 변경하였다는 사실을 전해준다. 그러니까 땅만 한국 땅이었지 시간의 주권은 벌써 빼앗기고 있었다는 얘기였다.

한편, 《윤치호 일기》에는 표준시각과 관련하여 이 당시 서울에서 벌어지고 있던 혼란스러운 상황이 이렇게 묘사되어 있다.

[1906년 6월 16일, 토요일] ……냄새나는 이 도시는 독특하게 구분되는 네 가지 표준시각을 즐기고 있다. 첫째는 지역표준으로 간주되고 또 그래야

하는 카톨릭 시간(Catholic time)이 있다. 그러나 우리의 보호자들은 너무도 도도하여 자신들 종(their slaves)의 지역시각(local time)으로 채택하지 못하고 있다. 그래서 그들은 서울시간보다 30분 빠른 도쿄 시간(Tokio time)을 준수한다. 한국정부는 서울의 인민들에게 때때로 카톨릭 시간보다 몇 분이 빠르거나 늦게 '종소리'를 울려 정오 시각을 알려주고 있다. [이 같은 편차는 한성전기사옥(Seoul Electric Company's building)의 옥상에 있는 시계탑으로부터 종각지기(bell keeper)가 걸어오는 데에 시간이 걸린다는 사실에 기인한다.] 궁궐에서는 시계가 폐하의 욕구에 따른 시간대로 움직인다. 따라서 정오시간(12시)는 거의 항상 오후 4시쯤에 울리거나 때로는 한밤중에 울리기도 한다. 이곳은 놀랄 만큼 약소하고 비참한 나라이다.

한 주일 전에, 한국군악대 악장인 에케르트 씨(Mr. Eckert)가 파고다공원(Pagoda Park)에서 거행되는 음악연주회의 초청장을 발송하는 일에 '도쿄 표준시'로 시간을 확정하였다. 자, 그는 지난 10년 동안 한국의 봉급을 받으며 살아왔던 것이다. 악대도 한국의 것이다. 공원도 한국의 것이다. 초청객의 대다수도 한국인이었다. 그런데 왜 그는 '도쿄 표준시각'을 사용했던 것일까? 한 사람의 유럽인이 자주성이 없으니, 그는 일에 있어서 동양 사람을 산산조각내고 있는 것이다.

이해조(李海朝)의 신소설 《빈상설(鬢上雪)》(1908)에도 보면, 그 시절의 시간개념과 관련한 대목이 한 구절 등장한다.

(59쪽) ······그날 거복이가 놈의 말을 들은 후 숙마바닥 메투리에 단단히 들메를 하고 오포소리 나기만 기다리다가 남산 한허리에서 연기가 물신 올라오며 북악산이 덜꺽 울리게 땅 하는 소리가 굉장히 크게 나는 것을 듣더니

"옳지 인제 오포 놓았군. 저 오포는 일본 오정이니까 우리나라 오정은 반시나 더 있어야 되겠지만 그때까지 기다릴 것 무엇 있나."

하며 청석골로 내려가 누이 집 부엌 뒤로 자취 없이 돌아가 담에다 귀를 대이고 섰는데······(하략).

이 신소설의 발행일자는 1908년 7월 5일, 다시 말하여 한국표준시가 반포된 직후에 나온 것으로 표기되어 있지만, 여기에서 그리고 있는 풍경을 보건대 이러한 표준시가 정식으로 채택되기 이전에 정리된

글인 듯하다. 여길 보면 남산에서 쐈던 오포 역시 30분이나 차이가 나는 일본시간에 맞춰 울렸던 것으로 확인할 수 있는 것이다.[1]

이것보다 훨씬 시기를 거슬러 올라간 때의 '표준시'와 관련된 자료로는《일한통상협회보고(日韓通商協會報告)》제8호(1896년 4월호)에 수록된 다음의 기록이 있다. 여기에는 "잡보 : 경성의 표준시"라는 제목이 붙어 있는 것이 보인다.

《황성신문》 1906년 5월 30일자에 수록된 '한성농공은행'의 창립총회 안내광고이다. 그런데 여길 보면 총회 개최시간을 '하오 1시'라고 해놓고 그 뒤에 괄호를 넣어 '일본시간(日本時間)'이라고 따로 적고 있다. 조선 땅에서는 그 시절에도 이미 시간조차도 일본의 것이 널리 사용되고 있었음을 엿볼 수 있다.

당지(當地)에는 원래 확실히 정오를 알려주는 기관이 없고, 조선정부에서 종래 매일 주야(晝夜) 2회로 종로(鐘路)의 종을 때려 정오(正午) 및 정자(正子)를 알려주고 있으나 이것으로는 제대로 맞지 않은 때가 많아서, 금회(今回) 우리 영사관(領事館)에서 확실히 당지의 정오를 측정(測定)하고 이후로 매주 일요(日曜), 수요(水曜)의 양일에는 영사관에서 종을 치는 것으로써 정확한 정오시(正午時)를 알려주게 되었다고 듣고 있는데, 우리 거류민의 편의는 생각건대 말할 것이 없으나, 다만 당지 우편국(郵便局)은 종전에 모두 일본의 표준시를 사용하고 있었으나 위 영사관의 측정했던 바에 따르면 당지의 정오는 일본표준시(日本標準時)의 정오보다 늦기가 딱 32분이라고 하는 것이면, 즉 우편체절시간(郵便締切時間, 마감시간)은 금후 영사관에서 알려주는 바의 시간보다 32분만큼 일찍 되는 것이다.

궁내부(宮內府) 포달(布達) 제4호에 따라 조선시대를 통틀어 쉬임 없이 지켜왔던 '인정(人定)'과 '파루(罷漏)'의 타종 방식을 없애고 '오

---

1) 《황성신문》 1908년 4월 2일자에는 '한시방포(韓時放砲)' 제하의 기사에 "일본시(日本時)로 오정(午正)이면 남산(南山)에서 오포(午砲)를 발(發)함은 인소공지(人所共知)어니와 본월(本月) 1일(日)부터는 한국시(韓國時)로 오정(午正)이 되어야 방포(放砲)한다더라"는 내용이 남아 있는데, 이로써 융희 2년 칙령 제5호에 따라 '대한국표준시에 관한 건'이 반포된 것과 관련하여 이 당시 오포를 쏘는 시간이 한국현지시를 기준으로 변경되었다는 사실을 알 수 있다.

정(午正)'과 '자정(子正)'에 타종을 하도록 바꿨던 것이 1895년 9월 29일이었으니, 위의 내용은 바로 그 이듬해의 일이 된다. 여기에 보면 비록 일본영사관에서 서울현지시간을 측정하여 일주일에 두 번씩 타종하여 시간을 알려주긴 했지만, 우편국과 같은 근대적인 시설에서는 이미 일본표준시에 따라 운영되고 있었음을 엿볼 수 있다.[2]

그러니까 자연의 법칙과는 30분씩이나 어긋나게 살아야 했던 것은 그 즈음부터 진즉에 시작된 우리들의 슬픈 운명이 아니었던가 모르겠다. 물론 1908년에 이르러 한국통감부의 동의하에 한국표준시가 정해지고 이에 따라 우리의 시간을 되찾는가도 싶었지만, 그건 어디까지나 잠시잠깐의 일이었을 뿐이었다.

참으로 아쉽게도 한국표준시가 '공식적으로' 세상에 존재했던 기간은 불과 4년여 남짓한 짧은 기간이었다. 1910년의 국권피탈에도 불구하고 동경 127도 30분 기준의 한국표준시가 당분간 지속되기는 하였으나, 결국 식민통치자들의 편의에 따라 1912년 1월 1일부터 이른바 '중앙표준시'로 시간이 변경되는 조치를 당하고 말았던 것이다.

식민지로 전락한 조선에 대해서는 시간의 독립을 허용하는 아량조차도 전혀 베풀어지지 않았다. 《매일신보》 1911년 9월 24일자에 수록된 "일선표준시(日鮮標準時) 개정(改正)"이라는 기사에는 표준시 변경의 경위와 필요성에 대해 이렇게 설명하고 있다. 다만, 아래의 내용 가운데 "동경으로부터 약 1시간…… 운운"하는 것은 잘못된 설명이며, "30분의 시차가 있다"고 적어야 옳았을 것이다.

　병합(倂合) 동시(同時)에 개정할 터이던 일본내지(日本內地)와 조선(朝鮮)의 표준시간(標準時間)은 위도(緯度)의 관계상(關係上) 동경(東

---

2) 경성거류민단역소(京城居留民團役所)에서 정리한 《경성발달사(京城發達史)》(1912)에는 「[1905년] 11월 미마쓰영사(三增領事) 고시(告示)로, 당관(當館)에 있어서 오는 28일 일본방 중앙표준시(日本邦 中央標準時, 한국표준시에 비하면 31, 2분 빠름)을 사용하고 또한 동일부터 당관 경찰서 종루(警察署 鐘樓)에서 반종(半鐘)을 울렸다(137쪽)」는 기록도 눈에 띈다.

제4부＿뒤틀어진 식민지시대의 일상 속에서

○府令

朝鮮總督府令第百四十四號
明治四十一年統監府令第五號ハ明治四十四年十二月三十一日限之ヲ廢止ス
明治四十四年十一月十六日
朝鮮總督　伯爵　寺内　正毅

○告示

朝鮮總督府告示第三百三十八號
朝鮮ノ標準時ハ明治四十五年一月一日ヨリ中央標準時ニ依ル
明治四十四年十一月十六日
朝鮮總督　伯爵　寺内　正毅

○通牒

官通牒第三百三十七號
明治四十四年十一月十六日
官立學校長
各道長官（慶北ヲ除ク）宛
人事局

従來待遇官吏タリシ學校教員ニシテ十一月一日本官ニ任命セラレタル者ノ昇級ニ關シ慶尚北道長官ヨリ左記ノ通照復候ニ付爲御參考及通牒候

（左記）
慶北庶第一六二七號
年月日
人事局長宛

従來待遇官吏タリシ學校教員ニシテ十一月一日本官ニ任命セラレタルモノノ昇級ニ關スル件
有之ニ付何分ノ義電報ヲ以テ御回答相成度此段及照會候也
（電報）待遇慶尚北道長官宛トシテノ經過年月ハ本官ニ通算スルヲ得

《조선총독부 관보》 1911년 11월 16일자에 수록된 조선의 표준시에 관한 총독부령 제144호와 총독부 고시 제338호이다. 기존의 한국표준시를 폐지하고 1912년 1월 1일부터 일본 중앙표준시(동경 135도)를 따른다는 것이 그 요지이다.

京)으로부터 약 1시간, 구주(九州), 사국(四國)에서는 약 30분이 지완(遲緩)하게 계산하였으나 여사(如斯)하면 중앙정부(中央政府)와 집무(執務)의 관계(關係) 급(及) 전보(電報)의 발착신(發着信) 기타 불편(不便)이 막심(莫甚)할지라. 고(故)로 금회(今回)에 우(右)를 개정(改正)하기를 결정하고 일본 내지의 표준시간과 동양(同樣)으로 변경(變更)한다는데 내(來) 11월경에 발표(發表)하리라더라.

그리고 이내 한국표준시의 폐지와 더불어 중앙표준시의 채택을 알리는 총독부령 제144호와 총독부 고시 제338호가 정식으로 공포된 것은 1911년 11월 16일의 일이었다.

여기에 나오는 '중앙표준시(中央標準時)'라는 것은 우리에게도 익숙한 동경 135도 자오선을 기준으로 한 시간대를 가리킨다. 그리고 구태여 '일본표준시'라고 하지 않고 '중앙표준시'라고 지칭했던 것은 그 시절에 일본이 두 개의 표준시를 갖고 있었던 데서 비롯된 표현이었다.

이와 관련된 자료를 뒤져보니, 일본이 자기네의 표준시를 정하여 처음 공표한 때는 1886년 7월 12일이었다. 이른바 칙령 제51호 '본초자오선 경도계산방법 및 표준시의 건'이 그것으로, 여기에는 "영국 그리니치천문대를 통과하는 자오선을 본초자오선(本初子午線)으로 삼고, 명치 21년(즉 1888년) 1월 1일부터 동경 135도 자오선의 시간을 본방(本邦) 일반의 표준시로 정한다"는 내용을 담고 있었다.

그러다가 이 표준시의 개정이 이뤄진 것은 1895년 12월 28일이었다. 이때 칙령 제167호로 공포된 '표준시에 관한 건'에는, "종래의 표준시를 '중앙표준시'로 부르고, 동경 120도 자오선의 시간으로써 대만(臺灣), 팽호열도(澎湖列島), 팔중산(八重山) 및 궁고열도(宮古列島)의 표준시로 정하여 이를 '서부표준시'로 부르며, 본령(本令)은 1896년 1월 1일부터 시행한다"는 내용이 들어 있다. 이러한 표준시의 분할은 청일전쟁의 결과로 대만지역이 일본의 식민지로 새로 편입된 데 따른 조치였다.

그러니까 대한제국이 일본의 식민지로 전락한 시점에서는 일본이 관할했던 지역을 통틀어 중앙표준시, 한국표준시, 서부표준시 등 3개나 되는 시간대가 존재했다는 사실을 확인할 수 있다. 형편이 이러했던 지라 일본의 입장에서 본다면 30분의 시차에 불과한 복수의 표준시를 모두 용인할 까닭은 없었을 것이다.

아닌 게 아니라 그 시절에 시간의 의미와 중요성은 영토의 확장에 못지않게 크게 강조되고 있었다. 더구나 그네들이 효율적이고 완전한 식민지배를 한창 추구하던 시점이었으니까 말이다. 그리고 시간의 통일은 제국의 운영에 있어서 무엇보다도 긴요한 과제였던 것이다. 당연한 얘기이겠지만 1912년 1월 1일 이후 한국표준시가 일본의 '중앙표준시'로 편입된 것 역시 이러한 맥락의 하나로 풀이된다.

그리고 시간을 하나로 묶어나가는 것은 제국의 영광을 꿈꾸는 일본에게는 하나의 숙원(宿願)이 되고 있었다.

한참 더 세월이 흐른 뒤의 일이지만, 일본제국에 의한 시간의 통일은 만주국(滿洲國)의 표준시까지 저네들의 것으로 편입한 사실에서

절정에 달하게 된다. 다 아는 것처럼 만주국이란 것은 원래 만주사변을 일으킨 일본의 뜻에 따라 제멋대로 세워진 나라였다. 그러한 탓인지 일본은 만주국이 성립된 지 5년을 넘기지 않고 이곳의 표준시까지 일만상호(日滿相互)의 이익을 증대한다는 명분을 내세워 하나로 묶기에 이르게 되었던 것이다.

이러한 사정에 대해서는《조선중앙일보》1936년 5월 15일자에 수록된 "일본표준시간대로 만주국시간개정(滿洲國時間改正), 명년 1월 1일부터"라는 제목의 기사를 통해 엿볼 수 있다.

〔신경(新京) 14일발동맹〕현재 만주국의 시간은 조선의 시간과 달라서 오전오후(午前午後)의 구별이 없는 바 이번 만주국 중앙관상대(中央觀象臺)에서는 일반적으로 폐해가 많고 끼치는 바 영향이 크므로 이것을 고치기 위하여 각 방면의 의견을 모두어 연구 중이던 바 드디어 명년 1월 1일을 기하여 동경(東經) 135도의 자오선(子午線)을 표준해서 일본표준시간(日本標準時間)과 동일한 표준시간을 시행하리라고 한다.

그리고 다시《조선중앙일보》1936년 8월 7일자에는 만주국이 표준시 변경을 정식으로 발표했다는 사실을 이렇게 알렸다.

〔신경(新京) 5일발 동맹〕만주국정부는 표준시간 변경에 관하여 5일에 다음과 같이 발표하였다.
만주국표준시간에 관한 것은 7월 27일 국무원(國務院) 회의에서 가결하여 6일 칙령(勅令)으로써 강덕(康德) 4년 1월 1일부터 동부 무원현(撫遠縣)을 통과하는 동경(東經) 135도 자오선(子午線)의 평균 태양시(太陽時)로써 국내 일반의 표준시로 고치게 되었다.

만주국 같은 경우에는 워낙 땅덩이가 커서 그런 탓인지, 여기에서 정한 동경 135도의 자오선은 어쨌거나 자국의 영토 안에 살짝이라도 걸치는 지점을 지나는 것으로 확인된다. 국토의 그 어느 곳도 지나지 않는 엉뚱한 자오선의 표준시를 강요받고 있는 조선의 처지와는 그나

마 약간은 대조가 되는 사실이 아닌가 한다.

그런데 일본제국에 의한 시간의 통일은 여기에만 그치질 않았
다. 이번에는 대만지역의 표준시가 그 대상이었다. 앞에서 보았듯
이 청일전쟁의 결과로 일본의 식민지로 편입된 대만지역에 대해
동경 120도의 '서부표준시'가 적용된 것은 1896년 1월 1일이었
다. 그러던 것이 만주국 표준시의 변경이 이뤄지자 내친 김에 대
만의 표준시도 하나로 통합하는 움직임이 일어났던 것이다.

《일본제국 관보》1937년 9월 25일자에 수록된 칙령 제529호
'표준시에 관한 건 중 개정의 건'은 바로 그러한 결과로 나온 조치
였다. 이 칙령은 앞서 1895년에 제정된 칙령 제167호에 포함된
'서부표준시'와 관련된 조항을 삭제하는 것이 골자였다. 이로써
대만지역 일대의 표준시는 자동적으로 폐지되고 1937년 10월 1일
부터는 기존의 것보다 1시간 빠른 동경 135도의 '중앙표준시'가
그 자리를 대신하게 되었던 것이다.[3]

이러한 시간의 통합은 이른바 '대동아공영권(大東亞共榮圈)'의
구축을 위한 전초작업이자 그 자체를 제국주의 팽창의 상징으로
삼았던 것이 아닌가 싶다. 더구나 군국주의가 더 할 나위 없이 활
개를 치던 시절이었으니 시간을 지배하려던 욕구 또한 그만큼 커
지고 있었다. 다시 말하여 침략전쟁의 결과로 그네들의 영토가 넓
어지면 넓어질수록 하나의 시간만이 통용되는 거대제국의 건설은
더욱 더 뚜렷한 목표가 되고 있었던 것이다.

---

3) 흔히 일본의 영역에 존재했던 표준시간은 '중앙표준시'와 '서부표준시' 두 가지 정도가 널리 알려져
있으나, 이것 말고도 남양군도(南洋群島)에 적용되던 별도의 표준시도 있었으므로 엄밀하게 말하여 일
본은 한때나마 최대 다섯 종류의 표준시를 가진 나라였다. 즉 파리강화회담에 따라 1919년 5월 7일에
일본이 점령했던 독일령 남양군도(마리아나, 마샬, 캐롤라인 등 제도)에 대한 위임통치권한이 인정되
었고, 이와 아울러 이 지역에 대해서는 동경 135도 자오선 기준의 '남양군도 서부표준시', 동경 150
도 자오선 기준의 '남양군도 중앙표준시', 그리고 동경 165도 자오선 기준의 '남양군도 동부표준시'
가 적용되었던 것이다. 하지만 이들 남양군도 지역의 표준시가 그 후 언제까지 존속했던 것인지는 불
명확하다.

朕明治二十八年勅令第百六十七
號標準時ニ關スル件中改正ノ件
ヲ裁可シ茲ニ之ヲ公布セシム

御名 御璽

昭和十二年九月二十四日
　内閣總理大臣 公爵 近衞 文麿
　文部大臣 安井 英二
　拓務大臣 大谷 尊由

勅令第五百二十九號
明治二十八年勅令第百六十七號中左ノ通改
正ス

第二條 削除

附 則

本令ハ昭和十二年十月一日ヨリ之ヲ施行ス

（參照）

明治二十八年十二月二十日公布勅令第百六十七號抄錄
第二條 東經百三十度ノ子午線ヲ以テ臺灣及澎
湖列島並ニ八重山及宮古列島ノ標準時ト定メ之ヲ
西部標準時ト稱ス

《일본제국 관보》 1937년 9월 25일자에 수록된 칙령 제529호 '표준시에 관한 건' 중 개정의 건'이다. 이로써 일본, 조선, 만주, 대만을 포함한 동아시아 일대의 표준시는 동경 135도의 자오선 하나에 모두 엮이게 되었다.

　그렇다면 이른바 '대일본제국'이 가장 팽창하던 시기에 동경 135도 자오선에 줄줄이 엮여든 시간의 질곡은 언제쯤 완전히 벗어나게 되었던 것일까?

　깊이 생각할 것도 없이 일제가 패망하는 그 순간에 시간의 주권 역시 곧장 회복되어야 마땅할 것 같은데, 안타깝게도 우리들에게 그러한 일은 벌어지지 않았다. 이번에는 해방된 나라에 새로운 지배자로 등장한 '미군(美軍)'이라는 존재가 걸림돌이었다.

　점령지 일본과 동일한 군사작전권역에 들어 있던 탓에 미국으로서는 한국 땅에 별도의 표준시가 들어서는 것을 그리 달갑게 여기지 않았던 탓이었다. 해방 직후부터 동경 127도 30분의 자오선에 따른 한국표준시를 회복하자는 움직임은 꾸준히 있어왔으나, 미군정 시절은 물론이고 그 후로도 동서 냉전구도와 더불어 미국의 위세가 압도적인 상황에서 그것이 쉽사리 실현될 수 있는 문제는 아니었다.

　그러다가 마침내 한국표준시의 회복에 대한 결단이 내려진 것은 한국전쟁 직후인 1954년 3월 12일의 일이었다. 이날 이승만 정부는 국무회의를 열어 그동안 미뤄왔던 한국표준시의 채택을 결의했고, 며칠 뒤 대통령령 제876호 '표준자오선 변경에 관한 건'을 제정 공포하여 춘분일인 3월 21일부터 표준시를 변경하는 것으로 관련 절차를 마무리했다.

《조선일보》1954년 3월 14일자에 수록된 한국표준시 회복에 관한 보도 내용이다. 그런데 역시 이 과정에서 미군 측의 반대가 만만치 않았던 탓인지 기사의 말미에는 "……한 가지 문제는 '유엔' 군은 총사령부가 일본에 있는 관계로 우리나라가 옛날대로 표준시간을 복구시킨 후 30분 차이를 어떻게 조절할지가 주목된다"고 적고 있는 것이 보인다.

이 당시 《동아일보》1954년 3월 14일자는 "다시 찾는 우리 표준시간, 21일 영시 반부터 30분 늦춘다"는 기사의 말미에 한국표준시 회복의 의미를 이렇게 적었다.

……한편 국립중앙관상대장(國立中央觀象臺長) 이원철(李源喆) 박사는 이러한 결정이 일본과의 감정이라는 소승적(小乘的)인 입장에서 나온 것이 아니며 태양(太陽)의 운행을 기준으로 하는 합리적인 시간으로 복구한 것에 불과한 것이라고 강조하고 있으며 한반도의 중앙부를 통과하는 자오선(子午線)을 기준으로 하는 표준시간으로 복구하는 것이 타당한 일이라고 말하였다.

그런데 이러한 표준시의 변경에 대해 당연히 미군 측의 반발이 없을 리 없었다. 《동아일보》1954년 3월 19일자에 수록된 "표준시간 변경에 난관, 미군 측 군사상 이유 들어 거부, '다이아' 편성에 지장, 교통부"라는 제목의 기사는 이때의 사정을 이렇게 설명하고 있다.

정부에서는 오는 21일 상오 영시 30분을 기하여 동경 127도 30분을 표준자오선(標準子午線)으로 할 것을 작 17일 정식 공고함으로서 현재 실시중인 우리나라 시간표준이 30분씩 뒤로 물러가게 되었는데 이와 같은 표준시간의 변경이 결정된 데 대해서 미군당국에서는 완강히 이를 거부하고 한국정부의 결정에 응하지 않음으로써 이 문제는 실시 3일을 앞둔 어제 현재 비상한 혼란을 자아내게 되었다. 즉 미군 측에서 한국정부의 결정을 거부하는

제4부__뒤틀어진 식민지시대의 일상 속에서

이유에 대해서 당국자가 전하는 바에 의하면 현하 우리나라의 작전관할권이 동경의 극동사령부에서 장악하고 있는 만큼 한국정부에서 결정한 표준시간이 변경된다면 주로 군관계 및 교통, 체신부면에 미치는 혼란이 심대할 뿐 아니라 동 결정이 그대로 실시에 옮겨질 때 미군 측에서 이에 응하지 않는다면 국내열차 시간과 군작전 지시시간 등에 한국과 미군 간에 30분씩의 시간차이가 생기게 된다는 것이다. 이와 같은 문제가 야기됨으로써 교통부에서는 열차 '다이야' 편성이 중지되고 있다 하며 미군 측에서 계속 이를 거부할 경우 '다이야' 편성은 불가능할 것이라고 동부 당국자는 그의 고충을 토로하고 있는데 정부에서 미군 측의 거부를 물리치고라도 그대로 실시에 옮겨질 것인지? 그렇지 않으면 양당국간에 어떠한 타협이 이루어질 것인지? 그 결과가 주목되고 있다.

그러나 이 당시로서는 해마다 5~6개월가량은 어차피 일광절약시간 즉 서머타임 제도가 시행되고 있어서 한국과 일본의 엄밀한 시간대의 일치를 보기 어려웠다는 점에서 미군 측이 내세운 '군사상의 이유…… 운운' 하는 것은 그다지 설득력이 있는 반대이유가 된 것 같지는 않아 보인다. 그리고 무엇보다도 시간대의 변경이 실제로 이뤄진 이후에 다소 불편이야 했겠지만 정말로 이것 때문에 군사작전상의 큰 차질을 빚은 사례들이 많이 있었던 것인지는 의문이 아닐 수 없다.

하지만 이렇게나마 되돌려진 동경 127도 30분 자오선의 표준시는 7년가량의 단명에 그치고 만다. 마치 1908년에 제정된 한국표준시가 미처 4년을 넘기지 못하고 이 세상에서 사라졌듯이 말이다. 동경 135도 자오선에 맞춘 '중앙표준시'의 부활 아닌 부활(?)은 1961년 8월 7일에 제정된 법률 제676호 '표준자오선 변경에 관한 법률'을 통해 이뤄졌다.

단기(檀紀) 4294년 8월 10일부터 동경(東經) 135도의 자오선을 표준자오선(標準子午線)으로 하고 동일(同日)의 영시(零時)를 영시 30분으로 한다.

標準子午線變更
새 法案 閣議에 上程

《조선일보》1960년 9월 1일
자에 수록된 표준시 변경에
관한 보도 내용이다. 동경
135도 자오선의 표준시 복
귀는 5·16 쿠데타 이후에
실현된 것은 사실이지만,
여기에서 보듯이 그 단초는
이미 민주당 정부시절부터
이뤄지고 있었던 것임을 엿
볼 수 있다.

이 법률에 담겨진 내용은 이렇듯 매우 짧은 구절에 불과하지만, 거기에는 시간의 주권에 대한 굴절된 근대 역사의 흔적이 담뿍 들어 있었던 것이다. 현재 우리가 사용하는 표준시는 바로 이때 제정된 법률의 규정을 따르고 있음은 물론이다.

그런데 듣자하니 동경 135도 표준시의 복귀(?) 과정에 대해서는 약간의 오해가 있는 듯하다. 흔히 한국표준시를 일제시대의 그것으로 되돌려놓은 주역이 5·16쿠데타 세력인 탓에 그 저의가 이렇다 저렇다 하여 이런저런 말들이 떠돌고 있는 모양인데, 그 가운데에는 수긍하기 어려운 얘기들도 적지 않다.

다만 분명한 것은 앞에서 보았듯이 여기에 미군 측의 적극적인 요청과 개입이 있었으며, 이것이 직접적인 계기가 되었다는 사실이다. 그리고 한 가지를 덧붙이면, 표준시간의 변경은 비록 5·16쿠데타 직후에 확정된 것이긴 하지만, 그 단초는 확실히 민주당 정부 쪽에 있었다는 점을 지적할 수 있다.

가령 《조선일보》 1960년 9월 1일자에 수록된 "표준자오선(標準子午線) 변경(變更), 새 법안(法案) 각의(閣議)에 상정(上程)"이라는 제목의 기사에는 민주당 정부가 진즉에 표준시를 동경 135도에 맞춰 다시 바꾸려고 계획했던 사실이 그대로 드러나 있다.

국방, 문교 양부와 국무원 사무처는 31일 표준자오선(標準子午線) 변경에 관한 법률안을 국무회의에 상정하였다. 동 법률안은 현재 (1) 우리나라

시간을 규정하고 있는 동경 127도 30분선을 135도로 변경(일본과 같음)하자는 것과 (2) 일광절약시간을 폐지하자는 두 가지를 골자로 하고 있다. 따라서 동 법률안이 각의를 거쳐 국회에서 통과를 보게 되면 우리나라 시간은 현재보다 30분 빨라지는 것(일광절약시간이 아닌 평상시)이며 극동에서는 일본과 같은 시간을 보게 되는 것이다. 이와 같은 조치안은 국제적인 관례에 의해 경도(經度)의 정수를 기준으로 시간을 작정하자는 것과 군사를 비롯한 여러 면에서 현재와 같이 독자적인 시간을 규정하는 것이 여러모로 불편하다는 점에서 취해지려는 것이라 한다. 한편 우리나라 같이 독자적인 경도를 기준으로 시간을 정한 나라는 전 세계에서 중동지구와 '아프리카' 등 4개국 뿐이라고 한다.

그리고 실상 1949년 이후 줄곧 시행해오던 서머타임제도를 완전히 없애버린 것 역시 민주당 정부였다. 이른바 국무원령 제250호를 통해 '일광절약시간제정에 관한 건'을 폐지한 것이 1961년 5월 1일이었으니 표준시간의 변경이 이뤄진 때와는 불과 석 달 정도의 시차가 있었을 따름이었다.

요컨대 5·16쿠데타 직후에 이뤄진 표준시의 변경이 박정희 군사정부의 소행인 것은 분명하지만, 그렇다고 이것이 전적으로 이들에 의해 입안되고 추진되었다고 판단하는 것은 사실과 많이 어긋나는 생각인 듯하다. 이건 역시 미군의 위세가 크게 작용한 탓이라고 풀이하는 것이 가장 합당하지 않을까 싶다.

그러니까 일본제국이 동아시아 일대의 시간을 하나로 묶어나가던 때나, 나중에 승전국 미국이 그 자리를 대신하던 때를 가릴 것도 없이 힘이 있는 쪽에서 힘이 없는 쪽에 시간의 선택을 강요하는 상황은 그다지 바뀌지 않았던 것 같다.

결국 역사의 교훈은 이러한 것이다. "시간은 곧 힘 있는 자의 전유물이다."(2005. 8. 11)

# 22

## 80년 전에도 '우량아선발대회'는 있었다

| 첫 공식 대회는 1928년 매일신보 주최 '유유아심사회' |

참으로 아득한 풍경이 되었지만 한때 연례행사로 벌어지던 '우량아선발대회'란 것이 있었다. 지금도 오롯이 생각나는 것이 어린이날이 가까워오면 문화방송(MBC)에서 중계했던 우량아선발대회의 모습이다. 그리고 우량아 하면 남양분유의 깡통에 그려진 토실토실한 아기모델도 결코 빼놓을 수 없다.

해묵은 신문자료를 뒤져보니 문화방송과 남양분유가 공동주최한 '전국우량아선발대회'가 처음 열린 것은 1971년 4월 25일이었다. 그리고 이 행사는 1984년에 제13회 대회를 마지막으로 사라진 것으로 확인된다.

하지만 그 시절에 이 대회만 있었던 것은 아니었다. 문화방송에서 주최한 우량아선발대회가 유독 각인되어 그렇지, 이것 말고도 우량아

선발대회는 숱하게 더 있었다. 한때 고추아가씨니, 감귤아가씨니 해서 각 지방마다 '특산물아가씨'를 뽑는 미인대회가 넘쳐 났듯이 말이다.

더구나 우량아선발대회는 자유당 시절에도 널리 있었고, 더 거슬러 올라가 일제강점기에도 유행했던 흔적은 역력하다. 그렇다면 우량아 선발대회라는 것은 도대체 언제쯤부터 이 땅에 퍼지게 되었으며, 또 그 유래는 어떤 것일까?

이에 관한 기록을 살펴봤더니, 초기의 것으로 '아동건강진단', '영아대회', '우량아표창회'와 같은 형태들이 있었던 사실이 눈에 띈다. 구체적인 시기를 말하면 대략 1924, 5년 무렵의 일로 파악된다. 그러니까 지금으로부터 80년의 세월을 훨씬 거슬러 올라가는 시점이다.

예를 들어 《동아일보》 1925년 5월 29일자에는 충남 공주에서 '영아대회(嬰兒大會)'가 벌어진 사실을 관련 사진과 더불어 이렇게 전하고 있다.[1]

충청남도 공주군(公州郡) 기독교의원(基督敎醫院) 영아부(嬰兒部)에

《한국일보》 1971년 4월 29일자에 수록된 것으로, 문화방송과 남양분유가 공동 주최한 '제1회 전국우량아선발대회'의 결과를 알리는 광고 문안이다. 1971년 4월 25일에 벌어진 이 대회에서 전국 최우량아는 '한영만'이라는 아이가 뽑혔다. 특히 이 대회는 문화방송을 통해 전국으로 중계된 탓에 그 후 우량아선발대회의 대명사가 되었으나 1984년에 이르러 제13회 대회를 마지막으로 폐지되었다. 구태여 이러한 대회가 아니더라도 세상은 이미 우량아들로 넘쳐나는 시대가 되었기 때문이 아니었나 싶기도 하다.

---

1) 이에 앞서 《동아일보》 1924년 5월 23일자에는 '공주영아대회'에 대한 예고기사가 별도로 수록되어 있다.

서는 지난 23일에 영아대회를 개최하고 일반영아들에 대하여 체중(體重)과 및 건강(健康)진단을 한 후 의복의 청결여하와 기타를 검사하였는데 건강진단의 결과 우량자가 35명이오 그 중에 상을 받은 아희가 열다섯 명이었다(공주).

그리고 이보다는 약간 늦은 시기이지만 《매일신보》 1927년 6월 9일자에는 "인천자모회(仁川子母會) 우량유아표창(優良幼兒表彰), 잘 기른 아기에게 상급 주고 애기 기르는 강연개최"라는 제목의 기사를 통해서 그 당시 인천지역에서 벌어진 '건강심사회'의 내용을 소개하고 있는 것이 보인다.

[인천] 미국북감리교 부인선교회(米國北監理敎 婦人宣敎會)의 경영인 인천외리(仁川外里) 부인병원(婦人病院) 안에 있는 '자모회(子母會)'에서는 7일 오후 2시부터 시내 우각리(牛角里)에 있는 영화유치원(永化幼稚園)을 빌어서 매년 한 번씩 항례로 내려오는 성적의 우량한 아희들의 표창회(表彰會)가 개최되었습니다. 오색이 영롱한 호사를 한 60여명의 천진난만한 젖먹이 아해들은 제각기 사랑하는 어머니에게 안기어 차례로 입장하여 원장 전혜덕(全惠德) 여의(女醫)의 지도로 오후 2시 개회하여 축음기(蓄音機)와 어린이의 재미있는 노래를 듣고 경성 세브란쓰 병원 소아과(小

우량아선발대회 하면 지명도로 보나 뭐로 보나 문화방송과 남양분유가 주최한 대회가 아무래도 제일 먼저 떠오르지만, 그 시절에는 이것이 아니더라도 숱한 우량아선발대회가 더 있었다. 《한국일보》 1974년 5월 7일자에 수록된 위의 광고 문안에 보이는 것은 1974년 5월에 벌어진 동양방송과 일동제약이 공동주최한 '베이비 동양 콘테스트'였다. 이때가 제9회째라고 하였으니 이 대회는 벌써 1966년부터 실시되고 있었던 것이다.

兒科) 구영숙(具永淑) 의사로부터 "조선이 세계 제1위를 점령한 것이 단 하나가 있는데 그것은 유아(幼兒) 사망률(死亡率)이 제일 으뜸이 되는 것이다. 유아가 많이 죽는 것은 울기만 하면 젖을 먹이는 어머니들의 지식 없는 죄라"는 등의 의미로 조선유아들의 사망원인에 제일 크다는 속칭의 간기(癎氣)에 대하여 통속적 재미스러운 강연이 있어서 참석하였던 어머니들에게 적지 않은 감동을 일으키게 하고 성적 우량유아 18명에 대하여 표창을 행하고 어린 아희마다 과자 한 갑씩 주어 동 4시경에 산회하였는데 본시 이 회는 3년 전 전기병원의 자선사업으로 창설된 것으로 누구든지 젖먹이를 기르는 어머니가 참가하면 매삭 한 번씩 월요일에 유아를 데리고 병원에 가면 무료로 건강진단(健康診斷)을 시켜주는 잊지 못할 좋은 기관이라 합니다. 그리고 매년 일회씩 전기와 같은 표창회를 열어서 권장도 하며 시시로 고명한 의사를 청하여 유익한 강연회를 열어서 아희 기르는 지식이 부족한 우리들의 가정 부인들에게 좋은 상식을 들려주어 오는 터인데 현재의 회원은 백여 명으로 해마다 성적이 양호하여 가는 중이요 누구든지 입회를 환영한다 합니다.

여기에 수록된 내용을 따르면, 인천자모회의 우량아표창회가 시작된 것이 3년 전의 일이라고 하였으니, 이러한 행사가 처음 시작된 것이 1924, 5년경이었던 것을 짐작할 수 있다.

여기에서 소개한 것들은 공주와 인천의 사례이지만, 거의 같은 시기에 이러한 종류의 '건강심사회'와 '우량아표창회'는 의당 서울지역에도 있었다.

가령 《동아일보》 1924년 5월 5일자에는 "오백명(五百名) 소아(小兒)가 답지한 태화진찰소의 소아건강진단 대성황"이라는 제목의 기사에 다음과 같은 내용을 소개하고 있다.

> 시내 태화여자관(泰和女子館) 안에 있는 소아진찰소(小兒診察所)에서는 기보와 같이 재작 3일 오후부터 낳은 지 석 달 된 아이로부터 다섯 살까지 된 아이들의 건강진단(健康診斷)을 하였는데 진단하러 온 아이가 오백여 명이나 되어 매우 혼잡하였고 진단을 오후 여섯 시에 마치었으나 처음 일이라 질서를 차리지 못하여 순서 없이 진단을 하게 되었으므로 마음먹고 왔다가 헛되이 돌아간 사람도 있어서 그 진찰소에서는 매우 유감이라 하며 원래 이백 명 예정이던 것이 예상 이상으로 많이 와서 그리 되었다는데 이다음에 할 때에는 질서 있게 순서를 가리어서 할 예정이라는 바 재정문제로 금년에는 또 못하고 내년쯤 하리라 하며 진단할 결과의 모든 통계(統計)는 지금 심사 중이므로 불원간에 작성되겠으며 건강한 아이에게 줄 일, 이, 삼등상품은 오는 8일(목요일)에 주리라더라.

여기에 나오는 태화여자관(달리 '태화사회관' 또는 '태화여자사회관'으로도 부름)은 3·1운동의 현장이었던 '태화관(太華館, 명월관 지점)'을 남감리회 여선교부가 1920년 9월에 사들이면서 탄생한 여성종합사회 선교기관이었다. 이곳에서는 주로 성경공부와 실업교육은 물론이고 탁아소, 유치원, 놀이시설, 목욕탕, 진찰소의 운영과 더불어 우유급식 및 아동보건사업 등이 이뤄졌다.

이 가운데 태화진찰소가 설치된 것은 1924년 1월 무렵이었는데, 결

《동아일보》1925년 5월 16
일자에 소개된 태화여자관
진찰소의 '아동건강진단'
장면이다. 이 행사는 아주
큰 규모는 아니었으나 우량
아선발대회의 원형에 해당
하는 것으로 1924년 이후
해마다 정례적으로 실시된
바 있다.

국 위의 기사에 들어 있는 건강진단회(Baby Show)는 그 첫 번째로 시
도된 행사였던 셈이다. 그리고 이 행사는 그 후로도 해마다 정례적으
로 이뤄졌으며, 특히 아동보건과 아동보호의 관념을 크게 확산시키는
데에 많은 역할을 했던 것으로 풀이된다. 1920년대 후반기에 유행했
던 '아동애호주간'이나 '유유아보호데이'의 정착은 이들의 노력이 받
아들여진 결과였다고 봐도 무방할 것이다.

《동아일보》1927년 6월 4일자에 수록된 "태화여자진찰소 건강아
동진단"이라는 내용의 기사에 보면, 그 당시 건강심사에 대한 배점기
준이 소개되어 있어 흥미롭다. 여기에 해당 부분만을 옮겨보면, 이러
하다.

> 무게, 키, 가슴, 머리 크기(점수) 20, 머리 20, 머리털 10, 정수리(정한지
> 부정한지) 10, 숨구멍 10, 얼굴, 눈, 코, 입 40, 귀 10, 목, 편도선, 임파선 20,
> 가슴, 폐, 심장 70, 척추 20, 배, 대소변 60, 팔, 손, 손가락 20, 다리, 발 20,
> 앉은 자세 20, 음부 40, 피부 30, 영양 30, 신경, 근육 30, 성품 10, 다른 흠결
> 10, 합계 500.

참여아동에 대해 점수에 따른 평가를 내리고 그 순서를 가려 시상
을 하는 절차와 형태를 보아하니, 우리가 익히 아는 '우량아선발대회'

의 그것과 크게 다르지 않다. 이러한 점에서 1924년 이후 몇몇 지방에서 벌어진 영아대회나 우량유아표창회, 그리고 태화진찰소에서 연례행사로 개최되었던 '아동건강진단'을 일컬어 우량아선발대회의 단초라고 평가하는 데는 큰 무리가 없어 보인다.

하지만 이것들을 최초의 우량아선발대회로 꼽을 수 있느냐고 묻는다면, 상당히 주저되는 측면이 없지 않다. 가령 태화진찰소의 아동건강진단은 이런저런 현실적인 제약으로 대부분 진찰소에 다니던 아이들로만 한정하여 심사를 벌여야했던 경우가 적지 않았던 까닭이다. 따라서 공개경쟁이 충분히 이뤄지는 콘테스트의 형태를 갖추었다고 보기는 어려웠던 것이다.

좀 더 엄밀하고 온전한 의미의 '우량아선발대회'는 아무래도 1928년 가을에 벌어진 '제1회 유유아심사회(乳幼兒審査會)'가 최초였다고 해야 할 것 같다.

매일신보와 경성일보가 주최한 이 행사는 1928년 9월 1일에 개막되어 4일간 실시되었고, 9월 9일에는 다시 결심회(結審會)를 갖는 순서로 이뤄졌다. 더구나 여기에 참여한 인원만도 거의 천여 명에 육박하는 규모였으니, 글자 그대로 '대회(大會)'라고 부르기에는 충분했다.

그런데 이 시기에 이러한 형태의 심사회가 개최된 데는 무슨 특별한 까닭이 있었던 것일까?

이에 대해서는 크게 두 가지 측면에서 설명이 될 수 있을 것 같다. 우선 그 하나는 이 '유유아심사회'가 이른바 '어대전기념(御大典紀念)'으로 이뤄졌다는 사실이다. '어대전'이라고 하면 말이 좀 어려운 듯하나, 풀이하면 쇼와 천황(昭和, 히로히토)의 즉위식을 가리킨다.

부왕 다이쇼 천황(大正, 요시히토)이 1926년 12월 25일에 세상을 떠나고 히로히토는 즉시 천황의 자리를 물려받았으나 정작 즉위식은 미루어지고 있던 형편이었다. 그러다가 마침내 즉위대례(卽位大禮)는 1928년 11월 10일에 하기로 결정되었는데, 이것이 당시로서는 가장 큰 경사였으므로 이를 경축하고 기념하는 행사들이 뒤따르는 것이 당연했다.

　그러니까 '제1회 유유아심사회'는 매일신보와 경성일보가 천황의 즉위식을 기념하기 위해 기획한 행사였다. 적어도 '표면상'으로는 그랬다. 가령 《매일신보》 1928년 7월 29일자에 수록된 '제1회 유유아심사회' 개최예정 공고문에는 '어대전기념(御大典紀念)'이라는 타이틀이 또렷이 걸려 있었으며, 며칠 뒤에 나온 《매일신보》 1928년 8월 2일자 "본사주최 유유아심사회 개최, 조선 초유의 대심사회"라는 제목의 기사에도 이러한 사실은 거듭 강조되고 있었다.

《매일신보》 1928년 7월 29일자에 수록된 '제1회 유유아심사회' 개최예정 공고문이다. 그 위에 붙은 '어대전기념(御大典紀念)'이라는 타이틀은 풀이하자면 곧 '쇼와천황'의 즉위기념으로 이 행사를 연다는 뜻이다.

　　세계(世界)의 '새싹'은 어린이들이올시다. 우리가 어버이 품에서 자라나서 조선(朝鮮)을 맡아 개척(開拓)케 된 그와 똑같이 우리의 품에서 젖 빨고 발버둥치는 어린이들이야말로 장차(將次) 닥쳐오는 조선(朝鮮)의 운명(運命)을 개척(開拓)할 새 주인(主人)이 아니면 안될 것이올시다. ……(중략)…… 오늘날 조선(朝鮮)에서도 어린이 문제(問題)가 거의 전선적(全鮮的)으로 끓어오르기는 하였으나 아직도 어린이의 보육문제(保育問題)에 대하여 걱정하는 소리를 들어보지 못하였습니다. 이에 본사(本社)에서는 오는 가을 어대전(御大典)을 기념(紀念)하며 아울러 조선(朝鮮)의 새 주인(主人)이 될 유유아(乳幼兒)의 보건(保健)과 양육(養育)을 위하여 각가정(各家庭)의 귀여운 어린이를 모두어 심사회(審査會)를 열어 우량(優良)한 어린이에게는 상(賞)을 주며 잘 자라지 못한 어린이에게는 새로이 길러 갈 길을 열어서 집집마다 금지옥엽(金枝玉葉) 같은 귀동(貴童) 아기들이 너울너울 웃음을 치며 무병장수(無病長壽)하기를 기약(期約)코자 하는 바이올시다. 조선(朝鮮)과 같이 어린이의 사망률(死亡率)이 많은 곳에서는 더욱 한층 이 심사회(審査會)가 뜻이 있고 값이 있을 것은 미리 장담(壯談)이라도 하겠습니다.

　이와 아울러 이케가미 시로(池上四郎) 정무총감(政務總監)

乳幼兒審査會
第二回 어린이審査會

定規

一、資格　滿二歲以下
二、審査日時　昭和三年九月一日부터五日間
三、審査場所　京城帝國大學附屬病院
四、申込方法
五、表彰
七、注意

會長

審査員
志賀　潔氏
池田　壽延氏
河野　衛氏
李鍾綸氏
土橋光太郎氏
吉田　得次氏
原　弘毅氏

主催
京城
每日
申報
社

《매일신보》 1928년 8월 4일자에 수록된 '제1회 유유아심사회' 공고문이다. 글자 그대로 '대회(大會)'라는 의미와 규모에 걸맞은 것으로 가늠하여 보면, 이것을 최초의 '우량아선발대회'라고 규정해도 좋을 듯하다.

이 유유아심사회의 총재(總裁)로 추대되었다는 것도 이 행사의 성격과 위상을 가늠하게 하는 대목이다.

《매일신보》 1928년 8월 5일자에 보도된 바에 따르면, 이케가미 총감 외에도 "박영효 후작(朴泳孝 侯爵), 이진호 학무국장(李軫鎬 學務局長), 요네다 도지사(米田 道知事), 우마노 부윤(馬野 府尹), 한상룡 씨(韓相龍氏) 등에 교섭하여 고문(顧問)으로 쾌락을 받았다"고 적고 있다. 이 가운데 이케가미 총감은 유유아심사회의 4일째 되는 날에 대회장인 '경성제대부속병원'을 찾아 행사를 빛내는 것으로 그 직분과 역할에 충실했다.

1928년이라는 시점에서 매일신보와 경성일보라는 거대신문사가 주최하는 형태로 이러한 대규모 '유유아심사회'가 벌어진 데 대해 또 하나의 측면을 지적한다면, 이 무렵에 아동 특히 '젖먹이'에 대한 보호관념이 하나의 시대적 추세로 정착되어가고 있었다는 점을 지적할 수 있을 듯하다.

이 부분에 대해서는 앞서 '태화진찰소'에서 주관했던 '아동건강진단'과 같은 것이 이러한 관념을 확산하는데 확실히 일조를 했다는 사실은 이미 지적한 바와 같다. 그리고 이러한 변화는 비단 조선 땅에서만 벌어진 일이라기보다는 전 세계적인 현상이기도 했다.

주요 국가마다 의료기술의 발달과 더불어 근대적인 육아법이 빠르게 보급되었고, 그 방법에 있어서도 전문가에 의해 잘 계산된 수치로 환산되어 규칙화, 수량화, 표준화 방식의 아동관리가 강조되고 있었다. 이러한 방법을 잘 따른다면 유아사망률을 크게 떨어뜨릴 수 있을 뿐만 아니라 강건한 근대국민의 창출이 가능하다고 믿고 있었던 것이다.

따지고 보면 '건강심사회'나 '아동건강진단', 그리고 '영아대회'와 같은 것은 바로 이러한 맥락에서 시도된 효율적인 홍보수단이자 실천수단의 하나였다. 1928년 가을에 벌어진 '제1회 유유아심사회' 역시 비록 '어대전기념'이라는 타이틀을 내걸고 있긴 했지만, 실상은 이러한 시대관념의 변천이 가져다준 결과가 아니었던가 싶다.

이러한 인식의 변화는 총독부 당국자도 분명히 인정하고 있는 바이기도 한데, 예를 들어 《매일신보》 1928년 4월 24일자에 수록된 이진호 학무국장(李軫鎬 學務局長)의 "아동애호관념 보급에 대하여"라는 글에서 그 일면을 엿볼 수 있다.

문명(文明)의 진보(進步)에 따라서 아동존중(兒童尊重)의 관념(觀念)이 높아진 것은 기쁜 일이다. 아동(兒童)은 결(決)코 부모(父母)의 사유물(私有物)도 아니요 양친(兩親)의 노후(老後)를 위(爲)하여 존재(存在)하는 것도 아니라고 고조(高調)되어 온 것은 인도상(人道上)으로나 국가사회(國家社會)의 발전(發展)으로 보아서나 지극당연(至極當然)한 주장(主張)이라고 생각(生覺)한다. 인류(人類)의 시조(始祖)는 24만 년 전부터라 하나, 소위(所謂) 문명(文明)이 발달(發達)된 것은 겨우 수백 년, 다시 조직(組織) 있어 아동유아(兒童幼兒)의 연구보호(研究保護)의 실적(實績)을 나타내려고 한 것은 50년래(年來)의 일이다. 우리 조선(朝鮮) 같은 곳에서는 겨우 이제로부터의 문제(問題)이니 노동아동(勞動兒童)과 부랑소년(浮浪少年)이 다수(多數)를 점(占)하고 유년아동사망률(幼年兒童死亡率)이 세계(世界)의 고위(高位)를 점(占)하고 있는 우리 조선(朝鮮)에서는 이 아동존중(兒童尊重)과 애호(愛護)의 관념(觀念)을 보급(普及)시키지 않으면 안 된다. 이 같은 의미(意味)에 있어 이번 경성부교육회(京城府敎育會)가 솔선(率先)하여 일반부민(一般府民)에 대(對)하여 일제(一齊)히 그 정신(精神)의 선전보급(宣傳普及)에 노력(努力)한다는 것은 참으로 시의(時宜)에 적(適)한 사업(事業)이라고 사(思)한다. 다시 사업(事業)을 점차(漸次) 전조선(全朝鮮)에도 보급(普及)시키려고 하여 각도지사(各道知事)에 대(對)하여 지방사정(地方事情)이 허락(許諾)하는 범위(範圍)에서 실시(實施)하도록 권고(勸告)하기로 되었다.

요컨대 1928년에 벌어진 '제1회 유유아심사회'는 아동보호의 관념이 널리 퍼져나가던 바로 그 시기에, 때마침 천황의 즉위식이 거행되자 그에 맞춰 경축행사로 기획된 대회였다고 보면 무방할 것이다.

그런데 장마철이 겹친 와중에도 만2세 미만에 해당하는 천여 명의 응모자가 몰려 대성황을 이룬 이 대회에 정작 조선인 유아는 200명 남짓으로 상대적으로 참여가 저조했던 모양이었다. 결국 '천황즉위기념'으로 벌어진 최초의 우량선발대회는 이른바 '내지인들'의 잔치에 가까웠던 셈이다.

그나마 조선인 유아들은 개별 형편에 따라 아주 우수하거나 아주 열등하거나 하는 것이 확연히 구분될 정도로 편차가 심했다고 하였으니, 삶의 수준이 어떠했는지 조금은 짐작이 간다. 어쨌거나 이 대회의 결과를 살펴보니, 이갑수(李甲洙)의 아들 '상덕(相德)', 이기호(李基浩)의 아들 '태선(泰銑)', 김영환(金永煥)의 아들 '원식(元植)', 이흥주(李興柱)의 아들 '우성(愚成)' 등 네 명의 조선인 젖먹이가 최우량아로 선발되었다고 기록되어 있다.

《매일신보》 1928년 9월 6일자에는 제1회 유유아심사회의 총재로 추대된 이케가미 정무총감이 몸소 대회장인 경성제국대학부속병원을 순시한 장면을 소개하고 있다.

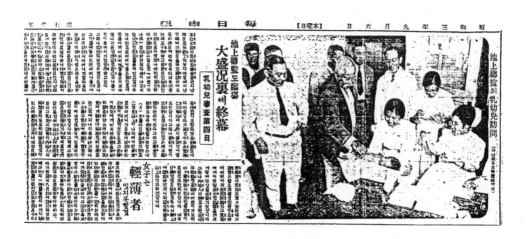

그렇다면 이 대회가 벌어진 이후의 형편은 어떠했을까?

1928년 9월에 개최된 행사가 분명히 '제1회' 유유아심사회라고 하였으니, 그 이듬해에는 '제2회' 대회가 열렸을 것 같지만, 이에 관한 흔적은 전혀 보이질 않는다. 그러니까 어찌 된 영문인지는 모르겠지만, 제1회 대회는 곧 '마지막' 대회이기도 했던 것이다.

하지만 이러한 사실만을 두고 '우량아선발대회' 자체가 전면 폐지되었다고 보는 것은 잘못이다. 매일신보와 같은 거대언론기관에서 직접 주최하는 행사는 계속 이어지질 못했을망정 여타 각 지방마다, 각 단체마다 주관하는 우량아선발대회는 오히려 유행처럼 번져나가고 있었던 탓이다.

일제강점기에 발행된 신문자료를 조금이라도 뒤져볼 기회가 있다면, 거기에

《매일신보》 1928년 11월 6일자에는 2차에 걸친 심사 끝에 최종 선발된 최우량아들의 모습이 소개되어 있다. 때마침 장마철이 겹쳤음에도 불구하고 대성황을 이룬 이 대회에서 조선인 유아의 참가는 200명 정도를 넘구 않아 상대적으로 저조한 편이었던 것으로 알려진다. 결국 '천황즉위기념'으로 벌어진 최초의 우량선발대회는 이른바 '내지인들'의 잔치에 가까웠던 셈이다.

서 무수한 우량아선발대회의 사례와 흔적을 찾아내는 것은 그리 어렵지 않다. 특히 군국주의가 팽창하는 1930년대 이후에 이르러 인구증식과 출산장려를 위한 '우량아선발대회'와 '우량유아표창회'가 더욱 기승을 부렸다는 사실은 금세 눈에 띄는 대목이기도 하다.

이러한 내력을 지닌 우량아선발대회는 해방 이후에도 그대로 전해내려와 일상의 풍경으로 자리를 잡게 된 사실은 새삼 지적하지 않아도 좋을 것 같다. 그나마 예전에 비해 크게 달라진 점은 분유제조회사와 방송국의 결합이 우량아선발대회를 이끌게 되었다는 정도가 아닐까 한다.

그나저나 지금은 거의 소멸된 '우량아선발대회'가 앞으로 부활할 가능성은 어느 정도일까?

물질문명이 가져다 준 풍요의 시대가 지나치다 못해 '우량아'를 넘어 '비만아'가 넘쳐나는 시절이 되었으니, 당분간 우량아선발대회를 구경하기는 영 틀린 것이 아닐까?

하지만 혹시 모를 일이다. 저출산으로 인구감소를 걱정해야 할 형편이 되었으니 출산장려를 한답시고 어느 날 홀연히 '우량아선발대회'가 재등장하는 건 시간문제일 수도 있을 테니까 말이다.

(2005. 12. 23)

# 23

## "덕수궁 전하께오서 옥돌에 재미를 붙이샤……"

| 망국의 황제는 어떻게 소일하였나? |

1912년 7월 31일, 명치천황(明治天皇) 무츠히토(睦仁)가 죽었다. 그의 장례기간에는 일상적으로 이뤄져왔던 많은 행사들이 중지되거나 미뤄졌다. 그해 종묘제례가 중단된 것도 그 때문이었다. 《매일신보》1912년 8월 8일자에 수록된 "이왕가식전 중지(李王家式典 中止)"라는 기사는 이렇게 적고 있다.

이왕가에서는 유래(由來)의 구관(舊慣)으로 매년 초추(初秋)에는 성대(盛大)한 종묘(宗廟)의 추기대제식전(秋期大祭式典)을 집행(執行)하였는데 대상중(大喪中) 본년(本年)은 전연(全然) 중지(中止)하기로 결정하였다더라.

명치천황이 죽는 바람에 미뤄진 또 하나의 큰 행사가 있었으니, 고종황제의 회갑연이 그것이었다. 비록 나라가 망하고 '덕수궁 이태왕 (德壽宮 李太王)'이라는 호칭으로 물러난 처지가 되었으나, 명색이 '전직' 황제였으니 그 행사 역시 당연히 성대히 치러져야 했었다. 하지만 하필이면 그때 일본천황이 세상을 저버리게 되자, 고종의 회갑연은 속된 말로 완전히 '김이 샌' 상황이 되고 말았던 것이다. 그러고 보니 불과 10년 전에 성대히 벌어진 '망육순 어등극 사십년 칭경기념행사' 때와는 참으로 격세지감이 아닐 수 없었다.

《매일신보》 1912년 8월 28일자에는 "덕수궁의 탄신, 이태왕 전하의 회갑탄신"이라는 제목의 기사를 통해 다음과 같은 사실을 전하고 있다.

오는 9월 8일은 덕수궁 이태왕 전하의 육십일주년되는 회갑탄신인 고로 성연을 배설하실 터이더니 지금 어대상(御大喪) 중인 고로 제반예식을 정지하시고 각왕족 이하의 진하(進賀)만 받으실 터이라더라.

이에 따라 고종황제의 회갑잔치는 결국 그 이듬해로 미뤄지고 말았는데, 《매일신보》 1913년 8월 29일자에 수록된 "이태왕전하(李太王殿下) 어환력연(御還曆宴)과 근상(近狀), 이태왕전하 환갑 수연"이라는 제목의 기사에는 당시의 상황이 이렇게 채록되어 있다.[1]

덕수궁 이태왕 전하께오서는 작년이 화갑되시는 해이나 양암중인 고로 축

---

1) 이와 관련하여 《매일신보》 1913년 9월 6일자에 수록된 '태왕전하(太王殿下)의 성덕(盛德), 기억은 일체 폐지하시다' 제하의 기사에는 "이태왕 전하께오서는 오는 8일부터 10일까지 탄신축하연을 돈덕전에서 설행하신다는 말은 전보에 기재하였거니와 조선 이조 역사상으로 참고하여 보아도 61세까지 넘기신 제왕은 다만 일백이십여 년 전에 영종대왕과 금번에 이태왕 전하뿐인 고로 어친척과 옛날 신하 등은 성대한 잔치를 벌이기로 계획하는 중이러니 이태왕 전하께서는 질소한 것을 주장하사 종래의 습관으로 기억은 일절 물리치시고 여흥은 다만 밤에 활동사진과 조선음악뿐이라 하며 사내 총독도 그 안에는 귀임하여 당일 연회에 출석할 예정이라더라"라는 내용을 전하고 있다.

제4부_뒤틀어진 식민지시대의 일상 속에서

하하는 예절을 정지하였더라. 금년에는 구월 팔일 어탄신에 성대히 잔치를 배설한다더라.

〔어친척의 내연〕조선 유래의 습관으로 이와 같은 축하일에는 신구력에 의지하여 따로 각각 행하는데 지나간 팔월 이십육일은 구력으로 탄신일이 되는 고로 문안차로 참알한 이강공 전하 동비전하, 이준공 전하, 후작 이해창, 윤택영, 자작 윤덕영, 민이왕직장관, 소궁 이왕직차관 등 제씨의 어친척과 어친근하신 빈객만 함녕전에 초대하샤 오찬을 베풀었는데 요리는 조선요리오, 조선풍류가 또한 흥을 돋우어 축배를 높이 들고 수를 축수하여 취흥을 띠어서 쾌락한 담화도 하셨더라.

〔기체는 더욱 건강〕구월 팔일 양력 탄신날에는 창덕궁 이왕전하께서 부왕 전하의 탄신인 고로 내외빈을 모두 덕수궁 돈덕전으로 청하샤 서양요리로 오찬을 향응하시고 성대한 축하연을 설비하신다 하며 이태왕 전하께서는 망칠 십이 되셨으나 오히려 건강하신 기품은 강장한 소년도 능히 능멸하실러라.

〔소견하시는 것은〕돌옥과 유성기가 연래로 습관이 되샤 아침에는 열한 시까지 함녕전 침실에서 취침하시고 밤 두세 시까지 침실에 들지 아니하시는 고로 소견하시는 것은 덕후전에 설비하여 놓은 옥돌장(玉突場)에 출어 하샤 공채를 잡으시는 일도 있고 전하께오서는 공치시는데 극히 재미를 붙이샤 전에는 내전에서 여관들을 데리시고 공을 치게 하시고 즐거워하시며 여름에는 오후 서늘한 때에 석조전 누상에서 수음 사이로 흘러 돌아오는 청량한 바람을 몸에 받으시며 내인들을 데리시고 이야기도 시키시고 서늘한 달그림자 아래에 유성기 소리도 즐거워 하신다더라.[2]

그런데 이 기사의 말미에 "덕후전에 설비하여 놓은 옥돌장(玉突場)

---

2) 고종황제가 오래전부터 주로 야간에 직무를 보며 낮에는 늦게까지 잠을 자는 습성이 있었다는 것은 카를로 로제티의 《꼬레아 에 꼬레아니》(1904, 1905)와 리하르트 분쉬의 《고종의 독일인 의사 분쉬》(학고재, 1999) 등에 수록된 서양인들의 목격담을 통해서도 익히 알려진 바인데, 《매일신보》 1910년 12월 3일자에 수록된 '이태왕전하(李太王殿下)의 근상(近狀)'이라는 제목의 기사에서도 이러한 생활습관이 그대로 유지되고 있었다는 사실을 다음과 같이 엿볼 수 있다. "이태왕전하(李太王殿下)의 근상(近狀)을 누문(漏聞)한즉 매일(每日) 오전(午前) 10시경(時頃)에 기침(起寢)하샤 즉시(卽時) 조찬(朝餐)을 진어(進御)하시고 오후(午後) 2시경(時頃)에 지(至)하샤 서양요리(西洋料理)를 진어(進御)하시며 오후(午後) 7시(時) 혹(或)은 8시(時)에 조선요리(朝鮮料理)를 진어(進御)하심이 상례(常例)라 하고 우(又) 취침(就寢)하시는 시각(時刻)은 대저(大抵) 오후(午後) 10시경(時頃)이나 혹(或)은 심야(深夜) 3시(時)에 지(至)하기까지 여관등(女官等)과 담화(談話)하시는 사(事)도 유(有)하샤 유쾌(愉快)히 세월(歲月)을 송(送)하신다더라."

新來成語 (問答)

問、玉突의 意義는 如何

答、玉突(日語다마즈기)은 打毬
戲具인듸四仙床과如혼床上
에四個圓毯을備置ᄒ고兩人
이以長竿으로打轉ᄒ야勝負
를賭ᄒ느거시니各旅館及俱
樂部等處에多設ᄒ니라

《대한민보》1909년 10월 2일자에 수록된 '신래성어(新來成語)' 항목에는 "옥돌(玉突, 타마츠키)"에 대한 설명이 나와있다. 이 무렵에는 이미 시중의 여관이나 구락부에 두루 당구대가 설치되어 있었던 상황이었다.

에 출어하샤 공채를 잡으시는 일도 있고 전하께오서는 공치시는데 극히 재미를 붙이샤 ……운운"하는 구절이 눈길을 끈다. 여기에 나오는 '덕후전'은 덕홍전(德弘殿)을 뜻하는 말인 듯하다. 그리고 옥돌(玉突, 타마츠키)은 당구(撞球)를 가리킨다. 이로써 고종황제가 한때 당구치는 일에 심취했던 사실을 엿볼 수 있다.

경술국치 이후 이른바 '이왕가(李王家)'로 전락한 조선의 왕실에 '당구대'가 처음 등장한 것은 1912년 봄의 일이었다. 이에 대해서는 《매일신보》 1912년 3월 7일자, "이왕전하 옥돌(李王殿下 玉突)"이라는 제목의 기사를 통해 그 흔적을 확인할 수 있다.[3]

창덕궁(昌德宮)에서는 기보(旣報)와 여(如)히 이왕전하(李王殿下) 어운동(御運動)으로 인(因)하여 특(特)히 동경(東京) 일승정(日勝亭, 닛쇼테이)으로 주문(注文)하여 2대(臺)의 옥돌대(玉突臺)를 구구(購求)하여 동행각(東行閣)으로써 옥돌운동장(玉突運動場)에 충(充)하였는데 기후(其後) 매주(每週) 월, 목 양요일(兩曜日)을 옥돌운동일(玉突運動日)로 정(定)한지라 근경(近頃)에는 동기(同技)에 심(深)히 흥미(興味)가 유(有)하사 정일 이외(定日 以外)에도 동장(同場)에 빈빈(頻頻) 어림(御臨)하신다더라.

3) 여기에 인용한 옥돌대(즉 당구대)의 도입사실과 관련하여 흔히 1912년에 창덕궁에서 들여온 것이 우리나라 당구 역사의 시초라고 하는 식의 설명이 많이 떠돌고 있는 모양이지만, 이는 명백히 잘못된 설명이다. 이보다 훨씬 앞선 시기에 이미 서울 시내에 당구장이 있었다는 기록이 자주 발견되고, 더구나 《대한매일신보》 1906년 12월 19일자에도 '옥돌'과 관련된 사건기사가 수록되어 있는가 하면, 1909년 통감부 경시총감 기밀보고에 보면 헐버트가 외인구락부에서 "영국총영사 등 수명과 더불어 '옥돌'을 했다"는 내용이 남아 있는 걸로 보아 그 역사는 훨씬 더 앞선 시기로 거슬러 올라가는 것을 알 수 있다.

제4부_뒤틀어진 식민지시대의 일상 속에서

李王家 開設 의 玉突室.

《매일신보》 1912년 3월 1일 자에 소개된 '창덕궁 옥돌실(玉突室)'의 모습이다. 여기에는 일본에서 막 들여온 옥돌대 2개가 설치되었는데, 이로부터 당구는 대표적인 궁중오락의 하나로 자리매김되기에 이른다.

이에 앞서 《매일신보》 1912년 3월 1일자의 '제1면'에는 "이왕가 개설(李王家 開設)의 옥돌실(玉突室)"이라는 보도사진까지 수록하고 있어 자못 눈길을 끈다. 1926년에 발간된 《순종국장기념사진첩》의 기록에 따르면, 이 당시 "이완용 후작(李完用 候爵)의 진언(進言)으로 실내운동(室內運動)을 겸(兼)하여"이 옥돌대가 설치되었다고 알려진다.

일제강점기를 거치는 동안 이른바 '창덕궁 이왕'으로 격하된 순종황제가 창덕궁 동행각에 마련된 이곳 옥돌실을 찾아 자주 당구를 즐겼다는 것은 제법 알려진 사실이다. 앞서 《매일신보》 1913년 8월 29일자에 '옥돌장' 관련기사가 수록된 사실에 비춰보아, 창덕궁에 처음 옥돌대가 설치된 이후 이내 덕수궁 쪽에도 이러한 시설이 마련된 것으로 짐작할 수 있다.

이처럼 느닷없는 옥돌대의 등장은 전직 황제들의 무료한 일상생활을 달래주는 데 아주 마침맞은 소일거리가 되었던 것이다. 이와 아울러 이른바 '이왕비(李王妃)'의 경우에도 일주일에 두어번씩 '포켓 당구'를 즐겼다는 기록도 눈에 띄는 걸 보면, 당구는 그야말로 대표적인

"덕수궁 전하께오서 옥돌에 재미를 붙이샤……"

왕실 스포츠로 자리매김되기에 충분했다.[4]

당구에 곁들여 밤이면 유성기를 듣거나 때때로 일본씨름단과 미술단의 공연과 활동사진(活動寫眞)을 감상하고, 때에 맞춰 일간신문과 잡지를 챙겨 읽거나 심지어 관보(官報)에 수록된 조선귀족들의 세세한 위훈사항까지 훑어보는 일 또한 주요한 궁중의 일상사를 이루었다. 그리고 매주 목요일이면 창덕궁의 후원인 비원(秘苑)으로 산책을 나서 창경원(昌慶苑)[5]의 동식물원과 박물관을 둘러보고 오는 것 역시 빼놓을 수 없는 일과의 하나였다.

이와 관련하여 《매일신보》 1910년 10월 12일자에는 "어운동중지(御運動中止)"라는 제목 아래 다음과 같은 내용의 기사 하나가 수록되어 있다.

창덕궁이왕전하(昌德宮李王殿下)께서는 일한병합(日韓倂合)한 후(後)에 제반정부(諸般政務)에 대(對)하여 친(親)히 재하(裁下)하시는 번로(煩勞)가 무(無)하신 고(故)로 익익(益益)히 운동(運動)하시기 위(爲)

《매일신보》 1912년 6월 2일자에 수록된 당구제조업체 '닛쇼테이(日勝亭)'의 신문광고이다. 창덕궁에서 사들인 옥돌대 역시 이곳에서 제작한 것이다. 이 회사는 지금도 당구용품을 전문으로 생산하는 유명 브랜드로 남아 있다.

---

4) 듣자 하니 창덕궁에서 사용하던 일제시대의 당구대가 반파된 상태이나마 아직껏 남아 있다고 전해진다. 기회가 된다면 이것을 복구하여 국립고궁박물관에 전시유물로 삼아도 나름의 좋은 볼거리가 될 수 있지 않을까 하는 생각을 가져본다.

5) 《순종실록 부록》 1911년 4월 26일자에는 "박물관, 동물원, 식물원을 지금부터 창경원(昌慶苑)으로 통칭(通稱)하고, 이는 창경궁(昌慶宮) 안에 있는 까닭이다"라고 적고 있는 한편 "이달 11일에는 원(苑)의 명칭을 동원(東苑)이라 하였다가 이번에 또 개정한 것"이라고 소개하고 있다.

제4부＿뒤틀어진 식민지시대의 일상 속에서

하사 추랭(秋冷)이 점심(漸深)하되 매주간(每週間)에 비원운동일(秘苑運動日)이면 태(殆)히 흠결(欠缺)이 무(無)하더니 재작일(再昨日)에는 추기(秋氣)가 심(甚)히 한랭(寒冷)함을 인(因)하샤 중지(中止)하셨더라.

이 기사는 경술국치 직후의 상황을 담고 있는 것으로, 이 가운데 "일한병합한 후에 번로가 무하신 고로 …… 운운"한 구절은 듣자하니 심히 거슬리는 대목이 아닐 수 없다. 한마디로 "망한 나라의 전직 황제가 딱히 하는 일이 없어서, 꼬박꼬박 운동에만 열중한다"는 소리인 셈이다.

원래 1908년에 '어원사무국(御苑事務局)'이 개설되어 창경궁 일대를 파헤쳐 동식물원과 박물관으로 탈바꿈한 것은 황제를 위문하려는 의도였다고 알려진다.[6] 이 때문인지 1909년 11월 1일 이후 일반관람을 허용한 뒤에도 별도로 '어원종람규정(御苑縱覽規定)'을 정하면서, "매주 월요일 및 목요일은 관람일에서 제외"하는 조치가 내려진 바 있었다. 적어도 이 두 날만큼은 창경원을 고스란히 황제의 휴식과 오락을 위한 전용공간으로 확보하겠다는 뜻이었다.

이러한 규정은 경술국치 이후 창경원의 일반관람객이 크게 늘어나자 1918년 4월 13일부터 '월요일'을 정기휴원일에서 제외하는 것으로 변경되었지만, '목요일'마다 창경원의 문을 닫는 제도만큼은 순종황제의 생존시까지 그대로 지켜졌다. 이는 전직황제의 체면과 처지를 고려한 일제의 배려 아닌 배려(?)였던 셈이다.[7]

따라서 일제강점기 이후 이른바 '창덕궁 이왕'의 동정과 관련한 상당수의 기사는 비원과 창경원에 산책을 나가는 일로 채워져 있는 사실을 어렵잖게 확인할 수 있다. 한참 나중의 기록이긴 하지만《동아일

6) 《이왕가박물관소장품사진첩(李王家博物館所藏品寫眞帖)》(이왕직, 1912)에 수록된 궁내부차관 코미야 미호마츠(小宮三保松, 1859~1935)의 글에 따르면, 어원(御苑, 창경원)의 개설은 "1907년 11월 4일 새궁궐로 옮겨온 황제에게 새로운 생활의 취미를 가져다줄 수 있는 흥미로운 시설을 마련해 달라는 이완용 총리대신과 이윤용 궁내부대신의 요청에 따라" 처음 추진되었다고 증언하고 있다.

《매일신보》 1925년 3월 25일자에는 이른바 '창덕궁 이왕전하'의 근황을 전하는 기사가 수록되어 있는데, 여기에는 "다마 치시는 것이 유일한 낙"이라는 구절이 눈에 띈다.

보》 1921년 7월 6일자에 수록된 "······ 간혹 일기나 화창한 때에는 양전하께서는 어용자동차에 무릎을 연하여 탑승하시고 옥류천(玉流泉)으로 식물원(植物園)에까지 이르사 옥보를 옮기시어 때 아닌 백화가 난만히 피인 꽃밭에 소요도 하시며 다시 수정(水亭)에 이르시사 시빈이 받들어 올리는 차를 진어하시며 잔잔한 물결 사이로 즐거이 노니는 금붕어의 어여쁜 자태도 완상하신다"는 내용의 기사는 바로 이러한 정황을 담아낸 구절로 풀이된다.

그런데 《매일신보》 1923년 11월 6일자에는 다음과 같은 내용의 흥미로운 기사 하나가 눈에 띈다. 여기에는 "영폐(永廢)가 되는지 부활(復活)이 되는지 창덕궁 목요오찬(昌德宮 木曜午餐)은 극단의 절약주의 아래에서 두 가지 풍설까지 있는 모양, 금년중(今年中)에는 부활(復活)이 불능(不能)한 듯, 중지하게 됨은 왕전하의 처분"이라는 제목이 붙어 있다.

---

7) 창경원의 일반관람제도는 1918년 4월 13일부터 종래의 월요일 및 목요일 폐원하던 것을 바꾸어 목요일을 제외하고 월요일에도 문을 열도록 변경하는 동시에 특히 상춘객이 몰려드는 4월과 5월에는 쉬는 날 없이 연속 개원하는 것으로 관람규정이 개정되었고, 순종황제가 세상을 떠나자 1927년 7월 1일부터는 이러한 규정마저도 폐지되어 연중무휴로 개원하는 것으로 전환되었다. 이로써 창경원은 애당초 황제의 전용공간이었던 것에서 일반대중을 위한 유희와 오락의 공간으로 완전 탈바꿈하였다. 이에 대해서는 《매일신보》 1918년 4월 16일자, "창경원 매일개원, 단체에는 할인" 제하기사 및 《매일신보》 1927년 6월 29일자, "왕전하 분부로 창경원 무휴개원, 목요일에는 폐원하던 창경원이 연중무효로" 제하기사를 통해 관련사실을 확인할 수 있다.

이왕직에서는 매년 경비에 곤란함 뿐 아니라 다대한 부채가 있으므로 이것을 환상하기 위하여 향자에 방침을 결정하고 각방면으로 절약을 시행하여 결국은 숙직당번 인원수도 종래보다 반감하였으며 요즈음은 난로를 피게 되매 석탄을 절용하기 위하여 각과의 사무실을 축소하는 현상이며 또한 수월 전부터는 매목요일(每木曜日)에 궁내에서 열리는

▲ 목요오찬(木曜午餐)도 폐지하였다 한다. 그런데 이와 같이 목요오찬 폐지는 진재후부터 폐지한 바인데 당시 소전(篠田) 차관은 말하되 "동경에서 대재난이 생긴 후 섭정궁전하께서도 주먹밥을 자시면서 피해상황들을 순람하신다는 말을 왕전하께서 들으신 후 근신하시는 의미로 왕전하께서 친히 목요오찬은 당분폐지하시겠다고 하샤 당분 중지한 것인즉 다시 열리로 된다" 하여 오더니 진재후 수월이 지난 요즈음도 역시 오찬회를 열지 아니하매 일부에서는 "오찬회는 왕전하께서 귀족친척을 부르시사 하루를 소창하기기 위하여

▲ 배식케 하시는 바로 당일은 오찬 끝에 비원과 창경원에도 납시사 천연의 경색도 완상하시는 터이나 그 사이 귀족친척 사이는 이런 기회를 이용하여 이왕직을 중심으로 귀족친척 사이에 여러 가지 문제와 파란을 일으키게 하는 폐단이 있었으므로 이것을 방지키 위하여 오찬회를 폐지한 것"이라는

《매일신보》 1918년 1월 1일자에 수록된 이른바 '이왕비전하'의 일상에 관한 신문기사이다. 여기에도 어김없이 '옥돌'에 관한 얘기가 등장한다.

昌慶苑
每日開苑

▲민일지웟흥기로

▲견학을십일젼에

《매일신보》 1918년 4월 16일자에는 창경원의 일반개원일이 '목요일'을 제외한 모든 요일로 확대되는 한편 특히 4월과 5월 두 달간은 쉬는 날 없이 매일 개원하는 것으로 관람규정이 개정되었다는 사실을 알리고 있다. 순종황제가 세상을 떠나자 1927년 7월 1일부터는 '목요일' 휴원제도마저 폐지되어 창경원은 연중무휴로 일반인에게 개방하는 체제로 전환되었다.

말도 있더라.

　▲ 그러나 이왕직 당국자의 말을 들은즉 진재후 왕전하께서 중지하시라는 말씀이 계신 바로 중지한 것이오 절대로 어떠한 의미로 폐단을 막기 위하여 폐지하였거나 경비절약을 위하여 영구히 폐지한 것은 아닌즉 금후 다시 오찬회를 열기로 될 터이라고 하는데 금년내로는 오찬회가 없을 모양이더라.

　이 기사는 창경원이 문을 닫는 매주 '목요일'이면 순종황제의 운동과 산책에 곁들여 '오찬회'가 꼬박꼬박 벌어졌던 사실을 확인해주고 있다. 하지만 이러한 정례적인 행사가 1923년 9월 1일에 발생한 '진재(震災, 관동대지진)'로 인해 중단되고 말았다는 것이다.

　아마도 이러한 국가적 재난을 당하여 이른바 내지(內地)의 섭정궁 전하(攝政宮殿下, 일본황태자 히로히토)가 사태수습에 애를 쓴다는 소식이 전해지자, 이에 발맞춰 창덕궁에서도 스스로 연회를 없애는 것으로 나름의 성의를 표시했던 상황이라 여겨진다. 그것이 자의에 의한 결정이건 아니건 간에, 나라를 잃은 전직황제의 초라한 위상이 거기에서도 여실히 드러나는 장면이 아닌가도 싶어 그저 씁쓰레한 여운을 남겨줄 따름이다.

　여기에 자료 하나를 덧붙이면, 이보다 훨씬 앞서 명치천황이 사경

◇六千二百九十九號(三)◇

◇비원에서 산림을 탐방하신 왕비량던하◇

《매일신보》1925년 6월 28일자에는 비원으로 산책을 나서는 순종황제 내외의 모습이 수록되어 있다. 일주일 가운데 '목요일' 단 하루만큼은 창덕궁 후원과 창경원이 딱히 하는 일이 없는 '전직' 황제를 위한 전용휴식공간으로 제공되었다.

을 헤맬 당시에도 바로 이와 똑같은 장면이 연출된 흔적을 찾을 수 있다. 《매일신보》1912년 7월 25일자에 수록된 "이왕가 근신(李王家 勤愼)"이라는 제목의 기사는 이때의 상황을 이렇게 전해주고 있다.

19일(日) 성상폐하(聖上陛下) 어불례(御不例)의 공보(公報)가 유(有)하매 이왕전하(李王殿下)께서는 대(大)히 공구(恐懼)하샤 심(深)히 근신(勤愼)의 의(意)를 표(表)하사 매일(每日) 어기호(御嗜好)하시는 선악(鮮樂) 양악(洋樂) 급(及) 옥돌(玉突) 등의 어유기(御遊技)를 일체정지(一切停止)하시고 차(且) 매목요일(每木曜日) 식물관내(植物館內)에 구신(舊臣) 급(及) 근시(近侍)를 소(召)하여 오찬회(午餐會)를 개(開)하시더니 시역정지(是亦停止)하시고 폐하(陛下)의 어평유(御平癒)를 기(祈)

하시는 중(中)이오, 왕비전하(王妃殿下)께서도 어기호(御嗜好)의 축음기 (蓄音機)를 폐지(廢止)하시고 심(深)히 근신(勤愼)의 의(意)를 표(表)하시며 차(且) 이왕전하(李王殿下)께서는 민자작(閔子爵)을 명대(名代)로 동경(東京)에 파견(派遣)하사 어문후(御問候)하시기로 목하(目下) 기수속중(其手續中)이오, 이태왕전하(李太王殿下)께서는 …… (이하 생략).

한때는 지존이었다가 '서글프게도' 백성이 없는 군주로 전락하고, 또한 이제는 '부끄럽게도' 누군가의 신하로 살아가야 하는 전직황제의 처지란 것도 따지고 보면 일제의 핍박으로 고달픈 일상의 삶을 이어가야했던 식민지 백성들의 그것보다 크게 더 나을 것도 없어 보인다. (2006.9.9)

# 순종황제의 옥돌(玉突)과
# 시계(時計)에 대한 취미

　　순종황제가 이른바 '창덕궁 이왕'으로 전락하여 뒷방신세가 된 후 '옥돌(玉突, 타마츠키)' 즉 당구를 즐겼다는 사실은 제법 알려져 있다. 그런데 《순종국장기념사진첩(純宗國葬紀念寫眞帖)》(1926)과 《순종국장록(純宗國葬錄)》(1926)에 보니까 순종황제는 옥돌뿐만이 아니라 시계를 보는 일(이것이 시계수집을 의미하는 지는 분명하지 않으나)에도 많은 취미가 있었던 모양이다. 이것 역시 자못 흥미로운 내용인 듯하여, 여기에 그 내용을 차례대로 소개하기로 한다.

## (1) 〈순종국장기념사진첩〉 (경성사진통신사, 1926)

〔어취미(御趣味)와 시계(時計)〕

　　전하(殿下)께옵서는 한적(閒寂)하신 세월(歲月)을 송(送)하시는 관계상(關係上) 여러 가지 취미(趣味)를 택(擇)하시던 터이다. 일즉 고고영희자(故高永喜子, 죽은 고영희 자작이라는 뜻) 사명(使命)을 대(帶)하고 일본(日本)에 왕(往)하였다가 귀국(歸國)할 시(時)에 진품(珍品)인 금시계 일개(金時計 一個)를 헌상(獻上)한 사(事)가 유(有)하였었는데 차후(此後)부터는 시계(時計)에 대(對)한 취미(趣味)가 가장 심(深)하사 어좌(御座)의 좌우(左右)에는 상(常)히 각국(各國)의 시계(時計)를 괘열(掛列)하사 각각(各各) 시(時)를 위(違)함이 없이 일시일각(一時一刻)을 똑같이 가는 것을 보시고 심(甚)히 취미(趣味)에 호적(好適)하심을 각(覺)하오시며 혹(或)은 신기(神奇)하다고 칭탄(稱歎)하신 일도 있다 한다.

〔운동(運動)과 옥돌(玉突)〕

　　시계(時計)에 대(對)한 기이(奇異)한 취미(趣味)를 가지신 전하(殿下)께서는 또다시 고이완용후(故李完用候, 죽은 이완용 후작이라는 뜻)의 진언(進言)으로 실내운동(室內運動)을 겸(兼)하옵시사 옥돌(玉突, 당구)에 취미(趣味)를 우(寓)하시고 승하(昇遐)하옵시던 당시(當時)까지 인정전 동행각(仁政殿 東行閣)에는 옥돌장(玉突場)을 설치(設置)하셨으니 차(此)는 평일(平日)에 매일(每日) 오후(午后) 2시(時)부터 동(同) 4시경(時頃)까지 시신(侍臣)을 데리시고 차(此)를 농(弄)하시는 것으로써 일과(日課)를 삼으시며 일본(日本) 혹(或)은 각국(各國)에서 옥돌선수(玉突選手)가 경성(京城)에 도착(到着)하면 반드시 일차식(一次式)을 인견(引見)하사 기기능(其技能)의 여하(如何)를 하시(下試)하옵셨다 한다.

**(2) 〈순종국장록〉 (조선박문사, 1926), pp. 86~87**

〔간단(簡單)하신 취미(趣味), 문명(文明)의 선구(先驅)로 시계(時計)〕

어일생(御一生) 동작(動作)을 항상(恒常) 정시(定時)가 유(有)하사 어느 시간(時間)에 무엇을 행(行)하기로 하셨으면 일분일초(一分一秒)라도 어기심이 없었다. 정사(丁巳) 6월 8일에 경성어발(京城御發)로 동경(東京)에 동가(動駕)하옵시매 출환궁시(出還宮時)와 공(共)히 야간(夜間)은 임시행재소(臨時行在所)에 입어(入御)하시고 주간(晝間)으로만 기차급군함(汽車及軍艦)으로 하시는데 익조(翌朝) 출발시간(出發時間)을 미리 품고(稟告)하면 정각(定刻)보다 수삼시간전(數三時間前)에 어기침(御起寢)하시사 행장(行裝)을 최촉(催促)하시고 어행구(御行具)를 출발시각(出發時刻) 삼사십분전(三四十分前)에 정돈(整頓)하사 배종원(陪從員) 특(特)히 여관 등(女官 等)의 장발(粧髮) 등으로 지각(遲刻)할까 성려(聖慮)를 베푸셨다. 현재(現在) 창덕궁경찰서(昌德宮警察署) 경부(警部)로 항상(恒常) 근측(近側)에 모시고 있는 이병호(李秉浩)에게 매일(每日) 정오(正午)가 되면 어용(御用)의 시계(時計)와 그 시계(時計)를 대조(對照)하시사 시간(時間)을 정확(正確)히 하셨으므로 이병호(李秉浩)는 매일(每日) 시계(時計)의 시간(時間)을 정확(正確)케 함이 또한 큰일이었다. 후(後)로 일반 근측자(一般 近側者)에게 이병호(李秉浩)의 시계(時計)를 찬양(讚揚)하사 "너희들도 시간(時間)을 정확(正確)히 하며 엄수(嚴守)하라"시는 황송(惶悚)한 처분(處分)을 내리셨다 한다.

〔운동(運動)의 필요(必要)로 옥돌(玉突)〕

무술(戊戌) 7월 25일 김홍륙(金鴻陸)의 음모(陰謀)로 진어(進御)하신 가배차(珈琲茶, 커피)에 아편중독(阿片中毒)을 소해(消解)하기 위(爲)하여 대소양변도(大小兩便道)로 체독(滯毒)을 유하(流下)케 하는 해독제(解毒劑)를 과복(過服)하신 결과(結果) 위장(胃臟)과 신장(腎臟)이 아울러 어고장(御故障)을 생(生)하신 것이 연래(年來)의 숙환(宿患)의 원인(原因)이 되시었다. 그러므로 운동(運動)을 하시면 다소보효(多少補效)가 되실가 하여 인정전 동행각(仁政殿 東行閣)에 옥돌대(玉突臺) 두 개가 놓여 있으니 간간(間間) 시신(侍臣)들을 데리고

'큐'를 잡으시었었다. 내외국(內外國)에 옥돌선수(玉突選手)가 경성(京城)에 이르기만 하면 반드시 한번씩은 인견(引見)하옵시었었다. 옥돌(玉突)의 적수(敵手)되는 사람은 전창덕궁경찰서장(前昌德宮警察署長) 야노(矢野)인데 결(決)코 이기시려는 욕심(慾心)이 없으시고 항상(恒常) 어찌하면 자미(滋味)있게 마칠까 하시는 고아(高雅)하옵신 생각으로 옥돌판(玉突板)을 대(對)하옵시는 터이라. 실력(實力)은 60에서 70내외(內外)까지 이시었다 한다.

# 이른바 '창덕궁 이왕전하'의 일상과
# 취미생활에 대한 신문자료

일제강점기 창덕궁의 일상생활에 대해서는 여러 가지 자료를 확인할 수 있으나, 지면의 제약으로 그 내용의 전부를 여기에 다 옮겨둘 수 없는 한계가 있는 점은 아쉽다. 이에 아래에서 소개하지 못한 나머지 기사들의 목록이나마 참고삼아 여기에 간략히 덧붙여 두기로 한다.

《매일신보》1917년 7월 24일자, "이왕전하(李王殿下)의 어근상(御近狀), 서중의 일과는 수이시나 책을 보심과 매주일의 진강은 여전"；《매일신보》1917년 10월 23일자, "다년(多年)의 치환(齒患)을 근치(根治)하샤, 열 여덟 개의 치아를 빼이시고, 스물 여덟 개의 의치를 끼이시는 이왕전하"；《매일신보》1918년 1월 20일자, "일본요리(日本料理)를 어회식(御會食), 삼전하 석조전에 모으시와, 덕수궁 창덕궁 양전하께서는 일본요리를 처음으로 진어하신다"；《동아일보》1920년 8월 6일자, "고염중(苦炎中)의 창덕궁 양전하(昌德宮 兩殿下), 한시도 상복을 벗지 아니하옵시고 매일 한아히 지내옵신다"；《매일신보》1920년 12월 10일자, "미령중(靡寧中)에 계옵신 이왕전하 어근상(李王殿下 御近狀), 루마지쓰로 미녕하시와셔 별다례는 이강공께서 거행"；《동아일보》1921년 8월 2일자, "복중(伏中)의 창덕궁 제절(昌德宮 諸節), 왕전하께옵서는 지극히 강녕, 매일 옥돌경기로써 소하셔"；《매일신보》1921년 10월 25일자, "이왕비전하(李王妃殿下)의 제절(諸節), 아침 일곱시에 기침하셔서 왕전하와 함께 수라를 하셔"；《동아일보》1926년 5월 13일자, "[승하(昇遐)하옵신 융희황제(隆熙皇帝) 14]홍목단(紅牧丹)에 소만(素幔), 삼년 안에 꽃을 안보셔, 전에 없는 과하신 집상"

### 《매일신보》 1910년 10월 12일자, "어운동중지(御運動中止)"

창덕궁이왕전하(昌德宮李王殿下)께서는 일한병합(日韓倂合)한 후(後)에 제반정부(諸般政務)에 대(對)하여 친(親)히 재하(裁下)하시는 번로(煩勞)가 무(無)하신 고(故)로 익익(益益)히 운동(運動)하시기 위(爲)하사 추랭(秋冷)이 점심(漸深)하되 매주간(每週間)에 비원운동일(秘苑運動日)이면 태(殆)히 흠결(欠缺)이 무(無)하더니 재작일(再昨日)에는 추기(秋氣)가 심(甚)히 한랭(寒冷)함을 인(因)하샤 중지(中止)하셨더라.

**《매일신보》 1911년 5월 19일자, "이왕전하(李王殿下) 어산책(御散策)"**

작일(昨日)은 목요일(木曜日)인 고(故)로 창덕궁이왕왕비양전하(昌德宮李王王妃兩殿下)께서는 오후(午後) 2시경(時頃)에 장관 민병석(長官 閔丙奭) 차관 소궁삼보송(次官 小宮三保松) 씨등(氏等)과 기타 여관(其他 女官) 5명(名)을 대동(帶同)하시고 동식물원(動植物園)과 박물관(博物館)을 관람(觀覽)하신 후(後) 동(同) 3시반(時半)에 환궁(還宮)하셨다더라.

**《매일신보》 1911년 5월 19일자, "이왕비(李王妃) 국어진취(國語進就)"**

이왕비전하(李王妃殿下)께서는 이래(邇來)로 일본어(日本語)를 열심연구(熱心研究)하심은 일반(一般)이 공지(共知)하는 바어니와 근경(近頃)에는 간이(簡易)한 통상예사등(通常禮辭等)은 물론(勿論)이고 기타 잡담(其他 雜談)에 지(至)하기까지 하등(何等)의 부자유(不自由)가 무(無)히 진취(進就)하사 일전 총독부인(日前 總督夫人)이 참후(參候)할 시(時)에도 상시 일본어(常時 日本語)로써 담화(談話)하셨는데 언어(言語)가 극(極)히 명절(明晰)하고 유창(流暢)하시다더라.

**《매일신보》 1912년 2월 8일자, "이왕비전하(李王妃殿下)의 국어열심(國語熱心)"**

창덕궁이왕비전하(昌德宮李王妃殿下)께서는 거(去) 40년경(年頃)부터 일어(日語)의 연습(練習)을 유의(留意)하시던 동시(同時)에는 소궁차관(小宮次官)의 부인(夫人)이 참후교수(參候教授)하다가 기후(其後) 아옥백(兒玉伯)의 부인(夫人)이 대리(代理)로 격일참후(隔日參候)하여 교수(教授)하는데 총명(聰明)하신 비전하(妃殿下)께서는 학업(學業)이 일취월장(日就月將)하여 근일(近日) 소궁차관(小宮次官) 등(等)에 대(對)하여 어회화(御會話)하시는 시(時)는 범(凡) 일본어(日本語)로써 사용(使用)하시며 우(又)는 여관등(女官等)에 대(對)하사 조석(朝夕)으로 만단(萬端)의 일본어(日本語)로써 사용(使用)하시매 차(此)로 인(因)하여 창덕궁내(昌德宮內)에는 일본어연습(日本語練習)의 염(念)이 극도(極度)에 달(達)하였다더라.

**《매일신보》 1912년 3월 7일자, "이왕전하 옥돌(李王殿下 玉突)"**

창덕궁(昌德宮)에서는 기보(既報)와 여(如)히 이왕전하(李王殿下) 어운동(御運動)으로 인(因)하여 특(特)히 동경(東京) 일승정(日勝亭)으로 주문(注文)하여 2대(臺)의 옥돌대(玉突臺)를 구구(購求)하여 동행각(東行閣)으로써 옥돌운동장(玉突運動場)에 충(充)하였는데 기후(其後) 매주(每週) 월, 목 양요일(兩曜日)을 옥돌운동일(玉突運動日)로 정(定)한지라 근경(近頃)에는 동기(同技)에 심(深)히 흥미(興味)가 유(有)하사 정일 이외(定日 以外)에도 동장(同場)에 빈빈(頻頻) 어림(御臨)하신다더라.

《매일신보》 1912년 4월 2일자, "이왕(李王) 활동사진(活動寫眞) 어관람(御觀覽)"

이왕전하(李王殿下)께서는 평상(平常) 어소견법(御消遣法)으로 구돌(球突, 당구를 말함), 활동사진(活動寫眞)에 취미(趣味)를 유(有)하사 목하(目下) 수좌(壽座)에서 흥업중(興業中)인 복보당(福寶堂) 일좌(一座)를 작일일(昨一日) 오후(午後) 7시부터 창덕궁(昌德宮)으로 명초(命招)하샤 활동사진(活動寫眞)을 어람(御覽)하셨다더라.

《매일신보》 1915년 1월 1일자, "이왕비전하(李王妃殿下)의 일상제절(日常諸節)"

우리 부녀의 항상 공경하고 승배하고 우러러 사모하는 창덕궁 이왕비 전하의 일상제절을 창덕궁 모고등관이 삼가 말씀하옵니다. 전하께오서는 후작 윤택영(尹澤榮)씨의 따님으로서 명치 27년 갑오 9월 19일에 탄생하옵셨으니 새해에 22세라. 귀중한 지위에 나가실 어른이라 어리실 때부터

◇ 천성이 총명하시고 재덕이 겸비하신 외에 특히 숙덕(淑德)과 인자하심은 모든 사람의 공경하던 바이라. 병오년 13세 되셨을 때에 황태자비로 내입(入內)하시고 그 뒤의 사적은 세상의 아는 바이라. 비전하께옵서는 매일 오전 9시에 기침하사 소세를 마치시고 침의를 갈아입으신 후 실내에서 운동을 행하옵시고 그 뒤에는 반드시 당일의 매일신보(每日申報)를 보옵시고 오전 11시쯤 되어서 아침수라를 진어하옵시는데 조선요리요. 오후 3시에 낮수라를 진어하옵시는데

◇ 조선요리나 혹 서양요리요. 오후 6시에 저녁 수라를 진어하옵시는데 역시 조선요리라. 수라 진어하옵실 때에는 반드시 이왕전하와 한때에 겸상을 하여 진어하옵시는 것이 전례라. 매일 일본말과 및 산술을 공부하옵시는데 스승은 아옥[兒玉] 백작부인되는 사내[寺內] 총독의 따님이라. 요사이는

◇ 일본말이 매우 익숙하사 일상에 보통 쓰는 말을 모르실 것이 별로 없다 하며 글씨는 찬시 윤형구(尹迥求)씨가 가르쳐 드리는데 다달이 진보가 되샤 지금은 매우 익숙하옵시었는데 비전하의 필력에는 윤찬시 기타가 매우 감복한다 하며 매주일에 두어 번씩 여관(女官)을 데리시고 '포켓트 옥돌'이라는 유희를 하옵시는데 이는 대개 오후 4시까지의 일이요 그 후에는 여관들을 데리시고 이야기도 하옵시며 특히 이왕전하께 재미있는 이야기도 여쭈어드리옵신다 하며 또한

◇ 밤마다 목욕을 하옵시고 오후 11시쯤 되어 침석에 나아갑신다는데 기후를 따라 조선방이나 혹은 서양침대를 쓰신다 하며 의복과 머리 단장은 양반의 집 부인이나 별로 다를 것이 없으시

다 하며 특히 전하께옵서는 글 읽는 것과 운동하옵시는 것을 매우 즐겨하옵신다더라. 신년을 당하여 감히 삼가 여러 부녀독자와 함께 전하의 옥체 안녕하옵시기를 비옵니다.

**《매일신보》 1917년 6월 6일자, "대조전중(大造殿中)의 어평상(御平常), 동경가실 이왕전하의 근일제절"**

8일에 동경길을 떠나옵실 이왕전하의 평시 거처하옵시는 처소는 창덕궁안의 대조전…… 용마름 없는 전각이라. 그러나 공식의 알현에는 인정전 옆의 선정전을 쓰시더라. 대조전은 거금 84년전 순조 34년에 침전으로 조성되었던 조선식의 건축인데 대정 원년(즉 1912년)에 수축을 하고 별로히 서양식 처소도 꾸며 놓았지마는 대개

◇ 온돌에 기거하옵시는데 전하와 비전하의 처소는 동서로 서로 대하여 있으며 양전하의 처소에는 각각 좌우로 찬시와 여관 동근시의 처소가 있더라. 전하의 수라제절로 말하면 식전에 안으로 기침하시와 곡정수의 진어가 계시고 그 다음 침소에 나시와 전의의 진찰을 받으시고 제의 탕약을 받치며 아침수라는 보통 열한시부터 오정까지 그동안에 받으시는데 그는 조선음식으로 궐내 규례에 의하여 팥진지, 흰진지, 진어하시는 진지의 세 그릇을 올린다 하며 저녁수라로

◇ 조선음식을 드리는데 전에는 한주일에 두번 가량씩 양식을 진어하셨으나 근일에는 평균 한번씩 바치는 바 수라제절은 전선실에서 거행하되 내외주선실과 양요리소의 구별이 있어 조선요리의 수라는 이전에 안소주방이라 하던 내주선실에서 의주하여 주방내인이 봉사하고 양요리와 및 연회소용 기타는 외주선실에서 양요리는 양요리소에서 거행하기로 되었더라. 전하의 일상 소일하심은 요사이 한여름에는 교자로 비원의

◇ 우거진 녹음에 도시며 옥류천의 새암가에 옥보를 머무르시기도 하며 혹은 마차로 동물원에 넘치사 동물구경하시는 때도 있으며 식물원 앞의 수정에서 물새의 노니는 것도 즐기시더라. 겨울이면 일주일에서 한번씩 목요일마다 식물본관의 온실에 오찬을 베푸시고 주요 근시자와 몇몇 귀족을 부르사 열대식물의 여름 같은 풍경에 담소하심이 정례이오, 요사이는 일기가 따뜻한 고로 대개 인정전에서 행하옵시더라. 그 외에

◇ 전하의 취미로는 옥돌을 치시는 것이 제일이라. 근자 '루마지스'로 미녕하시기 전까지는 매일 거의 일과와 같이 '큐'를 잡으셨더라. 그래서 오후 두 시부터 네 시까지 매일 인정전 행각의 옥돌실에 나시와 옥돌도 치시고 근시를 데리시고 여러 가지 이야기도 하셨으며 요사이도 간혹 옥돌대 앞에 서시기도 하고 비전하와 대하사 옥돌의 이야기도 하시더라. 전하의 효성이 지극하심은 실로 출천이시라. 창덕궁에 이어하신 이후로

◇ 매일 찬시를 보내사 문안하시되 금일까지 하루도 거르신 일이 없으시며 진기한 물건이나 새로 난 식식은 반드시 덕수궁에 먼저 바치신 후에 친히 받으심으로 전례를 삼으시며 기외 9월 8

일의 이태왕전하 탄신에는 반드시 정성으로써 음식을 만드시와 덕수궁에 바치신 뒤에 친히 문안을 가실 뿐 아니라 이태왕전하의 말씀이면 어떠한 일이든지 반드시 승종하시와 이전에는 제일 편애하시던 담배도 중지하신 일이 계셨더라. 또한 근시

◇ 일동을 사랑하심도 비상하시와 내인 기타 정감 이하 비천한 자에게까지라도 때때로 융숭하신 하사품을 내리시더라. 전하께서는 어리실 때로부터 일상 건강이 양호치 못하옵셨으나 과인하신 총명은 다만 경복할 수밖에 없는데 여간 버슬하는 사람은 모지자 모지손임을 금일까지 기억하시는 자가 심히 많으시더라. 이번의 전에 없던 대여행에 전하의 건강이나 더욱이 회복되셨으면 그 같이 좋은 일은 없겠다고 우리는 황공히 축수하노라고 모 이왕직원은 말하더라.

**〈매일신보〉 1918년 1월 1일자, "이왕비전하 어일상(李王妃殿下 御日常), 학문을 열심으로 배우시며, 서도와 음악에 능란하오심"**

이왕비 전하께옵서는 갑오년 탄생이신즉 금년 25세의 봄을 맞으시는 터이며 궁중에 들어오신 지 13년이 되십니다. 전하께서 자품이 총명하심은 이미 익히 승문하고 다 같이 우러러 뵈읍는 바 어니와 전하께서는 학문에도 근면하신줄 승문하였습니다. 전하께오서는 지난

◇ 융희 원년의 겨울부터 어강습소를 여옵시고 소궁(小宮, 코미야) 아옥(兒玉, 코다마) 두 부인을 교사로 삼으시와 여러 가지 학문을 닦으시기 시작하였으며 두 부인이 동경으로 들어간 뒤에는 추산(秋山, 아키야마) 부인을 교사로 삼으셨다가 지금은 이왕에 통역으로 뫼시고 있던 주영수자(住永秀子) 여사를 교사로 삼으셨다 승문하였습니다. 전하께서는 작년 봄까지에 초등과를 마치신 바 원래 재화가 비범하심으로 모든 학문에 능난하신중 특히 서도에는 깊으신 취미를 붙이신다 하오며

◇ 기타 음악 등에도 고상하신 조예를 가지시와 피아노에 능하신줄 승문하였사오며 또 어강습소에는 전하의 오라버니가 되시는 윤홍섭(尹弘燮)씨 부인이 학우로 되시고 공부하며 따로 제이번을 조직케 하사 그곳에서는 여관들을 강습시키신다 합니다. 그런데 작년 겨울 대조전 화재 이후로는 낙선재로 옮기서 황송스러운 일이나 제반 조도가 아직 완비되지 못하였으므로 어강습을 일시 정지하시고 이왕 강습하신 바를 복습하오실 뿐이라 승문하였습니다. 또 전하의 어일상을 들잡건대 아침 여덟시에 기상하시와 소세를 마치시고 의상을 갈아입으시며 9시에 아침수라를 받으시며

◇ 열시부터 어강습을 개시하시와 오정 때까지 면학하옵시고 한시까지는 휴식하오시며 한시부터 두시까지는 한문을 공부하오시고 잠시 휴식하신 뒤에 세시반이 되면 간단한 다과의 오찬을 받으시고 휴식하오시는데 휴식시간에는 혹 피아노에 향하시와 유아한 곡조를 고르시기도 하며

혹 근시를 거느리시고 옥돌의 유희로 운동을 하시는 일도 계시고 하절이 되면 양전하 어동렬로 어원에 산보를 시험하사 흐르는 듯한 녹음을 관상하시는 일도 있다 승문하였습니다. 그리하사 오후 6시반이 되면 저녁수라를 받으시옵는 바 저녁수라에는

◇ 일주일에 한차례식은 양요리를 올리는 전례이라 합니다. 그리고 밤이 되면 혹 학과를 복습도 하시며 소설과 신문을 보시는데 본지는 전하께서 어람하시는 광영을 입는다 승문하였습니다.

**《매일신보》 1920년 2월 1일자, "창덕궁 어내전(昌德宮 御內殿)에 계옵신 이왕전하 어근상(李王殿下 御近狀), 2년간(年間) 더 복상(服喪)하신다고 승문(承聞), 아침 일곱시면 기침하샤 수라를 하시고 신문어람"**

창덕궁 어내전에 깊이 계옵신 이왕전하께옵서는 과반 덕수궁에서 어일주년제를 친히 지내옵시고 복상도 공식으로는 벗으신 터이나 어효심이 지극하옵신 전하께옵서는 조선의 구래관례를 격수하시사 상복을 벗으시지 않으시옵고 내식으로 삼년간 거상을 입으시기로 하셨다고 승문하였는데 요사이 전하의 어근상을 배문한즉 어일주년제를 마치신 뒤로 성상폐하의 칙사를 보내심과 각궁가의

◇ 어사차견에 대하샤 어례의 전보를 발송하라고 어하명이 계옵셨으며 어일주년제를 종료하옵신 뒤로 각궁가로부터 보낸 어경병(御鏡餅)을 친히 각시관에게 반사하옵셨고 창덕궁경찰서 황경시가 사후하매 전하께옵서는 어경병을 하사하시샤 서원일동에게 분급하게 하옵셔 어일주년제 당일의 수고를 사례하여 달라는 황송한 처분이 계시옵셨고 환궁하옵신 뒤로 오늘까지 옥체안녕하옵신 바 매일

◇ 아침 일곱시면 어기침하사 수라를 지내신 후에는 금곡릉으로부터 삼시 상식 올리는 전화를 일일이 들으시며 또한 관보를 친하 하람하사 조선귀족들의 위훈의 승서된 것을 일일이 조사하옵신다 하며 또는 이월 팔일의 음력이년제의 어제관을 선정하려는 줄로 배찰하겠고 요사이 어취미를 붙이시기는 신문어종람에 깊으신 어취미가 계시다 하며 밤이면 열시 열한시까지는 시녀들과 여러 가지 재미있는 어담화로 안정히 시간을 보내옵신다 승문되었더라.

**《동아일보》 1921년 7월 6일자, "녹음리(綠陰裏)의 창덕궁(昌德宮), 양전하의 근절은 매우 강녕, 옹주는 매일 계속하여 통학, 장시사장(掌侍司長) 한창수씨(韓昌洙氏) 근화(謹話)"**

나날이 더하여 가는 더위는 저윽히 사람을 괴롭게 하기에 이르렀다. 여름을 맞으신 창덕궁 양전하의 근절을 승문하건대 목하 양전하께옵서는 옥체가 강건하시사 오직 덕혜옹주의 귀염을 보시기로 한락을 삼으시는 중이시다. 고종태황제 삼년중에는 모든 오락을 전폐하시고 주소로 부왕전하를 그리우시기에 여념이 아니 계시었으나 세월이 여류하여 어느 듯 성대한 부태묘의 의식까지

마치어시었으므로 왕전하께서는 항상 승후차로 입궐한 종척이나 혹은 귀족들이며 찬시들을 거느리시고 옥돌(玉突)을 치시기로 매일 한락을 삼으시고 또는 간혹 한가히 서재에 듭시사 사람으로 하여금 옛을 그리우게 하는 조선등록(朝鮮登錄)과 같은 사기를 열람하시사 선대의 씩씩한 사업과 장쾌한 인사에 새로운 정을 붙이시기도 하옵시며 매일 아침이면 약방에서 정성을 다하여 달여 올리는 인삼군자탕(人蔘君子湯)을 진어하시고 낮에는 육미탕(六味湯)을 진어하신다 하며 또

◇ 비전하께옵서는 즐기시는 것이 '피아노'이시라 매일 좌좌목(佐佐木)씨의 부인이 입시하여 '피아노'를 가리키어 드리는데 요사이에는 매우 고상한 음부를 능란히 치시와 어느 때는 왕전하께옵서도 현아히 올려 나아오는 '피아노'의 울림을 좋으사 옥보를 '피아노' 옆까지 옮기시어 옥안에 미소를 띄우시고 참착하여 들으실 때도 있다 하며 비전하께서는 연전부터 공부를 하시와 이미 요사이는 고등여학교 사학년 정도에 이르시었으며 짬짬이 찬시 윤형구(尹迥求)씨에게 율곡전서(栗谷全書)를 열심히 배우신다 승문하였다.

◇ 또 간혹 일기나 화창한 때에는 양전하께서는 어용자동차에 무릎을 연하여 탑승하시고 옥류천(玉流泉)으로 식물원(植物園)에까지 이르사 옥보를 옮기시어 때아닌 백화가 난만히 피인 꽃밭에 소요도 하시며 다시 수정(水亭)에 이르시사 시빈이 받들어 올리는 차를 진어하시며 잔잔한 물결 사이로 즐거이 노니는 금붕어의 어여쁜 자태도 완상하신다 승문하였으며 학교에 갔다 오신 덕혜옹주께서는 반드시 그날 하루 배우신 것을 양전하의 무릎 앞에서 총기 있게 아뢰어 받치시는 고로 양전하께서는 매일 이 재미를 가장 중요히 아시와 시간이 조금만 늦어도 이유를 하문하시는 등 실로히 그 지극하신 우애는 근시자로 하여금 감읍을 금치 못하게 하시옵신다 승문하였더라.

**〈매일신보〉 1921년 12월 15일자, "이왕전하 당구장(李王殿下 撞球場)에서 금촌선수(今村選手)의 당구(撞球), 자유자재한 기능을 왕전하께서 친히 어람하시고 칭찬"**

창덕궁 이왕 전하께서는 알 굴리시는 것으로 한 오락을 삼아가지어 오심은 일반이 모두 측문하는 바이지만은 일본에서 몇째 안에 간다는 동양미구회선수(東洋美球會選手) 금촌융치(今村隆治, 이마무라 류지)군이 이번에 북경에 들어가서 지나 대관고작에게 크게 찬양을 얻고 나오는 길에 지난 3일에 삼정삼우(三井三友)구락부에서 경성일보사의 후원으로 당구(撞球)장처를 보인 후 7일부터 계속하여 12일까지 각 은행, 회사, 구락부의 부탁으로 기능을 많이 보이었는 바 12일 경성구락부에서는 이천 점 '게임'으로써 일천 칠백 팔십 삼 점을 얻었으매 모두 감심할 수밖에 없다고 찬양하였더니 13일에는 이왕 전하께서 당구하는 것을 보시게되여 당일 오후 두 시부

터 창덕궁 인정전 동행각(東行閣)의 우흐로 있는 전하의 당구장(撞球場)에서 금촌 선수를 부르셔서 친히 알 굴리는 것을 보셨는데 전하의 좌우로는 상림(上林) 차관, 한 장시사장(韓掌侍司長), 이 예식과장(李禮式課長), 강무관(康武官) 등이 배열한 중에 금촌 선수는 알을 전부 휘발유로 소제한 후 전하께서 일상 사용하시던 당구대 위에서 황공한 빛을 띄여가면서 첫 번에 몇 번 시험해본 후에 두 시 이십 분부터 시작하였는데 그 기능의 자유자재에는 누구든지 탄복할 수밖에 없는 바로 결코 실패될 만한 것은 굴리지 아니하며 또 보는 사람으로 하여금 그다지 어렵지 않게 보이는데 전하께서도 계속하여 육십 점은 얻으시는 터이시지마는 너무도 금촌 선수는 어려울 것 없이 하매 매우 감탄하시는 빛을 띄우시고 이따금 어려운 점에 가서 용이히 굴리여 버릴 때에는 미소를 띄우시는데 이와 같이 흥미 있게 계속하여 일천 일백 구십 점을 얻었고 경성에서 당구 영업하는 등본(藤本)군도 금촌 선수와 함께 왔다가 오백 점을 굴리고 그 후에는 곡구(曲球)이니 기타 어려운 경우에 어떻게 굴리는 것이 필요하다는 비결이나 다름없는 바를 일일 굴리면서 설명하매 강(康) 무관이 통역하였고 이것이 마치기를 네 시경이었었는데 전하께서는 사진과 같이 친히 일어서셔서 열심히 보시다가 내전으로 돌아가시고 금촌 선수와 등본 군은 다시 이왕직원에게 당구의 찬양을 얻은 후 오후 여섯 시에 돌아갔더라. [사진설명] 알 굴리는 것을 보시는 이왕 전하. 조선옷 입으신 이가 전하.

**《매일신보》 1925년 3월 25일자, "창덕궁전하(昌德宮殿下) 어탄신(御誕辰), 문무관 백명을 부르사 만찬회"**

창덕궁(昌德宮) 이왕전하(李王殿下)께옵서는 금 이십오일이 제오십이회(第五十二回)의 어탄신(御誕辰)이시므로 오늘 정오에 창덕궁안 희정당(熙政堂)에서 이왕직 고등관과 동 대우자와 각왕공부무관(王公附武官)에게 탄신 축하를 받으시고 영시 삼십 분에오찬을 내리신 후 오후 여섯시 반에는 총독(總督), 총감(總監), 영목군사령관(鈴木軍司令官), 관야사단장(菅野師團長), 총독부 각국부장(各局部長), 이완용후(李完用候), 박영효후(朴泳孝候), 이지용백(李址鎔伯), 기타 이왕직 고등관 약 백여 명을 어초대하사 만찬회를 개최하신다더라.

◇ 전하 어근상(殿下 御近狀), 다마 치시는 것이 유일한 낙이신 듯

전하의 어기거(御起居)에 대하여 소전차관(篠田次官)은 삼가 말하되 "작년의 어탄신은 제오십일회의 망육축하(望六祝賀)이므로 성대히 거행되었으나 이번에는 가장 질소하게 하랍신 명의가 계시었으므로 형식만 취하기로 하였으며 전하게옵서는 금춘 이래로 '류-마지쓰'로 병상에 누워계시옵셨는데 근일에 이르러 점차로 어쾌복되시여 이전보다 도리어 어건강하옵신 모양인데 당구(撞球)에 깊은 취미를 가지시고 이병무 중장(李秉武 中將)과 찬시들을 대수로 '큐'를 들으시며 매주 목요일에는 비원(秘苑)을 어산보하시는 것을 유일한 낙으로 삼으시는

모양이라" 운운.

**《매일신보》** 1925년 6월 28일자, "[일요부록] 꽃 속에 신축(新築)된 가정당(嘉政堂), 밤마다 오르시어서 장안을 바라보신다, 최근(最近)의 이왕전하(李王殿下)"

　더위가 날로 심하여 간다―. 산에도 더위 들에도 더위 사람에게도 더위 부활의 봄(復活의 春)에서 성장 여름(成長의 夏)으로 접어드는 첫여름을 맞아 창덕궁(昌德宮)에는 불 같은 햇빛이 인정전(仁政殿) 청기와를 빛내일 때에 뜰에 가득한 '벚' 나무에서는 가벼운 바람에 '버찌'가 익어 떨어지고 동행각(東行閣) 일실에서는 듣기에도 청쾌한 '옥돌'의 서로 부딪히는 소리와 평화를 상징하는 웃음소리가 흘러 나온다. 요사이의 이왕 전하께서는 세상에도 겪기 어려운 골절통에 위기를 겪으신 이래로 건강이 피폐하시어 오랫동안 모든 취미의 생애를 돌아보시지 아니하시더니 요사이에 와서 비로소 매일 하오 두 시이면 동행각에 납시어서 '옥돌'을 치시기도 하시며 목요일에는 식물원 오찬회도 개최하시게 되었는데 매일 아침이면 대개 아홉 시경에는 기침을 하시어 비전하와 함께 자리조반으로 '곡정수(穀精水')를 진어하신 후 아침 수라는 대개 오정에 진어를 하시며 아침 수라 후에는 반드시 동경에 계신 이왕세자전하에게서 이른 문안글월을 하람하신 후 신문을 살피시다가 두 시가 되면 반드시 동행각 옥돌장에 납시어 친히 치시기보다 군신들에게 싸움을 부치시고 바라보시어 그 동안에 세상 이야기와 어친척들과 구신들의 지내는 형편도 들으시는 것이니 전하에게는 이 시간이 가장 인간적(人間的)으로 값있는 시간이라 하겠으며 저녁 수라는 때가 여덟 시나 아홉 시에 진어하신 후 취침하시기까지에는 찬시와 여관들을 데리시고 무료를 푸시는 터인데 골절통으로 인하여 행보를 ○삼가시는 관계상 소화불량을 일으킬까 염려하여 시의들의 염려는 매우 크다 하며 비전하께서는 영어와 '피아노' 연구에 골몰중이시며 요사이 후원 높은 곳에 새로이 가정당(嘉靖堂)이라는 정자를 지었는데 붉은 빛 흰 빛 장미가 만발한 속에 높이 솟은 가정당에 올라앉으며 여름밤을 직키는 장안의 불빛이 눈앞에 깔려 실로히 경개가 섭승한 곳인데 양전하께서는 밤이면 대개 가정당에 오르샤 더위를 피하시며 겸하여 감개 많은 경성시중을 둘러보신다고 승문하였다. [사진설명] 비원에 납시는 이왕 왕비 양전하.

# 이른바 '이왕세자'도 옥돌(玉突)에 매우 취미가 있었다.

앞서 이른바 '덕수궁 이태왕(德壽宮 李太王, 고종)', '창덕궁 이왕(昌德宮 李王, 순종)', '이왕비(李王妃, 순종비)'의 옥돌(당구), 피아노, 독서 등 취미와 일상생활에 대한 내용을 두루 소개한 바 있으나 여기에 덧붙여 '이왕세자(李王世子, 영친왕)'의 취미생활에 대한 몇 가지 신문자료도 아래에 정리해 둔다. 영친왕의 경우 '골프'와 '사진기'에 대한 취미가 제일 유명하긴 하지만, 이것말고도 당구, 바둑, 승마, 음악 등에 이르기까지 말 그대로 다방면에 걸쳐 다양한 취미생활을 즐겼다는 것을 확인할 수 있다.

### 《매일신보》 1911년 7월 30일자, "왕세자전하 촬영(王世子殿下 撮影)"

귀성중(歸省中)에 재(在)하신 왕세자전하(王世子殿下)께서는 내지(內地)에 유학(留學)하시던 시(時)에는 규칙(規則)을 준수(遵守)하사 열심(熱心)으로 근학(勤學)하시고 여가(餘暇)에는 승마(乘馬) 우(又)는 정구(庭球)를 학우 등(學友 等)과 시(試)하시고 우(又)는 친(親)히 정묘(精妙)한 사진기(寫眞機)를 지(持)하시고 각종촬영(各種撮影)을 행(行)하셨음으로 기 촬영(其 撮影)의 기능(技能)이 비상(非常)히 진취(進就)하셨다는데 본일 오전(本日午前)에는 돈덕전 급 석조전 등(敦德殿 及 石造殿 等)의 내외부(內外部)를 다수(多數) 촬영(撮影)하신지라. 장차(將次) 부왕전하(父王殿下)의 어람(御覽)에 공(供)하실터이라더라.

### 《매일신보》 1918년 1월 13일자, "[이왕세자전하(李王世子殿下) 〈5〉]다방면(多方面)의 어취미(御趣味), 군대생활은 식사 같이 여기셔, 병학에 당하여 전쟁의 학습에 열심히시고, 사진틀을 잡고 큰 우박을 박으신 일도 있다, 보배로운 학문과 고상한 취미"

왕세자전하께서는 취미도 비상히 너르시다. 그리하여 그다지 힘들고 수고로운 군무도 전하께서는 일면 비상한 재미를 이에다 붙이시고 조금도 고로움을 생각지 아니하심도 사실이라. 어떠한 때에는 전하께 사후하였던 누구가 "전하께서는 그같이 엄중한 군대규칙 아래에서 군인교육을 받으심을 얼마나 어려웁게 생각하십니까"고 여주어보았더니 전하께서는

◇ 머리를 흔드시며 "그대는 이상한 말을 하는구려. 군인의 몸이 되어서 군대규칙을 고롭다거나 엄중한 것이라 생각하여서야 될 수가 있는가. 군인이라는 것은 군대규칙으로 생활하는 것이 마치 우리들이 평상에 밥으로 생활하듯이 여상하게 생각을 하여야지" 하옵셨다. 이 말씀으로 보면 '엄중한 군대규칙'도 전하께서는 실로 조석의 식사이나 다름없이 취미를 붙이신 줄 배찰하겠다. 전하께서는 이와 같이 군대생활에

◇ 취미를 붙이신 중에도 특별히 전쟁의 전술에는 한층 더 깊은 재미를 붙이시와 전시병학의 연구에는 지극한 열심을 가지셨다 승문하였다. 천질이 영매하옵신 전하께오서는 명장 되실 천생의 영자를 갖춰 타고나셨다. 전하의 취미는 다만 그뿐 아니라 실로 다방다면하시니 외국어학에 비상한 취미를 가지셨으되 특히 영어는 조선에 계실 시대부터 항상 전하를 부육하던 지금 왕세자부 사무관

◇ 고희경자작에게 공부하시고 그 뒤에도 열심히 연구를 하시와 지금에는 영서의 병학도 능난히 통독하심에 이르렀고 일본문학의 편에도 학과와 조련의 여가에 적지안이 재미를 붙이시와 내지인도 국문학을 연구한 사람이 아니면 용이히 알지 못하는 만엽집(萬葉集)이라는 고대노래책까지 능통하시다 하며 기외에 글씨로 말하여도

◇ 네 살 되셨을 때에 해강 김규진씨에게 처음으로 배우셨는데 김해강의 말을 들으면 전하의 필재는 어렸었을 때부터 비범하셨다 하며 그럼에도 취미가 계시와 장래에 한극이 계셔서 수양을 하옵시면 성가를 하시기 넉넉하시리라고 교사가 탄복한 일도 승문하였으며 기외에 공치는 일과 말타시기도 비상히 즐겨하시와 조거판 어용저에는 공관의 설비도 있으며

◇ 준마도 세 필이나 있지마는 금년에는 항상 군무에 분망하옵시며 간혹 잠시 휴양차로 돌아옵시더라도 전회에 기록한 바와 같이 학과복습하시기에 너무 열성이옵신 고로 그러한 취미에 시간을 허비하옵시는 일이 거의 없으셨다. 이전에는 사진에도 매우 취미가 계시와 어용저에다가 사진기계를 두고 혹은 동산에 경치도 박으시며 근시의 사람들도 박으시고 어느 때에는 동경에 희귀하게

◇ 큰 우박이 와서 손마디 만한 우박이 어용저에 떨어졌을 때에 그 중 큰 우박을 골라 접시에 담아놓으시고 그것을 기념으로 박으신 일도 계셨고 그림엽서도 각종으로 모으신 것이 만에 이르셨으나 근년에는 역시 사진틀도 잡으실 여가, 그림엽서도 모으실 틈이 별로 계시지 아니하시도록 분망하옵시다. 아, 보배로운 학습, 고상하신 취미를 풍부히 얻으시고 완전히 성인이 되시와 금일로써 조선에 돌아오시는 전하를 대하옵실 이태왕 전하께옵서는 얼마나 기꺼우실까?

**《매일신보》 1918년 1월 26일자, "만족(滿足)하신 양악대(洋樂隊)의 봉영곡(奉迎曲), 음악 취미가 깊으신 왕세자 전하"**

왕세자전하께서는 사진이니 옥돌이니 승마이니 바둑이니 여러 가지 고상한 취미가 극히 너르신 중에

◇ 음악에 당한 취미가 특별히 깊으시와 이번 경성에 건너오신 뒤에도 태왕전하께서 그 말씀을 들으시고 왕세자전하의 어리셨을 때에 가지고 노시던 피아노 두 채를 함녕전으로부터 석조전에 옮기게 하시고 그 동안 병이 난 것을 악기점원이 밤을 새어가면서 급히 고쳐서 전하의 무료하실 때에 위로가 되시도록 하셨다 함은 이미 보한 바어니 창덕궁이나 석조전에서 연회가 열릴 때마다 전하께서는

◇ 이왕직양악대의 주악을 극히 만족하게 들으시며 그 수양의 연숙함을 비상히 칭찬하실 뿐 아니라 잔치가 파한 뒤에는 따로이 몇 곡조씩 희망하시와 친히 귀를 기울여 들으시며 기색이 화려하심이 거의 매차례라, 이왕직양악대는 실로 전하의 깊이 사랑하옵시는 영광을 입었는데 양악대에서는 이 영광을 기념하고자 이왕세자전하 봉영행진가를 따로이 지어서

◇ 24일 석조전 오찬회에 여흥으로 주악을 하고 양악대원 일동이 노래를 불렀더니 전하께서는 특별히 만족하게 칭찬을 내리시와 양악대에서는 비상한 영광을 입었다 승문하였더라. 이 행진가곡은 조선군악대의 창설초부터 금일까지 대장으로 종사하여 양악에 조예가 깊은 백우용(白禹鏞)씨가 노래를 짓고 또는 세계 각국 유명한 행진곡중에서 제일 좋은 것을 뽑아서 새로이 곡조를 지어서 이왕직

◇ 양악대원이 열심 연습한 지 겨우 몇 시간에 능히 한음보도 틀리지 않고 능난히 석조전에서 전하의 칭찬하심을 듣도록 연습하였더라. 25일 오전에 인사동의 양악대를 방문한즉 백우용씨는 노래라든지 곡조가절도 자랑할 것이 없으니 연습하는 차에 주악이나 들으라고 대원을 명하여 '왕세자전하봉영마치'를 취주하게 하는데 대원은 약 30명으로 조직되었으며

◇ 악곡은 삼편에 나누어 제일편에는 행진곡의 첫 머리되는 기착주악이 있고 그 다음에는 큰 북을 드르르 울리는데 이것은 예포를 의미하는 것이오, 그 다음에는 황족예호의 나팔이 활발히 일어나서 제일편을 마치고 제이편에는 특제의 행진곡이오, 제삼편에는 신제한 봉영가를 취주하여서 그 다음에 단락이 되며 둘째번에는 다시 일편, 이편을 불고 삼편의 봉영가는 악성을 뚝 그치고 대원 일동이 소리를 높여

◇ 성악으로 노래를 부르고 노래가 마치며 다시 단곡의 풍류를 취주하는데 전편의 주곡이 극히 고상한 중에도 환희의 기상이 띄운 듯하며 활발한 중에도 변화가 풍부하여 듣는 사람으로 하여금 유쾌와 기꺼운 감흥을 저절로 일으키게 하며 그 노래의 전문은 아래와 같더라. "선리고원

(仙李故園)에 새봄이 이르니 명월중광(明月重光)을 사해(四海)가 한 가지 뵈옵네. 출천인로(出天仁老)도 덕일신(德日新)하옵신 세자전하(世子殿下)여 홍복(洪福)을 이으샤 만만세(萬萬歲)."〔사진설명〕 왕세자전하 봉영행진곡보와 작곡한 백우용씨.

《매일신보》 1922년 4월 22일자, "양전하(兩殿下)를 친(親)히 촬영(撮影), 사진에 취미를 붙이신 세자궁, 비전하 진전하 두 분을 박으셔"

불원간에 돌아오시는 이왕세자 전하와 및 두 전하의 근상을 대강 보도할 것 같으면 우선 삼전하께서는 요사이에 이르러서는 더욱 존체가 건강하신 중 왕손 진전하의 발육은 날로 달라지셔서 양친 전하와 여러 배종여관들의 기쁨은 자못 넘치는 바이며 불과 며칠 아니하시면 오시겠으므로 다소긴 분망히 지내심은 이미 승문하고 있는 터이며 삼전하께서는 항상 실소를 주장으로 하사 언제든지 검소하시고 왕세자 전하께옵서는 육군대학에 입학하신 후로는 항상 바쁘셔서 환궁하시기는 보통 오후 세시 십분 혹은 십오 분이던 바 작년부터는 일찍이 환궁하시는 날이 밤 여덟 시로 지어 열시경이나 되어야 귀저하시는 중 대학의 학과는 대단 어려울 뿐더러 너무 다망하신 중에 계신 전하께서는 비상히 건강하사 열심히 학과를 연구하시고 매일 아침 여섯 시면 반드시 기침을 하시는데 대하여는 참으로 황송한 말씀이지만은 감복함을 마지않는 터인데 또 전하의 유일의 락으로 아시는 당구(撞球)도 역시 다른 것과 같이 하루도 중지하시는 날이 없이 계속하시는 중 요사이에 이르러서는 사진에 대단 취미를 두셔서 처음에는 촬영원판은 사진사에게 의뢰하시다가 며칠 전부터는 전부 친히 하시고 조금도 의뢰를 아니하시는 외에 어용저 안에다가 암실을 만들어 놓으시고 전하께서 친히 하시는데 그 숙달하심은 몇 해 동안 전문으로 하던 사람보다 오히려 더 능난하시와 요사이는 동비전하께서도 대단 재미를 두셔서 지금은 두 분 전하께서 사진을 촬영하시는데 비전하와 진전하의 사진까지 왕세자 전하께서 촬영하셨다 배문하였으며 전하께서는 무엇이든지 남의 의뢰를 아니하시고 친히 하신다고 말하더라. (동경)